本书列入

2017年国家社会科学基金重大委托项目
“十三五”国家重点图书出版规划项目

中华传统文化百部经典

梦溪笔谈（节选）

沈括 著
张富祥 解读

科学出版社

图书在版编目（CIP）数据

梦溪笔谈：节选 /（北宋）沈括著；张富祥解读．--北京：科学出版社，2021.6

（中华传统文化百部经典 / 袁行霈主编）

ISBN 978-7-03-069270-2

Ⅰ．①梦…　Ⅱ．①沈…　②张…　Ⅲ．①笔记－中国－北宋　Ⅳ．①Z429.441

中国版本图书馆 CIP 数据核字（2021）第 121685 号

科学出版社官方微信　　科学商城二维码

书　　名　梦溪笔谈（节选）

著　　者　（北宋）沈括　著　张富祥　解读

责任编辑　李春伶　李秉乾

责任校对　韩　杨

封面设计　敬人工作室　黄华斌

出版发行　科学出版社（100717　北京市东城区东黄城根北街 16 号）

010-64031293　64017321　64030059　64034548

64009435（图书馆）　64034142（网店）

E－Mail　lichunling@mail.sciencep.com

网　　址　www.sciencep.com

印　　装　北京科信印刷有限公司

版次印次　2021 年 6 月第 1 版　2025 年 6 月第 2 次印刷

开　　本　710×1000（毫米）　1/16

印　　张　37.25

字　　数　334 千字

书　　号　ISBN 978-7-03-069270-2

定　　价　108.00 元（精装）

本册审订

许逸民　李文泽　冯立昇

中华传统文化百部经典

编纂办公室

张　洁　　梁葆莉　　张毕晓　　马　超　　华鑫文

编纂缘起

文化是民族的血脉，是人民的精神家园。党的十八大以来，围绕传承发展中华优秀传统文化，习近平总书记发表了一系列重要讲话，深刻揭示出中华优秀传统文化的地位和作用，梳理概括了中华优秀传统文化的历史源流、思想精神和鲜明特质，集中阐明了我们党对待传统文化的立场态度，这是中华民族继往开来、实现伟大复兴的重要文化方略。2017 年初，中共中央办公厅、国务院办公厅印发《关于实施中华优秀传统文化传承发展工程的意见》，从国家战略层面对中华优秀传统文化传承发展工作作出部署。

我国古代留下浩如烟海的典籍，其中的精华是培育民族精神和时代精神的文化基础。激活经典，熔古铸今，是增强文化自觉和文化自信的重要途径。多年来，学术界潜心研究，钩沉发覆、辨伪存真、提炼精华，做了许多有益工作。编纂《中华传统文化百部经典》（简称《百部经典》），就是在汲取已有成果基础上，力求编出一套兼具思想性、学术性和大众性的读本，使之成为广泛认同、传之久远的范本。《百部经典》所选图书上起先秦，下至辛亥革命，包括哲学、文学、历史、艺术、科技等领域的重要典籍。萃取其精华，加以解读，旨在搭建传统典籍与大众之间的桥梁，激活中华优秀传统文化，用优秀传统文化滋养当代中国人的精神世界，提振当代中国人的文化自信。

这套书采取导读、原典、注释、点评相结合的编纂体例，寻求优秀传统文化与社会主义核心价值观之间的深度契合点；以当代眼光审视和解读古代典籍，启发读者从中汲取古人的智慧和历史的经验，借以育人、资政，更好地为今人所取、为今人所用；力求深入浅出、明白晓畅地介绍古代经典，让优秀传统文化贴近现实生活，融入课堂教育，走进人们心中，最大限度地发挥以文化人的作用。

《百部经典》的编纂是一项重大文化工程。在中宣部等部门的指导和大力支持下，国家图书馆做了大量组织工作，得到学术界的积极响应和参与。由专家组成的编纂委员会，职责是作出总体规划，选定书目，制订体例，掌握进度；并延请德高望重的大家耆宿担当顾问，聘请对各书有深入研究的学者承担注释和解读，邀请相关领域的知名专家负责审订。先后约有 500 位专家参与工作。在此，向他们表示由衷的谢意。

书中疏漏不当之处，诚请读者批评指正。

2017 年 9 月 21 日

凡 例

一、《中华传统文化百部经典》的选书范围，上起先秦，下迄辛亥革命。选择在哲学、文学、历史、艺术、科技等各个领域具有重大思想价值、社会价值、历史价值和学术价值的一百部经典著作。

二、对于入选典籍，视具体情况确定节选或全录，并慎重选择底本。

三、对每部典籍，均设“导读”“注释”“点评”三个栏目加以诠释。导读居一书之首，主要介绍作者生平、成书过程、主要内容、历史地位、时代价值等，行文力求准确平实。注释部分解释字词、注明难字读音，串讲句子大意，务求简明扼要。点评包括篇末评和旁批两种形式。篇末评撮述原典要旨，标以“点评”，旁批萃取思想精华，印于书页一侧，力求要言不烦，雅俗共赏。

四、原文中的古今字、假借字一般不做改动，唯对异体字根据现行标准做适当转换。

五、每书附入相关善本书影，以期展现典籍的历史形态。

古迂陳氏家藏夢溪筆談卷十五

沈　括　存中述

藝文二

切韻之學本出于西域漢人訓字止曰讀如某字未用反切然古語已有二聲合爲一字者如不可爲叵何不爲盍如是爲爾而已爲耳之乎爲諸之類以西域二合之音蓋切字之原也如輭字文從而犬亦切音也殆與聲俱生莫知從來今切韻之法先類其字各歸其母脣音舌音各八牙音喉

古迂陈氏家藏梦溪笔谈二十六卷　（北宋）沈括撰

清影元抄本　国家图书馆藏

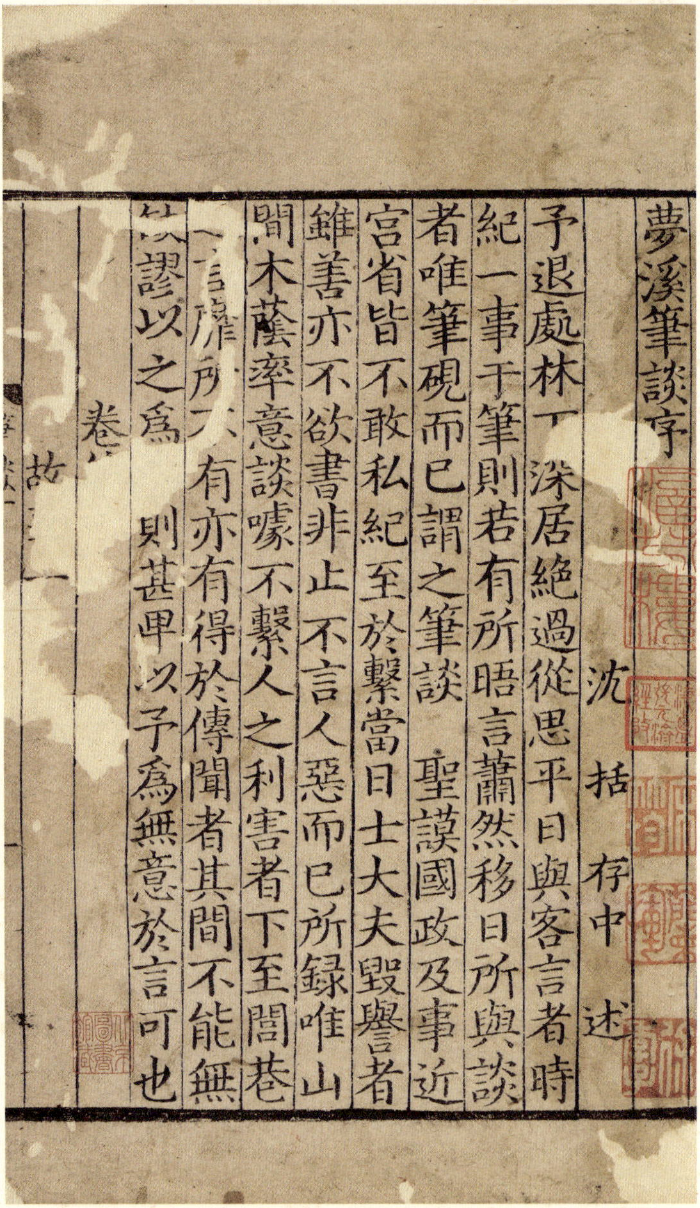
夢溪筆談序

沈括存中述

予退處林下深居絕過從思平日與客言者時紀一事于筆則若有所晤言蕭然移日所與談者唯筆硯而已謂之筆談　聖謨國政及事近宮省皆不敢私紀至於繫當日士大夫毀譽者雖善亦不欲書非止不言人惡而已所録唯山間木蔭率意談噱不繫人之利害者下至閭巷之言靡所不有亦有得於傳聞者其間不能無缺謬以之爲言則甚卑以予爲無意於言可也

梦溪笔谈二十六卷　（北宋）沈括撰　明刻本　国家图书馆藏

目　录

卷二　故事二

卷三　辨证一

卷四　辨证二

卷十 人事二

卷十一 官政一

卷十二 官政二

卷十三 权智

卷十四 艺文一

卷十五 艺文二

卷十六 艺文三

卷十七　书画

卷十八　技艺

卷十九 器用

卷二十 神奇

卷二十一 异事 异疾附

卷二十二 谬误 谲诈附

卷二十三 讥谑 谬误附

卷二十四 杂志一

卷二十五　杂志二

卷二十六　药议

补笔谈 卷一

补笔谈 卷二

补笔谈 卷三

续笔谈

导 读

一、沈括的生平履历

公元 1081 年和 1082 年，也就是北宋神宗元丰四年和五年，北宋皇朝和西北地区党项族所建立的西夏政权之间，接连发生了两次影响时局的战役，即史书上所称的灵州之战和永乐城之战。先是元丰四年，神宗采纳环庆边帅俞充、鄜延守将种谔等人的建议，调动五路兵马攻西夏。战役开始时宋军也曾取得一些胜利，不过夏人坚壁清野，宋军粮饷不继，再加上缺乏统一指挥，诸路兵马很快就相继溃败，其中尤以攻至灵州（治今宁夏灵武）的一路败得最惨，故时称灵州之战。第二年，神宗又专遣给事中徐禧负责于永乐川筑城，号永乐城（今陕西米脂西），试图以此为前哨，进逼西夏都城兴庆府（今宁夏银川）。夏人自然知道宋人此举的利害，因此待城成之后，倾其全部兵力来攻，结果城被攻破，守城的宋军被歼，徐禧等人也阵亡，是为永乐城之战。从此神宗决计不再对西夏用兵，而战役失败的责任还是要由臣下来承担的，其中沈括——《梦溪笔谈》的作者——便是主要的责任人之一。

沈括（1031—1095）[①]，字存中，杭州钱塘（今浙江杭州）人。他的父亲沈周，字望之，幼年丧父，大中祥符八年（1015）进士及第，后以大理寺丞监苏州酒税，历官苏州通判、开封府判官、江东转运使等，晚年曾做过多任知州，仁宗皇祐三年（1051）以太常寺少卿分司南京（今河南商丘）的官称赋闲，数月后即去世，时年七十四。沈括早年大部分时间随父亲生活，而当父亲去世时，他不过二十岁左右，家境并不甚好。为生计考虑，他在为父亲终丧后，遂依靠父荫出任沭阳县（今属江苏）主簿。后来他自述年少时虽有志于专心为学，而“不幸家贫”，不得不“亟于禄仕”。这主簿的差事，名义上是县令的佐官，其实是接近于吏人的，所以他说：“仕之最贱且劳，无若为主簿。沂、海、淮、沭，地环数百里，苟兽蹄鸟迹之所及，主簿之职皆在焉。”这就使得他“不得复若平时之高视阔步，择可为而后为，固宜少善其职”[②]。《宋史》本传记载他在任大兴水利，“疏水为百渠九堰，以播节原委，得上田七千顷”[③]。此后他盘桓基层多年，至其兄沈披为宣州宁国县令时，始客居宁国读书，准备参加科举。嘉祐八年（1063）春，沈括赴京城开封应试，登进士第，授扬州司理参军，次年赴任，从此正式踏入了仕途。

英宗治平二年（1065），沈括奉召入京编校昭文馆书籍。神宗熙宁元年（1068）授馆阁校勘，四年检正中书刑房公事，五年充史馆检讨，六年升集贤校理，先后以馆职协助王安石变法，参加主持变法的机构制置三司条例司的工作，成为变法派中新进的青年才俊之一。史称沈括“博物洽闻，贯乎幽深，措诸政事，又极开敏”[④]，这主要是就他熟悉古今制度，又懂得如何变通运用而言的。这期间他曾奉命整理帝王祭天的郊祀大礼仪制，编成《南郊式》百余卷，郊祀活动依此实行后，节省了大量费用，受到了神宗的称赞；又兼提举司天监，主持改制浑仪、景表和浮漏，招卫朴造新历，并曾奉命提举疏浚汴渠，察访淮南钱粮及救灾，相度两浙农田水利及差役等事。熙宁七年（1074），沈括迁太常丞、同修起居注，未几擢知制诰，奉命为河北西路察访使，讲修边备，改革旧政数十事，并兼判军器监。神宗曾当面向他征询车战及盐法等事，他都能做出明通的回答，皆为神宗所采纳。次年他接受特别使命，出使北方辽国，力挫辽人提出的割地要求，取得外交上的胜利。使辽回国后，沈括以知制诰为淮南两浙灾伤州军体量安抚使，数月后又以起居舍人知制诰权发遣三司使，成为中央最高财政长官；约次年末拜翰林学士权三司使，从而达到他仕途上的高峰。他居三司使之职近两年，曾专门针对陕西盐利之弊，改革盐法。但到熙宁十年七月，他因不慎涉及有关免役法的争议问题，而被劾罢三司使的职务，以集贤院学士出知宣州（今安徽宣城）。元丰三年（1080），沈括以龙图阁待制改除鄜延路经略使、知延州（今陕西延安），遂荷任边防重寄，成为一方阃帅。他在任职期间，激励镇兵，强化训练，“威声雄他府”，又以遣将西讨有功，加龙图阁学士。然而两年后，永乐城之战发生，沈括猝得罪责，从此也结束了他的从政经历。

永乐城的修筑，据史书所记，是由沈括首先提出来的。而当战役发生时，由于他手下的兵力实在太少，而且烽烟四起，顾头不顾尾，所以他奉诏力保绥德（今属陕西），而没有援救永乐城。虽然事后他也采取了一些整顿军纪的举措，然已无济于事，责任是逃不掉的。当年十月，他以“措置乖方”责授均州团练副使，命于随州（今属湖北）安置（一种在指定地区居住而行动要受到一定限制的处分）。三年后，哲宗即位，允许他迁居离故乡较近的秀州（今浙江嘉兴）。元祐三年（1088），因为他献进花费多年精力编制而成的《天下州县图》，得赐绢一百匹，朝廷又降旨允许他任便居住。此后他迁居润州（今江苏镇江）梦溪园，名义上虽曾奉旨以光禄少卿分司南京，又曾复官领宫祠，实际皆无实职，只潜心学问，直到去世，最终成就了后世流传不绝的《梦溪笔谈》。《宋史》卷三三一有他的传记⑤。

二、梦溪与《梦溪笔谈》

“梦溪”的名目，据沈括《自志》所说⑥，缘于他“年三十许时”曾经梦见的一处清溪花山相映成趣的景观。文中称此小山“花木如覆锦，山之下有水，澄澈极目，而乔木翳其上”，因而“梦中乐之，将谋居焉”，自此每岁“一再或三四梦至其处，习之如平生之游”。后十余年，他谪守宣州，曾听一位道人谈及京口（今江苏镇江）山川之胜，又得知有邑人求售其园圃，遂托道人以三十万钱买下，然未曾亲莅其地，尚不知其圃在何处。再后六年，沈括废居随州，又曾在浔阳（今江西九江）熨斗洞置庐，欲依栖庐山以终老其身。不过到他移居秀州前后，有一次路过京口，恍然发现先前所买下的园圃正是他梦中所游之地，乃悟自己的缘分在此，于是决定弃去浔阳之居，就在这京口之郊筑室安家⑦。因其地“巨木蓊然，水出峡中，渟滢杳缭，环地之一偏”，故即名之曰“梦溪”。想来沈括在人生的最后岁月，已不愿回到故籍杭州，于是就在这京口的“一偏”住了下来，所谓“梦溪”大概不过是他对“人生如梦”的托喻而已，梦境的成真恐怕连他自己也不相信。

沈括所描述的梦溪是个好地方。溪之上耸立的山丘千木放花，名曰百花堆，他的庐舍就建在花堆的中间。庐舍之西是荫于花竹之间的壳轩，轩之上有俯瞰山下田野阡陌的花堆阁，阁旁百寻巨木参天。靠近花堆崖头有茅舍曰岸老堂，堂后有俯瞰梦溪的苍峡亭。溪有西花堆，环绕湍急绿波，植万竿青竹，名曰竹坞。过竹坞而南，在溪岸与岸上道路之间有狭长的杏嘴。竹林中有供游燕的萧萧堂，堂南水边轩榭曰深斋，又有建在封土高台上可以眺望的远亭。这样的地方，在今人看来也真如梦境。

然而沈括又记叙说，“居城邑而荒芜，古木与豕鹿杂处，客有至者，皆颦额而去”。是知此情此景，当时士大夫并不欣赏。只有沈括是独得其乐的：“渔于泉，舫于渊，俯仰于茂木美荫之间。所慕于古人者，陶潜、白居易、李约，谓之‘三悦’，与之酬酢于心；目之所寓者，琴、棋、禅、墨、丹、茶、吟、谈、酒，谓之‘九客’。”[⑧] 在这样的环境中过退隐的生活，也是古代士大夫文化的“一绝”，然沈括只因政治上的失意，不得已而为之，恐怕与陶渊明等人的心境又不同。而且这地方在他去世后，很快就物是人非了，南宋时半为军寨，半为他姓农圃，已全无旧时“梦溪”的踪影。宁宗嘉定间，郡守赵善湘曾发起重建梦溪园，展拓基址，开浚荷池，并建纪念沈括的祠堂于池中，两岸栽植花木，结亭为游赏之所，然不久即因物业的转让而渐次废去。

沈括一生著作很多，据胡道静先生《沈括著述考略》的统计，仅见于载籍著录及沈括本人自记的就有 40 种[⑨]。但至今流传下来的，其文集《长兴集》为残本，医药书《苏沈良方》非其《良方》原著，农书性质的《梦溪忘怀录》亦仅存残卷，基本保存原貌而最受后人重视的便只有《梦溪笔谈》一书，其余则差不多全都亡佚了。然其亡佚之书有些还存着部分佚文，胡道静先生在《重印梦溪笔谈校证叙记》中，提到他所重辑的《熙宁奉元历钩沉》《梦溪忘怀录钩沉》《灵苑方》《清夜录》《长兴集补阙》几种，有的已发表，并曾别编《沈括诗词辑存》一册出版。此外，胡先生还辑有《梦溪笔谈佚文》30 余条，以俟考核。近年出版的杨渭生新编《沈括全集》，所收沈括著作佚文较多，其中《长兴集》佚文包括《诗歌辑佚》《奏文辑佚》《自志辑佚》几种，统缀于传世十九卷本《长兴集》之后，而厘编为卷二〇至卷三二；其他著作佚文，包括《梦溪笔谈补笔谈佚文》《沈括良方辑佚》《沈括灵苑方辑佚》《梦溪忘怀录辑佚》《清夜录辑佚》《熙宁奉元历辑佚》《惠民药局记辑佚》，也都在前贤辑佚的基础上有所增补。

《梦溪笔谈》为沈括晚年所作笔记文字的结集，其写作不一定都在他卜居梦溪园之后，有些条目可能在他贬居随州、秀州时已开始组织，或者还有更早笔录的拣选整理，然而大部分条目的写作和全书的结集一定是在他入住梦溪园之后的元祐年间。该书有正编、补编、续编之别，旧时著录的版本和卷数多有参差，现存通行本凡有正编 26 卷、《补笔谈》3 卷及《续笔谈》11 条不分卷[⑩]。从《梦溪笔谈》有《补笔谈》和《续笔谈》来看，其原本可能在沈括生前已有印行，否则更不必单独作补；且有的条目，如《续笔谈》关于“家家养乌鬼”的考证，就是对原有条目的补充思考。胡道静先生说：“《笔谈》在成书后不久，也许还在他身前，便已经镂板流传了。王辟之在绍圣二年（1095）著成的《渑水燕谈录》，王得臣在元符、崇宁（1098—1106）间所著《麈史》都已引用《笔谈》。”[⑪] 但《梦溪笔谈》在后世没有北宋本流传下来。这点应该与其书在北宋末曾被权臣蔡京列入禁书有直接的关系。《宋史 · 崔鹏传》载：“（蔡）京又以学校之法驭士人，如军法之驭卒伍，一有异论，累及学官。若苏轼、黄庭坚之文，范镇、沈括之杂说，悉以严刑重赏，禁其收藏。”[⑫] 所说沈括之“杂说”，当然就是指《梦溪笔谈》。

今本《梦溪笔谈》书前尚有作者简短的“自序”，以说明写作的梗概，可惜没有缀书具体的年月。其文云：

> 予退处林下，深居绝过从，思平日与客言者，时纪一事于笔，则若有所晤言，萧然移日。所与谈者，唯笔砚而已，谓之《笔谈》。圣谟国政及事近宫省，皆不敢私纪；至于系当日士大夫毁誉者，虽善亦不欲书，非止不言人恶而已。所录唯山间木荫率意谈噱，不系人之利害者，下至闾巷之言，靡所不有。亦有得于传闻者，其间不能无阙谬。以之为言则甚卑，以予为无意于言可也。[⑬]

由这些话可以知道，作者晚年深居简出，想到平日与宾客朋友谈论过的一些话题，时时做些回忆性质的笔记，就像又回到当日与客人会晤闲谈时的情景，每每沉浸于笔谈之中，萧然忘情，不知日已偏西。这大概就是沈括“自志”所说的与相悦者“酬酢于心”了。实际上所与交谈的，也不过是笔墨纸砚而已，所以叫作“笔谈”。涉及朝廷大政方针或近乎宫廷轶闻的故事，都是不敢私记的；至于关系到士大夫褒贬毁誉的文字，就是善事也不想记，不只是不说人坏话而已。所录都是一些山间林荫之下率意谈笑的东西，不系人事利害，所以下至街谈巷语、鄙俚风俗，无所不有。作者谦称：以为这就是著述，则卑之无甚高论，就当我本无意于著述也就是了。

其实，宋人对沈括学术与《梦溪笔谈》的评价已自不低。南宋时不仅引用和辩论此书的学者为数不少，而且普遍对其书之博洽与精核称道有加。绍兴间《郡斋读书志》的著录，已指出沈括“实高材博学，多技能，音律、星历尤邃”⑭。《宋史》本传更概括说，沈括“博学善文，于天文、方志、律历、音乐、医药、卜算，无所不通，皆有所论著”⑮。该书乾道刊本的汤修年跋语，则特别提及沈括学术的经世特点：“《笔谈》所纪，皆祖宗盛时典故、卿相太平事业及前世制作之美，虽目见耳闻者，皆有补于世，非他杂志之比云。”后来朱熹论学，亦每以沈括之说为据，且格外重视他在知识领域的创见，引用《梦溪笔谈》甚多。元、明以降，《梦溪笔谈》声誉日隆。元大德间东山书院本的陈仁子跋，称其“博览古今，于制度尤悉”，“辩讹正谬，纂录详核，闻未闻，见未见，融之可以润笔端，采之可以裨信史”。明万历间沈敬炌跋，亦称此书“上稽朝典，下逮方言，神怪人理，鸟兽草木，搜奇抉秘，罗列星分，沨沨乎博而综，该而典，核而不诡，精实而可考镜”，至谓“《笔谈》出而诸谭者熸矣”。清人周中孚谓之“多有根据，无一浮谈”，钱保塘谓之“博通贯穿，非空疏者所能”。至近世严式诲家刻《梦溪笔谈》，其跋语乃称“沈氏《梦溪笔谈》

为两宋说部之冠”⑯。

近世以来，《梦溪笔谈》作为科技名著的影响早已越出国界，引起国际学术界的关注。胡道静先生对此概括说：“1847 年，法国学者斯丹斯拉斯·茹莲（Stanislas Julien）就在巴黎出版的《亚洲杂志》(*Journal Asiatique*）第二卷上发表了一篇研究活字印刷术起源的文章，用法文翻译了《笔谈》中的有关记述。1915 年，意大利汉学家瓦萨（G.Vacca）在《中国笔记》中着重评介了《梦溪笔谈》。1923 年，德国柏林国家图书馆中文部主任霍勒博士（Dr. Herman Hulle）写了一本《古老的中国活字印刷术及其在远东地带的发展》。其中用德文翻译了《笔谈》中的有关记述。此后，美国学者汤·弗·卡特（Thomas Francis Carter），日本著名数学家三上义夫，以至英国著名科技史专家李约瑟博士都对《梦溪笔谈》做了概括而十分恰当的评述。日本学界更是看重此书，自 1968 年就组织人马准备全译《梦溪笔谈》，至 1981 年分为 3 册正式出版。”⑰

三、《梦溪笔谈》的类目、内容和著述特点

今本《梦溪笔谈》正编的体例，略如按条目内容划分门类的类书，且门类各加标题，计有《故事》、《辨证》(或作《辩证》)、《乐律》、《象数》、《人事》、《官政》、《权智》、《艺文》、《书画》、《技艺》、《器用》、《神奇》、《异事》(《异疾》附)、《谬误》(《谲诈》附)、《讥谑》、《杂志》、《药议》，共 17 门。各门类分条载录，各条皆不设标题，而条数的统计各家有异，胡道静先生《梦溪笔谈校证》统计正编凡有 507 条，另加补编 91 条、续编 11 条，总计为 609 条。各门篇幅不一，正编自《故事》至《官政》6 门以及《杂志》门皆各分为 2 卷，《艺文》门则分为 3 卷，其余各门皆自为1卷，故正编总共有26卷。《补笔谈》为明末马元调重编本，仍分门载录，共涉及 11 门;《续笔谈》则不再分门。

《梦溪笔谈》内容丰博，涉及现在所称人文社会科学与自然科学的各个领域。联系沈括的各种著作和《梦溪笔谈》的综合记载来看，他的学问特别突出的部分可以举出如下一些方面。

（一）唐宋制度史。沈括在这方面的著作有《南郊式》《閤门仪制》《诸敕令格式》及《诸色人厨料式》《女道士给赐式》等，主要涉及仪制、法令；另有《丧服后传》，专讲传统礼制中的丧服制度。沈括在典制史方面的修养是多方面的，绝不限于现在所知他所编制的几种官方文件，如该书开篇即列载的《故事》一门，记叙和谈论本朝典章故实，便涉及官制、礼仪、舆服、图籍、科举、封赐等内容，并及于有关掌故。虽然所谈不限于唐宋，但他对唐、五代、宋代典制更为精熟，所以《故事》门也以此为主，这实际上是他平生从政的看家本领。由于他的谈论都是有所选择的，多为当时人们已不甚熟知或不知所从来的事项，所以叙述典制源流多溯及唐代，反映出宋朝典制多沿承唐朝的事实，许多细节可以弥补史书的缺载。

（二）宋代财政史。沈括在这方面的学术积累主要来自他曾担任三司使的经历，虽无专门著述，却在《梦溪笔谈》中保存了不少这方面的资料，如《官政》门便涉及茶法、盐法、钱法、赋税制度、物价平衡、京师供米之数、漕运、陆运、治水、赈灾、边境守备、行政区划变动、法令、司法案例、吏禄、驿站制度、馆职的职责等，其中大部分条目是与国家财政有关系的，而言茶法、盐法尤详，并有具体的统计数字。可以看出，这些多是沈括在担任三司使时所掌握的资料，具有重要的经济史料价值。

（三）音乐学术。这方面沈括有《乐论》《乐律》《乐器图》《三乐谱》等著作，旧时属于经学的范畴，是与他的礼制学术联系在一起的。《梦溪笔谈》的《乐律》门集中了这方面的研究成果，内容大致可分这样几项：一是讲解了十二律的性质、名称、次序、产生机制和方法、变化模式和规律等；二是讨论了一些古曲（如《柘枝曲》《霓裳羽衣曲》《广陵散》等）的演变源流及唐宋时代各种乐曲的构成模式和调式等；三是讨论了羯鼓、钟镈、磬、羌笛、琴等乐器的形制、制作及演奏等；四是记录、考辨了一些古代善歌者的故事，并论及演唱方法等。这些内容都很专，大约是由作者早年所做的《乐律》《乐论》二书而来的，故论说颇成系统，且有长达两千余字的条目。

（四）天文历算学。这方面沈括有一系列历法著作，包括《熙宁奉元历》《熙宁奉元历立成》《熙宁奉元历备草》《比较交蚀》《熙宁晷漏》等。这些都是兼任他提举司天监时，聘请淮南人卫朴制订历法所取得的成果，《梦溪笔谈》的《象数》门也大都是这类内容。古人将天文历算统归为一类，其实应对沈括的天文学、历法学和数学才能分开来看。他在数学上的发明主要见于该书《技艺》门，不归于《象数》门。“象数”一词，起于卜筮；后世宽泛的理解，所有旧时被称为“术数”的东西，上至天文历法、中医理论，下至占候、算命、看风水，都与象数有关系。《梦溪笔谈》的《象数》门主要是谈天文历法的，同时也涉及《易经》的阴阳学、医家的“五运六气之术”、古人以十二律管候气的方法等，都属于专门知识的范畴，有些是作者本人独到的研究成果。另有一些与占卜有关系的条目，大都主于介绍、辩论，对传统术数的迷信成分多所批评。

（五）医药学。这方面沈括有《灵苑方》《良方》等专著，《梦溪笔谈》的《药议》门也是撷英取精之作，从采药、用药到辨药、制药等都有精辟论述。此门不同于一般的医理或医方书，仍是用笔记的体裁写作的，故所录各条大都主于检讨前人的失误或阐释自己的精要看法，均非泛论。

（六）地理、地图学。沈括在这方面的代表著作是《使虏图钞》和《天下州县图》，后者即《补笔谈》所称《守令图》，是地图学上的创规之作。此外，李焘在《续资治通鉴长编》卷二六一、二六三、二六五的考异中，多处引及沈括所做《乙卯入国奏请并别录》，合起来将近 15 000 字，为沈括出使辽国时的详细记录，也包含了丰富的边疆历史地理资料。

（七）考古学。沈括有极高的考古学天赋和修养，这点突出体现在《笔谈·器用》门的记载中。此门历述古铜黄彝、铜钲、蒲璧、榖璧、铜罍、吴钩、矢服、弩机、神臂弓、沈卢剑、鱼肠剑、凸面镜、肺石、钱币、透光镜、有矩弩机、铜匜、铁甲、玉臂钗、古印章、玉辂等古器物，皆有独到的见解，堪称中国早期古器物学研究的名篇。且《梦溪笔谈》不限于器物考古，还涉及生物考古、地质考古等，《异事》门、《杂志》门皆有这方面的珍贵资料。

（八）诗学及书画学。《梦溪笔谈》的《艺文》《书画》两门，集录了沈括在诗学和书画学上的一些见解，合观之即可见他作为一位杰出文艺家的本色。《艺文》门虽分为三卷，实际篇幅并不大，其中大部分条目可以归入诗学；明人著作中曾提及沈括有《诗话》之作，今人疑是由《梦溪笔谈》中辑出单行的，非是他原有此专作。《书画》门主要谈书画鉴赏，也涉及书法、绘画理论及技巧，保存了重要的书画史资料。

（九）音韵学及语言文字学。音韵学是极专门的学术，《梦溪笔谈》中涉及音韵学的条目并不多，但《艺文》门对等韵学的介绍在北宋学者中是最系统的，对沈约四声说、切韵学等也有介绍和新看法。北宋音韵学盛行以官修《广韵》为中心的今音学，而古音学、等韵学的研究都还没有展开，沈括是较早注意到古音学、等韵学的学者。其语言文字学散见于《梦溪笔谈》的多个门类，例证不拘一格，如《艺文》门所介绍的王圣美“右文”说，对汉字形体的分析提出新的见解，便有着独特的价值，被视为现代汉语语源学的滥觞。

（十）博物学与文化史。如上所述，《梦溪笔谈》全书具有显而易见的博物学色彩，在今天甚至不妨视为典型的博物学著作。作者对自然知识的重视是前无古人的，最能彰显博物学的特点。有关资料除上述天文历算学与医药学的内容外，还有其他类型繁多的记录，主要散见于《技艺》《器用》《神奇》《异事》《杂志》诸门及《补笔谈》中，合观之亦构成一大部类，成为该书自然科学史料的重要组成部分。按照传统的理解，中国式的博物学不仅囊括自然科学的百科知识，而且涵盖人文科学与社会科学的各科知识，因此《梦溪笔谈》的知识体系毋宁更接近于今日所称广义的文化史学——这也是中国古代类书编纂的发展趋势。总观《梦溪笔谈》中的史料，除少量人物轶事与官政资料外，其余差不多全可归入文化史的范畴，即使纯为自然现象的记录，也大都带有显著的人文化的特征。

以上所举，特别是前九个方面，随便抽出哪个方面，沈括都可称是响当当的专门家，其专精程度都不是普通学者所能达到的。这样的概括当然还不全面，但《梦溪笔谈》的结集事实上即以上述内容为骨架，虽条目多少不一，叙事杂泛，但大抵皆不失为沈括平生学术菁华的撮要存留。

在宋代笔记体的著作中，人物轶事的记载往往占有相当大的比重，有许许多多的细节材料可以弥补正规史书中人物记事的不足或纠正其失误。沈括著《梦溪笔谈》，因为他不欲涉及人事利害，所以该书《人事》门的记录都是正面的，即所谓“不言人恶”；且正面材料也只着眼于轶事本身，凡是真能给人以启发者则记之，否则就不记，在事而不在人，故所记既无阿谀赞颂之词，也无志异猎奇之心。所记的人物基本上都是宋代的，但散布全书，不限于《人事》门或其他一二门；记述体例亦简要，多一人一事，寓鉴戒于叙事之中，不发议论，如《人事》门的“寇准镇物”“李士衡不重财物”“王荆公不受紫团参”“范仲淹不教人主杀人手滑”等条，皆文字无多，而人物风范跃然纸上。沈括对平民的智慧和才能是格外重视的，如发明活字印刷术的毕昇、治理黄河决口的水工高超、木工出身的建筑大师喻皓及“运筹如飞”的盲人卫朴，皆因《梦溪笔谈》的记录而流传青史。尤为史家所瞩目的还有《梦溪笔谈》对李顺农民起义的描述：“顺初起，悉召乡里富人大姓，令具其家所有财粟，据其生齿足用之外，一切调发，大赈贫乏；录用材能，存抚良善，号令严明，所至一无所犯。时两蜀大饥，旬日之间，归之者数万人，所向州县，开门延纳，传檄所至，无复完垒。”（见本书第 445 页）这样的言辞在正史中是找不到的。

这里还应谈一下《梦溪笔谈》的《杂志》门。此门两卷，所录大约是作者认为不易归类的材料，故总汇于书末而称为杂记。实际全书都是杂记性的，分类只是相对的，所以各类别之间多有内容性质相近的条目。就材料的重要性而言，用今天的眼光来看，《杂志》门绝不低于其他门类，如有关石油、盐南风、海陆变迁、雁荡山、磁偏角、胆矾炼铜、边州木图、李顺事迹等条，就都在这一类。这一类中还有很值得重视的其他历史条目，如“士人以氏族相高”条考及印度的种姓制度和中原门阀制度的历史沿革、“景祐中党项首领赵德明卒”条颇为详细地叙及西夏的历史、“交趾乃汉唐交州故地”“广源州”“甲峒”诸条叙述五代及北宋时交广地区的历史、“青堂羌本吐蕃别族”条考察唃厮啰政权的历史等，都可作为研究宋代历史的参考。

《梦溪笔谈》在著述方法上的突出特点是传统考证学的展开。学术界一般将《梦溪笔谈》视为考证笔记的著作，并将此书与南宋洪迈的《容斋随笔》、王应麟的《困学纪闻》并列为宋人最有代表性的三大考证笔记。该书《辨证》门即专为辨别考证而设，但作者的考证贯穿全书，几乎每条都有考证，很少有单纯的叙述。沈括考证工作的最大特点，是以文献记载和书本知识与亲历见闻、实地调查、自身实践经验相印证，而不是仅仅辗转于古今文字记录之间求左验，从而以深厚的学术素养和前沿式的治学方式为基础，构筑起一个足以服人而又自成一格的实证体系。是以所考虽杂而人不病其杂，所记虽细而人不病其细，上至天文地理、国典朝章，下至人伦日用、族群风俗，以致种种人不经意的物理现象，一经其手便皆成学问。这在沈括对自然现象的解释中表现得最为显豁，如他预测“石油”将来必大行于世，推测月光源于对日光的反射、海潮与月亮的运行有关系、彩虹与太阳的位置有关系，推断太行山出海底、华北平原由泥沙淤积而成、雁荡山由大水冲激而成，等等，此类在常人看来若乎“子虚”的谈说，在沈括的笔下却都成为凿凿有确据的“实证”。按诸宋代学术史，宋人笔记中偏重于考证的类型实自《梦溪笔谈》问世后才趋向兴盛，也可认为宋代考证之学至《梦溪笔谈》始渐趋成熟。沈括所谈的一些题目，在他身后的学者著述中往往一再被辩驳论证，且辗转讨究，甚至三五种书用几乎相同的标题议论一事，而其源莫不出于《梦溪笔谈》，此亦可见其书在宋代考证领域的重大影响。

四、《梦溪笔谈》的自然科学价值

《梦溪笔谈》所包含的自然科学与技术科学史料之丰富，在整个中国古代笔记类著述中都罕有其比。依据现代学术分类，全书约有三分之一以上的条目内容直接关涉科技领域的天文、历法、气象、地质、地理、数学、物理、化学、生物、医药及农学、水利、建筑等各个门类学科；而有关政事、军事、历史、文艺、服饰及人类学、考古学、语言学、音乐等方面的记载，细节处也每每与科技相联系。近世以来，《梦溪笔谈》作为科技大著与经典文献的地位即由此而奠定，这点已大大超越于普通文史古籍之上。

历来学术界对《梦溪笔谈》中的科技资料已有众多检视和总结，其中常被提到的重要事项如：

天体运动的观察、日月食形成的机制和极星测量；

日月之形和月球发光原理的推测；

月球和海潮的关系；

大气光学现象彩虹的成因和太阳位置的关系；

流星、陨石的记载；

龙卷风的记载；

指南针及其装置和利用方法的记载；

地磁偏角的发现；

人工磁化方法及磁化水的记载；

十二气历——纯阳历的提出；

数学中的隙积术、会圆术、围棋变局总数的计算及其他；

华北冲积平原的形成机制；

地貌剥蚀的原理；

化石的记载；

“石油”一词的首先使用及石烟制墨；

解州池盐的结晶原理；

多种矿物晶体的物理性质及磷化氢自燃现象、冷光现象等记录；

胆矾炼铜的记载；

炼钢的记载；

冷锻铁甲的记载；

凹面镜、凸面镜的成像原理；

声学共振现象；

革囊纳声的记载；

汴水落差的测量；

高超治黄河决口的“三节压埽法”；

毕昇发明活字印刷的记载；

喻皓《木经》的建筑学；

赫连城与军事建筑技术；

地理模型、木地图的制作及制图方法的改进；

地理纬度、地形和物候的关系；

江湖行船避风术；

桂屑除草（生物除草）技术；

人体解剖学的记载；

法医以新赤油伞验伤所反映的滤光技术；

大量生物学、药物学的记载；

……

上述举例只是一个梗概。具体而言，则可从不同的方面深入研讨。

天文学方面。沈括结合自身观测天文、主持历法改造的实践，试图以运行中的日、月距离黄白交点的远近，来说明日月食分的大小，提出根据黄道岁差修正“斗建”，以使之与“月建”相符，并通过实际观测，得出了“天极不动处，远极星犹三度有余”的结论；又根据太阳在黄道上视运动的迟速，推断一年之中日时的短长，谓“冬至日行速”“夏至日行迟”(《梦溪笔谈》卷七)。他还针对旧时历法“气朔交争，岁年错乱，四时失位，算数繁猥”的缺点，提出依据太阳视运动进行计算，以十二气为基础制订一年的历法，即所谓“十二气历”(《补笔谈》卷二)。此种独特的设计不用闰月，不以月亮的朔望定月份，纯参照节气定历，以大小月相间，正与今之阳历相似，显示出沈括超乎常人的卓识。《梦溪笔谈》中这方面的记载，还可与沈括的《浑仪、浮漏、景表三议》(见《宋史·天文志一》)对看，其中有不少精到的见解。

数学方面。沈括创造性地提出的“隙积术”与“会圆术”(《梦溪笔谈》卷十八)，为后人的研究奠定了基础。“隙积术”又称“堆垛术”，讨论的是求解相同形状的物体有次序堆垛的数目和体积问题，实是高阶等差级数的求和问题，后来杨辉、朱世杰等人即在其基础上进一步推广为一般高阶等差级数求和的“垛积术”。“会圆术”是已知圆的直径和弓形的高，以求弓形的弦长和弧长的问题，给出了中国数学史上第一个求弧长的近似公式。《梦溪笔谈》中还有一些记载，涉及排列组合、球面三角、运筹学、指数定律等，但没有展开。

物理学方面。沈括涉足的领域特别多，如考求针孔成像、凹面镜成像与向日取火规律的“阳燧照物皆倒”条（《梦溪笔谈》卷三），稽考古铜镜铸造与成像原理的“凸面镜”“透光镜”条（《梦溪笔谈》卷十九），记以新赤油伞滤光而检验人体伤迹的“李处厚验伤”条（《梦溪笔谈》卷十一），记登州海中云气景观的“海市蜃楼”条与揭示彩虹成因的“虹”条（《梦溪笔谈》卷二十一），记指南针人工磁化及其装置方法的“磁偏角”条和“磁针有指北者”条（《梦溪笔谈》卷二十四及《补笔谈》卷三），记卢肇论海潮的“潮汐”条（《补笔谈》卷二），以及有关大气物理、气象学、乐律学等记载，都是重要的古典物理学资料。

化学方面。《梦溪笔谈》卷二十四所载“鄜延境内有石油”条格外值得注意。原文有云：“此物后必大行于世，自予始为之。盖石油至多，生于地中无穷，不若松木有时而竭。今齐鲁间松林尽矣，渐至太行、京西、江南松山，太半皆童（秃）矣。造煤人盖未知石烟之利也。”这段话中的“自予始为之”，是针对作者以“延川石液”的烟尘（石油燃烧后剩下的烟煤）制墨而言的，然“石油”之名的流行正始于沈括，此物“大行于世”亦成为千百年后为全世界所验证的预言。且此条不仅言石油，更涉及森林资源的有限与石油资源的开发，透露出清醒的生态平衡与环境保护意识。其他如记“信州铅山县有苦泉，流以为涧，挹其水熬之则成胆矾，烹胆矾则成铜”，且“熬胆矾铁釜，久之亦化为铜”（《梦溪笔谈》卷二十五）；记解州盐池的生产技术（《梦溪笔谈》卷九）；记化学物质与生物化学物质的发光现象（《梦溪笔谈》卷二十五）；记硫酸盐矿物晶体的太阴玄精石等（《梦溪笔谈》卷二十六）；这些都是研究中国古代化学史的宝贵资料。

地学方面。《梦溪笔谈》中的地学记录亦别具一格，如卷二十四记太行山而北的“山崖之间往往衔螺蚌壳及石子如鸟卵者，横亘石壁如带”，以为“此乃昔之海滨，今东距海已近千里”，而“所谓大陆者，皆浊泥所湮耳”；又谓温州雁荡山“皆包在诸谷中，自岭外望之都无所见，至谷中则森然干霄”，而“原其理，当是为谷中大水冲激，沙土尽去，唯巨石岿然挺立耳”。此类记录都是绝好的地质学资料。卷二十一记“延州永宁关大河岸崩，入地数十尺，土下得竹笋一林，凡数百茎，根干相连，悉化为石”，所说当是古时形似竹的蕨类植物化石，而及于古生物学。有关传统地理学与地图学的内容，《梦溪笔谈》中记载多多，而尤以《补笔谈》卷三所记“飞鸟图”之制作方法昭昭在人耳目。

生物学与医药学方面，沈括尤其有着深湛的造诣。有学者统计，《梦溪笔谈》中属于动物学（包括药用动物）的记载约有 24 条，属于植物学（包括药用植物）的记载约有 47 条，属于医药（包括矿物药）的记载约有 17 条，三项合计约占全书自然科学条目的三分之一强[18]。所记对动植物的地理分布、形态和分类，生物的生理、生态现象和特点，药物及其药理特性和作用，以及生物防治、人体解剖生理学、古生物学，等等，都有具体的描述和分析。有的医药学记载还涉及物候学的内容，如卷二十六所记“古法采草药多用二月、八月，此殊未当”条。

工艺技术方面。前已提及，《梦溪笔谈》特别重视平民科学家的发明创造，如卷十八所记布衣毕昇发明的活字印刷术、盲人卫朴的精湛运算技术、木工喻皓的杰出建筑成就，卷十一所记水工高超治理黄河决口的“三节压埽法”，都为科技史上的典范事例。

冶炼技术方面。卷十九记蟠钢剑，卷二十一记舒屈剑，卷三记“团钢”的制法，卷十九记神臂弓的制作、铁甲的锻造，也都有接近科学的解释。

《梦溪笔谈》的科技成就在此难以尽举。在传统儒学轻视百工技艺、市井“小道”的时代，沈括能够以“说部”之书突破藩篱，给科学以相当的尊重，且不惧“怪怨攻骂”，敢于抛弃前人旧说，破除迷信，自立新解，又自觉将大量有价值的自然科学史料记录下来，以供后人研究，这正是他平生治学的可贵之处。正如气象、地理学家竺可桢先生所说的："自来我国学子之能谈科学者，稀如凤毛麟角，而在当时能以近世之科学精神治科学者则更少。……正当欧洲学术堕落时代，而我国乃有沈括其人，潜心研究科学，亦足为中国学术增光。"⑲

在此还要强调指出，沈括的探索精神和认知能力独步一时，学术思维凌轹古今，是大大超越于一般学者之上的。举例而言，《梦溪笔谈》卷二十有一条云：

> 人有前知者，数十百千年事皆能言之，梦寐亦或有之，以此知万事无不前定。予以谓不然。事非前定，方其知时，即是今日；中间年岁，亦与此同时，元非先后。此理宛然，熟观之可谕。或曰：苟能前知，事有不利者，可迁避之。亦不然也。苟可迁避，则前知之时，已见所避之事；若不见所避之事，即非前知。

这段议论的核心是对"时间"之性质的认识。在沈括看来，"时间"是流动不止的，所谓"前知"实即"后知"，谎称"万事无不前定"自是谬论，因为"方其知时，即是今日"，所有自"今日"距未来"数十百千年"之间的"中间年岁"，实皆与"今日"同时，"元（原）非先后"。所谓"此理宛然"，深刻反映出沈括的超前意识，从中很容易引导出现代西方学者所称的"一切历史都是当代史"的观念。以此言之，沈括的科学探索精神和超前的认知能力、思维方式，正是他全部学术的灵魂。这也就无怪乎英国科学史家李约瑟博士盛称沈括是"中国整部科学史中最卓越的人物"，《梦溪笔谈》一书是"中国科学史的里程碑"（《中国科学技术史·导论》）。

当然，用现在的眼光来看，《梦溪笔谈》中的科学史料也还有其历史局限性，这是任何古代学者都不可避免的。首先，该书为文史笔记著作，有关科技知识散布全书，详略不一，并未组织为一个系统，这也给后人的综合研究带来了一些困难。其次，在方法论上，简单的类比归纳多，抽象综合少，难与现代分析科学相契合，有些地方甚至至今还无法做出确切的解释，所记对中国传统科学结构的变化并无甚大影响。最后，书中对自然现象的解释，有时也不无迷信的痕迹。《梦溪笔谈》的文献成就是与宋代文化发展的整体水平相适应的，沈括的有些科技研究成果也是从前代继承下来的，对其史料来源也还需要进一步检视和研讨。

五、几点说明

《梦溪笔谈》是沈括晚年的总结性著作，是他一生学问精华的结晶，其中每一条在他看来都是有寓意、有心得、值得记或他人所未知、未记的，尽管有些条目也许在后人看来本是不必记或不应记的。这当然不是说书中就没有错误，除了有些知识性的问题会有争议外，沈括对个别史实的记忆也有失真之处，所记不免出现偏差。但这些都是枝节问题，不妨害全书的整体价值。由于沈括的学问太博太专，所以书中的有些条目不太好读。学者的研究和利用可以各从专门，一般读者则仍可把它当作传统所称的文史著作或知识性书籍来读，而不必过分求解书中的专深部分，特别是不要因为现在常称此书是自然科学史上的名著，就忽视了占全书大部分篇幅的人文科学与社会科学内容。古人学问虽也分类，而注重综合，在今也应尝试用古人的思维读古书，以便更好地理解中国古文化。

现在奉献给读者的这个小册子只是个普及性的选本，并不能展示《梦溪笔谈》的全貌。不过所选各条都是原文，不加删节。《梦溪笔谈》的知识性很强，涉及面很广，作者的文笔又极洗练，且有不少唐宋习用语，今日已很陌生，一般辞书也查不到，要注释这样的作品是很难的，非联合各方面的专家难以做得好。尽管如此，这里对各条文字仍不加删节，个别实在注不出者宁可付缺，或提出可能的意见或疑问，也不避难节去。选条是有倾向性的，依据丛书编审者的意见，本书以疏通《梦溪笔谈》中有关自然科学的条目为主，其他内容为辅。几经拣选，最后总共收入 264 条，已超过《梦溪笔谈》全书条目总数的 43%。其中自然科学条目在 200 条左右，已将笔者认为属于自然科学的绝大部分内容都包括在内了，只有个别条目在今天看来仍多少有些迷信色彩而没有收入，还有个别条目因文字问题未收。有关人文科学与社会科学的内容仍适当选入了一些条目，各门多者三五条，少者一二条，总共不到自然科学条目的一半，目的只在展示原书的文史著作风貌，而在此编已非阅读重点。全编仍按《梦溪笔谈》门类编排，以见原书内容框架，而《补笔谈》和《续笔谈》所选均不再分门类。

本编选目原文主要依据胡道静先生的《梦溪笔谈校证》，同时参考了元大德本的影印本及其他多种校本，个别字词和标点有改动，并于紧要处做了说明。为突出各条目主题，便于阅读，所有选目都添加了小标题。原文有些小字夹注，今为便读，一律改为单行，用楷体小字录入。注释点评中为了进一步说明问题加了少量按语，解读文字力求简明，不足之处还请读者批评指正。

最后对组织本书编写的国家图书馆马超先生及主持“中华传统文化百部经典”丛书工程的各位领导、编者表示诚挚的谢意！

张富祥

2020 年 5 月初稿

2021 年 3 月修订

① 关于沈括的生卒年，目前还有争议，这里采用的是胡道静先生的考证结果。另有几种看法，皆较此提前或迟后一两年，分别是：公元 1029—1093 年；公元 1030—1094 年；公元 1032—1096 年；公元 1033—1097 年。参见胡道静著，虞信棠、金良年编：《胡道静文集·梦溪笔谈校证》，上海人民出版社，2011 年，第 4—5、721 页。

②《长兴集》卷七《答崔肇书》，见（北宋）沈括原著，杨渭生新编：《沈括全集》，浙江大学出版社，2011 年，上编，第 49 页。

③（元）脱脱等修：《宋史》卷三三一《沈遘传》附《沈括传》，见上海古籍出版社、上海书店编：《二十五史》第 8 册，第 6373 页。

④《宋史》卷三三一"论曰"，《二十五史》第 8 册，第 6374 页。

⑤《宋史》本传以沈遘、沈辽、沈括三人同传，并谓沈遘、沈辽为兄弟，沈括为沈遘从弟，故全篇以沈遘列目，而以沈辽、沈括附于沈遘之下。然据陈振孙《直斋书录解题》卷十七"长兴集"条考证，沈括于沈遘为叔而年少于沈遘，沈遘为沈同之孙、沈扶之子，沈括则为沈同之弟沈周之子、沈扶从弟。陈氏所考引王安石所作沈周、沈遘墓志铭及沈辽所作其伯父沈振墓志铭为据，当可信。盖沈振、沈扶为兄弟，沈披、沈括为兄弟，四人同辈，故命名用字皆从提手旁，而较名从走之旁的沈遘、沈辽（皆为沈扶之子）高一辈。《梦溪笔谈》卷二十"吴僧文捷"条，亦称文通（即沈遘）为"群从"，即从子（侄）辈。《宋史》所记出于宋代国史，大约因当时人习称沈遘、沈辽、沈括为"钱塘三沈"，故致国史中遂亦误记三人为同辈。

⑥《长兴集》卷三二《自志一》，见（北宋）沈括原著，杨渭生新编：《沈括全集》，上编，第 243—244 页。

⑦《（至顺）镇江志》卷十二载梦溪园在镇江府城东南朱方门外子城下，地属附郭丹徒县（今镇江丹徒区）。

⑧《长兴集》卷三二《自志一》，见（北宋）沈括原著，杨渭生新编：《沈括全集》，上编，第 243—244 页。李约，字存博，号萧斋，唐德宗初年宰相李勉之子。宪宗元和中曾为兵部员外郎，后弃官归隐。性清净寡欲，一生不近粉

黛。博古探奇，多蓄古今器玩、怪石、法书名画，与雅士清谈终日，弹琴煮茗，略不及尘事。事迹见赵璘《因话录》卷二。

⑨ 见胡道静著，虞信棠、金良年编：《胡道静文集·梦溪笔谈校证》，第816—820 页。

⑩《梦溪笔谈》正编的卷数，《通志·艺文略》作 20 卷，《宋史·艺文志》作 25 卷，《郡斋读书志》和《直斋书录解题》则皆作 26 卷。清初《四库全书总目》疑其书初为 30 卷，后勒著定本为 26 卷；今人则或疑原书初为 26 卷，稍后又增补至 30 卷。南宋乾道二年（1166）扬州州学据 26 卷本刊刻，有教授汤修年跋，后世承之，无所变化；但该本没有流传下来，现存最早的版本为元大德九年（1305）茶陵（今属湖南）陈仁子所刊东山书院本，亦为 26 卷，今藏国家图书馆，并于 1975 年由文物出版社影印出版。今本《补笔谈》3 卷、《续笔谈》11 条，系明末马元调刊刻《梦溪笔谈》全书时重编，已删略宋代原编者的一些说明文字；《四库全书》所收《补笔谈》上下两卷，则尚存马氏重编之前的旧本原貌，原题的说明文字亦皆保留，但首页有部分缺字。

⑪ 胡道静著，虞信棠、金良年编：《胡道静文集·梦溪笔谈校证》，第 21 页。

⑫《宋史》卷三五六《崔鹏传》，《二十五史》第 8 册，第 6437 页。

⑬ 胡道静：《梦溪笔谈校证》，古典文学出版社，1957 年，上册，第 3 页。

⑭（元）马端临：《文献通考》，中华书局，1986 年，下册，第 1762 页。

⑮《宋史》卷三三一《沈遘传》附《沈括传》，《二十五史》第 8 册，第 6374 页。

⑯ 以上汤修年、陈仁子以至严式诲诸家跋语，并见胡道静：《梦溪笔谈校证》卷末《梦溪笔谈叙录·刊本序跋第一》，下册，第 3 页。

⑰ 胡道静：《弥足珍贵的〈梦溪笔谈〉——写在沈括逝世 900 周年》，《自然杂志》1996 年第 1 期。

⑱ 参见王锦光、闻人军：《沈括的科学成就》，见杭州大学宋史研究室编：《沈括研究》，浙江人民出版社，1985 年，第 101—102 页。

⑲ 竺可桢：《北宋沈括对于地学之贡献与纪述》，《科学》1926 年第 6 期。

梦溪笔谈

卷一　故事一

郊庙册文

上亲郊庙[1]，册文皆曰“恭荐岁事”[2]。先景灵宫[3]，谓之“朝献”；次太庙，谓之“朝飨”；末乃有事于南郊。予集《郊式》时[4]，曾预讨论[5]，常疑其次序[6]：若先为尊，则郊不应在庙后；若后为尊，则景灵宫不应在太庙之先。求其所从来，盖有所因。按唐故事，凡有事于上帝，则百神皆预遣使祭告，唯太清宫[7]、太庙则皇帝亲行。其册祝皆曰：“取某月某日，有事于某所，

《宋史·沈遘传》附《沈括传》：“故事，三岁郊丘之制，有司按籍而行，藏其副。吏沿以干利，坛下张幔，距城数里为园囿，植采木、刻鸟兽，绵络其间。将事之夕，法驾临观，御端门，陈仗

卫，以阅严警，游幸登赏，类非斋祠所宜。乘舆一器，而百工侍役者六七十辈。括考礼沿革，为书曰《南郊式》。即诏令点检事务，执新式从事，所省万计，神宗称善。”

不敢不告。”宫、庙谓之“奏告”，余皆谓之“祭告”，唯有事于南郊方为正祠[8]。至天宝九载[9]，乃下诏曰[10]：“告者，上告下之词。今后太清宫宜称‘朝献’，太庙称‘朝飨’。”自此遂失“奏告”之名，册文皆为正祠。

[注释]

[1]上亲郊庙：皇上亲临南郊祭天和太庙祭祖的活动。郊，南郊，古代帝王于冬至日，在都城南郊的圜丘（圆形高坛）举行祭天的仪式；有时郊祀也指合祭天地的活动。庙，太庙，藏祖先神主并举行祭祖典礼之所。 [2]册文：祝册文字，即郊祀祭享所用的文书。恭荐岁事：祝词用语，意谓岁时祭祀恭恭敬敬地进献祭品。荐，进献祭品，犹言祭享。岁事，岁时祭祀。 [3]“先景灵宫”五句：是说先到景灵宫祭祀，其仪式称为“朝献”；其次到太庙祭祀，其仪式称为“朝飨”；最后到南郊举行祭天大礼。有事，祭祀。按：《宋史》诸帝本纪记载景灵宫的祭祀，于仁宗、英宗皆称“朝飨景灵宫”，于神宗以下皆称“朝献景灵宫”，对于“朝献”“朝飨”之名尚未有严格的区分。朝飨，犹“朝享”。又按：景灵宫，宋代皇室奉祠本朝历世帝、后的处所。真宗大中祥符年间始建于皇城东南，仿道家宫观形式建馆殿，供奉已故帝、后的画像，称神御殿。后来其建筑规模不断扩大，每帝为一殿在前，皇后亦别为一殿在后，又有诸多附属建筑，并画功臣像陪祀。祭奠时，于皇帝用道家仪，于皇后用家人礼。南渡初曾暂寓景灵宫于温州，后复迁建于临安。 [4]《郊式》：宋神宗熙宁初年沈括等奉敕编修的《南郊式》。原书详考礼制沿革，重定南郊大礼仪式及一应事务程序，总为110卷。因当时王安石以宰执总领其事，故《宋史·艺文志》著录为王

安石撰。[5]预：参与。[6]“常疑其次序”五句：是说如果以先祀者为尊，则郊祀祭天尊于庙祀祭祖，郊祀就不应在庙祀之后；如果以后祀者为尊，则景灵宫之祀尊于太庙之祀，宫祀就不应在庙祀之前。按：沈括的意思是，先尊的致祭次序应是南郊、景灵宫、太庙，后尊的致祭次序应是太庙、景灵宫、南郊，而现行的致祭次序是景灵宫、太庙、南郊，于先尊、后尊之礼皆不合。又，句首“常”字通“尝”，表示曾经。[7]太清宫：唐代在京师建立的祭祀老子的庙观。唐王朝李氏自称为老子的后裔，高宗时追尊老子为太上玄元皇帝，玄宗时又命各地普建玄元皇帝庙。其庙在京师者称为玄元宫，后改名为太清宫。[8]正祠：犹正祭，指带有主导性质的祭祀活动。此处意谓唐朝举行南郊大礼时，太清宫、太庙及各种神庙的祭祀皆为辅助性的祭祀活动，故册文皆用“奏告”及“祭告”等称呼；只有郊祀是主导性质的正式祀典，故册文尊称“朝献”或“朝飨”。[9]天宝九载：750年。唐玄宗天宝三年（744）改“年”为“载”，至肃宗至德三载（758）复改“载”为“年”。[10]“乃下诏曰”五句，载见《旧唐书·玄宗本纪下》：“（天宝九载十一月）己丑，制：自今告献太清宫及太庙改为‘朝献’，巡陵为‘朝拜’，告宗庙为‘奏’，天地享祀文改‘昭告’为‘昭荐’，以告者临下之义故也。”按：本纪但言“朝献”而未及“朝飨”，疑“朝献”与“朝飨”无别，与沈括所引以二者对举稍异。

[点评]

《梦溪笔谈》开卷《故事》门第一条，记述了沈括等编制《南郊式》时的讨论成果，指出宋代郊祀、宫祀、庙祀的轻重次序有所混淆，皆由于唐代祝册文辞及祭祀规格的变化。初，唐朝举行郊祀大典，皆同时遣使祭告太清宫、太庙及百神，册文即称“奏告”“祭告”等，均非“正祠”，只有郊祀为“正祠”。天宝间以“告”字为“上告下”之词，于神灵有所不尊，乃于太清宫、太庙等册文尽去“奏告”“祭告”之名，而改用与“正祠”祝册相同的“朝献”“朝飨”等语。由此导致诸种祭祀皆为“正祠”，册文混而不分，宋人承之，遂亦失其轻重次序。此为宋承唐制的一个微例，沈括的考证小中见大，可知不论何种制度，皆须随时变通，否则不免胶着。

中国衣冠用胡服

胡服本为汉人对北方及西域各族“胡人”所穿服装的总称，后来也泛称汉人服饰以外的外族服装。

中国衣冠[1]，自北齐以来[2]，乃全用胡服[3]。窄袖绯绿短衣[4]，长靿靴，有蹀躞带[5]，皆胡服也。窄袖利于驰射，短衣长靿皆便于涉草。胡人乐茂草，常寝处其间，予使北时皆见之[6]，虽王庭亦在深荐中[7]。予至胡庭日，新雨过，涉草，衣裤皆濡[8]，唯胡人都无所沾。带衣所垂蹀躞，盖欲佩带弓剑、帉帨[9]、算囊[10]、刀砺之类[11]。自后虽去蹀躞，而犹存其环。环所以衔蹀躞，如马之鞦根[12]，即今之带銙也[13]。天子必以十三环为节，唐武德、正观时犹尔[14]。开元之后[15]，虽仍旧俗，而稍褒博矣[16]。然带钩尚穿带本为孔[17]，本朝加顺折，茂人文也。

隋及唐初，天子的玉带、金带有十三环，为最高的等级规定，臣下不得僭用。

[注释]

[1] 中国衣冠：泛指古代汉族服饰。 [2] 北齐：南北朝时北方割据政权之一。为鲜卑化汉人所建。550 年正式取代东魏建国，577 年为北周所灭。 [3] 胡服：泛指北方及西域少数民族服装。古籍称北方边地及西域各民族为“胡”。 [4]“窄袖绯绿短衣”二句：是说窄袖的红色或绿色短上衣及长筒靴。绯（fēi），红色。靿（yào），靴筒（或袜筒）。 [5] 蹀躞（dié xiè）带：简称“蹀躞”，亦写作“鞢韘”。本为北方游牧民族系于腰带或马具上用以悬挂小物品的一种小带子，一般成组结系，多者可达 10 余条，与腰带或马具连接处有金属环。后来多失去其实用意义而变为装饰品。 [6] 使北：出使北方。指宋神宗熙宁八年（1075）沈括出使契丹辽国事。 [7] 王庭：北方游牧民族国主居处与号令的中心。深荐：茂盛深密的草。荐，兽所食草，此泛指草。 [8] 衣袴皆濡（rú）：衣裤全湿。濡，沾湿。 [9] 帉帨（fēn shuì）：佩巾、手巾。 [10] 算囊：亦称“算袋”，本指盛算筹等计算用具（俗称“算子”）的革袋。后来成为一种装饰品，亦用以盛他物。 [11] 刀砺：佩刀和磨石。 [12] 鞦（qiū）根：马具的鞦带与鞍鞯（jiān）的连接部位。鞦，同“鞧”。鞦带，即自马鞍向后套至马大腿后面的革带，因其前端联结于鞍鞯两侧的后部，故称鞦根。鞦根处通常有成排的环，系以多条垂至马腹下的蹀躞带，既实用又为装饰。 [13] 带銙（kuǎ）：古人革制腰带上钉附的玉牌、骨牌、金属牌等装饰品。早期的带銙是从蹀躞带的牌饰演变而来的，一般为方形薄片，但薄片下部仍有附加的环，因此人们习惯上即以环的多少表示带銙的数目，如称八环、九环、十三环等。 [14] 武德：唐高祖年号，618—626 年。正观：贞观，唐太宗年号，627—649 年。宋人避仁宗讳改“贞”为“正”。犹尔：依然如此。尔，如此、这样。 [15] 开元：唐玄宗年号，713—741 年。 [16] 稍

褒博：渐宽大。 [17]“然带钩尚穿带本为孔”三句：疑指唐开元之后的带钩仍是插孔式的，尚须在带鞓上穿孔联结，至宋代而加大了带钩前部的弯曲度，以便配合钩环使用，且文饰也更美。带本，指带鞓（tīng），即束腰革带的带身。按：宋代玉带钩多见琵琶形的，钩头弯回较高，可与钩环配套，故不须再在带鞓上穿孔，且文饰亦加多。又，“茂人文”三字，他书或引作“盖弥文”。

［点评］

中国自古即习称北方游牧民族的服装为胡服，史载战国时赵武灵王已提倡胡服骑射。胡服的典型制度和最大特点是以便于骑射的翻领对襟窄袖短衣、合裆小口长裤及革制长筒靴相搭配，明显有别于传统汉族服装习尚宽袍大袖、交领右衽的风格。中国古代各民族服装从来都是互相渗透和融合的，而以胡服对汉族服装的影响最为广泛而显豁。沈括说“中国衣冠自北齐以来乃全用胡服”，这个“全”字并不是要表明汉族服装的所有样式都依从胡服，而是透彻揭示出了中国服装的发展趋势已转向以汉化的“胡服”为主导。胡服影响汉族服装不始于魏晋南北朝，但北朝既以胡服为常服，比及隋、唐，汉族统治者亦定胡服为田猎之服，或至上下公服。流风所及，民间遂以为时服，驯至盛唐时期，男女穿着胡服更为普遍，而胡人亦或以汉服为礼服，其俗也逐渐与汉民族风俗加速融合。现代中国人常服的衣裤，事实上即仍然保存着自隋唐以来渐变的胡服之遗风，更与华夏本土宽衣博带的传统相去甚远。

幞 头

幞头[1]，一谓之“四脚”，乃四带也。二带系脑后垂之；二带反系头上，令曲折附顶，故亦谓之“折上巾”。唐制，唯人主得用硬脚[2]。晚唐方镇擅命，始僭用硬脚。本朝幞头，有直脚[3]、局脚[4]、交脚[5]、朝天[6]、顺风[7]，凡五等，唯直脚贵贱通服之。又庶人所戴头巾，唐人亦谓之“四脚”。盖两脚系脑后，两脚系颔下[8]，取其服劳不脱也；无事则反系于顶上。今人不复系颔下，两带遂为虚设。

［注释］

[1]“幞头”三句：是说幞头也称作“四脚”。相传北周武帝时裁定用四条带子，谓之“四脚”，两脚系于脑后自然下垂，两脚反系于头顶上叫“折上巾”。隋时加桐木骨子，使巾顶高起，后世或以藤、竹等为骨。幞头，也作“襆头”，包头软巾。“幞”字旧读 pú，今读 fú。按：南宋赵彦卫《云麓漫钞》卷三：“幞头之制，本曰巾，古亦曰折，以三尺皂绢，向后裹发。晋宋曰幕后，周武帝遂裁出四脚，名曰幞头，逐日就头裹之，又名折上巾。唐马周请以罗代绢，二脚系于上前，法武也；二脚垂于后，法文也。两边各为三折，法三才。又加巾子，制度不一。隋大业十年，吏部尚书牛宏上疏曰：‘裹头者，内宜着巾子，以桐木为内，外黑漆。’唐武德中，尚平头小样者，证圣二年则天临朝，以丝葛为之，以赐百官，呼为武家样。……明皇开元十四年，赐臣下内样巾子，圆其头是也。……自唐中叶已后，诸帝改制，其垂二脚，或圆或

阔，用丝弦为骨，稍翘翘矣。……五代帝王多裹朝天幞头，二脚上翘。四方僭位之主，各创新样，或翘上而反折于下，或如团扇蕉叶之状合抱于前。伪孟蜀始以漆纱为之；湖南马希范二角左右长尺余，谓之龙角，人或误触之，则终日头痛。至刘汉高祖始仕晋为并州衙校，裹幞头，左右长尺余，横直之，不复上翘，迄今不改。国初时，脚不甚长，巾子势颇向前；今两脚加长，而巾势反仰向后矣。” [2] 硬脚：用细金属条撑起的巾脚。唐代皇帝所服的幞头用硬脚，稍上曲；五代晚期以后，硬脚渐趋平直。 [3] 直脚：平直的硬脚。宋人多用铁条支撑。 [4] 局脚：曲脚，硬脚弯曲者。 [5] 交脚：前后脚相互交叉者。 [6] 朝天：巾脚上翘者。 [7] 顺风：一脚下垂、一脚上翘者。 [8] 颔（hàn）：下巴颏。

[点评]

中国古代流行不剃发的风俗，男女皆留长发而盘于头顶，故特别重视束发的头巾，也叫“头衣”。李时珍《本草纲目·器服部·头巾》曰：“古以尺布裹头为巾。后世以纱、罗、布、葛缝合，方者曰巾，圆者曰帽，加以漆制曰冠。又束发之帛曰幁（zhèng），覆发之巾曰帻（zé），罩发之络曰网巾，近制也。”幞头实是衬巾外面戴的帽子。《新唐书·车服志》云：“幞头起于后周，便武事者也。”唐代流行平头小样巾，为百官常服，同于庶人。大抵自盛唐以来，头巾的样式越来越高，一直到明代而发展成高高的乌纱帽。

用于涂改误字的雌黄亦须经过特殊的制作。北魏贾

雌黄改字

馆阁新书净本有误书处[1]，以雌黄涂之[2]。

尝校改字之法[3]，刮洗则伤纸，纸贴之又易脱；粉涂则字不没[4]，涂数遍方能漫灭。唯雌黄一漫则灭，仍久而不脱。古人谓之铅黄[5]，盖用之有素矣。

思勰《齐民要术》卷三《杂说·雌黄治书法》记云："先于青硬石上，水磨雌黄令熟，曝干；更于瓷碗中研令极熟，曝干；又于瓷碗中研令极熟。乃融好胶清，和于铁杵臼中，熟捣，丸如墨丸，阴干。以水研而治书，永不剥落。"

［注释］

[1] 馆阁：宋代国家藏书机构，兼掌图籍收藏、校理、编纂及修史等事务。宋承唐、五代之制，以昭文馆、史馆、集贤院为三馆，各有四部书库，太宗时以三馆书库总寓于崇文院，并新建特藏库性质的秘阁，遂合称馆阁。后来禁中龙图阁、太清楼、天章阁等诸阁，也成为重要藏书处所，或亦被归入馆阁系统。新书净本：馆阁书籍经过精心校勘定本后，又重新缮写、校对、誊清及装订的新本。 [2] 雌黄：矿物名，主要成分为三硫化二砷（As_2S_3）。为鸡冠石的一种，晶体呈金黄色，粉末呈淡黄色，可用来制作颜料或褪色剂。旧称鸡冠石为石黄或黄金石，又分为雄黄和雌黄二种，然载籍亦每相混。古人用黄纸写字抄书，有误则以雌黄涂抹，取其易于漫灭而不留痕迹之用。 [3] 校（jiào）：考察比较。 [4] 粉涂：用铅粉涂改误字。古人用铅粉作化妆品涂面，也用以涂改书写误字。特制的铅粉亦呈黄色，故道家铅丹又称黄丹。 [5] 铅黄：铅粉和雌黄。

［点评］

古人抄书，喜用黄纸。《续资治通鉴长编》卷一八九："嘉祐四年（1059）二月，置馆阁编定书籍官，别用黄纸印写正本，以防蠹败。"此种黄纸因用黄檗汁浸染过，故既可防蠹，又便于用雌黄改字。

五司厅

予为鄜延经略使日[1]，新一厅，谓之五司厅。延州正厅乃都督厅[2]，治延州事；五司厅治鄜延路军事，如唐之使院也[3]。五司者，经略、安抚、总管、节度、观察也[4]。唐制，方镇皆带节度、观察、处置三使[5]。今节度之职多归总管司，观察归安抚司，处置归经略司。其节度、观察两案并支掌、推官、判官[6]，今皆治州事而已。经略安抚司不置佐官[7]，以帅权不可更不专也。都总管、副总管、钤辖、都监同签书[8]，而皆受经略使节制。

［注释］

[1] 鄜（fū）延经略使：全称“鄜延路经略安抚使”，治所在延州（今陕西延安）。宋代经略使不常置，多以经略安抚使为名，由各路帅府的知州、知府兼任，总掌一路兵民之政，并兼马步军都总管。其官署称经略使司或经略司。鄜延路，北宋庆历初由陕西路析置，辖境当今陕西省宜君、黄龙、宜川等县以北，吴堡县及大里河、白于山以南地。　[2] 都督：宋代都督府的长官，掌本府兵民之政。一般以亲王担任，不常置，缺则以知府兼任。　[3] 使院：唐代节度使等地方军政大员的治事处所。　[4] 安抚、总管、节度、观察：宋代安抚使职同经略使，唯后者地位高于前者，在沿边重要地区多由经略兼安抚。总管即都部署，又称都总管，掌军旅屯戍等事，北宋时多由诸路帅臣或知州兼任，南宋时多成闲

职。节度使在唐代总揽一方军、政、财权，观察使为一道行政长官，二者到宋代都仅为武臣虚衔。［5］处置使：唐代初设各道按察使，开元时改设采访处置使，掌举劾州县官吏。后改为观察处置使，即观察使。［6］节度、观察两案：因节度使、观察使之职权已分归总管司、安抚司，二使剩余的相关事务亦分别由二司分案处理，故称“两案”。支掌：幕职官节度掌书记与观察支使的合称，掌文案。二者不同置，一般有出身者为节度掌书记，无出身者为观察支使。推官、判官：亦皆为幕职官。前者掌本州司法，后者掌行政事务。［7］佐官：副职。［8］钤辖：又称“兵马钤辖”。为统兵官，职位在都部署、部署之下。北宋时亦往往由文臣地方官兼任，后亦多成闲职。都监：又称“兵马都监”。性质与钤辖同，位在钤辖之下。同签书：共同签署军事文书。

［点评］

此条所述五司厅，是沈括出任鄜延路经略使时新建的衙署，目的在统一处理鄜延路的军务，类似唐代的使院。按所述，所谓“五司”指的是经略司、安抚司、总管司、节度司、观察司。唐代制度，凡方镇长官都带节度使、观察使、处置使的职名。宋代节度使的职权多归于总管司，观察使的职权归于安抚司，处置使的职权归于经略司。其中节度、观察两个机构仍在，其属官都仅仅治理州事，一路兵民之政的大权实都归于经略安抚司。经略安抚司不设置副职，是因为地方帅权不可不专擅；都总管、副总管、钤辖、都监等统兵官虽共同签署军事文书，却都受经略安抚使的节制。这些都涉及唐宋职官制度的变迁，而沈括重点说明了宋代经略使的职权及其辖属关系，可与史志和史传互相参考。

卷二　故事二

内外制润笔物

古人所称的润笔物，被视为现代稿酬的滥觞。宋代词臣皆有润笔物，凡皇帝所赐予者，往往有金玉等贵重物品，而赐钱之数或至万缗。此种职务收入，实际不止于词臣。宋代文人的地位较高，尤其是供职馆阁的文

内外制凡草制除官[1]，自给谏、待制以上皆有润笔物[2]。太宗时立润笔钱数，降诏刻石于舍人院[3]，每除官则移文督之，在院官下至吏人院驺皆分沾[4]。元丰中改立官制[5]，内外制皆有添给[6]，罢润笔之物。

［注释］

[1] 内外制：起草朝廷文件的翰林学士知制诰和以他官兼为知制诰的官员。宋沿唐制，以翰林学士知制诰专掌起草任免宰

相、号令征伐以及其他重要诏令，号称内制；以他官兼为知制诰者草拟一般官员的任免及其他制诏，是为外制。草制除官：草拟官员任命文件。 [2] 自给谏、待制以上皆有润笔物：是说被任命官员的官职在给谏、待制以上者，起草任命书的内外制官员都有润笔物。“给谏”为给事中与谏官的合称，皆掌驳正朝廷政令之违失；待制为诸殿阁掌文物官员的一种职名，位在直学士之下。二者在此实泛指五品以上的官员。润笔物，略似现在所称的“稿费”，有钱有物，详见本条“点评”。 [3] 舍人院：北宋元丰以前中书省所属官署之一，掌为皇帝起草诏令。初，中书舍人为寄禄官，无职掌，另置知制诰与直舍人院，与翰林学士对掌内外制。元丰改官制后废罢。 [4] 院驺（zōu）：舍人院照料官员马匹的吏人。 [5] 元丰中改立官制：宋神宗元丰三年（1080）至五年对职官制度的一次重要改革。这次改革名义上恢复了唐代三省制，改变了北宋前期官、职、差遣分离的局面，凡省、台、寺、监领空名者一切罢去，使各机构有定编、定员和固定的职责，许多机构便或省或并，从而在一定程度上加强了中央集权，抑制了冗官冗政的弊端，提高了行政办事效率，减少了不必要的财政开支。 [6] 添给：添支钱，有时又有添支米，指官员的各种加俸。

臣，因成年累月、范围广泛地参加校书、编书、修书、修史等活动，所得职务创作的奖赏亦特多。这样的奖赏在大多数情况下是由参与创作的群体分等均摊的，实质上也是一种润笔性质的收入。然当政治腐败与馆职衰落之时，这方面的烂赏也成为造成国家积贫积弱的冗费之一端。

[点评]

好文章可以卖钱，其实自古已然，唯“润笔”一词，大抵自隋唐以来始渐次流行。至于把润笔上升到制度层面，为官方所认可，则还只是到宋代才出现的现象。

沈括此条专谈宋代词臣的润笔物，强调了三点：一是草拟文武官员的除拜文件，可以按拟任官爵的高低确定润笔的钱数，其标准竟由朝廷以诏书的形式发布，并刻石公之于众；二是润笔物若不能及时缴纳，可以移文督责；三是润笔物由职务创作单位的官吏均分。

李焘《续资治通鉴长编》卷三三四记载神宗元丰间学士院言：“本院久例，亲王、使相、公主、妃并节度使等除授并加恩，并送润笔钱物。”又载中书省亦言：“文臣待制、武臣横行副使及遥郡刺史已上除改，自来亦送舍人润笔。”这些都是润笔制度化的例证。

北宋中叶苏耆的《次续翰林志》载：“草麻润笔，自隋唐已来皆有之。近朝武臣移镇及大僚除拜，因循多不送遗。先帝以公（指苏易简）久在内署，虑经费有阙，特定草麻例物，朝谢日命閤门督之。既得，因以书进呈，自是无敢有阙者，迄今以为定制。”这是润笔由官方督责之例。苏耆为太宗朝名臣苏易简之子，所说即易简之事，是知督责润笔亦始于太宗时。

润笔均分之事，或说始于真宗时名臣杨亿。吴曾《能改斋漫录》卷十二有“杨文公辞诰润笔与同列均分”条云：“杨文公亿以文章幸于真宗，作内外制，当时辞诰，盖少其比。朝之近臣，凡有除命，愿出其手，俟其当直，即乞降命，故润笔之入，最多于众人。盖故事，为当笔者专得，杨以伤廉，遂乞与同列均分，时遂著为令。”此举后来亦成为常例，王珪《华阳集》卷八《免学士院润笔札子》即云：“学士院故事，凡润笔并与见在院学士均分。”

元丰改制时虽称已罢去词臣的润笔物，实际后来的润笔之制依然存在，尤其南宋时的公私润笔，更比之北宋时有过之而无不及。

赐“功臣”号

赐“功臣”号，始于唐德宗奉天之役[1]。自后藩镇下至从军[2]，资深者例赐“功臣”。本朝唯以赐将相。熙宁中，因上皇帝尊号[3]，宰相率同列面请三四，上终不允，曰：“徽号正如卿等‘功臣’，何补名实？”是时吴正宪为首相[4]，乃请止“功臣”号，从之。自是群臣相继请罢，遂不复赐。

[注释]

[1] 奉天之役：唐德宗建中四年（783），因京师发生兵变，德宗逃往奉天（今陕西乾县）。次年下罪己诏，赖诸将平叛收复京师，史称“奉天之役”。 [2] 藩镇：又称“方镇”，指唐代安史之乱后形成的掌握地方实权的节度使等割据势力。从军：“从事”和“参军”的合称。二者为古代文武长官的属官名，分掌文案和军事。唐代藩镇，从事和参军的职权往往甚重。 [3] 尊号：亦称“徽号”，指古代给皇帝（或皇后）所加的表示尊崇和褒美的名号。宋神宗熙宁元年（1068），群臣曾请加神宗以“奉元宪道文武仁孝”之号，神宗不许。后来神宗又有“绍天法古运德建功英文烈武钦仁圣孝皇帝”之号。 [4] 吴正宪：吴充（1021—1080）。字冲卿，浦城（今属福建）人。官至宰相，卒谥正宪。首相：居第一位的宰相。

[**点评**]

中国古代王朝颁赐“功臣”名号，是由官爵体系派生而来的一种特殊的举措，一般认为正式起于唐代，特别是唐德宗奉天之役后日趋制度化。唐代这类名号大体上还是因事而设、因功而授的，但到北宋时已逐渐变成一种例行的褒奖，如初任宰相和枢密院长官必得功臣号，初任参知政事和枢密院副长官则“遇恩赐之”，重要宗室人物与外国君主一般也会被授予，而一些高级文武官员以及禁军诸班直将校也有可能获得。这样的做法本质上与上皇帝尊号没有什么差异，所以后来按神宗的意见罢去了，此即沈括本条所记。南宋绍兴间曾短暂恢复，然据《文献通考·职官十八》所记：“中兴后加赐者三人而已：韩世忠‘扬武翊运功臣’，张俊‘安民靖难功臣’，刘光世‘和众辅国功臣’。”

卷三　辨证一

阳燧照物皆倒

阳燧照物皆倒[1]，中间有碍故也[2]，算家谓之格术[3]。如人摇橹[4]，臬为之碍故也[5]。若鸢飞空中[6]，其影随鸢而移，或中间为窗隙所束，则影与鸢遂相违，鸢东则影西，鸢西则影东。又如窗隙中楼、塔之影[7]，中间为窗所束，亦皆倒垂，与阳燧一也。阳燧面洼，以一指迫而照之则正，渐远则无所见，过此遂倒。其无所见处，正如窗隙、橹臬，腰鼓碍之[8]，本末相格，遂成摇

此文最精彩的内容是论述了凹面镜所成物像与物体

距离的关系。沈括发现，当手指迫近镜面的时候，可以看到一个正立的物像；手指后移，移动到一定的位置，物像会突然消失，此处便是阳燧的“碍”；手指再向后移，消失的物像又重新出现，但已经是倒立的物像了。这一实验观察，确切证实了物体在凹面镜焦点以内、焦点上和焦点以外成像的重要规律。可惜沈括没有把倒立的实像映到纸屏上观察，故而未能进一步分辨凹面镜的焦点与球面中心。

橹之势。故举手则影愈下，下手则影愈上，此其可见。阳燧面洼，向日照之，光皆聚向内。离镜一二寸，光聚为一点，大如麻、菽[9]，著物则火发，此则腰鼓最细处也。岂特物为然，人亦如是，中间不为物碍者鲜矣。小则利害相易，是非相反；大则以己为物，以物为己。不求去碍而欲见不颠倒，难矣哉！《酉阳杂俎》谓“海翻则塔影倒”[10]，此妄说也。影入窗隙则倒，乃其常理。

［注释］

[1] 阳燧：古人用以聚阳光取火的铜镜，是一种曲率很大的凹面镜。 [2] 碍：本指凹面镜聚光的焦点，但文中又以橹臬（支点）和窗隙（小孔成像）、“腰鼓”作比，实则三者都不是同类现象，无从比类。 [3] 格术：此条谈凹面镜成像对称而颠倒的原理，而谓之为“格术”，“格”有阻碍、暌违、牵制之义，“格术”可理解为推求球面镜成像原理及小孔成像原理的方法。 [4] 橹：划船用具。古人称大者为橹，小者为桨。 [5] 臬：船上用来支撑橹的小木桩。 [6]“若鸢飞空中”六句：以鹞鹰在空中的飞行作比，谓鹞鹰的影子本是随着它的飞行而移动的，但假如鹞鹰和影子之间被窗子的小孔所约束，那么影子和鹞鹰就会相背离，鹞鹰向东则影子向西，鹞鹰向西则影子向东。鸢（yuān），鹞鹰。 [7]“又如窗隙中楼、塔之影”四句：是说以窗隙中的楼、塔之影作比，谓楼、塔之影为窗隙所约束，影子也都是倒立着的，和阳燧照出的物像一样。 [8] 腰鼓：本指古代细腰鼓类乐器，此指光线经过

小孔所形成的图形及摇橹的动作所形成的图形。这两种图形都是看不见的，但在观念上应该像细腰的腰鼓那样，故谓之“腰鼓”。作者以为此种腰鼓形状的细腰处即是“碍”。 [9] 麻、菽：麻籽和豆粒，代指凹面镜的焦点。 [10]《酉阳杂俎》：分门辑录的杂记之书，唐人段成式（803—863）撰。段成式，字柯古，晚唐东牟（今山东烟台牟平区）人。官至太常少卿，有文名，诗与温庭筠、李商隐等齐名。“海翻则塔影倒”出自《酉阳杂俎》前集卷四《物革》，原文为：“咨议朱景玄见鲍容说，陈司徒在扬州，时东市塔影忽倒。老人言，海影翻则如此。”

［点评］

现存中国古籍中有关几何光学知识的记载，以先秦墨家的“《墨经》光学八条”为最早，其中有对小孔成像及平面镜、凹面镜、凸面镜成像的观察研究。后世发展墨家的光学成就而提出的更为人们熟知的“定理”，大约要首推沈括此条的“阳燧照物皆倒”。本条实际介绍了凹面镜成像和小孔成像两类不同的光学现象，如鸢影“为窗隙所束”，“鸢东则影西，鸢西则影东”，这是小孔成像；楼塔之影“为窗所束，亦皆倒垂”，也是同样的原理（窗外成倒垂虚像而不是水中倒影）。至于“阳燧照物皆倒”，则是典型的凹面镜成像。沈括的叙述中贯穿了一个“碍”字，其各种比喻也是生动的，但在今天看来，对于橹臬的力学支点之“碍”“腰鼓”的器物形制之“碍”、窗隙的小孔成像之“碍”和凹面镜的焦点之“碍”，还是需要区别对待的。

解州盐泽

中国古代北方池盐的生产，在社会经济与政治生活中占据重要地位，成为国家财政收入的重要来源。唐代曾专设榷盐使以管理河东池盐；宋代也曾专设提举制置解盐司，以掌管盐泽禁令及发行钞盐充实边备等。

解州盐泽方百二十里[1]。久雨，四山之水悉注其中，未尝溢；大旱，未尝涸。卤色正赤[2]，在版泉之下，俚俗谓之“蚩尤血”。唯中间有一泉[3]，乃是甘泉，得此水然后可以聚人。其北有尧梢梢音消水，亦谓之巫咸河[4]。大卤之水[5]，不得甘泉和之，不能成盐；唯巫咸水入，则盐不复结，故人谓之“无咸河”，为盐泽之患，筑大堤以防之，甚于备寇盗。原其理，盖巫咸乃浊水，入卤中则淤淀卤脉[6]，盐遂不成，非有他异也。

[注释]

[1] 解（xiè）州：古地名。汉置解县，五代置解州，宋因之，治所在今山西运城盐湖区西南 15 千米的解州镇，自古以产盐著称。盐泽：又称盐池，实为盐湖。 [2]“卤色正赤”三句：此谓盐池的卤水（含盐之水）为纯正的红色，汇聚于版泉山下，当地俗间称之为“蚩尤血”。版泉，通作“阪泉”，古地名，在此当是山名，疑即指中条山。相传上古黄帝与炎帝曾战于阪泉。蚩尤，上古传说人物，相传与黄帝战于涿鹿或冀州之野，被杀；一说蚩尤在阪泉被杀，故解州盐池之地亦有阪泉之名。 [3]“唯中间有一泉”三句：谓其地皆为饱含盐分的卤水，唯得此淡水泉始形成聚落，且卤水不得此泉淡水混合亦不能成盐。甘泉，淡水泉。在盐池北岸，俗称淡泉。按：盐池附近，淡水泉多有，不止一处，

其水微咸，而可以饮用。　[4] 巫咸河：今山西夏县的白沙河。源出该县巫咸谷，由上古传说人物巫咸命名。巫咸，或说为商代贤臣，或说为黄帝时善卜筮者，又或说为唐尧时巫医。按："巫咸河"之名，据下文所述，疑本由"无咸河"讹变而来，原无关于巫咸。又，隋大业中水督监姚暹（xiān）曾疏通白沙河，以利农田灌溉和行舟运盐，其河又称"尧梢水"，疑"尧梢"亦即"姚暹"之讹变。　[5] 大卤之水：含盐量很高的水。　[6] 淤淀：堵塞。卤脉：盐池深处的盐层矿脉，为卤水中盐分的主要来源。

[点评]

解州盐池的产生，据研究，是地质新生代时期中条山发生大面积的地层升降运动，从而造成山体的断裂而形成了狭长的陷落地带，大量含盐类的矿物质随着四面山地的水流汇集在这里，经过长期的沉淀蒸发，便形成了天然的盐湖。本条所述最具有科学价值的，是用淡水稀释盐卤以制盐的记载，即所说"大卤之水，不得甘泉和之，不能成盐"。从现代化学分析来看，盐卤的化学成分主要包括氯化钠（$NaCl$）、硫酸钠（Na_2SO_4）、硫酸镁（$MgSO_4$），如果盐卤浓度高，便容易结成坚硬的"硝板"而凝结在盐卤表面上，使盐卤不能结晶，用淡水将盐卤稀释即可以带走一部分杂质，阻止"硝板"的凝结，从而获得优质的颗盐。文中同时述及巫咸河为盐池之患，谓盐民"筑大堤以防之，甚于备寇盗"，反映了盐民与危害盐池的洪水抗争的情形。

程生马

《庄子》云："程生马。"[1] 尝观《文字注》："秦人谓豹曰程。"[2] 予至延州，人至今谓虎豹为"程"，盖言"虫"也[3]。方言如此，抑亦旧俗也。

"秦人谓豹曰程"，南宋褚伯秀《南华真经义海纂微》卷五十七引《尸子》云："越人呼豹曰程。"

[注释]

[1] 程生马：语出《庄子·至乐》。 [2]《文字注》：疑即唐人张参所撰《五经文字》。宋人引书有《五经文字注》，或即张参之书的别称，盖因其书正字下有注而名之。该书今尚存，然注中未见有"秦人谓豹曰程"之文，或宋人别有补注《五经文字》之书。 [3] 虫：古人称老虎为"虫"或"大虫"。

[点评]

此条就《庄子·至乐》所言"程生马"，尝试从古方言的角度，解释"程"字古义。大概沈括以为这个"程"字即古方言所称的"虫"，而这个"虫"为所有动物的通称，并不是仅指昆虫，譬如虎、豹等猛兽在某些方言中也可称为"虫"，所以他的论证便征引"秦人谓豹曰程"及延州当地方言为据。此亦一家之言，但就方言作探讨的方向可能是对的。按《庄子·至乐》原文："久竹生青宁，青宁生程，程生马，马生人，人又反入于机。万物皆出于机，皆入于机。"旧注谓青宁为竹根虫，程为一种赤虫，若从庄子哲学来看，这些话似可理解为：老竹生出了青宁虫，青宁虫又使程虫得以产生，程虫又使马得以生长，马又使人得以生存，而最终人又回归于虚无。庄子的结论是“万物皆出于机，皆入于机”，唐人成玄英疏谓“机者发动，所谓造化也”，则庄子之言大意谓万物皆出于造化而又入于造化，正可用以印证其“无生无死”之说。然此类质实的理解恐怕仍难与庄子的本意相契合，也许但从方言上理解“久竹生青宁，青宁生程，程生马，马生人”之类，以为这些不过是方言语词的辗转相生，会更接近于问题的解答。

“湴河”即流沙

《唐六典》述五行[1]，有“禄”“命”“驿马”“湴河”之目[2]，人多不晓“湴河”之义。予在鄜延[3]，见安南行营诸将阅兵马籍[4]，有称“过范河损失”。问其何谓“范河”，乃越人谓淖沙为“范河”[5]，北人谓之活沙。予尝过无定河[6]，度活沙，人马履之，百步之外皆动，澒澒然如人行幕上[7]。其下足处虽甚坚，若遇其一陷，则人马驼车应时皆没，至有数百人平陷无孑遗者。或谓此即流沙也；又谓沙随风流，谓之流沙。“湴”，字书亦作“埿”。蒲滥反。按古文“埿”，深

程大昌《演繁露》卷一“陷河”条，曾举五代后晋时遣官出使于阗而于途中过“范河”的具体实例，以证沈括之说确可信从。其文引使者《行程记》云：“自沙州至楼兰城二千余里。自楼兰行三月，过一处名陷河，须束薪排连，填匝两岸，乘势急

走，乃始得过。驼马比人稍重，即须卸去所载，独以身行可也。若适遇铺薪不接之处，不问人驼，皆陷矣。驼虽躯体壮大，苟其陷焉，亦遂全体沦没，才能露出背峰，一入遂不可救，故比之陷河也者。”程氏因谓此“即沈氏谓命家借之以喻沈滞者也”。

泥也。术书有“湴河”者，盖谓陷运[8]，如今之“空亡”也[9]。

［注释］

[1]《唐六典》：原称《大唐六典》。唐玄宗时官修典籍，记唐代官制，具有行政法典的性质。该书本欲规仿《周礼》编纂，分为“理典”“教典”“礼典”“政典”“刑典”“事典”六个部分，故书名《唐六典》。后来实际上仍按照唐代国家机关体系编成，总分为30卷。五行：按下文，此实指《唐六典》所述“阴阳杂占”。程大昌《演繁露》卷一“陷河”条引沈存中曰：“今之推五行三命者，皆借事物以寓其理，如驿马、贵人之类是也。”是知此条所说“五行”，乃概括推命之术言之，为引申义，而不是指金木水火土之学。 [2]“禄”“命”“驿马”“湴河”之目：皆为旧时术数家推测人之禄食命运的阴阳杂占名目。《唐六典·太常寺·太卜署》述“阴阳杂占”，以“禄命”为其类别之一，又谓“凡禄命之义六”，李林甫等注云：“一曰禄，二曰命，三曰驿马，四曰纳音，五曰湴河，六曰月之宿也。”湴（bàn），与“埿”为异体字。 [3]鄜延：北宋路名。康定二年（1041）分陕西路置，治所在延州（今陕西延安）。 [4]安南行营：宋神宗熙宁九年（1076），交趾（今越南）侵入邕州（治所在今广西南宁），朝廷以郭逵为安南行营经略招讨使，率兵击走之。此役用兵，当有征自北边的兵马，故沈括在鄜延得见其军籍册。 [5]淖沙：像泥淖那样易陷的流沙。 [6]无定河：河流名，在今陕西省北部。流经沙漠地带，东入黄河，因水中多泥沙，清浊无常，深浅无定，故称无定河。宋时其地为边塞。 [7]澒（hòng）澒然：形容空洞、沉闷又持续不断的声音，类似“轰轰然”。 [8]陷运：陷入危境之厄运。 [9]空

亡：古人迷信，以为十二地支（子、丑、寅、卯、辰、巳、午、未、申、酉、戌、亥）多出十天干（甲、乙、丙、丁、戊、己、庚、辛、壬、癸）的两个时辰不吉利，称为“空亡”。术数家往往以虚诈丧财等凶运为“空亡”。

［点评］

《梦溪笔谈》中的考证条目，有不少是以作者的亲身经历为考证依据的，本条所记即是其中典型的一例。此例由“范河”而考及“浢河”，又联系古字义，以证术数家所说的“浢河”当是指“陷运”而言的，亦独出心裁。作者意谓“范”、“浢”（埿）音近，故可由“范河”推及“浢河”，其义犹言“陷河”。而这些皆基于自身“度活沙”的亲历经验和实地调查，立论坚实。

藏书辟蠹用芸

古人藏书，辟蠹用芸[1]。芸，香草也，今人谓之七里香者是也。叶类豌豆，作小丛生，其叶极芬香。秋后叶间微白，如粉污，辟蠹殊验。南人采置席下，能去蚤虱。予判昭文馆时[2]，曾得数株于潞公家，移植秘阁后，今不复有存者。香草之类，大率多异名。所谓兰荪，荪即今菖蒲是也[3]。蕙，今零陵香是也[4]。茝，今白芷是也[5]。

沈括此条，如小小散文，用优美文字叙芸，其香可掬，其用可验，又实涉《尔雅》《博物》之学。

[注释]

[1] 辟：除。蠹：蛀虫。芸：芸草，芸香，又名芸香草、灵香草、七里香、香草等。禾本科多年生草本植物，丛生，秆细，花金黄色，叶、茎香气浓郁。 [2] 昭文馆：参见卷一“雌黄改字”条注[1]。潞公：文彦博（1006—1097）。字宽夫，介休（今属山西）人。官至宰相，封潞国公。 [3] 菖蒲：又称白菖蒲，多年生草本植物。有香气，在中国传统文化中被视为防疫驱邪的灵草。旧时诗歌吟咏多称兰荪。 [4] 零陵香：参见《补笔谈》卷三“零陵香”条注[1]。 [5] 白芷：古籍亦称“茝”（zhǐ）。为伞形科当归属植物，其气芳香，根可供药用。

[点评]

以芸香驱虫防蛀，起源很早。《初学记》卷十二引三国魏鱼豢《典略》云：“芸台香辟纸鱼蠹，故藏书台称芸台。”东汉以后称宫廷书府为兰台，亦寓此意。故后世又称书籍为芸编、芸帙，称书斋为芸窗。南宋陆游《夏日杂题》之五：“天随手不去朱黄，辟蠹芸编细细香。今夕短檠须暂设，北窗风雨送微凉。”

玄为赤黑色

玄鸟之名，起源极古，上古时建立商朝的商族即以

世以玄为浅黑色，璊为赭玉[1]，皆不然也。玄乃赤黑色，燕羽是也，故谓之玄鸟。熙宁中，京师贵人戚里多衣深紫色，谓之黑紫，与皂相

乱[2]，几不可分，乃所谓玄也。璊，赭色也，“毳衣如璊音门”[3]。穈之璊色者谓之穈。穈字音门，以其色命之也。《诗》“有穈有芑”，今秦人音穈，声之讹也。穈色在朱黄之间，似乎赭，极光莹，掬之粲泽[4]，熠熠如赤珠。此自是一色，似赭非赭。盖所谓“璊”，色名也，而从玉，以其赭而泽，故以谕之也[5]；犹“鴘”以色名而从鸟[6]，以鸟色谕之也。

玄鸟为图腾。传世晚商青铜器《玄鸟妇壶》铭文已有“玄鸟妇”三字合文，《诗经·商颂》中也有《玄鸟》篇。

［注释］

[1] 璊（mén）为赭（zhě）玉：此四字为沈括所举俗间误说，以为璊是红褐色的玉。赭，红褐色。下文驳此说，谓璊为色名，即赭色，而不是指玉。　[2] 皂：黑色。　[3] 毳衣如璊：见《诗·王风·大车》。毳（cuì）衣，古代的一种上衣彩绘、下裳刺绣而五色具备的礼服。　[4] “掬之粲泽”二句：是说穈米捧在手里，鲜亮有光泽，熠熠闪光如同红色小珠子。按：以上自“穈之璊色”以下文字及注文，可并参卷二十六“穈”条。　[5] 谕：通“喻”，比喻。　[6] 鴘（biǎn）：青黄色。

［点评］

玄为赤黑色，即燕子羽毛的色彩，故燕子又称玄鸟。“璊”从玉，“鴘”从鸟，皆由物色而为色彩名；“穈”则由璊色而名物。沈括皆以诸名不常见而特为表出之。

锻 钢

世间锻铁，所谓钢铁者，用柔铁屈盘之[1]，乃以生铁陷其间，泥封炼之，锻令相入，谓之团钢，亦谓之灌钢。此乃伪钢耳，暂假生铁以为坚，二三炼则生铁自熟，仍是柔铁。然而天下莫以为非者，盖未识真钢耳。予出使至磁州锻坊观炼铁[2]，方识真钢。凡铁之有钢者，如面中有筋，濯尽柔面[3]，则面筋乃见。炼钢亦然，但取精铁[4]，锻之百余火，每锻称之，一锻一轻，至累锻而斤两不减，则纯钢也，虽百炼不耗矣。此乃铁之精纯者，其色清明，磨莹之[5]，则黯黯然青且黑[6]，与常铁迥异。亦有炼之至尽而全无钢者，皆系地之所产。

《梦溪笔谈》此条谈中国古代锻铁为钢的团钢法和百炼钢法，客观如实地记录了北宋时这两种传统工艺的发展状况，为研究中国冶炼技术史提供了宝贵的资料。文中侧重对百炼钢工艺和原理的介绍，比喻新颖，叙述清爽，在中国古代文献中也是这方面最为详细的文字。明代宋应星在其《天工开物》中曾说："刀剑绝美者，以百炼钢包裹其外。"有研究者认为，锻打钢刀的材质应该是以宋代

[注释]

[1] 柔铁：现在所称熟铁。因熟铁性质较柔软，故又称柔铁。 [2] 出使：熙宁七年（1074）沈括奉使察访河北事。磁州：今河北磁县。 [3] 濯（zhuó）：洗。此指制作面筋过程中的洗面程序。制作面筋需要将事先揉好的面团放进冷清水中反反复复淘洗，一遍一遍地在水中揉搓和捏弄，直到最后只剩下透明状的淀粉质，才能够进一步用以制作面皮和面筋。此一过程习称洗面，

亦即濯面。[4] 精铁：含有渣子的熟铁。[5] 磨莹之：磨之使光亮。[6] 黯黯然：黑黑的样子。

的百炼钢为最好，不论是硬度还是柔韧度都已达到一个很高的水平。

[点评]

此条谈锻钢，所言团钢或灌钢法，也是一种需要反复锻打的“百炼钢”的技术，是中国古代劳动人民发明的一种先进炼钢工艺，是中国早期炼钢技术的一项最突出成就。灌钢法大约在汉末已出现，《北史·艺术列传》载东魏、北齐间綦毋怀文“烧生铁精，以重柔铤，数宿则成钢”，发展了这一技术。17 世纪以前，西方各国一般都是采取熟铁低温冶炼的办法，钢铁不能熔化，铁和渣不易分离，碳不能迅速渗入。中国炼钢，经过“块炼法”—“百炼钢”—“炒钢法”的发展历程，发明了灌钢法，成功地解决这一难题，为世界冶炼技术的发展做出了划时代的贡献。

现代钢铁的分类是以含碳量的多少为标准的：含碳量小于 0.03% 的叫纯铁；含碳量为 0.03%—0.25% 的叫低碳钢，含碳量为 0.25%—0.50% 叫中碳钢，含碳量为 0.50%—2.0% 的叫高碳钢；含碳量大于 2.0% 的就叫生铁。古代用炒铁法，把生铁置于炉内，炼成含碳量低且夹杂有大量炉渣的铁，即为熟铁，又称柔铁。用熟铁包裹生铁，通过锻炼，使生铁中的碳份渗入到柔铁中而成钢，是谓团钢；由于生铁的熔点比熟铁低 400℃以上，所以在当时的锻炼温度下，生铁熔成铁水而熟铁不熔，前者就灌注于后者的空隙中，经锻打渗碳而成钢，故此法又称灌钢。灌钢法是不断发展的，宋代把生铁片嵌在盘绕的熟铁条中间，用泥巴把炼钢炉密封起来，进行烧炼，效果更好。明代又有改进，把生铁片盖在捆紧的若干熟铁薄片上，使生铁液可以更均匀地渗入到熟铁之中，从而生产出含渣少而成分均匀的钢材。此法在中国古代相当普遍，但若锻炼功夫不够，渗碳未到一定程度，所锻就还不能称为钢。灌钢法操作简便，容易掌握，要想得到不同含碳量的钢，只要把生铁和熟铁按一定比例配合好，加以熔炼，就可获得。沈括谓团钢若灌钢皆为“伪钢”，看法不全面，当具体分析。

沈括在磁州看到的百炼锻钢法，实际是指把熟铁埋在木炭中烧红而使之渗碳，然后取出锤打，将渣子挤出，并将渗碳晶粒打细，使之分布均匀，以求把渣子去净。这一过程要重复无数次，“锻之百余火，每锻称之，一锻一轻，至累锻而斤两不减”，则得到所谓“纯钢”。其实，这种“纯钢”的纯度不是绝对的，其表层仍会不断被氧化，只要继续锻炼下去，其氧化物的损耗仍会减少其“斤两”，只不过直观上不易觉察。沈括谓有的地方产铁，或“炼之至尽而全无钢”，这大概是其铁含硫量过高，因“热脆”而不禁锻打，以致不能成钢。

杜若与紫薇花故事

白居易《紫薇花》诗（载《长庆集》十九）云：“丝纶阁下文书静，钟鼓楼中刻漏长。独

唐正观中[1]，敕下度支求杜若[2]。省郎以谢朓诗云“芳洲采杜若”[3]，乃责坊州贡之[4]，当时以为嗤笑。至如唐故事，中书省中植紫薇花[5]，

何异坊州贡杜若？然历世循之，不以为非。至今舍人院紫薇阁前植紫薇花，用唐故事也。

坐黄昏谁是伴，紫薇花对紫微郎。”此诗作于唐穆宗长庆初年，时白居易为中书舍人，故仍用开元故事而自称“紫微郎”。

［注释］

[1] 正观：“贞观”，唐太宗年号。沈括避本朝仁宗讳用“正”字代“贞”。　[2] 度支：户部度支司。杜若：古人以为香草名。《楚辞·九歌·湘君》有“采芳洲兮杜若”。《补笔谈》卷三以为即高良姜、红豆蔻。　[3] 省郎：实指度支郎。尚书省各部郎官统称省郎。谢朓（tiǎo）（464—499）：南朝诗人。字玄晖，陈郡阳夏（今河南太康）人。萧齐时历宣城太守、尚书吏部郎，世又称谢宣城、谢吏部。此所引其诗句原作“芳洲有杜若”，乃变用《楚辞》的“采芳洲兮杜若”，见《谢宣城集》卷三《怀故人》。　[4] 坊州：州名，治所在今陕西黄陵东南。此所记事，讥省郎以“芳洲”与“坊州”谐音，即令坊州贡进杜若。唐人记坊州回报说：“坊州不出杜若，应由谢朓诗误。”太宗闻之大笑，罢度支郎官。　[5] 中书省中植紫薇花：是说唐玄宗开元元年（713），取天文上的紫微垣为帝居之义，改中书省为紫微省。寻于省中植紫薇花，故俗间又称紫薇省。此省名仅存数年，而省中植紫薇花之事却被沿袭下来。

［点评］

沈括此条以为中书省中植紫薇花，实是以“紫薇”喻指“紫微”，其事与度支郎官混称“芳洲”和“坊州”一样不典，而俗间却不以中书省中植紫薇花为非。此可见沈括留心学问，观察精细。

汉人饮酒数石不可信

程大昌《演繁露续集》卷五《谈助·汉酒薄》云："王莽时酒一酿，用粗米一斛、曲一斛，得成酒六斛六斗，此酤卖之齐也。用此数计之，米、曲通用三斛，取酒三斛不啻也。故汉世通米、酒计之，其米多而酒少者为上尊也。"所谓"酤卖之齐"，实指粗米二斛、酒曲一斛得以成酒六斛六斗，为成酒之数的上限。这样的酒极薄，仅"粗有酒气"而已，所以下文谓通米、酒计之，用米多而成酒少，其酒才是好酒。

汉人有饮酒一石不乱。予以制酒法较之[1]，每粗米二斛，酿成酒六斛六斗。今酒之至醨者[2]，每秫一斛[3]，不过成酒一斛五斗。若如汉法，则粗有酒气而已，能饮者饮多不乱，宜无足怪。然汉之一斛，亦是今之二斗七升，人之腹中亦何容置二斗七升水邪？或谓石乃钧石之石，百二十斤，以今秤计之，当三十二斤，亦今之三斗酒也。于定国饮酒数石不乱[4]，疑无此理。

[注释]

[1] 较：通"校"，考校、检验。 [2] 至醨（lí）：酒味最为淡薄。 [3] 秫（shú）：黏高粱米。 [4] 于定国（不详—前 40）：西汉后期大臣。官至丞相，《汉书》有传。本传谓"定国食酒至数石不乱"。

[点评]

本条所用计量单位的石，涉及两种用法：一是用作容积单位的，以 1 石等于 1 斛，指出汉代的酒虽薄，西汉的 1 斛也相当于北宋的 2.7 斗（约当今 19 公升），这个容量即使是水，人腹也难容下；一是用作重量单位的，以西汉的 1 石为 120 斤，约当北宋的 32 斤（当今 21 公斤强），略为3斗酒的重量，也非常人所能承担。无论如何计量，都可证汉人饮酒数石不乱的说法不可信。

“南”为乐名

“人而不为《周南》《召南》，其犹正墙面而立也。”[1]《周南》《召南》，乐名也，“胥鼓南”[2]、“以雅以南”是也[3]。《关雎》《鹊巢》[4]，“二南”之诗而已，有乐有舞焉。学者之事，其始也学《周南》《召南》，末至于舞《大夏》《大武》[5]。所谓“为《周南》《召南》”者，不独诵其诗而已。

［注释］

[1] 人而不为《周南》《召南》，其犹正墙面而立也：见《论语·阳货》，为孔子之语，大意谓为人而不学习《周南》《召（shào）南》，将如同面向墙壁站在那里，却什么都看不见。《周南》《召南》，《诗经》“十五国风”的前两部分。 [2] 胥鼓南：语见《礼记·文王世子》。“胥”为古代乐官，“鼓南”指教习乐舞。 [3] 以雅以南：语见《诗经·小雅·鼓钟》。“雅”“南”并列，也可见“南”为音乐体裁的一种。 [4]《关雎》《鹊巢》：分别为《周南》《召南》的第一篇。按：此乃代指《周南》部分的《关雎》以下诗篇及《召南》部分的《鹊巢》以下诸篇，也就是指“二南”部分的全部诗

关于《诗经》的“二南”与“十五国风”的关系，两宋之际的郑樵曾从音乐上解释“风”字说：“风土之音曰风。”上古“风”“南”二字音近，都属于侵部字，而《诗经》的“十五国风”也明明以“风”“南”对等使用。也许古时“风土之音”（即地方性的民间音乐和歌谣）本来只称“风”，后来才因为方言的关系而发生了分化，大率中原和东部地区仍称为“风”，而周人祖居的西部地区则称为“南”，“南”“风”异名而同实。纯从音乐体裁上看，大概“十五国风”乃是各地社祭的乐歌，因社祭活动起于远古对女性祖先和“地母”的崇拜与祭祀，故“十五国风”中仍以歌颂

女性和爱情的歌诗为多；《大雅》和《小雅》则主要是官府朝会、宴享及其他礼仪场合所用的乐歌，即所谓“雅乐”；《颂》则明显为祭祖的乐歌。如是，则《诗经》的篇章就还只有“风”“雅”“颂”三体，而不必把“南”的体裁独立出来，且这个“南”字当然也绝不能只作方位词理解。

篇。 [5] 末：最终。《大夏》《大武》：周代所存古时乐舞名称。相传《大夏》为夏禹之乐，《大武》为周武王之乐。

［点评］

《诗经》的“十五国风”中有《周南》《召南》，习称“二南”，与其他各国的诗都称“风”不一致，过去对此多有不同的解释。南宋前期，王质撰《诗总闻》和程大昌撰《诗论》，都曾提出“南”为乐名，并谓“南”“风”“雅”“颂”共同构成《诗经》之“四体”。此说颇为学者所瞩目，但现在看《梦溪笔谈》此条，其实更早提出此说的还是沈括，只是他还没有展开论说。照沈括的看法，“南”也是一种音乐体裁，是和“风”并列的；而孔子提倡学习“二南”，并不仅仅是指诵读“二南”的诗篇，同时也指练习与诗篇相配的乐舞，否则便不足以尽《诗》学之蕴。

宋人词作用典，喜用“野马尘埃”，如辛弃疾《水龙吟》谓“回头落日，苍茫万里，尘埃野马”，又《水龙吟》谓“野马尘埃，扶摇下视，苍然如许”，又《贺新郎》谓“俯人间，尘埃野马，孤撑高

“野马”为田野间浮气

《庄子》言“野马也，尘埃也”[1]，乃是两物。古人即谓“野马”为尘埃，如吴融云“动梁间之野马”[2]，又韩偓云“窗里日光飞野马”[3]，皆以尘为“野马”，恐不然也。“野马”乃田野间浮气耳，远望如群马，又如水波，佛书谓如热时“野

马阳焰”[4]，即此物也。

［注释］

[1]《庄子》言“野马也，尘埃也”：见《庄子·逍遥游》。沈括以为此语所指是两种并列的事物，即野马和尘埃，而不是指野马即尘埃。　[2] 吴融：唐末官员、诗人，《新唐书》有传。此处引语未详其出处。　[3] 韩偓（wò）：唐末官员、诗人，入五代而卒，《新唐书》有传。此所引诗句见《韩内翰别集·安贫》。　[4] 野马阳焰：佛书“焰”或作“炎”。隋释慧远《维摩经疏》云：“阳焰浮动，相似野马。”唐释玄应《一切经音义》卷三云：“野马，犹阳炎也。”鸠摩罗什所译《大智度论》卷六云：“如炎者，实以日光风动尘故。旷野中见如野马，无智人初见谓之为水。”

［点评］

此条辩《庄子》之文的解释问题。《庄子·逍遥游》原文是：“野马也，尘埃也，生物之以息相吹也。”对这话通行的解释是：山野中的雾气，空中的尘埃，都是生物用气息相吹拂的结果。沈括首先驳正对《庄子》文句法的误解，然后联系佛书，释“野马”为“田野间浮气”，当是正确的理解。

攫”；刘克庄《贺新郎》谓“千古惟传吹帽汉，大将军，野马尘埃也”；吴文英《凤池吟》谓“万丈巍台，碧罘罳外，衮衮野马游尘”；吴泳《八声甘州》谓“富贵非吾事，野马浮埃”。清代经学家孙星衍借用《楚辞》中的“塺”（méi）字，说“野马”就是“野塺”，亦即“野尘”；近年又有人认为“塺”即是“霾”。这些各从所见，然也许莫如隋释慧远所说“阳焰浮动，相似野马”更为切题：盛夏广野，水蒸气浮动，正如太阳烈焰自地面升腾，又似野马奔腾。沈括以“浮气”解之，大约即受到慧远的启发。

蒲芦即蒲苇

蒲芦，说者以为蜾蠃[1]，疑不然。蒲芦即蒲

宋陈善《扪虱新话》上集卷一有“论蒲芦即蠮螉”条，对沈括的看法

苇耳，故曰“人道敏政，地道敏艺”[2]。夫政犹蒲芦也，人之为政，犹地之艺蒲苇，遂之而已[3]，亦行其所无事也。

有复述，言：“蒲苇之为物，不择地而生，艺蒲苇者，遂之而已。人之为政，亦在遂之，所谓行其所无事也。”朱熹也同意沈括以蒲苇为蒲芦的看法，但因讲“敏”为“速”，其释义又与沈括不同，认为：“蒲苇又易生之物，其成尤速也。言人存政举，其易如此。”

［注释］

[1] 蜾蠃（guǒ luǒ）：亦作“蜾蠃”。此指土蜂，又称蠮螉（yē wēng）。 [2] 人道敏政，地道敏艺：此为《礼记·中庸》之文，本意是指治理社会要勤勉于政事，经营土地要勤勉于种植。敏，勉力。朱熹《中庸章句集注》释“敏”为“速”，谓此文意指“以人立政，犹以地种树，其成速矣”，与旧注不同。 [3] 遂：顺。

［点评］

此条解释《礼记·中庸》所见的“蒲芦”。今本《中庸》原文云：“人道敏政，地道敏树。夫政也者，蒲卢也。”汉郑玄注云：“敏犹勉也。树谓殖草木也。人之无政，若地无草木矣。”又云：“蒲卢，蜾蠃，谓土蜂也。……政之于百姓，若蒲卢之于桑虫然。”郑玄以为蒲芦即蜾蠃，指土蜂，即俗所称细腰蜂。这种土蜂常用泥土在墙上或树枝上做窝，取桑树上的螟蛉等小虫放在窝里喂养着，然后产卵于螟蛉体内，待卵孵化为幼虫后，即以螟蛉作食物。古人以为它喂养螟蛉如己子，故以喻统治者与百姓的关系，谓“政犹蒲芦”，犹言政如蜾蠃。沈括不同意这种看法，而认为蒲芦即蒲苇，大意谓芦苇丛生，具有很强的生命力，不论在什么环境下都能生长，所以栽植蒲苇要顺从其本性，使之自然生长；人之为政也应如此，顺遂百姓之自然而已，即实行所谓“无为”政治而不扰民。所辩自成一家言。

秦汉以前度量

予考乐律，及受诏改铸浑仪，求秦汉以前度量斗升：计六斗当今一斗七升九合；秤三斤当今十三两；一斤当今四两三分两之一[1]，一两当今六铢半。为升中方[2]：古尺二寸五分十分分之三，今尺一寸八分百分分之四十五强[3]。

宋代布帛尺、营造尺及地方尺度的情况非常复杂。巨鹿故城出土的短矩尺为30.9厘米，基本上是北宋营造官尺；同址出土的长矩尺为32.9厘米或32.93厘米，则是民俗营造尺，即当时所称淮尺。根据清代曲阜孔尚任所藏宋代铜尺，可以推得宋尺长31.4厘米。也有学者估计北宋营造尺的长度为30.8—31.6厘米。

［注释］

[1]“一斤当今四两三分两之一”二句：是说秦汉以前一斤当宋代四又三分之一两；按一两为二十四铢计算，秦汉以前的一两当宋代六铢半。　[2] 为升中方：古人计算容积的一种方法。《周礼·考工记》：“量之以为鬴，深尺、内方尺而圜其外，其实一鬴。”即设定高一尺的圆柱体，其内切正方体的边长亦为一尺，则圆柱体的容积为一鬴。鬴（fǔ），量器名。《周礼·地官·廪人》郑玄注：“六斗四升曰鬴。”　[3] 沈括所说的“为升中方”，实指秦汉以前标准升的“内方”边长为“古尺二寸五分十分分之三”，即古尺25.3分；当“今尺一寸八分百分分之四十五强”，即当宋尺18.45分强。

[点评]

此条所记为沈括考乐律及受诏改铸浑仪时所推求的秦汉以前度量的精确数值，事实上也保存了北宋时期的度量数值。杨宽《中国历代尺度考·论宋代尺度》指出："宋沈括《梦溪笔谈》说：'周尺'和'今尺'的比例是十八·四五和二五·三之比，所谓'今尺'也即当时通用的'布帛尺'。据此'布帛尺'当'周尺'一尺三寸七分一厘二毫，合〇·三一六五公尺。"换一种写法，即北宋布帛尺的长度相当于现在的31.65厘米。这一尺度也不是绝对的，现在还流行一种说法是宋尺为31.68厘米，也有稍稍取整的32厘米，都与沈括的推算非常接近。

卷四　辨证二

桂屑除草

《杨文公谈苑》记江南后主患清暑阁前草生[1]，徐锴令以桂屑布砖缝中[2]，宿草尽死[3]，谓《吕氏春秋》云“桂枝之下无杂木”[4]，盖桂枝味辛螫故也[5]。然桂之杀草木，自是其性，不为辛螫也。《雷公炮炙论》云[6]：“以桂为丁，以钉木中，其木即死。”一丁至微，未必能螫大木，自其性相制耳。

本条所叙《杨文公谈苑》之记事，《事实类苑》卷四十一有转载，文字较沈括所述为详，且有不同之处，可以参看。

[注释]

[1]《杨文公谈苑》：杂记北宋名家杨亿言论的著作。黄鉴初纂，宋庠删编。完书已佚，今仅存部分摘录文字。杨亿（974—1020），字大年，建州浦城（今福建浦城）人。北宋文学家，为西昆体诗歌主要作家。官至工部侍郎。江南后主：南唐后主李煜（937—978）。南唐中主李璟第六子。961 年即南唐国主之位，宋灭南唐时被俘，死于宋都开封，世称南唐后主、李后主。精书法、工绘画、通音律，尤为著名词人。清暑阁：南唐宫中阁名。 [2] 徐锴（920—974）：字楚金，广陵（今江苏扬州）人。徐铉之弟。仕南唐，官至内史舍人。为著名文字训诂学家，著有《说文解字系传》等。桂屑：肉桂树枝的碎屑。肉桂为樟科常绿乔木，树皮含挥发油，香气浓烈，可用作香料。 [3] 宿草：多年生的杂草。“宿”一作“经宿”，则指一昼夜。 [4]《吕氏春秋》：先秦学术名著。战国末秦相吕不韦组织门客集体编成，博采众说，内容丰博，过去号为杂家代表作。按：此处所引“桂枝之下无杂木”，不见于今本《吕氏春秋》，疑徐锴误记。 [5] 辛螫（shì）：桂枝的辛香味有刺激性，可妨害其他植物生长，如同有毒腺的虫类伤害人或动物。螫，一般指毒虫以毒刺刺人或动物，有时也指以毒牙咬；字或读作 zhé，音、义均同“蜇”。 [6]《雷公炮炙论》：古医方书。托名于传说的黄帝时的雷公。后世学者或推测为南朝刘宋时雷敩（xiào）撰。

[点评]

此条涉及生物除草问题，值得关注，但对桂屑除草的机制和原理尚须研究。有人用西方生物学上的“化感现象”作解释，即认为植物或微生物的代谢分泌物会对环境中的其他植物或微生物产生有利或不利的作用。这与桂枝的辛香味有可能会妨害其他植物生长的观察似是可以联系起来考虑的。肉桂的主要成分——肉桂油中含有许多芳香醛、芳香酯及脂肪酸等类别的化合物，另外还有肉桂多糖、肉桂多酚、肉桂黄酮等复杂的化学成分，这些都有可能会成为“杀草木”的因素。不过沈括不相信“辛螫”说，而是强调物性不同也会相互制约，如明人《药性赋》谓桂“辛热有毒”，乃“阳中之阳”，则桂与喜阴的草木即相克，沈括所谓“性相制”大约即指此类。

除官之“除”

除拜官职谓除其旧籍[1]，不然也。“除”犹“易”也，以新易旧曰“除”，如新旧岁之交谓之“岁除”。《易》“除戎器，戒不虞”[2]，以新易弊，所以备不虞也。阶谓之“除”者[3]，自下而上，亦更易之义。

《汉书·景帝纪》注引如淳曰：“凡言除者，除故官就新官也。”

［注释］

[1] 除其旧籍：按传统理解，指除去其旧时官籍，即从旧时官员花名册中除名。沈括以为此“除”字当解为“易”，“除职”即以新职务代替原职务。　[2] 除戎器，戒不虞：此为《易经·萃卦》象辞之语，意谓修治兵器，以防不测。沈括讲此“除”字为“以新易弊”，即修治之义。　[3] 阶：台阶。除：本义为“殿陛”，即

宫殿的高台阶。后泛指台阶。《说文解字》："除，殿陛也，从𨸏，余声。"段玉裁注："殿谓宫殿，殿陛谓之除，因之凡去旧更新皆曰除，取拾级更易之义也。"

［点评］

"除官"之名，既指授官，也指免官，合言之即免故官、授新官，沈括谓"以新易旧"是其义。然自来习称授官为"除官"，并不称为"易官"，单讲"除"字，"易"仍是其引申义。

世人画韩退之

北宋元丰间追封前世大儒韩愈为昌黎伯，而以其陪祀于天下至圣先师文宣王庙，却误画其像为他人，正所谓"数典忘祖"。宋时又有"谬种流传"一语，《宋史·选举志二》云："所取之士既不精，数年之后，复俾之主文，是非颠倒愈甚，时谓之缪种流传。"错画两"韩文公"像之事，正与此相类。

世人画韩退之[1]，小面而美髯，著纱帽。此乃江南韩熙载耳[2]，尚有当时所画，题志甚明。熙载谥文靖，江南人谓之韩文公，因此遂谬以为退之。退之肥而寡髯。元丰中，以退之从享文宣王庙[3]，郡县所画皆是熙载，后世不复可辩[4]，退之遂为熙载矣。

［注释］

[1] 韩退之：韩愈（768—824）。字退之，南阳（今属河南）人。唐代大文学家。官至吏部侍郎，卒谥文，世称韩文公，又称韩吏部。 [2] 江南：南唐。韩熙载（902—970）：字叔言，北海（今

山东潍坊）人。仕南唐，官至中书侍郎，卒谥文靖。 [3] 从享文宣王庙：北宋元丰元年（1078），追封韩愈为昌黎伯，并从祀孔庙。 [4] 辩：原文如此。同“辨”，分别。

［点评］

北宋时偶然误画唐代韩愈像为南唐韩熙载，大约因二人皆称“韩文公”，而朝代又皆名“唐”。这一错误非同小可，而竟被延续至近现代。胡道静《梦溪笔谈校证》第七七条有“今按”云：“南薰殿（北京故宫殿堂——笔者注）旧藏《圣贤画册》中韩愈像，依旧是小面而美髯，著纱帽，以与传为五代顾闳中画的《韩熙载夜宴图》相核对，容貌正和韩熙载酷肖，可知这个错误从北宋一直沿袭下来。若无沈括的这条辨证，竟无从纠正这个错误了。”

钱陌之“陌”

今之数钱，百钱谓之“陌”者，借“陌”字用之，其实只是“佰”字，如“什”与“伍”耳。唐自皇甫镈为垫钱法[1]，至昭宗末乃定八十为陌[2]。汉隐帝时[3]，三司使王章每出官钱[4]，又减三钱，以七十七为陌[5]，输官仍用八十。至今输官钱有用八十陌者。

宋初钱陌，仍承五代，太宗时即又曾规定以七十七钱为陌，习称“省陌”。欧阳修《归田录》卷下云：“用钱之法，自五代以来，以七十七为百，谓之省陌。”与“省陌”相对，钱陌足百数则称“足陌”。

[**注释**]

[1] 皇甫镈（bó）：唐中期官员。宪宗时历掌财政，以盘剥聚敛媚上，官至宰相。垫钱法：实即宋人所称省陌法。中唐以后，钱币缺乏，实际开支时往往以不足百钱之数为陌（如以九十二钱当百钱），称为“垫陌”，其不足之数则称为“除陌”。宋高承《事物纪原》卷十“跷垫”条：“（唐）宪宗朝……经费尽竭，皇甫镈建议内外用钱每缗垫二十，民间垫陌至七十。……则跷之起自唐皇甫鎛也。” [2] 八十为陌：据《事物纪原》卷十“钱陌”条：“以八十为陌，盖自梁始也，其事见《通典》。唐昭宗时，京师用钱八百五十为贯，河南府以八百为贯。”贯为千钱，陌为百钱，故“以八百为贯”即“以八十为陌”。 [3] 汉隐帝，五代后汉君主刘承佑（931—950），在位不足三年，被杀国亡。 [4] 王章（不详—950），后汉隐帝时由三司使擢宰相，后坐事罢，被杀。 [5] “以七十七为陌”二句：是说后汉时官府开支以七十七钱当百钱，输官钱（民间缴纳官府的钱）则仍以八十钱当百钱。

[**点评**]

“钱陌”一词，据宋人高承《事物纪原·布帛杂事·钱陌》所考，大约在南北朝时已开始流行，古人用以表示一百文的钱串，也用作计算金钱之数的单位和比率。然自汉代以来，典籍中已有以“阡陌”与“仟佰”通用之例。盖“阡陌”在初也可表示数目，与“仟佰”同，而表示数目的“仟佰”也可写为“阡陌”，故载籍中又见有“阡佰”的写法。后来“阡陌”与“仟佰”的用法乃发生分化，“阡陌”专指田间道路，“仟佰”则仅表示数目。钱陌之“陌”其实是用其在初表示数目的意义，而非借用后来表示田间道路的“陌”字而来。有关考证详见宋末孙奕《履斋示儿编》卷十一《正误·仟佰》。

云梦考

旧《尚书·禹贡》云“云梦土作乂”[1]，太宗皇帝时得古本《尚书》，作“云土梦作乂”，诏改《禹贡》从古本。予按孔安国注[2]：“云梦之泽在江南。”不然也。据《左传》[3]：“吴人入郢……楚子涉雎济江，入于云中。王寝，盗攻之，以戈击王。……王奔郧。”楚子自郢西走涉雎，则当出于江南；其后涉江入于云中，遂奔郧，郧则今之安陆州。涉江而后至云，入云然后至郧，则云在江北也。《左传》曰：“郑伯如楚……王以田江南之梦。”[4]杜预注云[5]：“楚之云梦，跨江南北。”曰“江南之梦”，则云在江北明矣。元丰中，予自随州道安陆入于汉口，有景陵主簿郭思者[6]，能言汉沔间地理[7]，亦以谓江南为梦，江北为云。予以《左传》验之，思之说信然。江南则今之公安、石首、建宁等县，江北则玉沙、监

宋太宗所称“古本《尚书》”，实指唐开成石经本，乃唐代通行本。关于云梦泽是否分为云泽、梦泽，以及此泽的分布范围等，历来解释甚多，沈括此条所辩亦为一说。而宋人继此有考者，如黄朝英《靖康缃素杂记》卷三、吴曾《能改斋漫录》卷八、洪迈《容斋四笔》卷一、高似孙《纬略》卷八、罗泌《路史余论》卷十等，大抵皆据沈括之说而言之，又各有补证。

利、景陵等县。乃水之所委[8]，其地最下，江南二浙[9]，水出稍高，云方土而梦已作乂矣[10]。此古本之为允也。

[注释]

[1]“旧《尚书·禹贡》‘云梦土作乂’”四句：是说历来《禹贡》流行本有“云梦土作乂”之文，宋太宗见到古本《尚书》作“云土梦作乂”，遂诏改从古本。云梦，古代泽薮名，为著名湖泊群及沼泽地，先秦时曾为楚国田猎区，大致在今湖北省江汉平原。又“云梦土作乂”五字，按传统的解释，当是指云梦泽中亦有高平之地，水退时可以耕作。乂（yì），治，指耕作。 [2] 孔安国：西汉学者。为孔子后裔，汉武帝时人，司马迁曾从其受学。魏晋以后传世的古文《尚书》有旧注，相传为孔安国所作，实际上是托名，这些注文并不是出于孔安国之手。 [3]“据《左传》”处引文见《左传·定公四年》，原文“吴”下无“人”字。是年吴国联合蔡国、唐国攻楚，打败楚军，攻入楚国都城郢（今湖北江陵西北），楚昭王逃入云梦泽中，又先后奔郧（今湖北安陆）、奔随（今湖北随县）。次年因越国攻吴，吴国退兵，楚昭王始返回郢都。楚子，指楚昭王（约前 523—前 489）。雎（jū），指雎水，即今湖北西部沮水。江，即今长江。 [4] 郑伯如楚：郑简公访问楚国。事在鲁昭公三年（前 539）。田：打猎。 [5] 杜预（222—285）：字元凯，京兆杜陵（今陕西西安东南）人。西晋政治家、军事家、学者。所撰《春秋左氏经传集解》，是现存《左传》注解中最早的一种，被收入《十三经注疏》。 [6] 景陵：县名，治所在今湖北天门。主簿：官名，知县的佐官，掌文书和事务。郭思：疑即北宋末年曾任秦凤路经略安抚使的郭思。字得之，温县（今

属河南）人，曾有著述传世。 [7] 汉沔（miǎn）间：泛指今汉水与长江交汇的地区。古人有时统称汉水为沔水，有时又称汉水汇入后的长江为沔水。 [8] 委：聚，此指水流的汇聚。 [9] 二浙：他书或引作“上浙”，均不可通。疑为“之浙”二字传抄之误。“浙”（jiān）盖谓“浙泽”，指低湿之地。《管子·山国轨》：“有汜（sì）下浙泽之壤。”《六韬·战车》：“圯（yí）下浙泽，黑土黏埴（zhí）者，车之劳地也。” [10] 云方土而梦已作乂：意指云泽方露出土地，而梦泽已开始耕作。

［点评］

《尚书·禹贡》通行本的“云梦土作乂”之文，与《汉书·地理志》所引相合，而《史记·夏本纪》已作“云土梦为治”。沈括此条所考，重点有二：一是认为楚地云梦泽分为云泽和梦泽，云泽在江之北，梦泽在江之南；二是认为汉沔间地理以云梦泽最为低下，为众多水流的汇聚之地，但江南的湿地在大水消退（即所谓“水出”）之后，要较江北的湿地稍高一些，所以说云泽中的土地刚刚露出水面之时，梦泽中的土地已开始耕作了。其结论是《禹贡》的“云梦土作乂”之语，改从宋太宗所主张的“云土梦作乂”为允当。然自沈括此条后，后人辩之极多，仍多有主张云梦为一泽者。

卷五　乐律一

羯鼓遗音

羯鼓，据有关资料，鼓身以山桑木为之，形如漆桶而腰部细，两面蒙皮。鼓皮用坚硬铁箍均匀箍紧，以使鼓面紧绷不变形。演奏时以小牙床承之，用两杖敲击，杖用黄檀、狗骨、花椒等木制作，干硬光滑。

吾闻《羯鼓录》序羯鼓之声[1]，云“透空碎远，极异众乐”[2]。唐羯鼓曲，今唯有邠州一父老能之[3]，有《大合蝉》《滴滴泉》之曲。予在鄜延时，尚闻其声。泾原承受公事杨元孙因奏事回[4]，有旨令召此人赴阙。元孙至邠，而其人已死，羯鼓遗音遂绝。今乐部中所有，但名存而已，“透空碎远”，了无余迹。唐明帝与李龟年论羯鼓[5]，云“杖之弊者四柜”，用力如此，其为艺可知也。

［注释］

[1]《羯（jié）鼓录》：唐人南卓撰，1卷。记盛行于唐开元、天宝年间的羯鼓及有关佚事，今存。南卓，字昭嗣，宣宗大中时曾为黔南观察使。序：同“叙”，指叙述、描绘。羯鼓：南北朝时由西域传入内地的一种鼓。《羯鼓录》开卷即释其名云：“羯鼓出外夷，以戎羯之鼓，故曰羯鼓。”据此，则此“羯”字犹言“羯胡”，乃泛指来自北方的外族，非专指一族。 [2]透空碎远，极异众乐：今本《羯鼓录》从《太平御览》卷五八三所引，作“破空透远，特异众乐”；《太平广记》卷二〇五引作“凌空透远，极异众乐”。按：“透空碎远”指鼓声穿过天空，碎急而传远，疑以沈括所引为是。 [3]邠（bīn）州：今陕西彬县。父老：乡里长者。 [4]泾原承受公事：《续资治通鉴长编》作“鄜延路走马承受公事”。走马承受公事为宋代在沿边各路或转运使司设置的官职，以三班使臣或内侍充任，掌监察部内官吏，可随时向皇帝报告，并许风闻言事。泾原，指泾原路，参见卷十三“种世衡用间”条注[1]。 [5]唐明帝：唐明皇、唐玄宗。李龟年：玄宗时乐工。邢州柏仁（今河北隆尧县西）人。善歌，并擅长吹筚篥（bì lì）及奏羯鼓，能作曲，得玄宗恩宠。安史之乱后流落江南，后忧郁而死。杜甫晚年绝句《江南逢李龟年》所述即此人。

杖 鼓

唐之杖鼓[1]，本谓之两杖鼓，两头皆用杖。今之杖鼓，一头以手拊之，则唐之“汉震第二鼓”也[2]。明帝、宋开府皆善此鼓[3]。其曲多独奏，如鼓笛曲是也[4]。今时杖鼓，常时只是打拍，鲜有专门独奏之妙，古曲悉皆散亡。顷年王师南征[5]，得《黄帝炎》一曲于交趾，乃杖鼓曲也。“炎”或作“盐”。唐曲有《突厥盐》《阿鹊盐》，施肩吾诗云“颠狂楚客歌成雪，妩媚吴娘笑是盐”[6]，盖当时语也。今杖鼓谱中，有“炎杖声”[7]。

《元史·礼乐志五》：“杖鼓，制以木为匡，细腰，以皮冒之，上施五彩绣带，右击以杖，左拍以手。”

明王圻《三才图会》：“广首而纤腰，两头击之，声相应和。”

清《钦定大清会典图》：“杖鼓，上下两面冒革于铁圈，复楦以木匡，细腰。”

［注释］

[1] 杖鼓：亦称两杖鼓。《旧唐书·音乐志二》和《通典·乐四》均谓之即羯鼓。其先两头用杖，后来多一头用杖、一头用手拍，演奏时将鼓横挂于胸腹前，鼓身常覆披巾。 [2] 汉震第二鼓：唐玄宗时鼓名。《新唐书·礼乐志十二》：“革有杖鼓、第二鼓、第三鼓、腰鼓、大鼓。”又《羯鼓录》记载：“（宋璟）始承恩顾，与上论鼓事，曰：‘不是青州石末，即是鲁山花瓷。撚（niǎn）小碧上，掌下须有朋肯之声。’据此乃是汉震第二鼓也。且鼓用石末、花瓷，固是腰鼓；掌下朋肯声，是以手拍，非羯鼓明矣。”（原注：“第二鼓者，左以杖，右以手指。”）细按所记，则所谓“汉震第二鼓”者，实即被称为“鲁山花瓷”的腰鼓，亦即传世所见陶瓷烧制的鲁山窑花釉腰鼓。此鼓腰部特细，花釉装饰精美，与一般羯鼓不

同。所谓第二鼓、第三鼓，当皆是指不同类型的杖鼓，如此鼓为一头用杖、一头用手拍者而称第二鼓。　[3] 宋开府：宋璟（663—737）。唐开元初宰相，因位至开府仪同三司，故称宋开府。《羯鼓录》载其“虽耿介不群，亦深好声乐，尤善羯鼓”，宫廷乐部之人曾谓之“南山起云，北山起雨，即开府所为也”。　[4] 鼓笛曲：以鼓、笛为主要乐器而伴以檀板等演奏的曲子。　[5]“顷年王师南征”二句：是说宋初开宝四年（971）宋军南征灭南汉时，得古曲《黄帝炎》于交趾（今越南北部）。《黄帝炎》，或作《黄帝盐》，《能改斋漫录》卷五尝辨此曲唐时已有，非因宋时征交趾而得。按：古曲称“炎”“盐”，《通雅》卷二十九以为“即曲之艳”，本指曲前的引子，后遂通用为曲名。《乐府诗集》卷二十六《相和歌辞》云：“诸调曲皆有辞有声，而大曲又有艳、有趋、有乱。……艳在曲之前，趋与乱在曲之后。”今人或谓炎、盐为古维文译音，皆为“曲”之意，未详确否。　[6] 施肩吾：字希圣，睦州（治今浙江淳安）人。唐元和间进士，隐居不仕。　[7] 炎杖声：代指杖鼓乐。

［点评］

以上两条文字所述羯鼓、杖鼓，就现有材料分析，应该只是一种鼓，大概可以认为“羯鼓”是总名，“杖鼓”是别称。羯鼓的典型演奏方法，如《羯鼓录》所记，是置鼓于小牙床形式的底座上用两杖敲击，“其声焦杀鸣烈，尤宜促曲急破，作战杖连碎之声；又宜高楼晚景，明月清风，破空透远，特异众乐”。其中有些类型的羯鼓，后来横挂于胸腹前演奏，或一手杖击、一手拍击，或两手拍击，大约“杖鼓”之名即多指此种情况，故宋人又习称杖鼓为拍鼓、腰鼓。

羯鼓之乐，因唐玄宗的偏爱和提倡而大盛一时，玄宗曾称之为“八音之领袖，诸乐不可为比”,《羯鼓录》还录有130多首曲名。然到北宋时，随着宋词演唱的消歇，杖鼓在流行歌舞中的地位风流不再，这种有特点的打击乐亦渐次趋于散亡。沈括所说邠州父老死而“羯鼓遗音遂绝”，又说杖鼓“古曲悉皆散亡”，皆反映出羯鼓乐散亡的过程。羯鼓独奏曲今已不存，而从不少传世古曲中还可解译其中的羯鼓伴奏谱，以窥见原初羯鼓乐之大概。

大 遍

元稹《连昌宫词》有“逡巡大遍《凉州彻》”[1]。所谓“大遍”者，有序、引、歌、䈴、嗺、哨、催、攧、衮、破、行、中腔、踏歌之类，凡数十解，每解有数叠者[2]。裁截用之[3]，则谓之“摘遍”[4]。今人大曲皆是裁用，悉非“大遍”也。

元稹《连昌宫词》通过一个老人之口，叙述唐代皇帝行宫连昌宫的兴废变迁，反映了唐朝自唐玄宗时期至唐宪宗时期的兴衰历程，探索了安史之乱前后朝政治乱的缘由，表现了人民对再现升平、重开盛世的向往和希望国家长治久安的强烈愿望。此诗旨含讽喻，而语言丰富，形象鲜明，叙事生动，笔触细腻。

[注释]

[1] 元稹（779—831）：字微之，洛阳人。唐代文学家，诗与白居易齐名，世称“元白”。历官尚书右丞。所作《连昌宫词》为著名长篇叙事诗。逡巡大遍《凉州彻》：意谓由大曲破开摘用的曲子《凉州彻》节拍舒缓。逡（qūn）巡，节拍舒缓貌。大遍，

唐宋大曲用语。唐宋大曲是宫廷宴会上表演的大型乐舞，每套大曲均由同一宫调的若干“遍”组成，每“遍”又各有专名，凡完整演唱各“遍”的，称为“大遍”，参见注 [2]。《凉州彻》，“曲破”名，参见注 [4]。 [2] 解：组成大曲主体部分的小曲，或称正曲的章节、段落，有时也用作乐句的单位。实相当于大曲的“遍”，“一解”即“一遍”。诸“解”之名，靸读 sà，嗺读 suī，攧读 diān。叠：也写作“迭”，指奏曲时的重复演唱。唐代大曲多以诗句入乐叠（迭）唱，如《阳关三叠》。 [3] 裁截：剪裁、截取。 [4] 摘遍：截取大曲中“大遍”的解数所制的曲。也称“曲破”。

[**点评**]

唐代大曲的典型结构由“散序—歌—破”三部分组成，各部分又都由若干“遍”或“解”组成。沈括此条所记大曲的“解”，与他书所记不尽相同，如两宋之际王灼的《碧鸡漫志》卷三《凉州曲》云：“凡大曲，有散序、靸（sǎ）、排遍、攧、正攧、入破、虚摧、实摧、衮遍、歇拍、杀衮，始成一曲，此谓大遍。”王国维《宋元戏曲史》云：“沈氏所列各名，与现存大曲不合。王说近之，惟攧后尚有延遍，实催前尚有衮遍……唯宋人多裁截用之。”

拱辰管

鼓吹部有拱辰管[1]，即古之叉手管也[2]，太宗皇帝赐今名。

［注释］

[1] 鼓吹部：俗亦称鼓吹局，指宫廷乐队。隶太常寺大乐署，专管宫廷典礼曲乐的演奏。　[2] 叉手管：又称叉手笛、裁手笛，为一种小型短笛。长九寸，六孔，四孔在左，二孔在右，吹奏时两手交叉，故称叉手管。

［点评］

此条所记时间有误。《宋史·文苑传一·和岘（xiàn）》："乐器中有叉手笛者，上意欲增入雅乐，岘即令乐工调品，以谐律吕。其执持之状如拱揖然，请目曰'拱辰管'，诏备于乐府。"按：其事又详见于《宋史·乐志一》，皆载在乾德四年（966），时和岘判太常寺；《玉海》卷七亦有"乾德拱辰管"条，记和岘上言在是年十月己卯。据各书所载，则《梦溪笔谈》此条谓"太宗皇帝赐今名"乃误记，应为"太祖皇帝"。

新制凯歌

边兵每得胜回，则连队抗声凯歌[1]，乃古之遗音也。凯歌词甚多，皆市井鄙俚之语。予在鄜延时，制数十曲，令士卒歌之，今粗记得数篇。其一："先取山西十二州[2]，别分子将打衙头。回看秦塞低如马[3]，渐见黄河直北流。"其二：

“天威卷地过黄河，万里羌人尽汉歌。莫堰横山倒流水[4]，从教西去作恩波。”其三：“马尾胡琴随汉车[5]，曲声犹自怨单于。弯弓莫射云中雁[6]，归雁如今不寄书。”其四：“旗队浑如锦绣堆，银装背嵬打回回[7]。先教净扫安西路[8]，待向河源饮马来[9]。”其五[10]：“灵武、西凉不用围，蕃家总待纳王师。城中半是关西种，犹有当时轧吃根乡反儿。”

［注释］

[1] 连队抗声凯歌：结队高声唱胜利之歌。连队，结队。 [2]“先取山西十二州”二句：是说先攻取横山以西十二州，再别遣小将去打衙头山。“山西十二州”盖为当时陕西边境俗语，或是指王安石变法时曾先后收复的横山以西诸州之地。《宋史·地理志一》：“熙宁始务辟土，而种谔先取绥州，韩绛继取银州，王韶取熙河，章惇取懿洽，谢景温取徽诚，熊本取南平，郭逵取广源，最后李宪取兰州，沈括取葭芦、米脂、浮图、安疆等寨。”子将，小将。衙头，山名，在今甘肃通渭南。 [3] 秦塞：本指秦代所筑边塞，此用以泛指当时陕西边塞。 [4]“莫堰横山倒流水”二句：是说不要堵塞自横山西流的水道，以使西夏人受惠。堰，堵塞。横山，泛指今甘肃东部到陕西中北部的山区，北宋时为宋、夏争夺之地。倒流水，指发源于横山而向西流淌的河水。 [5]“马尾胡琴随汉车”二句：从战俘角度而言，是说被俘的夏人带着胡琴随汉人的车马而来，他们的琴声还充满了对西夏首领的怨恨。

马尾胡琴，胡琴系于马尾，犹言携带。单于，本为匈奴首领称号，此代指夏人首领。 [6]“弯弓莫射云中雁”二句：是说被俘的夏人携带家人归顺宋朝，今后已无须再写家书，所以也不要再射云中南飞的大雁了。 [7] 银装背嵬打回回：全副武装的勇士出征攻打夏人。银装，闪亮的铠甲，犹言铠甲闪亮。背嵬（wéi），指大将的亲兵，《演繁露》卷九谓为“大将帐前骁勇人”。回回，谓回纥（hé），实指西夏。 [8] 安西路：古时京兆府（今陕西西安）的别称，北宋庆历后属永兴军路。 [9] 河源：黄河发源地，实指西夏所占领的今青海部分地区。 [10]“其五”至句尾：是说灵武（今宁夏灵武）和西凉（今甘肃武威）是不用去围攻的，因为这两个地方的蕃人一直在等待迎接我们王朝的军队入城。城中的居民半是关西人的后代，还有当时（西夏人刚开始占领时）才出生的汉人的孩子。蕃家，犹言蕃人，指夏人统治区的家族和民众。关西，大略相当于传统所称的关中，即所谓“八百里秦川”。传统上称函谷关或潼关以东为关东，其西即关西，或曰关中。轧吃儿，新生儿，指汉人后代。

［点评］

胡道静《梦溪笔谈校证》第九〇条按语：“沈括经略鄜延路时，缘西夏犯边，奉诏率师扫敌。在最后坐永乐城陷谪去之前，迭建武功。作‘凯歌’当在此时也。”

《柘枝》旧曲

《柘枝》旧曲[1]，遍数极多[2]，如《羯鼓录》

所谓“浑脱解”之类[3]，今无复此遍。寇莱公好《柘枝舞》[4]，会客必舞《柘枝》，每舞必尽日，时谓之“《柘枝》颠”。今凤翔有一老尼，犹是莱公时柘枝妓，云当时《柘枝》尚有数十遍，今日所舞《柘枝》，比当时十不得二三。老尼尚能歌其曲，好事者往往传之。

［注释］

[1]《柘（zhè）枝》：唐宋时一种舞、曲的名称。出自西域，约天宝初传入内地，终唐之世，风行不绝。唐代柘枝舞多为女伎独舞或二人对舞，后者称“双柘枝”；宋代发展为多人舞队，称“柘枝队”，有五人舞队、二十四人舞队等，更多时乃至有一百多人共舞。　[2] 遍数：乐曲的章节。又称“解数”，参见前“大遍”条。　[3]《羯鼓录》所谓“浑脱解”之类：《羯鼓录》原载：“夫曲有不尽者，须以他曲解之，方可尽其声也。……工如所教，果相谐协，声意皆尽。”原注：“如《柘枝》用‘浑脱解’、《甘州》用‘急了解’之类是也。”　[4] 寇莱公：寇准（961—1023）。字平仲，华州下邽（今陕西渭南）人。官至宰相，封莱国公。叶梦得《石林燕语》卷四：“寇莱公性豪侈，所临镇燕会，常至三十盏，必盛张乐。尤喜《柘枝舞》，用二十四人，每舞连数盏方毕，或谓之《柘枝》颠。”

［点评］

王国维《唐宋大曲考》云：“《柘枝》，本唐大曲，至

唐卢肇《湖南观双柘枝舞赋》：“潇湘二姬，桃花玉姿。献柘枝之妙舞，佐清宴于良时。……古也郅支之伎，今也柘枝之名。因清角之繁奏，见韶华之并荣。……风袅兮弱柳，烟幂兮春松。缥缈兮翔凤，婉转兮游龙。……飞飙忽旋，鸾鹤联翩。撼帝子之瑶佩，触仙池之玉莲。拥惊波与急雪，卷祥云及瑞烟。……一曲曲兮春恨深，一声声兮边思发。伤心兮陇首秋云，断肠兮戍楼孤月。……来复来兮飞燕，去复去兮惊鸿。……既多妙以多能，亦再羞而再顾。鼓绝而曲既终，倏云朝而雨暮。”（《文苑英华》卷七九）

宋犹存。沈括云：'《柘枝》旧曲，遍数极多。……当时《柘枝》尚有数十遍。'《鄮（mào）峰真隐漫录》所载《柘枝舞》，首吹《柘枝令》，次吹《射雕遍》连《歌头》，次吹《朵肩遍》，次吹《扑蝴蝶遍》，次吹《画眉遍》。除《柘枝令》及《歌头》外，均有声无辞。宋词有《扑蝴蝶》，或即其中一遍也。《画眉遍》或即《画眉序》。"

古之善歌者有语

古之善歌者有语，谓当使"声中无字，字中有声"。凡曲[1]，止是一声清浊高下如萦缕耳；字则有喉、唇、齿、舌等音不同。当使字字举本皆轻圆[2]，悉融入声中，令转换处无磊磈[3]，此谓"声中无字"，古人谓之如贯珠，今谓之善过度是也。如宫声字而曲合用商声，则能转宫为商歌之，此"字中有声"也，善歌者谓之"内里声"[4]。不善歌者，声无抑扬，谓之"念曲"；声无含韫[5]，谓之"叫曲"。

汉代《乐记·师乙篇》云："善歌者，上如抗，下如队（坠），曲如折，止如槁木，倨中矩，句中钩，累累乎端如贯珠。"

明人魏良辅《曲律》云："曲有三绝，字清为一绝；腔纯为一绝；板正为一绝。"

［注释］

[1]"凡曲"二句：是说凡是曲调，只不过是清浊高下不同的一种曲折连贯的发声，有如缠绕的一缕丝线。 [2] 当使字字举

本皆轻圆：歌唱时应当使每字的发音都出自按喉、唇、齿、舌等划分的本部位而能轻松圆润。 [3] 磊魂（wěi）：石块累积貌。别本或作“磊块”。这里喻指歌唱时的声音转换处不平滑，似有块状物阻滞；若是“无磊魂”，则即无阻滞。 [4] 内里声：内功好的歌唱者在容易“拗嗓”的地方，能够在旋律的主干音上加装饰音，以使字的声调、轻重等与曲调的配合完整而自然。如适合用宫声唱的字，在歌曲中需要用商声来唱，那就要能够“转宫为商”，使“字中有声”，这就叫“内里声”。 [5] 含韫（yùn）：犹今言内涵、蕴含。

［点评］

此条借善歌者之言，讲求歌唱要做到“声中无字，字中有声”。所谓“声中无字”，是指歌唱时要使每字的发音都出自本部位而能轻松圆润，完全融入曲调的发声中，而不要使声音转换处有郁结障碍，即通常所说的“善过渡”；所谓“字中有声”，则指“内里声”的功夫，要在容易“拗嗓”的地方加装饰音，以使字的声调、轻重等与曲调的配合完整而自然。总之，歌声要有抑扬顿挫，要有内涵，要能含蓄，假如过分平淡浅直，那就成了“念曲”“叫曲”。此种歌唱理论，恰如其分地揭示了曲调与歌词在演唱方法、作品创作上的统一问题，道出了歌唱技术、艺术体现、心灵参悟“三位一体”的审美要求和价值评判标准，至今仍是声乐艺术表演与创作中的一项重要原则。

天宝法曲与胡部合奏

外国之声，前世自别为四夷乐，自唐天宝十三载，始诏法曲与胡部合奏[1]。自此乐奏全失古法[2]，以先王之乐为雅乐，前世新声为清乐，合胡部者为宴乐。

[注释]

[1] 法曲：乐曲种类名称，为唐代主要乐种之一。晋以前原为用于佛教法会的乐曲，传入中原后，与汉族的清商乐相结合，逐渐发展为以清商乐为主的隋代法曲。盛唐时，这种乐曲又掺杂道教乐曲及少部分外族音乐而发展至极盛，《霓裳羽衣曲》即是著名的法曲。唐玄宗命梨园弟子学习，称为“法部”。胡部：唐代乐部之一。隋代音乐有九部，唐太宗时加入本朝燕乐为十部，玄宗时又逐渐产生胡部。胡部音乐风格大抵出自西凉，是西凉乐部与各民族音乐文化交流融会的产物。 [2]“自此乐奏全失古法”四句：是说自天宝以来朝廷音乐的演奏便完全失去了古代法度，而将上古先王留存下来的乐曲称为雅乐，后世（汉魏以来）新创作的乐曲称为清乐，与胡部乐合奏的乐曲称为宴乐。清乐，亦称清商乐。宴乐，亦称燕乐、燕部。

[点评]

此条以简要的文字指出了音乐史和词学起源问题上的重要事实，在史学和文学上都有着广泛的影响。《新唐书·礼乐志十二》记载:“开元二十四年,升胡部于堂上。而天宝乐曲,皆以边地名,若《凉州》《伊州》《甘州》之类。后又诏道调、法曲与胡部新声合作。明年,安禄山反,凉州、伊州、甘州皆陷吐蕃。”所记“后又诏道调、法曲与胡部新声合作”,即沈括所说“始诏法曲与胡部合奏”,事在天宝十三载(754)。隋唐之际胡乐的输入和引进,改变或改造了传统雅乐和清商乐的乐律及中土原有的法曲系统,沈括是站在传统律吕理论的立场上来看待这一问题的,故谓“自此乐奏全失古法”。由此便产生了音乐史上的周雅乐、汉魏乐、隋唐乐三段论,也即当时的雅乐、清乐、宴乐三个系统:雅乐基本上是汉魏以前的古乐;清乐是清商曲的简称,大部分是汉魏六朝以来的“街陌谣讴”;宴乐(也称燕乐)是当时宴会上演奏的音乐,主要成分是西域音乐,是中国西部各民族的音乐以及中亚、印度的音乐。沈括此条的概括完全是忠于史实的发明。

《霓裳羽衣曲》

《霓裳羽衣曲》[1],刘禹锡诗云[2]:“三乡陌上望仙山[3],归作《霓裳羽衣曲》。”又王建诗云[4]:“听风听水作《霓裳》。”[5]白乐天诗注云[6]:“开元中,西凉府节度使杨敬述造[7]。”郑嵎《津

沈括此条谈《霓裳羽衣曲》的创作故实,列举诸说,未下断语。宋王灼《碧鸡漫志》卷三云:“《霓裳羽衣曲》,说者多异。

阳门诗》注云[8]："叶法善尝引上入月宫[9]，闻仙乐。及上归，但记其半，遂于笛中写之[10]。会西凉府都督杨敬述进《婆罗门曲》，与其声调相符，遂以月中所闻为散序，用敬述所进为腔，而名《霓裳羽衣曲》。"诸说各不同。今蒲中逍遥楼楣上有唐人横书[11]，类梵字[12]，相传是《霓裳》谱，字训不通，莫知是非。或谓今燕部有《献仙音》曲[13]，乃其遗声。然《霓裳》本谓之道调法曲[14]，今《献仙音》乃小石调耳[15]，未知孰是。

予断之曰：西凉创作，明皇润色，又为易美名。其他饰以神怪者，皆不足信也。"又引杜佑《理道要诀》云："天宝十三载七月，改诸乐名……令于太常寺刊石，内黄钟商《婆罗门曲》，改为《霓裳羽衣曲》。"以为"《理道要诀》所载，系当时朝旨，可信不诬"。此种看法主于实证，排斥神怪之说，可从。

[注释]

[1]《霓裳羽衣曲》：唐代乐曲名。传自西凉，本名《婆罗门曲》，经玄宗润色而改名。 [2] 刘禹锡（772—842）：字梦得，洛阳人。为中唐著名学者、诗人。历监察御史，以参与政治改革被贬，晚年累官苏州刺史。诗文与柳宗元并称"刘柳"，与韦应物、白居易合称"三杰"。此所引刘诗，原题《三乡驿楼伏睹玄宗望女几山诗，小臣斐然有感》。 [3] 三乡陌：一作"三乡驿"。相传唐玄宗于三乡驿楼上望女几山（今河南宜阳），归而作《霓裳羽衣曲》。 [4] 王建（约 765—830）：字仲初，颍川（今河南许昌）人。唐后期诗人。此所引王建诗，为所作《霓裳辞》十首之一。 [5] 听风听水：相传西域龟兹国君臣听大山间风水之声而创制乐曲。 [6] 白乐天：白居易（772—846）。字乐天，下邽（今陕西渭南）人。为中唐著名诗人。 [7] 杨敬述：开元初年以羽林

大将军、西凉都督充河西节度使，后为突厥所败，被削官爵。相传玄宗据以制作《霓裳羽衣曲》的西凉《婆罗门曲》即由他奏进。此处所引白乐天诗注，见白氏《霓裳羽衣歌》。　[8] 郑嵎：字宾先，唐宣宗时进士。其《津阳门诗》为七言长句，凡一千四百句，成一百韵，为描述唐玄宗和杨贵妃爱情故事及总结历史盛衰的宏大史诗。津阳门：唐代骊山别宫华清宫的外门。　[9] 叶法善（616—720）：唐初道士。以道术历事高宗至玄宗五朝，封越国公。　[10] 于笛中写之：用笛子模仿所闻仙乐而把它记录在笛曲中。　[11] 蒲：蒲州（治今山西永济市西蒲州镇）。楣：门楣，即门框上部可悬挂牌匾处，或代指牌匾。横书：横行书写的字，与汉字传统上的纵行书写不同。　[12] 梵字：古印度文字。　[13]《献仙音》：曲调名，也为词牌名。相传唐明皇曾梦见十多个仙子驾着祥云下到庭院里，站成一排，各自拿着乐器演奏，献上仙音《紫云曲》。次日明皇默写其曲，后传入乐府，遂称《法曲献仙音》，意指以法曲的形式演奏仙人所奉献的美妙音乐。宋有词牌名《法曲献仙音》，别名《献仙音》《法曲第二》《越女镜心》，为长调，至九十二字，亦有九十一字、八十七字者。　[14] 道调：宫调名，亦为乐曲名。燕乐二十八调中七宫的一种，也称“道宫”“道调宫”，实是以宫音（相当于现在简谱的 1）为主的乐调。唐高宗自以为李氏老子的后人，于是命乐工制作道调法曲，多以道教故事为题材，与道教典礼有关，又名“道曲”。法曲：见前“天宝法曲与胡部合奏”条注 [1]。　[15] 小石调：以商音（相当于现在简谱的 2）为主的乐调之一。唐时商调乐律名有大食调、小食调，宋时改“食”为“石”，俗呼黄钟商为大石调、林钟商为小石调。

[点评]

唐开元、天宝年间，胡乐型大曲力压清乐型大曲，已是当时的主流。梨园最著名的《霓裳羽衣曲》，据史家考证，即是“胡部新声”传入后，由唐玄宗润色而成的，标志着汉乐与胡乐融合发展的最高成就。刘禹锡诗曰：“开元天子万事足，惟惜当年光景促。三乡陌上望仙山，归作《霓裳羽衣曲》。”此为一说；另一说则是玄宗根据杨敬述献进的《婆罗门曲》改编。李唐皇室尊崇老子为祖先，《霓裳羽衣曲》也是为道教而作，用于在太清宫祭献老子时的乐舞。而直到现在，此曲此舞仍无愧于音乐舞蹈史上的一颗璀璨的明珠。

笛

笛有雅笛[1]，有羌笛[2]，其形制所始，旧说皆不同。《周礼》：“笙师掌教篪篴[3]。”或云汉武帝时丘仲始作笛[4]，又云起于羌人。后汉马融所赋长笛[5]，空洞无底，剡其上孔五孔[6]，一孔出其背，正似今之“尺八”[7]。李善为之注云“七孔，长一尺四寸”[8]，此乃今之横笛耳，太常鼓吹部中谓之“横吹”，非融之所赋者。融赋云[9]：“《易》京君明识音律，故本四孔加以一，君明所加孔后出，是谓商声五音毕。”沈约《宋书》亦云“京房备其五音”[10]。《周礼》笙师注杜子春云[11]，

笛子是中国最古老的吹奏乐器。20世纪80年代在河南舞阳贾湖新石器时代早期遗址中出土一批精致的“骨笛”，凡有五孔、六孔、七孔、八孔等样式，据称为8000多年前遗物，被认为是世界历史上最早的笛类乐器。史前遗址出土开孔骨管的现象具有相当

篴乃“今时所吹五空竹篴”[12]。以融、约所记论之，则古篴不应有五孔，则子春之说亦未为然。今《三礼图》画篴亦横设[13]，而有五孔，又不知出何典据。

［注释］

[1] 雅笛：配合雅乐演奏的笛子，即现在一般所称笛、箫之类管乐器，与传统的羌笛完全不同。 [2] 羌笛：也称羌管，历史上羌人发明的单簧气鸣乐器。用两支同样长短、相同音高的油竹制作，故又称双笛。管体被削成方柱形绑扎在一起，每支管的上端置有一个带竹簧片的吹管，竖吹，有四至六个按孔，音色高亢而略带悲凉感。最适于独奏，也可为歌舞伴奏。 [3] 篪篴：同“篪篴（chí dí）”，皆为古代吹管乐器。“篪”即竹埙，“篴”同“笛”。 [4] 丘仲：相传为汉武帝时乐官，曾发明十二孔笛。《宋书·乐志一》引《风俗通》：“丘仲造笛，武帝时人。” [5] 马融（79—166）：字季长，扶风茂陵（今陕西兴平东北）人。东汉著名经学家。所作《长笛赋》见《文选》卷十八。 [6] 剡（yǎn）：削，剜。 [7] 尺八：唐宋时笛、箫类吹管乐器的一种，以长一尺八寸而俗称“尺八”。一般为竹制，而也有仿竹的玉制、石制、牙制“尺八”。竹制者是空洞无底的，稍粗的一头（下端）为洞口，稍细的一头（上端）有半月形外切吹口，用于竖吹；管身前面五孔、后面一孔，也有前面七孔、后面一孔的。从宋代开始，用于宫廷雅乐的“尺八”之地位即逐渐为箫、笛等乐器所取代。 [8] 李善为之注云“七孔，长一尺四寸”：此处所引李善注，在今本《文选》所收马融《长笛赋》题下，其文云：“《周礼》笙师掌教吹笛。《说文》曰：‘笛七孔，长一尺四寸，今人长笛是也。’”此所引“长

的普遍性，如今发现已多。中国竹笛的起源，传说上溯到黄帝使伶伦到昆仑山溪谷中截竹为管以定十二律；《周礼·春官·大司乐》记载，“笙师掌教龡竽、笙、埙、籥、箫、篪、篴、管”，反映出夏、商、周三代竹制吹奏乐器的长足发展。湖北随县曾侯墓出土的两支竹制横吹笛，为目前所见年代最早的战国竹笛实物；传世遗物则还有七个按音孔的战国横吹铜笛。汉唐时代，笛类乐器的发展日趋多样化；下至宋代，竹笛的形制已与现在的六孔竹笛无别，进而成为戏曲伴奏的重要乐器。

一尺四寸，今人长笛是也”十一字系后人添加，非《说文解字》所原有，《说文解字》“笛”字下只云：“七孔，筒也。从竹，由声。羌笛三孔。”段玉裁《说文解字注》云：“《文选》李注引《说文》‘笛七孔，长一尺四寸，今人长笛是也’，此盖以注家语益之。《风俗通》亦云‘长尺四寸，七孔’。”沈括大概以为所谓“长一尺四寸，今人长笛是也”即为李善添注，故谓此乃“今之横笛”，并不是马融所赋还与“尺八”相近的“长笛”。 [9]“融赋云”五句：此数句引文为马融《长笛赋》最末之辞，意谓京房在四孔的笛子上加一孔，以使五音齐备。李善注：“笛本四孔，房加一孔于下，为商声，故谓五音毕。”京房（前 77—前 37），西汉学者，字君明，东郡顿丘（今河南清丰西南）人。本姓李，以推律自定为京氏，为著名《易》学家，故马融谓之“《易》京君明”。 [10] 沈约（441—513）：南朝史学家、文学家。字休文，吴兴武康（今浙江德清）人。历仕宋、齐、梁诸朝，梁时官至尚书令。学问渊博，著述宏富，所著《宋书》唐以后被列入中国正史。《梦溪笔谈》此处引文见《宋书·乐志一》。 [11] 杜子春：汉代学者。河南缑氏（今河南偃师东南）人。治《周礼》，当东汉明帝永平初，年已九十，犹能诵识，时贾逵、郑众皆往受业，后来解《周礼》诸家皆祖子春。 [12] 五空竹篴：犹“五孔竹笛”，“空”通“孔”。 [13]《三礼图》：宋初《三礼图集注》，参见卷十九“《三礼图》之误”条注 [1]。今本《三礼图》卷五“投壶图”类，画篪为五孔，画篴为三孔，皆横吹，与沈括所说不合。

［点评］

沈括此条所谈的竹制管乐器，涉及“尺八”、笛和箫，三者是不同的。“尺八”是竖吹的，顶端有吹口，斜面切削，其形状、音响及演奏方法与洞箫类似，但管身较洞箫短而粗，声音大于洞箫。唐以前称此种乐器为“长笛”或“竖笛”，唐太宗时为统一律制，命乐官吕才重定乐律，乃以律笛中黄钟笛的长度“一尺八寸”为命名的标准，统将笛称为“尺八”。箫，古时将若干竹管编列在一起而成的乐器称为“排箫”，后来就称竹制单管直吹者为箫（又称洞箫），而称横吹者为笛（又称横笛）。现代的笛是由古时横吹的笛发展而来的，日本所保存的“尺八”虽然和箫一样竖吹，却仍和箫有区别，二者只是相似，不能相互代替。

朽木为琴

琴虽用桐，然须多年木性都尽，声始发越[1]。予曾见唐初路氏琴[2]，木皆枯朽，殆不胜指，而其声愈清。又常见越人陶道真畜一张越琴[3]，传云古冢中败棺杉木也，声极劲挺。吴僧智和有一琴，瑟瑟徽碧[4]，纹石为轸[5]，制度、音韵皆臻妙；腹有李阳冰篆数十字[6]，其略云：南溟岛上得一木[7]，名伽陀罗[8]，纹如银屑，其坚如石，命工斫为此琴。篆文甚古劲。琴材欲轻、松、脆、滑，谓之“四善”；木坚如石，可以制琴，亦所未谕也。《投荒录》云[9]：“琼管多乌樠[10]、呿陀，皆奇木。”疑伽陀罗即呿陀也。

欧阳修《文忠集》卷六十三《三琴记》云：“吾家三琴，其一传为张越琴，其一传为楼则琴，其一传为雷氏琴。其制作皆精而有法，然皆不知是否。要在其声如何，不问其古今何人作也。”又黄庭坚《十二琴铭》云：“斫琴须以张、雷为准，非得妙材，不加斧斤。”又南宋赵希鹄《洞天清禄集·古琴辨》云：“今人见琴池沼中有雷文、张越字，便以为至宝，殊不知雷、张皆开元、天宝时人，去今能几何？”又李肇《国史补》下云：“蜀中雷氏斫琴，常自品第，第一者以玉徽，次者以瑟瑟徽，又次者以金徽，又次者螺蚌之徽。”据诸书所记，则张越、雷氏（文）皆盛唐时人。“楼则琴”待考。

[注释]

[1] 发越：激扬清越。 [2] 路氏琴：唐初京师制琴名家路氏所制琴。路氏名不详，唐李肇《国史补》下云：“京师人以樊氏、路氏琴为第一。路氏琴有房太尉（琯）石枕，损处惜之不理（治）。”按：“石枕”当通“石轸”。轸，参见注[5]。 [3] 常：通“尝”，曾经。陶道真：未详何人。东晋有陶瞻（名将陶侃之子），字道真，然此条所记陶道真当是北宋人，与东晋无涉。畜：通“蓄”，储藏。张越琴：相传为唐代吴地制琴名师张越制作的琴。 [4] 瑟瑟徽碧：用玉石做的琴徽呈碧绿色。瑟瑟，碧绿色玉石。徽，琴面上表示音节点的标记，参见《补笔谈》卷一“中声和正声”条“十三徽”注。欧阳修《三琴记》：“其一金徽，其一石徽，其一玉徽。金徽者，张越琴也；石徽者，楼则琴也；玉徽者，雷氏琴也。金徽，其声畅而远；石徽，其声清实而缓；玉徽，其声和而有余。” [5] 纹石为轸：用有花纹的石料作弦柱。轸（zhěn），弦乐器上系弦线的小柱，可以转动以调节弦的松紧。 [6] 李阳冰：唐代文字学家、著名书法家。字少温，赵郡（今河北赵县）人，为李白族叔。历集贤院学士，官至匠作少监。善辞章，曾最早为李白编诗文集《草堂集》并作序。善书法，尤以小篆著称，论者谓“唐三百年，以篆称者，唯公独步”。 [7] 南溟岛：传说指南洋岛屿。他书或作“南溟夷岛”。 [8] 伽陀罗：树木名。下文疑即呿（qū）陀。乃梵语 khadira 之音译，又作劫陀罗、佉陀罗、朅达罗等。密教经典以为护摩木、金刚橛，意译又称紫檀木、坚硬木、空破木等。 [9]《投荒录》：原名《投荒杂录》，1 卷。唐房千里撰，多记岭南风物。千里，字鹄举，河南人，文宗太和间进士，官至高州刺史。 [10] 琼管：行政区划名，即琼州。宋代称琼管，设琼管安抚都监，治今海南海口。乌樠（mán）：别名乌木，即黑檀、黑紫檀，为名贵木材。

［点评］

琴材欲“朽”，非是真朽，此“朽”字乃“古”“久”“寿”“老”之意。其材老而古、寿而久，则分量轻轻，质地疏松，木性尽而发脆，纹理明而光滑。轻则轻便，极于挺而不变形；松、脆皆求琴音清正，音质纯净优美；光滑即美观大方，利于演奏。是为“四善”，且不仅是琴材问题，更关乎琴德、琴音。明人冷谦论琴之“九德”，以轻、松、脆、滑皆括入一个“奇”字，仍置于首位；论“琴声十六法”，则轻、松、脆、滑依旧居于前四。用现在的话来说，“四善”已包含了琴材及音色、音量、制作、演奏等方面的要求。

卷六　乐律二

管色定弦

前世遗事，时有于古人文章中见之。元稹诗有“琵琶宫调八十一，三调弦中弹不出”。琵琶共有八十四调，盖十二律各七均[1]，乃成八十四调。稹诗言“八十一调”，人多不喻所谓。予于金陵丞相家得唐贺怀智《琵琶谱》一册[2]，其序云：“琵琶八十四调[3]，内黄钟、太蔟、林钟宫声，弦中弹不出，须管色定弦；其余八十一调，皆以此三调为准，更不用管色定弦。”始喻稹诗言。

传统上把由十二律产生的十二个宫调式称为“宫”，而其他调式都称为“调”，并将它们统称为“宫调”。不过八十四宫调只是理论推演的结果，真正应用于

如今之调琴[4]，须先用管色“合”字定宫弦，乃以宫弦下生徵，徵弦上生商，上下相生，终于少商。凡下生者隔二弦、上生者隔一弦取之，凡弦声皆当如此。古人仍须以金石为准，《商颂》“依我磬声”是也[5]。今人苟简，不复以弦、管定声，故其高下无准，出于临时。怀智《琵琶谱》调格[6]，与今乐全不同。唐人乐学精深，尚有雅律遗法。今之燕乐，古声多亡，而新声大率皆无法度。乐工自不能言其义，如何得其声和？

中国古代乐曲的只是其中很少一部分，如隋、唐至宋代的民间俗乐、宫廷燕乐，就都只用二十八宫调，故有“四均七调”之说。

［注释］

[1]“盖十二律各七均”二句：是说中国古代乐律（即音律），习惯上称为十二律，是一种音程划分方式。古人用十二个长度不同的律管，吹出十二个高度不同的标准音，以确定乐音的高低，这十二个标准音即叫作十二律。十二律是用三分损益法将一个八度音分为十二个不完全相同的半音的一种律制，各律从低到高依次名为黄钟、大吕、太簇（蔟）、夹钟、姑洗（gū xiǎn）、中吕、蕤宾（ruí bīn）、林钟、夷则、南吕、无射（wú yì）、应钟。十二律分为阴阳两类，凡奇数位的六种律称阳律，偶数位的六种律称阴律；别又习称阳律为“六律”，阴律为“六吕”，合称“律吕”。古乐又有五声音阶，即宫、商、角、徵、羽五音；再加变宫、变徵，便构成七音。以七音与十二律相配，每律皆可作为宫音而确立起七音的音高位置，是谓“七均”；由每律的“七均”即可构成七种调式，故十二律可以构成八十四调。换言之，以十二律轮流

作为宫音，即构成“十二均”；由于每均皆可构成七种调式，故共得八十四调，如以黄钟律为宫音，并且宫音为主音，那么它的调式就是“黄钟宫”；如以南吕律为宫音，并且商音为主音，那么它的调式就是“南吕商”。依此类推，即可得八十四调。 [2] 金陵丞相家：王安石家。王安石晚年罢相后居金陵（今江苏南京）。贺怀智：唐玄宗时宫廷乐师，特善琵琶，为玄宗所欣赏。元稹《琵琶歌》云：“琵琶宫调八十一，旋宫三调弹不出。玄宗偏许贺怀智，段师此艺还相匹。”又《连昌宫词》云：“夜半月高弦索鸣，贺老琵琶定场屋。”原注：“唐开元中贺怀智善琵琶。”又唐段安节《乐府杂录》云：“开元中有贺怀智，其乐器以石为槽，鹍鸡筋作弦，用铁拨弹。”《通志·艺文略》录其《琵琶谱》1 卷，题名作“贺瓌智”。 [3]“琵琶八十四调”至“更不用管色定弦”：是说以琵琶演奏雅乐，八十四调中有黄钟宫、太蔟宫、林钟宫三调在弦中弹不出，须用管类乐器协助调弦；其余八十一调，即皆以这三调为准调弦，更不用管类乐器来定。按：琵琶本为胡乐乐器，以胡乐音阶为标准处理雅乐，故不可能完全弹出八十四调。管色，即管类乐器。通常用于定音和记谱的管乐器，以从西域传入的�管（觱篥）使用较多，号称头管，故觱篥谱又称管色谱。又，弦乐器的弦（丝）有粗细松紧而无定声，故须以有相对固定音高的管乐（竹）为之校准。 [4]“如今之调琴”至“凡弦声皆当如此”：谈宋代的调琴法，谓须先用管类乐器的“合”字音来确定宫弦的宫音，乃以宫弦下生徵音，又以徵弦上生商音，如此上下相生，终于少商。凡下生者隔二弦取所生之音，上生者隔一弦取所生之音，凡弦乐皆应如此调弦。按：文中“合”字为古代工尺谱中表示音高的符号，相当于现代简谱 5 的低音 $\underset{\cdot}{5}$。“上生”“下生”指十二律按“三分损益”的生成方法，若以律管的长短变化而言，凡短律生长律叫“上生”，长律生短律叫“下生”。《宋书·律志》

云:“凡三分益一为上生,三分损一为下生,此其大略。”“少商”是比中度的商音(相当于现代简谱的2)高八度的音,旧时又用为古琴后加的第七弦之名,或称“武弦”。 [5] 依我磬声:见《诗经·商颂·那》。原文:“鞉鼓渊渊,嘒嘒管声。既和且平,依我磬声。”旧注谓指鼓声、管声皆和谐清平,不相夺伦,又与玉磬之声相依,故沈括谓“古人仍须以金石为准”。 [6] 调格:也称“格调”,这里指曲谱的声律格式和规则。也可泛指作品的艺术风格。

[点评]

本条论管色定调定弦,涉及胡乐与雅乐不同的律高标准和定调系统问题。元稹说用胡乐的琵琶演奏雅乐,“琵琶宫调八十一,三调弦中弹不出”,似乎是由可以弹出的八十一宫调推导另外弹不出的三宫调的;但按沈括所引贺怀智《琵琶谱》的序,实际的操作程序却是相反的,即先用管色乐器(今人或谓依托横笛)确定黄钟宫、太蔟宫、林钟宫三调而定其弦,其余八十一调即皆以这三调为基准调弦,而更不用管类乐器来定调定弦。沈括在此要强调的是,唐人乐学精深,尚注重用管乐器、弦乐器定调,故还保留着雅乐的乐律之遗法;宋人草率而简略,不复用弦、管乐器定调,故音声高下无准,定调皆临时应付,以致新声大率皆无法度,更全无古时格调。《梦溪笔谈》中的音乐条目,有不少地方对“今乐”提出批评,都反映出沈括重视传统律吕理论的观念。

同声相应

古法[1]，钟、磬每簴十六，乃十六律也；然一簴又自应一律[2]，有黄钟之簴，有大吕之簴。其他乐皆然。且以琴言之[3]，虽皆清实，其间有声重者，有声轻者，材中自有五音，故古人名琴，或谓之“清徵”，或谓之“清角”；不独五音也，又应诸调。予友人家有一琵琶，置之虚室，以管色奏双调[4]，琵琶弦辄有声应之，奏他调则不应，宝之以为异物。殊不知此乃常理。二十八调，但有声同者即应；若遍二十八调而不应[5]，则是逸调声也[6]。古法，一律有七音，十二律共八十四调。更细分之，尚不止八十四，逸调至多。偶在二十八调中，人见其应，则以为怪，此常理耳。此声学至要妙处也[7]。今人不知此理，故不能极天地至和之声[8]。世之乐工，弦上音调尚不能知，何暇及此！

沈括此条谈乐器音响的共鸣现象，着眼于诸宫调的划分，以为这一现象是“常理”，而没有什么可奇怪的。诸宫调是个极其复杂的系统，如沈括所说，若是更细分的话，尚不止八十四调，所以诸宫调内部的共鸣实际上是个共振频率的选择过程，而被过滤的频率不计其数。只有明确了这一原理，方能不断改进律法，以使音乐趋于“天地至和之声”。

[注释]

[1]“古法”三句：是说古人悬挂钟或磬，每架为十六枚，凡有“十六律”。簴（jù），“簨簴”之省，代指悬挂钟、磬、鼓、板等乐器的木架。古称此种木架的横梁曰簨（sǔn），两边立柱曰簴。

按：此所称“十六律”，北宋陈旸《乐书》卷一百三十四称为“十六声”，亦即十六个音阶，包括十二律和四个清声，计有黄钟、太蔟、姑洗、仲吕、蕤宾、林钟、南吕、无射、应钟、黄钟清、太蔟清、姑洗清、仲吕清、大吕、夷则、夹钟。　[2]“然一簴又自应一律”三句：是说一架钟或磬虽有十六个音阶，其音高系统仍只与主音相应，故即有了“黄钟之簴”“大吕之簴”等称呼。如黄钟之簴以黄钟为主音，其音高既定，则其他音阶的音高亦随之而定。按：此即现在所称乐曲的音调。　[3]“且以琴言之”至“又应诸调”：是说权且以琴言之，即使琴声皆清亮而不虚，其间仍有轻重，其材质中自有五音，所以古人为琴取名，或叫“清徵”，或叫“清角”；而且琴声不独与五音相应，还与诸宫调相应。按：此亦指音调言之。　[4] 双调：古代商声调式的名称之一。其词往往分上下阕，但其曲调其实只是一个。　[5] 二十八调：唐宋以来俗乐、燕乐的记调体系。宫、商、角、羽四声各七调，其名皆见于《新唐书·礼乐志十二》。　[6] 逸调：逸出于常用调式之外的调式。有些调式只在理论上存在，实际上不能应用。　[7] 要妙：精微奥妙。　[8] 天地至和之声：出于天地自然的至为和谐的声音。犹言天籁之音。

［点评］

此条言“声同者即应”，实即声学上所称的共振现象，也称“共鸣”，其原理则在振动频率的相同。这样的共振在不同乐器、不同音阶之间都会出现，如沈括所举例，用管乐器吹奏“双调”，近处空房间内的琵琶便会有弦发声相应，奏其他调式则不应。宽泛一点说，燕乐的二十八调中，只要弦乐器的弦有和某一调式的音声相同的，它就会发生共鸣；如果奏遍了二十八调，都未见有共鸣，那么这弦的音声就是常用调式之外的音声了。音乐是讲究和谐的，而这和谐其实就是共振，所以沈括强调此为“声学至要妙处”，音乐家只有真正弄通了同声相应的原理，才有可能极尽出于天地自然而至为和谐的声音。

卷七 象数一

《奉元历》改移闰朔

开元《大衍历法》最为精密[1]，历代用其朔法[2]。至熙宁中考之，历已后天五十余刻[3]，而前世历官皆不能知。《奉元历》乃移其闰朔[4]：熙宁十年天正元用午时[5]，新历改用子时；闰十二月改为闰正月。四夷朝贡者用旧历[6]，比来款塞。众论谓气至无显验可据[7]，因此以摇新历，事下有司考定。凡立冬晷景与立春之景相若者也[8]，今二景短长不同，则知天正之气偏也；凡移五十

《奉元历》到南宋时已散佚，其法不存。清代乾嘉学者李锐有《奉元术注》1卷，据《元史·历志》补算《奉元历》的岁日（元旦）、朔日，尚可借以考见卫朴历术的梗概。

余刻，立冬、立春之景方停[9]。以此为验，论者乃屈，元会使人亦至[10]，历法遂定。

[注释]

[1]《大衍历法》：唐代开元年间僧一行所制定的历法。僧一行（683—727），本名张遂，唐初功臣张公谨曾孙，为唐代著名天文学家和佛学家。 [2] 朔法：朔策之法，即农历推算各月平均时长并用以确定朔日（每月初一）的方法。 [3] 历已后天五十余刻：此指卫朴所说《崇天历》后天之数，即该历法所规定的节气、朔日迟于太阳视运行观测结果之数。北宋仁宗时行用《崇天历》；英宗时改行《明天历》，三年而废去；熙宁初复行《崇天历》。《续资治通鉴长编》卷二六三载卫朴言：“《崇天历》气后天，《明天历》朔后天。……以皇祐三年九月癸酉晷景与十二月甲辰参较，差一寸一分，半之，以日法除，得气后天五十三刻，其失皆在置元不当也。”按：古时一昼夜分为一百刻，每刻当现今 14.4 分钟。 [4]《奉元历》：北宋历法。由提举司天监沈括主持，聘淮南人卫朴制定。熙宁八年（1075）闰四月颁行，共行用了 18 年。卫朴，参见卷十八“卫朴精于历术”条注 [1]。移其闰朔：改动其闰月和朔日。 [5]“熙宁十年天正元用午时”二句：是说熙宁十年“天正”时分原用午时，新制《奉元历》改用子时。天正，指冬至日的临界时分，旧时历法以此为推算起点。元，同“原”。午时，当今一昼夜为 24 小时制的 11：00—13：00，取中值即为 12：00；子时，当今 23：00—1：00，取中值即为 0：00。 [6]“四夷朝贡者用旧历”二句：是说周边政权及海外诸国来中国朝贡或通好，都按旧历行事，接二连三地来到边塞叩关。比，接连。款塞，叩塞门，犹叩关。 [7] 气至无显验可据：节气和四至（冬至、夏至、春分、

秋分）并无显著的天象验证可以依据。 [8]“凡立冬晷景与立春之景相若者也”三句：是说立冬的晷影与立春的晷影是差不多长短的，现在二者不等长，可知旧历冬至节气的确定有偏差。晷景，同“晷影”。古代用晷（日规）测日影，以日影的角度和长度定时刻。 [9]停：均匀。 [10]元会使人亦至：元旦朝会时各国使者也按新定的日期来到。

［点评］

唐宋间历法后于天象之数，有学者认为依《大衍历》的数据推气，从唐开元间到沈括的时代实际上已后天七十余刻，但各历推气所依据的回归年之数均不相同，所以后天之数也都与《大衍历》没有关系。关于《奉元历》,《续资治通鉴长编》卷二七二（熙宁九年正月）有云：“先是，奉元历载今月望夜月蚀，不验。”卷二八七（元丰元年正月）又云：“先是，（卫）朴在熙宁初更造新历，至十年，议者以为占月食差，故再诏朴集议。”《元史·历志二·授时历议下》于《奉元历》下注云：“熙宁七年（1074）甲寅卫朴造，行十八年，至元祐壬申（1092），后天七刻。”宋南渡后，其法已散失。

太阳过宫

六壬[1]，天十二辰，亥曰登明，（原注：登，避仁宗嫌名。）为正月将；戌曰天魁，为二月将。古

六壬之术，依托“天一生水，地六成之”之说，以

六十甲子中的“六壬”（壬申、壬午、壬辰、壬寅、壬子、壬戌）为名，以套合在一起的天盘、地盘为道具，调和种种多变的术数，运用类似《易》学的推演方法，凡设六十四课，以占测吉凶进退。然其课式结构复杂，推演变化无数，故可多至七百二十课。

人谓之合神，又谓之太阳过宫。合神者[2]，正月建寅合在亥、二月建卯合在戌之类；太阳过宫者[3]，正月日躔娵訾、二月日躔降娄之类。二说一也[4]，此以《颛帝历》言之也。今则分为二说者[5]，盖日度随黄道岁差。今太阳至雨水后方躔娵訾[6]，春分后方躔降娄，若用合神，则须自立春日便用亥将，惊蛰便用戌将。今若用太阳则不应合神，用合神则不应太阳。以理推之[7]，发课皆用月将加正时，如此则须当从太阳过宫；若不用太阳躔次，则当日当时日月、五星、支干、二十八宿皆不应天行，以此决知须用太阳也。然尚未是尽理；若尽理言之[8]，并月建亦须移易，缘目今斗杓昏刻已不当月建，须当随黄道岁差。今则雨水后一日方合建寅[9]，春分后四日方合建卯，谷雨后五日方合建辰，如此始与太阳相符，复会为一说。然须大改历法[10]，事事厘正。如东方苍龙七宿，当起于亢，终于斗；南方朱鸟七宿，起于牛，终于奎；西方白虎七宿，起于娄，终于舆鬼；北方真武七宿，起于东井，终于角。如此历法始正，不止六壬而已。

［注释］

[1]“六壬”至“为二月将”：谈古时名为“六壬”的占术，首叙其术所用圆形天盘把全天等分为十二个方位，分别以子、丑、寅、卯、辰、巳、午、未、申、酉、戌、亥的十二辰名表示，并举例说明亥位之神登明（本为徵明，宋人避仁宗讳改为登明）为正月神将，戌位之神天魁（又称河魁）为二月神将。按：据古书记载，六壬术的十二辰方位在天盘上是按顺时针方向编排的，与十二月份相对应，但十二月份却是按反时针方向编排的，即亥位对应正月，戌谓对应二月，依次下排，最后是子位对应十二月。每个辰位有一位神灵，各有专名，亦称“月将”，总为“十二月将”，亦称“十二神”，各有所主。如亥为登明，一月将，主田宅、文书、争讼、征召等事；戌为河魁，二月将，主坟墓、骸骨、僧人、孤寡等事；最后是丑为大吉，十一月将，主桥梁、道路、田宅、诅咒等；子为神后，十二月将，主婚姻、阴私、奸诈不明等事。　[2]“合神者”二句：是说所谓“合神”，是指正月建寅则“月将”合于亥位、二月建卯则“月将”合于戌位之类。按：此犹言“月将”正月居亥位、二月居戌位之类，亦即与太阳的运行相合。所称“月建”是古代天文学上判别方位的一种方法。古人把一年十二个月和天上的十二辰联系起来，利用北斗星的周期性运动，将斗柄所指的十二辰方位分别称为建子、建丑、建寅等，而总称为“月建”。　[3]“太阳过宫者”二句：是说所谓“太阳过宫”，是指正月太阳运行至娵訾宫的位置、二月太阳运行至降娄宫的位置之类。按：此指太阳运行有规律地经过十二星次的天象。古人为了观测和说明日月五星的位置、运行和节气的转换，把太阳视运行的黄道带自西向东划分为十二个部分，是为“十二星次”，亦称“十二宫”，太阳经过这些星次即是“过宫”。十二星次的名称分别是星纪、玄枵（xiāo）、娵訾（jū zī）、降娄、大梁、

实沈、鹑首、鹑火、鹑尾、寿星、大火、析木，一一对应于十二辰方位的丑、子、亥、戌、酉、申、未、午、巳、辰、卯、寅。躔（chán），意为践，后来多被用作太阳运行的专称。《方言》："日运为躔。" [4]"二说一也"二句：此指"合神"说与"太阳过宫"说一致，都是就《颛顼历》而言的。"月将"与月建合，要看太阳入何宫，后者决定前者为何将；反言之，"月将"合于月建，也即太阳入何宫。照沈括的看法，所谓"月将"所标示的，其实就是日、月会合的方位，且都是就《颛顼历》而言的。《颛帝历》，即《颛顼历》，中国古代六历之一。大约出于春秋战国间，先秦时代楚国曾使用过，以十月为岁首。秦统一后颁行全国，自秦始皇二十六年（前 221）至汉武帝太初元年（前 104），共行 117 年余。颛顼，传说的古帝王。 [5]"今则分为二说者"二句：是说现在"合神"说与"太阳过宫"说所以会分成两种说法，是由于太阳的躔度随着黄道的岁差而发生了变化。黄道，即从地球上看太阳一年"走"过的路线，是地球公转轨道在假设的天球上的投影，为天球上的一个大圆圈，所在平面和赤道面有 23.5° 左右的夹角，相交于春分点和秋分点。岁差，指地球因自转轴的长期进动而引起春分点沿黄道西移并致使回归年短于恒星年的现象。换言之，太阳在黄道上每经过一个回归年的运行，要比回到一年前的起点差一段微小的距离，因此冬至点也会每年稍稍向后（西）移动，是为"岁差"。详见卷七"斗建岁差"条注 [2]。 [6]"今太阳至雨水后方躔娵訾"五句：是说历法规定的节气与太阳的运行发生偏差，则六壬术亦当加以调整。譬如按六壬术，亥为登明，起点在雨水，终点在春分；戌为天魁，起点在春分，终点在谷雨。"月将"是逢中气而换的，现在太阳至雨水后方入娵訾宫，春分后方入降娄宫，若用"合神"，则须自立春便用亥将，至惊蛰才用戌将。按：此即下二句所说"若用太阳则不应合神，用合神则不应太阳”。　[7]“以理推之”至“以此决知须用太阳也”：是说各种占课活动无非是用“月将”加上所定临届时辰，如此则必须使用“太阳过宫”的方法；如果不用太阳躔次，则当天当时的日月、五星、天干地支、二十八宿将全都不合于天体的运行，以此决然知道必须使用“太阳过宫”的方法。五星，即古代天文学上所称的辰星、太白、荧惑、岁星、镇（填）星，古人又按五行说分别称之为水星、金星、火星、木星、土星，均属太阳系行星，现今仍用水、金、火、木、土之名。二十八宿（xiù），中国古代天文学家为观测日、月、五星运行而划分的二十八个星区，由东方苍龙、南方朱雀、西方白虎、北方玄武各七宿组成。参见本条注 [10]。　[8]“若尽理言之”四句：是说如果深入事理言之，连月建也须有变更，因为如今斗柄在黄昏时刻的指向已与月建不相当，需要随着黄道岁差作修正。　[9]“今则雨水后一日方合建寅”五句：是说假如建寅定在雨水后一日，建卯定在春分后四日，建辰定在谷雨后五日，如此，始皆与“太阳过宫”相符，从而使“合神”说与“太阳过宫”说复合为一说。今则，此用作句首连词，表示假设。　[10]“然须大改历法”至“终于角”：是说如果要使六壬之术的“合神”与天文学上的“太阳过宫”相一致，就必须大改历法，对每项历法内容都要加以订正，甚至连二十八宿的次序也要调整。按：传统二十八宿的次序为东方苍龙七宿，即角、亢、氐、房、心、尾、箕；北方玄武七宿，即斗、牛、女、虚、危、室、壁；西方白虎七宿，即奎、娄、胃、昴（mǎo）、毕、觜（zī）、参（shēn）；南方朱雀七宿，即井、鬼、柳、星、张、翼、轸。依据沈括的意见，则应调整为东方苍龙七宿，即亢、氐、房、心、尾、箕、斗；北方玄武七宿，即牛、女、虚、危、室、壁、奎；西方白虎七宿，即娄、胃、昴、毕、觜、参、鬼；南方朱雀七宿，即井、柳、星、张、翼、轸、角。又按：本条所述“南方朱鸟七宿”

六字与“北方真武七宿”六字，位置都不对，应加对调才是，疑为沈括笔误。又，“真武”即“玄武”，宋人避本朝讳改“玄”字为“真”。

［点评］

六壬之术，古时号称“大占”，与遁甲术、太乙术合称“三式”。《梦溪笔谈》此条谈六壬术的“合神”，谓其“发课皆用月将加正时”。也就是说，其占课主要是利用“太阳过宫”的躔次再加上占时内容的方法进行的。由于太阳在黄道上的运行产生岁差，其躔次也会发生变化，所以六壬术的“合神”必须服从太阳躔次的变化，否则就与天象不合。照沈括所说，六壬术原是就《颛顼历》而建立的，在初“合神”与“太阳过宫”还是一回事；后世历法已改变，则二者必然趋于分离。他认为要使二者复归于一致，就必须“大改历法，事事厘正”，甚至连二十八宿的斗建方位也要调整。这实际上是把六壬“合神”术变成了历法问题，指出其术与历法的矛盾，其中也包含了对传统术数迷信成分的批判。

天事之“辰”

近世学者对甲骨文“辰”字的解释纷然杂出，至今仍多分歧，然大抵还是以解释为原

［天］事以辰名者为多[1]，皆本于辰巳之辰。今略举数事：十二支谓之十二辰；一时谓之一辰；一日谓之一辰；日、月、星谓之三辰；北极

谓之北辰；大火谓之大辰[2]；五星中有辰星[3]；五行之时，谓之五辰[4]，《书》曰“抚于五辰”是也。已上皆谓之辰。今考子、丑至于戌、亥谓之十二辰者，《左传》云“日月之会是谓辰”[5]，一岁日月十二会，则十二辰也。日月之所舍[6]，始于东方苍龙，角、亢之星起于辰，故以所首者名之；子、丑、戌、亥之月既谓之辰[7]，则十二支、十二时皆子、丑、戌、亥，则谓之辰无疑也。一日谓之一辰者，以十二支言也。以十干言之谓之今日，以十二支言之谓之今辰，故支干谓之日辰[8]。日、月、星谓之三辰者[9]，日、月、星至于辰而毕见，以其所首者名之，故皆谓之辰。四时所见有早晚[10]，至辰则四时毕见，故“日”加“辰”为“晨”，谓日始出之时也。星有三类：一经星，北极为之长[11]；二舍星[12]，大火为之长；三行星[13]，辰星为之长。故皆谓之辰。北辰，居其所而众星拱之，故为经星之长；大火，天王之座，故为舍星之长；辰星，日之近辅，远乎日不过一辰，故为行星之长。

始耕器的看法占上风。古人所称“蜃（shèn）器”，盖即今日考古所见“蚌锄”，故“辰”即“蜃”之本字，原为大蚌壳之象形。《国语·晋语》韦昭注：“小曰蛤，大曰蜃，皆介（甲）物，蚌类也。”《周礼·天官·鳖人》郑玄注：“蜃，大蛤。”其字变为磬折形，或指石器乃至木器、骨器，也是可能的。

[注释]

[1] “天事以辰名者为多”二句：是说天文事象用“辰”称呼者颇多，“辰”字的用法都源出日常所称十二地支（子、丑、寅、卯、辰、巳、午、未、申、酉、戌、亥）的“辰巳”之“辰”。 [2] 大火：古星名，即心宿二。《左传》僖公二十五年：“大火，阏伯之星也，是谓大辰。” [3] 辰星：古代五星之一，即今日太阳系行星的水星。《史记·天官书》：“察日辰之会，以治辰星之位。曰北方，水，太阴之精，主冬，日壬癸。” [4] 五辰：古代五行家把一年三百六十日分为五个时段，每个时段为七十二日，是谓“五辰”。《吕氏春秋》的十二月纪部分（又见《礼记·月令》），记载春季诸月“其日甲乙”、夏季诸月“其日丙丁”，又有“中央土，其日戊己”，然后是秋季诸月“其日庚辛”、冬季诸月“其日壬癸”，即为“五辰”各段的代表符号。《管子·五行》称“立五行以正天时”，其各时段即皆“七十二日而毕”。又《尚书·皋陶谟》：“抚于五辰，庶绩其凝。”孔传：“言百官皆抚顺五行之时，众功皆成。”孔颖达疏：“五行之时，即四时也。”又古时或说五星分主四时，故称四时为“五辰”。 [5] 日月之会是谓辰：见《左传》昭公七年。杜预注：“一岁日月十二会，所会谓之辰。”孔颖达疏：“日月会谓之辰者，辰，时也，言日月聚会有时也。”按：这个“辰”本指日、月合朔的交会点，每月出现一次，而夏历即称其日为朔日，并规定为每月的初一，故十二个月即有“十二辰”。但这个交会点的出现是不定时的，可以是当日 24 小时中的任何时刻，故“十二辰”又可转化为“十二时”。 [6] “日月之所舍”四句：据下文，此处意在解释为什么按十二地支排列的各个月份皆可称“辰”。据作者所说，日月之会一年十二次，要经过从东方苍龙起始的二十八宿（舍）所在的天区，这些天区的代表星座都是因日月之会的“辰”而确定的，所以日月会合的十二个月份从缘起上

也都被称为“辰”。所首者，指起始的事物。　[7]“子、丑、戌、亥之月既谓之辰”三句：是说按子、丑以至戌、亥的顺序排列的十二个月份既然可以称为“辰”，那么仅作为次序名称的“十二支”及用以表示一天时间的“十二时”也都用子、丑以至戌、亥的十二个字，把它们也叫作“辰”就没有疑问了。　[8] 支干谓之日辰：此指以干支配合记日的甲子、乙丑等，皆可称为“日辰”。照作者的看法，“日辰”的称呼乃合十干的“日”名与十二支的“辰”名而成。　[9]“日、月、星谓之三辰者”四句：是说日、月、五星所以叫作“三辰”，是由于日、月、五星到日、月会聚的“辰”时都会出现，所以从缘起上就把它们都叫作“辰”。　[10]“四时所见有早晚”四句注文疑可译为：日、月、五星在四季的出现有早有晚，但到朔日“辰”时都会一齐出现，这在四季都一样，所以有其“日”又有其“辰”，“日”加“辰”就构成“晨”字，后来就被用以表示日始出之时。　[11] 经星：恒星。明邢云路《古今律历考》卷六十：“经星者，三垣、二十八舍也。”北极：此指北极星，又称北辰。《论语・为政》：“为政以德，譬如北辰，居其所而众星共之。”《晋书・天文志》：“北极，北辰，最尊者也。其纽星，天之枢也。天运无穷，三光迭耀，而极星不移，故曰‘居其所而众星拱之’。”　[12] 舍星：二十八宿，亦称二十八舍或二十八星。二十八宿之长，一说为大火星，一说为大角星。《晋书・天文志》：“心三星，天王正位也。中星曰明堂，天子位，为大辰。主天下之赏罚，天下变动心星见。”此所称心宿中间的大辰即大火星。又《史记・天官书》：“大角者，天王帝廷。”《晋书・天文志》：“大角者，天王座也，又为天栋。”　[13] 行星：古人统称在天球上位置不固定的星体为行星，但多用以指称五星，即现在仍然习称的太阳系之水、金、火、木、土五颗行星。五星又称纬星、五纬，是与经星相对的称呼。五星中以水星距太阳最近，按本条下面的注文，它离开太阳不超过“一辰”，也就是不超过周天“十二辰”之一的30°，所以说它为“日之近辅”及“行星之长”。《史记·天官书》有“五星皆从辰星而聚于一舍，其所舍之国可以法致天下”之文。

［点评］

此条谈天文学上的“辰”，举例殆尽，然未及“辰”字之本义。今人郭沫若在《甲骨文字研究·释支干·十二辰》中曾指出，“辰”字于甲骨文变形颇多，然其习见者大抵可以分为两类：一类是上部呈贝壳形者；又一类是呈磬折形者。他认为“辰实古之耕器”，并分析说：“其作贝壳形者，盖蜃器也，《淮南子·氾论训》曰‘古者剡耜而耕，摩蜃而耨’。其作磬折形者，则为石器，《本草纲目》言‘南方藤州垦田，以石为刀’。”又总结说：“要之，辰本农器，故农、辱、蓐、耨诸字均从辰。星之名辰者，盖星象于农事，大有攸关，古人多以耕器表彰之（西方亦称北斗为‘犁星’）。故‘大火为大辰，伐为大辰，北极亦为大辰’（《公羊》昭十七年）。更进则举凡星象皆称为辰。辰又转为时日之通称，于是而耕器之本义遂全晦。”这一看法可以涵盖沈括论“天事之辰”所已及乃至未及者。

五行生数与成数

沈括此条涉及旧时对“大衍之

《洪范》五行[1]，数自一至五，先儒谓之此五行生数；各益以土数，以为成数。以谓五行非土不成，故水生一而成六，火生二而成七，木生三而成八，金生四而成九，土生五而成十，合之为五十有五。唯《黄帝素问》土生数五[2]，成数亦五。盖水、火、木、金皆待土而成，土更无所待，故止一五而已。画而为图，其理可见。为之图者，设木于东，设金于西，火居南，水居北，土居中央，四方自为生数，各并中央之土以为成数；土自居其位，更无所并，自然止有五数，盖土不须更待土而成也。合五行之数为五十，则大衍之数也。此亦有理。

数”究竟是“五十”还是“五十有五”的争议。问题出在传世本《易·系辞上》只载“大衍之数五十”，而不载“大衍之数五十有五”。《素问》学者仍从“大衍之数五十”作解释，总不免牵强；而有人认为《易·系辞上》原本应作“五十有五”，当是传世本误脱了“有五”两字，如此则可免去各种争议。

［注释］

[1]“《洪范》五行”至“合之为五十有五”：谈《尚书·洪范》所述“五行”的“生数”和“成数”。古人以为“五行生化，以成于万物”，都是和“数”相关联的，所以格外重视有关“数”的学问。《洪范》篇原载：“五行：一曰水，二曰火，三曰木，四曰金，五曰土。”故沈括谓其数“自一至五”。旧载汉孔安国传以为这 5 个数“皆其生数”，故沈括又指出“先儒谓之此五行生数”。所谓“生数”，是指“五行”赖以衍生“成数”的基数。唐孔颖达疏云：“《易·系辞》曰：天一、地二、天三、地四、天五、地六、天七、地八、天九、地十，此即是五行生成之数。天一生水，地二生火，天三生木，地四生金，天五生土，此其生数也。如此

则阳无匹，阴无偶，故地六成水，天七成火，地八成木，天九成金，地十成土，于是阴阳各有匹偶，而物得成焉，故谓之成数也。”这是说“生数”即“十”以内自然数的前5个数：一、二、三、四、五；但为了使天数（阳数、奇数）和地数（阴数、偶数）都成对，所以就在这前5个数上都加“天五”之数，于是就出现了“十”以内自然数的后5个数：六、七、八、九、十，是谓“成数”。“生数”与“成数”共10个，相加之和为55，故谓“合之为五十有五”。此即旧时对《易》学上所称“大衍之数”的一种常见的看法，即“大衍之数五十有（又）五”。又，“衍”字的意思是演变，因是推演天地之数以“成变化而行鬼神”的，所以称为“大衍”。《洪范》，《尚书》篇名。相传为周灭商后，原商朝大臣箕子向周武王陈述“天地之大法”的记录，提出了帝王治理国家必须遵守的九种根本大法，即所谓“洪范九畴”，为中国古代政治哲学思想史上的一篇重要文献。今人一般认为是春秋战国时期的作品。“五行”一词最早见于该篇。 [2]“唯《黄帝素问》土生数五”至“则大衍之数也”：是对“大衍之数”的另一种看法，见于宋代医家刘温舒所撰《素问入式运气论奥》卷上《论生成数第十》。其文云：“金、木、水、火皆待土而后成，兼其土数五以成之，则水六，火七，木八，金九。土常以五之生数，不可至十者，土不待十以成。是生成之数皆五以合之，则大衍之数由是以立。”所载原有《生成数图》，略用两层的同心圆形标出五方之数：北方水一、六，南方火二、七，东方木三、八，西方金四、九，中央土五、五；各自前为生数，后为成数。也就是说，这一看法的“生数”还是一、二、三、四、五，但“成数”变成了六、七、八、九、五，原因是金、木、水、火皆“兼其土数五以成之”，中央土则不须再自兼，而仍用“生数”的“五”作为“成数”。这样，两组数相加的结果，就比前一种看法的总和少了5，故谓“合五行之数为五十，则大衍之数也”，亦即“大衍之数五十”。《素问》，异名《黄帝内经素问》，简称《黄帝素问》或《素问》。古医书，为现存最早的中医理论著作。相传为黄帝创作，实际非出自一时一人之手，大约成书于春秋战国时期。古本早已亡佚，后经唐代医学家王冰订补，整理改编为24卷，共81篇，定名为《黄帝内经素问》，内容十分丰富。

[点评]

此条意在说明《黄帝内经素问》关于《易·系辞上》所载“大衍之数五十”的看法亦有理。按《易·系辞上》原文载：“天一，地二；天三，地四；天五，地六；天七，地八；天九，地十。天数五，地数五，五位相得而各有合。天数二十有五，地数三十，凡天地之数五十有五。此所以成变化而行鬼神也。大衍之数五十，其用四十有九。分而为二以象两，挂一以象三，揲之以四以象四时，归奇于扐以象闰，五岁再闰，故再扐而后挂。”据此，则“大衍之数”盖即“天地之数五十有五”，即五个天数与五个地数的总和。后人囿于《系辞》本文，附会“五十”之数，牵强的解释极多。实则径直理解为“五十”之下脱去了“有五”二字，当是最确当的，正没有必要仍为错误的文本回护。《素问》学者对“五十”之数的解释虽别有见地，然终究亦不见得“有理”。

揲蓍之法

用抽取蓍草作占测的方法，过去一般认为只与《周易》有关系，现在知道不完全是这样。2013年公布的清华简《筮法》篇，保存了战国中叶楚地可贵的《易》学资料，据有关专家研究，其筮法与《归藏》有着密切的联系，而与《周易》有着很大的不同。《筮法》篇还保持着早期数字卦的特征，表明数字卦也是一种用蓍草进行占卜的体系。

揲蓍之法[1]，四十九蓍，聚之则一，而四十九隐于一中；散之则四十九，而一隐于四十九中。一者[2]，道也，谓之无则一在，谓之有则不可取；四十九者，用也，静则归于一，动则惟睹其用。一在其间而不可取，此所谓“大衍之数五十，其用四十有九”。

［注释］

[1] 揲蓍（shé shī）：抽取蓍草。实指用蓍草占卜的方法。蓍草，菊科蓍属多年生草本植物，亦称蜈蚣草、一枝蒿等。古人用其茎作占测，称占蓍或占筮。《本草纲目》引《博物志》云：“蓍千岁，而（一本）三百茎，其本已老，故知吉凶。”此种占测在实际操作时，不一定非用蓍草不可，也可用小竹棍等物品。后世亦泛指占卜活动。 [2]“一者”二句：道家用“一”的概念表示作为万物本原的道。《老子》云：“道生一，一生二，二生三，三生万物。”又云：“万物得一以生。”又云：“圣人抱一以为天下式。”《吕氏春秋·论人》高诱注：“一，道也。天道生万物，万物得一乃后成也。”《淮南子·俶真训》注：“一者道本。”又《老子想尔注》：“一者，道也。……一散形为气，聚形为太上老君。”此类皆以道的本原性质言之。又《淮南子·原道训》云：“所谓一者，无匹合于天下者也。卓然独立，块然独处，上通九天，下贯九野……道者，一立而万物生矣。”由于道是独一无二、至高无上、无与并驾、难以描述的，故强名之曰道，又赋予别号为一，又谓道即一，

一即无。

［点评］

此条述沈括自己对《易·系辞上》所说“大衍之数五十，其用四十有九”的一种看法。这种通过“揲蓍”而占测的方法，是用四十九根蓍草进行的，其基本原理是通过多次分合这些蓍草，得到一系列的数字，并根据这些数字的奇偶关系组织成卦，然后再根据卦形、卦象等占测吉凶。沈括在此所谈的不是具体的占蓍方法，而是“大衍之数五十”和“其用四十有九”的关系。按沈括的理解，四十九根蓍草合拢在一起就是一个整体（比如一捆），可以表示“一”，这时“四十九”之数不显，就隐藏在这个“一”中；而当这些蓍草分散开来时，则显示出“四十九”之数，这时整体的“一”不显，就隐藏在“四十九”中。他进而指出，这个“一”就好比道家所称的作为万物本原的“道”：如果说它是虚无的，它却包含在万物之中，有个笼括万有的“一”存在；如果说它是实有的，它却又看不见、摸不着，无法从万物中取出。与“一”的本原性相对而言，诸如占蓍的“四十九”之类数都是功用性的，显示的都是“道”的作用，所以当事物静止时它们都归于“一”，当事物变动时就只看见它们的功用。依此而言，占蓍的“一”就隐藏在蓍草的“四十九”中而不能取出，而这也就是所谓“大衍之数五十，其用四十有九”。

按：细审沈括此条所说，他实际认为《易·系辞上》所说的“大衍之数五十，其用四十有九”，指的是占蓍所用蓍草的“四十九”之数中就包含“一”，以具体的“四十九”之数加上整体的“一”，才是《系辞上》所称“大衍之数五十”的本意。这一看法与前条论“五行生数与成数”所见的两种看法都不同，别具见解，可存一说。

历法步岁之法

历法步岁之法[1]，以冬至斗建所抵至明年冬至所得辰刻衰秒，谓之斗分[2]。故“歲”文从步从戌[3]；戌者，斗魁所抵也。

[注释]

[1] 步岁之法：测量和推算一年时间长度的方法。步，测算。 [2] 斗分：回归年长度的小数部分。传统上测定回归年长度的方法之一，是以每年冬至日北斗七星的斗柄所指的方位为基准，把从今年冬至斗柄指向某方位到明年冬至斗柄再指向同一方位所经历的时间累积起来，以计算一年的日数。这个日数，按照历法的精确要求是不可能为整数的，必定会有小数；而这个小数部分，按照二十八宿的次序，又必定会在二十八宿的斗宿距度内，所以古四分历即称之为“斗分”。沈括所称的“辰刻衰秒”，也就是这个小数部分，“辰刻”犹言“时刻”（十二时可称十二辰），“衰（cuī）秒”，指递减的微小时间单位，所有“时刻”以下时间皆为日数的零头，即如今所称小数。南宋时的《统天历》已将回归年的长度精确到 365.2425 日。又，“斗建”并参此下“斗建岁差”条

注。 [3]“故‘歳’文从步从戌”三句：是说繁体的“歳”字从步从戌，“戌”是斗魁（北斗勺头部分的四星）所指的方位。抵，犹言指向。

［点评］

繁体的“歳”字，甲骨文或从“戉”、从上下二“止”，似是以斧钺之类兵器斫人双足的会意字；又用为“刿”字，为祭名，指割牲之祭；又借用为表示收获季节的字，后来演变为岁月字。后世字书的解释发生变化，《说文解字》释为木星之名，谓其字“从步，戌声”，已不从“戉”；北宋字书《类篇》从《说文解字》，亦谓“从步，戌声”；明《通雅》亦谓“要论之，戌声耳”。认为“戌”只是声符，皆不谓之指方位。

斗建岁差

正月寅，二月卯，谓之建，其说谓斗杓所建。不必用此说，但春为寅、卯、辰，夏为巳、午、未，理自当然，不须因斗建也[1]。缘斗建有岁差，盖古人未有岁差之法[2]。《颛帝历》冬至日宿斗初[3]，今宿斗六度。古者正月斗杓建寅，今则正月建丑矣。又岁与岁合，今亦差一辰。《尧典》曰“日短星昴”，今乃日短星东壁。此皆随岁差

斗建与岁差的关系颇为复杂。严格地讲，以斗建方法观测太阳运动的参照点为恒星，用此种观测方法所得的年的长度为恒星年，与回归年所指太阳

连续两次通过春分点的时间间隔并不相同，所以认为斗建会随岁差而移的观念是不科学的。

移也。

[注释]

[1] 斗建：也称“月建”，指古人以北斗七星斗柄的指向判定月份的方法。其斗柄指向与在地面上均分圆周所划定的十二个方位对应，按顺时针方向分别以十二地支表示，规定正北为子、正东为卯、正南为午、正西为酉等。由于夏正十一月（冬至所在的月份）黄昏时斗柄指子，十二月黄昏时斗柄指丑，正月黄昏时斗柄指寅，二月黄昏时斗柄指卯……于是就称十一月建子、十二月建丑、正月建寅、二月建卯……如此之类，是谓十二月建。“建”谓定位点的设置，兼指方位、月份和季节的判定，进而言之则兼主二十八宿、十二分野。《鹖冠子·环流》云：“斗柄东指，天下皆春；斗柄南指，天下皆夏；斗柄西指，天下皆秋；斗柄北指，天下皆冬。”斗杓（biāo），即斗柄。 [2] 岁差：地球由于自转轴的长期进动，引起春分点沿黄道缓慢西移，致使回归年短于恒星年的现象。有“日月岁差”和“行星岁差”，也称“赤道岁差”和“黄道岁差”，二者的合量称为“总岁差”或“综合岁差”。恒星年即地球绕太阳公转一周所历时间，回归年（又称太阳年）即太阳两次经过春分点所历时间，据现代天文测量，春分点每年西移约 50.2 秒，恒星年较回归年约长 20 分 23 秒。中国古代学者自晋代以来，大致以为太阳循黄道向西退行，五六十年到七八十年就要退一度左右。 [3]“《颛帝历》冬至日宿斗初”至“此皆随岁差移也”：举出各种例子，以证斗建随岁差而移，如《颛顼历》冬至时，太阳还刚入斗宿的度数，现在冬至则太阳已到斗宿六度；古时正月斗杓（柄）指向寅方位，现在正月则指向丑方位了；再就是每年的冬至点在黄道上本来都该重合，现在也差了一辰；《尧典》说冬至黄昏时正南天的指示星是昴星，现在却变成了东壁星。

《颛帝历》，见前“太阳过宫”条注 [4]。《尧典》，《尚书》的第一篇，记传说的古帝王唐尧的事迹，有重要史料价值。日短，即冬至，为二十四节气名称最终确定以前的称呼。昴、东壁，皆为二十八宿星名，分属西方白虎七宿、北方玄武七宿。

［点评］

中国古代天文学家发现岁差，始于东晋虞喜（281—356），他曾提出冬至点每 50 年西移一度。南朝祖冲之在所制《大明历》中，首次引入了岁差，成为中国历法史上的一次重要改革。载见《宋史·律历志七·日度岁差》。沈括以为斗建是会随岁差而变动的，所以他主张直接以十二地支指称十二月，不必再用斗建之说而称“建某月”，是合乎实用原则的看法。

落下闳历法

《唐书》云[1]：落下闳造历，自言后八百年当差一算，至唐一行僧出而正之。此妄说也。落下闳历法极疏，盖当时以为密耳。其间阙略甚多，且举二事言之。汉世尚未知黄道岁差，至北齐张子信方候知岁差[2]。今以今古历校之，凡八十余年差一度，则闳之历八十年自已差一度；兼余分疏阔[3]，据其法推气、朔、五星[4]，当时便不可用，不待八十年。乃曰八百年差一算，太欺诞也。

[注释]

[1]“《唐书》云”四句：见《旧唐书·僧一行传》，有节略。落下闳（前156—前87），亦称“洛下闳”，西汉天文学家。字长公，巴郡阆中（今四川阆中）人。为《太初历》的主要创立者之一，又曾制造浑天仪，主张浑天说。一算，一个计算单位；《旧唐书》作“一日”，则相当于一度。一行，见前“《奉元历》改移闰朔”条注[1]。 [2]张子信：北魏、北齐天文学家。清河（今属河北）人。曾发现太阳视运动和五星运动的不均匀性及月亮视差对日食的影响等，并同时提出了相应的计算方法。史载其曾推算太阳运行和五星运行的“入气差”，而未见言其候知岁差。 [3]余分疏阔：谓整数除法中除不尽的部分不精确。 [4]气、朔、五星：指节气、朔望和五星的运行。

[点评]

此条意在驳责《旧唐书·僧一行传》所记载的一则传闻：“道士邢和璞尝谓尹愔曰：‘一行其圣人乎！汉之洛下闳造历，云后八百岁当差一日，必有圣人正之。近年期毕矣，而一行造《大衍》正其差谬，则洛下闳之言信矣，非圣人而何？’”沈括认为落下闳造历“自言后八百年当差一算”之说“太欺诞”。首先是那时还不知道有岁差，沈括校订岁差凡80余年便差一度（北宋《崇天历》载每85年差一度，《明天历》又载每77.57年差一度），则落下闳之历自然也会到80年即差一度；况且落下闳计算数值的小数部分也不精确，他所推算的节气、朔望和五星的运行数据等当时便不可用，故而其历日更不待80年才有偏差。如此则何谈800年？这些都是就“历法久则必差，推步后而愈密”（章学诚语）而言的，并没有否定落下闳历法贡献的意思。

极星测量

天文家有浑仪[1]，测天之器，设于崇台以候垂象者[2]，则古玑衡是也[3]；浑象[4]，象天之器，以水激之，或以水银转之，置于密室，与天行相符，张衡、陆绩所为及开元中置于武成殿者皆此器也[5]。皇祐中，礼部试《玑衡正天文之器赋》[6]，举人皆杂用浑象事，试官亦自不晓，第为高等[7]。汉以前，皆以北辰居天中[8]，故谓之极星。自祖亘以玑衡考验[9]，天极不动处，乃在极星之末，犹一度有余。熙宁中，予受诏典领历官，杂考星历，以玑衡求极星。初夜在窥管中，少时复出。以此知窥管小，不能容极星游转，乃稍稍展窥管候之。凡历三月，极星方游于窥管之内，常见不隐。然后知天极不动处，远极星犹三度有余[10]。

北极星，古人或称北辰、北极、极星、纽星、枢星等，皆异名而同实，指的是最靠近北天极的一颗恒星，现阶段为紫微垣中的勾陈一（即小熊座α星）。据沈括所记，最早发现北极星并非固定不动的是祖暅，盛唐时梁令瓒等亦曾观测北极星的运动轨迹，至沈括而再加科学的观测，已使这一发现成为古代天文学上的共识。稍后苏颂利用水运仪象台所做的更为精密的观测，则成为验证此种北极星理论的一次成功的实验。

每极星入窥管，别画为一图。图为一圆规[11]，乃画极星于规中，具初夜、中夜、后夜所见，各图之。凡为二百余图，极星方常循圆规之内，夜夜不差。予于《熙宁历奏议》中叙之甚详[12]。

［注释］

[1] 浑仪：又称浑天仪，古代观测天体位置的仪器。摹写日月星辰于“天盘”上，下设可转动的四游仪以观测，类似现在从地球上观测天空景象的天象仪。 [2] 崇台：高台。候：观测。垂象：天象。星象附丽于天而下投，古人习称“天垂象”。 [3] 玑衡：璇玑玉衡，浑天仪的前身。后人有时仍用以指称浑天仪。 [4] 浑象：类似现在的天球仪，即将假设的天球模型化，从“天外”俯视天球及其附丽的天象。 [5] 张衡（78—139）：字平子，东汉南阳西鄂（今河南召县南）人。著名科学家、文学家。曾任太史令，制造浑象、地动仪等。陆绩（188—219）：字公纪，三国时吴县（今属江苏）人。仕于吴，精通天文历算，曾作《浑天图》及浑象。武成殿：唐代洛阳宫城（紫微宫）内的建筑。 [6] 礼部试：宋代科举考试的一级。又称省试、南省试，均为“尚书省礼部试”的简称。宋代科举考试分州府试、礼部试、殿试三级，凡州府试合格的举人皆可赴礼部试，礼部试合格者由贡院放榜并正式奏名朝廷后参加殿试。礼部试考中第一名者称为省元。 [7] 第为高等：列入优等。第，次第，此用为动词，指录取排序。 [8] 北辰：北极星，古人习称极星。北极星随时代而改变，周秦时为小熊座β星，现为小熊座α星，到公元14000年前后将为天琴座α星（即织女星）。古人言“极”是指天极，言“极星”则指天

极区的代表星，然往往会使人误认为二者重合。　[9] 祖亘：祖暅（gèng），一作祖暅之。字景烁，祖籍范阳遒县（今河北涞水）。南朝数学家、天文学家，著名天文历算家祖冲之之子。梁时历官太府卿、南康太守。传承家学，曾用多年精力修订其父所制《大明历》，使为朝廷所采用，并自造浑象和铜表。又修订其父数学研究成果，编成《缀术》一书，运用“祖暅原理”和“开立圆术”，首次求得球的体积公式。又测量极星，发现天极不动处犹相差一度有余（指北半球星空旋转的虚拟中心点在北极星所在天区的更远端）。　[10] 三度有余：此数有误差。在沈括的时代，极星为鹿豹座 32^2H 星，距天极 1.5 度稍多。　[11] 圆规：用圆规画出的正圆形。　[12]《熙宁历奏议》：此指熙宁七年（1074）七月沈括所上《浑仪议》，今略载于《宋史・天文志一》。

［点评］

古人观测天文，必以高台所设浑仪的枢轴精确对准天极，以求提高观测的精度。沈括用浑仪观测极星的位置，欲精密确定天极，这在天文学上是有积极意义的。其方法是用窥管观测和记录极星环绕天极圆心的运行轨迹，每晚按初夜、中夜、后夜的时段，画出三张星位图，最后汇总数百张图的观测结果，而得出了“天极不动处，远极星犹三度有余”的结论。他的观测方法是科学的，但可能对读浑仪的刻度不够准确，故“三度有余”的数值大了一倍。此后十余年，苏颂建立水运仪象台，始测得天极位置的正确数据。他在所著《新仪象法要》中说：“旧说皆以纽星即天极，在正北，为天心不动。今验天极亦昼夜运转，其不移处乃在天极之内一度有半，故浑象杠轴正中置之不动，以象天心也。”

晷漏与太阳视运动

本条所言历法学上的步漏之术，乃统指利用日晷（guǐ）和刻漏测量时间的方法。“日晷”本义指日影，后来成为一种利用太阳位置测量时间的仪器之专名，其器主要由一根投射太阳阴影的指标和承受指标投影的晷面及晷面上的刻度线组成。“刻漏”又称浮漏、漏刻、漏壶等，有多种，其中一种主要由漏壶和带有刻度的直立箭形浮标组成，壶底穿一孔，壶中盛水，由水的匀速滴漏以显示箭上的度数而读出时刻。沈括以为既往历家

古今言刻漏者数十家，悉皆疏缪。历家言晷漏者，自《颛帝历》至今见于世谓之大历者[1]，凡二十五家，其步漏之术皆未合天度。予占天候景[2]，以至验于仪象，考数下漏，凡十余年，方粗见真数，成书四卷，谓之《熙宁晷漏》，皆非袭蹈前人之迹。其间二事尤微。一者，下漏家常患冬月水涩[3]，夏月水利，以为水性如此；又疑冰澌所壅，万方理之，终不应法。予以理求之[4]：冬至日行速，天运未期而日已过表，故百刻而有余；夏至日行迟，天运已期而日未至表，故不及百刻。既得此数，然后覆求晷景、漏刻，莫不吻合，此古人之所未知也。二者，日之盈缩[5]，其消长以渐，无一日顿殊之理。历法皆以一日之气短长之中者播为刻分[6]，累损益气初日衰，每日消长常同，至交一气，则顿易刻衰。故黄道有觚而不圆[7]，纵有强为数以步之者，亦非乘理用算，

而多形数相诡。大凡物有定形[8]，形有真数。方圆端斜，定形也；乘除相荡，无所附益，泯然冥会者，真数也。其术可以心得，不可以言喻。黄道环天正圆[9]，圆之为体，循之则其妥至均，不均不能中规；衡绝之则有舒有数，无舒数则不能成妥。以圆法相荡而得衰[10]，则衰无不均；以妥法相荡而得差，则差有疏数。相因以求从[11]，相消以求负，从负相入，会一术以御日行。以言其变[12]，则秒刻之间消长未尝同；以言其齐，则止用一衰，循环无端，终始如贯，不能议其隙。此圆法之微，古之言算者有所未知也。以日衰生日积[13]，反生日衰，终始相求，迭为宾主，顺循之以索日变，衡别之求去极之度，合散无迹，泯如运规，非深知造算之理者，不能与其微也。其详具予奏议[14]，藏在史官[15]，及予所著《熙宁晷漏》四卷之中。

的晷漏计时数据都不符合天体运行的实际度数。

[注释]

[1]《颛帝历》：见前“太阳过宫”条注[4]。大历：官修的正规历法书。　[2]“予占天候景”五句：是说我观测天象和伺察日影，以至通过仪象作验证，并考察刻漏的数据，凡经历十余年，才粗

略得到真实的规律性数据。景，古“影”字。下漏，犹言刻漏，因漏壶中的水下滴以标记时刻，故称“下漏”。 [3]“下漏家常患冬月水涩”至“终不应法”：是说设置刻漏的历家常常担心冬天水流涩滞，夏天水流顺溜，以为水性本来就如此；又疑心冬天的水里会有冰凌堵塞滴漏，所以想尽办法治理，总是不能达到理想的效果。冰澌，指带冰凌的水流。按：凡刻漏，壶中水的多少、质量都会影响流速，为稳定壶中水的补给，沈括所采用的已是自晋唐以来不断改进的多级壶。 [4]“予以理求之”至“故不及百刻”：是说我据理推求，冬至时太阳的运行速度块，一昼夜未满就已超过满日表影的位置，所以显示出一昼夜百刻而有余；夏至时太阳的运行速度慢，一昼夜已满而尚未到达满日表影的位置，所以显示出一昼夜不及百刻。按：此文上句的“天运未朞而日已过表”原作“天运已朞而日已过表”，下句的“天运已朞而日未至表”原作“天运未朞而日已至表”，今均据胡道静《梦溪笔谈校证》所引王国维校识改。王氏校识引张文虎校语，谓上句“‘已朞’当作‘未朞’”，下句“‘已’‘未’二字当互易”。朞（jī），古时亦作“稘”，用以指周期的时间，如“朞年”“朞月”等，后世则统代以“期”字。此条“朞”字当即指“旦至旦”的周期，即一昼夜，或称“满日”（一百刻）。 [5]“日之盈缩”三句：是说每日时间的增盈或减缩（日差），其增减变化的幅度是渐进的，不会有突然在一天之间就变得悬殊的道理。顿，立刻、忽然。 [6]“历法皆以一日之气短长之中者播为刻分”五句：是说历法中都以一昼夜十二时的平均值划分较小时间单位的刻和分（每昼夜 100 刻、每刻 100 分），累计加减节气之初的日差，每日的增量或减量常常相同，至于转换到下一个节气时，就突然改变了刻度差。一日之气，实指十二时。宋鲍云龙《天原发微》卷五下：“一日之气十二时。”播，分。日衰（cuī），指日差的增减量，“衰”指等差；

刻衰（cuī），即刻度差，实指日差。按：句意指日差的测量只用平均值，则在不同的节气之间就会突然出现较大的差值。　[7]“故黄道有觚而不圆”四句：是说故而导致黄道有棱角而不圆，纵使勉强利用已有的数据作推导，也不会有合乎数理逻辑的运算，多数情况下所得出的数据都与实际情形相违背。觚（gū），棱角。诡，违反、违背。按：句意指上述日差数据存在突然改变的情况，反映出所测度的太阳在黄道上的运行不均匀，故此谓“黄道有觚而不圆”，有关数据也不能作为运算依据。　[8]“大凡物有定形”至“真数也”：是说大凡事物都有确定的外在表现形态，有确定的外在表现形态便有其符合实际的内在运动规律。方圆正斜，这是确定的外在表现形态；而对于事物消长盛衰的互动过程，人们的认识不附加任何条件，全然能够下意识领会的那种无形的变化机制，才是事物内在的符合实际的运动规律。乘除，指事物的消长盛衰。相荡，犹言互动、相互作用，在本条文字中或可理解为推算。泯然，原指悄然，这里指自然而然，无差别之貌，犹言全然。冥会，不知不觉中领会。数，指事物运动规律。　[9]“黄道环天正圆”至“无舒数则不能成妥”：是说黄道环绕天空是个正圆，这个正圆的圆周，顺着它展开的弧度是至为均匀的，不均匀就不符合圆规的轨迹；如果把圆周横向分段，则各个弧段的度数即有疏有密，无疏密就不能确定各段落的度数。衡，通“横”。绝，断。舒数（cù），下文又作“疏数（cù）”，犹“疏密”。妥，按《梦溪笔谈》此条文意，当是指黄道圆周各部分的弧度，所谓“成妥”即推算太阳行经黄道的度数。　[10]“以圆法相荡而得衰”四句：是说以黄道为正圆的办法推算日差，则所得的差值都是均匀的；以划分弧段的办法推算日差，则所得的差值有疏有密。按：各弧段度数因太阳运行的迟速和黄道与赤道有交角而发生变化，从而导致日差现象，因此沈括以“疏数”言之。　[11]“相因以求从”

四句：是说日差相承增大时就根据相承情况求其增量，日差转向回落时就根据回落情况求其减量，这样以增量和减量相加减，会合于一种运算，以驾驭太阳运行的规律。从、负，分别代指日差的增量和减量。 [12]“以言其变”至“不能议其隙”：是说由此而言日之长短的变化，则每刻每秒其消长盈缩都不一样；由此而言日之长短趋向整齐，则只用一种微小的差值，即可见日之循环往复，无始无终，连贯不间断，且无法论及日和日之间存在间隙。 [13]“以日衰生日积”至“不能与其微”：是说由每日的日差产生阶段性的日积差，又由日积差反推每日的日差，这样循环推求，反复以不同的材料为主为辅，顺次循黄道用圆法以探索日差的变化，又横向用妥法以别求太阳离开天极的度数，如此有合有分而无拼凑的痕迹，全然如同圆规的操作，非深知运算的数理逻辑，是不能明白其中的奥妙精微的。 [14]奏议：此指熙宁七年（1074）七月沈括所上《浮漏议》。《宋史·天文志一》略载其文，然只记浮漏制度，未及《梦溪笔谈》此条所言。 [15]藏在史官：已入藏史官所掌管的朝廷档案。

[点评]

此条简要说明沈括所撰《熙宁晷漏》中的两项重要研究成果，因专业性很强而不易理解。人所共知，日晷和刻漏都是计时的仪器，自然要求测定时间完全准确，但事实上要做到这点难度极高。其中除了各种技术因素外，沈括发现一个理论上和实践上的重大原因，便是太阳常年沿黄道运动（视运动），其每日运行的时间却有长有短，从而造成天体运行与晷漏计时的差异，此即所谓日差（实即时差）问题。沈括认为日差的出现首先是由于太阳运行有迟有速，“冬至日行速”“夏至日行迟”，所以要准确调整晷漏的时刻，就必须随时控制日差的增量或减量，以使日长合乎天运的实际，而不能仅用短期日差的平均值推算时日。日差出现的另一个原因，用现在的话说，是由于黄道和赤道交角（23°27′）的存在，这个交角使得太阳的运速即使同样快慢，也会产生日差。在沈括看来，后一原因是与太阳运行的迟速共同作用于日差的，所以他用“圆法”和“妥法”来表述。所谓“圆法”，是假定以黄道为正圆而推算日差的，这样所得的差值都是均匀的；所谓“妥法”，则是以划分弧段的办法推算日差（因为黄道有棱角而不圆），这样所得的差值便有疏有密。结合这两种办法，“相因以求从，相消以求负，从负相入，会一术以御日行”，也还是为了求得日差的准确增量或减量，会合于一种运算，以驾驭太阳运行的规律。沈括说他钻研这一问题“十余年，方粗见真数”，又说“非深知造算之理者，不能与其微”，皆可见其致力于科学的献身精神及超乎常人的见解和能力。

此条内容涉及中国古代数学史上所称的“招差术”，即现代计算数学中常用的一种插值方法，又称内插法。其法即根据未知函数 $f(x)$ 在某区间内若干点的函数值，做出在该若干点的函数值与 $f(x)$ 值相等的特定函数来近似原函数 $f(x)$，进而可用此特定函数算出该区间内其他各点的原函数 $f(x)$ 的近似值。此法早在《九章算术》中已有体现，后来隋代刘焯发明了二次差内插，唐代僧一行发明了不等间距的二次差内插，元代郭守敬又进一步发明了三次差内插法。有人认为宋人修历，于内插法未见深造，唯沈括此条所述“圆法”“妥法”及“相因以求从，相消以求负，从负相入”的“会一术”论及招差，值得留意。

二十八宿分度

二十八宿的观察角度，呼应一年三百六十五又四分之一日，被划分为三百六十五又四分之一度。远古以前的二十八宿被分布在赤道线附近，至汉代始改为分布在黄道附近，由于地球绕日公转的岁差、黄道与赤道的交角以及观测技术的限制、观测仪器的误差等因素的影响，历朝学者对于二十八宿的定位均有差异，故亦无从要求二十八宿均匀划分周天。

予编校昭文书时，预详定浑天仪[1]。官长问予：“二十八宿[2]，多者三十三度，少者止一度。如此不均，何也？”予对曰：天事本无度，推历者无以寓其数，乃以日所行分天为三百六十五度有奇[3]。日平行三百六十五日有余而一期[4]，天故以一日为一度也。既分之，必有物记之，然后可窥而数[5]，于是以当度之星记之[6]。循黄道日之所行一期，当者止二十八宿星而已，度如伞橑，当度谓正当伞橑上者[7]。故车盖二十八弓，以象二十八宿。则予《浑仪奏议》所谓“度不可见，可见者星也”。日月五星之所由有星焉[8]，当度之画者凡二十有八，谓之舍，舍所以挈度、度所以生数也。今所谓距度星者是也[9]。非不欲均也，黄道所由，当度之星止有此而已。

[注释]

[1] 预详定浑天仪：沈括以扬州司理参军受命编校昭文馆书籍在治平二年（1065），其时曾一并参与详定浑天仪诸事。预，参与。　[2]“二十八宿”三句指二十八宿的度数大小不均。按：今苏州文庙存有南宋黄裳所制《天文图》的碑刻，标有二十八宿的度数，其中井宿最大为三十四度，觜宿最小为一度。　[3] 奇（jī）：零头、余数。　[4] 日平行：太阳的平均行度。一期（jī）：一个周期。　[5] 窥而数：观测和计算。　[6] 当度之星：正好在所划分度数的整数位置上的星宿。　[7] 橑（lǎo）：通“轑”，撑起伞或车盖的弓形木架条。俗称伞弓、车盖弓等。古代车上遮雨蔽日的篷子，形圆如伞，下有柄，称车盖。下文“车盖二十八弓”，即指支撑车盖的二十八条木骨。　[8]“日月五星之所由有星焉”四句：是说日、月和五星经由之处都有星宿，正好在度位划分区域内的星宿共有二十八颗，又叫作二十八舍，舍是用来承当度位的，有了度则又生出数来。由，经由，经过之处。画，划分、界限。舍，与“宿”同义，均取义于日、月、五星舍止之处。挈（qiè），携带，犹承载、承当。　[9] 距度星：二十八宿的每一宿实际上都表示一个星空区域，其中被选为测量标志的一颗星即称为距度星，也称距星。距星的距度（与相邻距星的度数之差）代表各宿星区的广度。

[点评]

此条以通俗的语言介绍二十八宿的设置和分布，指出二十八宿不是不想让它们均匀分布，而是因为黄道和天赤道附近能适合度数划分的星只有这些。

古人对月亮的光源，很早就有清醒的认识，如东汉张衡在所作《灵宪》里就说过：“月光生于日之所照，魄生于日之所蔽，当日则光盈，就日则光尽。”沈括用银丸之反光和弹丸之粉涂作比，形象地说明了月亮的发光原理及其盈亏现象，生动易懂。

日月之形

又问予以：“日月之形如丸邪，如扇也？若如丸，则其相遇，岂不相碍？”[1]予对曰：日月之形如丸。何以知之？以月盈亏可验也。月本无光[2]，犹银丸，日耀之乃光耳。光之初生，日在其傍，故光侧而所见才如钩；日渐远，则斜照而光稍满。如一弹丸，以粉涂其半，侧视之则粉处如钩，对视之则正圆。此有以知其如丸也。日、月，气也，有形而无质，故相直而无碍。

［注释］

[1] 此条文字接“二十八宿分度”条，故以“又问”开头，内容则别为一题。下条同此。 [2]“月本无光”至“故相直而无碍”：是说月亮本来不发光，犹如一个银球，太阳照耀它，它才发光。月光初生的时候，是太阳在它旁边照射，所以光在它的侧面，人们能够看到的月光面就仅仅像个弯钩；太阳渐渐远离月亮，则斜照过来，月光就逐渐变得圆满。有如一颗弹丸，用白粉把它的表面涂抹一半，从旁边看去则涂了粉的地方如同弯钩，对着涂粉的一半正面看去则还是正圆。由此可见太阳和月亮都像个圆球。太阳和月亮都是由气凝结而成的，有形状而无质体，所以相遇也没有妨碍。直，同“值”，相遇。

［点评］

太阳和月亮是像个圆球呢，还是像把扇子？如果像个圆球，那么它们相遇时岂不是会互相妨碍？这样的问题，在现今早已不是问题，但古人囿于天文认知的历史局限，直到宋代还普遍认为，太阳和月亮在天上，它们到地面的距离是相等的，故有相值而会不会发生碰撞的疑问。沈括回答说，太阳和月亮都是圆球的形状，但不会发生碰撞，因为它们都是由气构成的，“有形而无质，故相直而无碍”。其实这样解释是不科学的，因为太阳和月亮在宇宙天体中的高度不同，因而它们的运行轨道不会有交集，正如唐代一行和尚所说过的那样，“月在日下”，当然不会碰到一起。

日食和月食

又问：“日月之行，月一合一对[1]，而有蚀不蚀[2]，何也？”予对曰：黄道与月道[3]，如二环相叠而小差。凡日月同在一度相遇[4]，则日为之蚀；在一度相对，则月为之亏。虽同一度，而月道与黄道不相近，自不相侵；同度而又近黄道、月道之交[5]，日月相值，乃相凌掩。正当其交处[6]，则蚀而既；不全当交道，则随其相犯浅深而蚀。凡日蚀，当月道自外而交入于内[7]，则蚀

中国古代对日月食的记录起源极早，《尚书·胤征》中已记有夏代仲康时发生日食的情况，商代后期的甲骨文中也见到多条日食的记录。这种记录在后来的典籍中保持了长期的连续性，人们对日

月食的认识也越来越成熟。据统计，从春秋到清末，中国共记载了1600多条日食资料、1100多条月食资料，这些资料在现代天文学研究中仍具有很大的利用价值。

起于西南，复于东北；自内而交出于外，则蚀起于西北，而复于东南。日在交东，则蚀其内；日在交西，则蚀其外。蚀既，则起于正西，复于正东。凡月蚀，月道自外入内，则蚀起于东南，复于西北；自内出外，则蚀起于东北，而复于西南。月在交东，则蚀其外；月在交西，则蚀其内。蚀既，则起于正东，复于西。交道每月退一度余[8]，凡二百四十九交而一期。故西天法，罗睺、计都皆逆步之[9]，乃今之交道也：交初谓之罗睺，交中谓之计都[10]。

[注释]

[1] 月一合一对：此指太阳和月亮的运行，每月有一次会合、一次正对。天文学上称月亮与太阳的黄经相等为“合”，又称“日月交会”等，这时月亮运行到太阳与地球之间；月亮与太阳的黄经相差180°则为“望”，“望”即是“对”，这时月亮和太阳分别在地球的两侧。黄经，指黄道坐标系中的经度，参见本条注[3]。依据中国传统的夏历，“合”必定发生在每月的朔日（初一），故过去又称“合朔”，这时从地面上看，太阳和月亮同时出没；“对”则发生在每月的望日（十五前后），这时当太阳落山时，月亮正从东方升起。 [2] 蚀：过去日月食多用“蚀”字，今习用“食”字。 [3] 黄道、月道：分指太阳和月亮的视运动在天球上的轨迹。月道，天文学上一般称为白道。白道与黄道的夹角

为 18° 17′—28° 35′，有周期性变化，大约 19 年变化一周。并参本条注 [7]。 [4]“凡日月同在一度相遇”四句：是说凡是太阳和月亮在同一黄经度相遇就发生日食，若在同一黄经度相对就发生月食。按：此文“同在一度”是相对于黄道坐标（以黄道为基本圆、以黄极为极点的天文坐标）而言的，实指在同一黄经圈（通过极点的经线圈）上。按古人的理解，黄经度数在同一黄经圈上相等或相差 180°，都可称为同度。 [5] 黄道、月道之交：此指黄道平面与白道平面的交线。这一交线在垂直平面上的投影则为一点，按通俗的理解也可说是交点。并参注 [6]。 [6]“正当其交处”四句：是说如果太阳和月亮正好在黄道和白道的交点上正对着而有一方全被遮挡，就会发生日全食或月全食；如果太阳和月亮不全在黄道和白道的交点上正对着而相互间有偏离，那就会随着一方被遮挡的深浅而发生日偏食或月偏食。蚀而既，指全食；既，尽。交道，黄道平面与白道平面的交线，即黄道和白道交点的连线。按：黄白交点有升交点、降交点，凡天体从南到北运动经过黄白交点线的天球点称为“升交点”，天体从北到南运动经过黄白交点线的天球点称为“降交点”。 [7] 月道自外而交入于内：月亮自黄道以南向北运行，通过黄道与白道的交点而入于黄道以北。古代天文学从北半球人的习惯，称黄道以南为“外”，黄道以北为“内”。 [8]“交道每月退一度余”二句：是说黄道面与白道面的交线每月向西退一度多，凡二百四十九次交会为一个周期。按：此处所言“二百四十九交”皆指升交点，即升交点经过二百四十九次移动又回到原来位置。 [9] 罗睺（hóu）、计都：古代星占家所称的二星名，皆为古印度人为解释日月食现象而假设的神名。作为神名，相传它们能遮蔽日月之光，故被称为蚀神；作为星名，则以为它们并不发光，而运行方向与日月五星相反，故与日月五星相掩袭。沈括所谓“逆步之”，即指反向的推算。 [10] 交初、交中：古代天文学上所称黄道与白道的两个交点的名称。宋人或称“朔交为交初，望交为交中”，实分指升交点与降交点：若取升交点为月道起点（也是终点），则此点即是交初；同时降交点位于月道一周的中点位置，则此点也即是交中。沈括以为所谓“罗睺”就是交初点，所谓“计都”就是交中点。

［**点评**］

此条用专业语言解释日月食，首先指出：凡是太阳和月亮在同一黄经度相遇（即月亮运行到太阳与地球之间）就发生日食，若在同一黄经圈相差 180° 而相对（即月亮和太阳分别在地球两侧）就发生月食。黄道平面和月道平面是有交角的，由于月球连续两次运行的月道并不完全重合，因此两平面的交角会有变化（在 4° 57′—5° 19′ 之间），交点在黄道上有移动，交道也会旋转。沈括即围绕黄白交点，并结合黄道南北的划分，综合说明了日全食、日偏食和月全食、月偏食的成因及其变化规律。又指出黄白交点每月向西退一度多（现代数值为 1° 5′），凡二百四十九次交会为一个周期。这些都是精辟的认识，与现代天文学完全相合。

医家有五运六气之术

五运六气，简称“运气”，是中国古代关于气候变

医家有五运六气之术 [1]，大则候天地之变、寒暑风雨、水旱螟蝗，率皆有法；小则人之众

疾，亦随气运盛衰。今人不知所用，而胶于定法[2]，故其术皆不验。假令厥阴用事[3]，其气多风，民病湿泄，岂溥天之下皆多风，溥天之民皆病湿泄邪？至于一邑之间，而旸雨有不同者[4]，此气运安在？欲无不谬，不可得也。大凡物理有常有变[5]，运气所主者常也，异夫所主者皆变也。常则如本气[6]，变则无所不至，而各有所占，故其候有从、逆、淫、郁、胜、复、太过、不足之变，其发皆不同。若厥阴用事多风[7]，而草木荣茂，是之谓从；天气明絜，燥而无风，此之谓逆；太虚埃昏，流水不冰，此之谓淫；大风折木，云物浊扰，此之谓郁；山泽焦枯，草木凋落，此之谓胜；大暑燔燎，螟蝗为灾，此之谓复；山崩地震，埃昏时作，此之谓太过；阴森无时，重云昼昏，此之谓不足。随其所变，疾疠应之，皆视当时当处之候。虽数里之间[8]，但气候不同，而所应全异，岂可胶于一证？熙宁中，京师久旱，祈祷备至，连日重阴，人谓必雨，一日骤晴，炎日赫然。予时因事入对，上问雨期，予对曰："雨候已见，期在

化及其与人体健康和疾病关系的学说。中医界有云："不通五运六气，遍读方书何济？"可见医家对"五运六气之术"的高度重视。辨证施治是中医治疗疾病的根本方法，沈括此条即特别强调自然规律有常有变，要能正确应用运气学说作出预测，就必须切实把握此种常变关系，根据气候变化的客观实际作出辨证的分析。

明日。”众以谓频日晦溽[9]，尚且不雨，如此旸燥，岂复有望？次日果大雨。是时湿土用事[10]，连日阴者，从气已效，但为厥阴所胜，未能成雨；后日骤晴者[11]，燥金入候，厥阴当折，则太阴得伸，明日运气皆顺，以是知其必雨。此亦当处所占也；若他处候别，所占亦异。其造微之妙[12]，间不容发，推此而求，自臻至理。

[注释]

[1]“医家有五运六气之术”五句：是说医家所称的五运六气之术，从大的方面说可以观测天地变化、寒暑风雨、水旱虫灾等，都有一套规则和法式；从小的方面说可以诊断人们的各种疾病，可以知道疾病随气运盛衰而变化的情况。五运六气，详参本条“点评”。螟蝗，螟虫和蝗虫，泛指庄稼害虫。 [2]胶于定法：拘泥于固定的方法。 [3]“假令厥阴用事”五句：是说当厥阴起主导作用时，其气象是多风，人就会得湿泄一类病，但不能说是普天之下皆多风，普天下之人皆得湿泄病。厥阴，阴阳转化过程中阴气最少的一个时段（约当大寒至春分时节）。湿泄，病名，又称“濡泻”“洞泄”等，亦指湿盛伤脾而造成的泄泻。溥，通“普”。 [4]旸（yáng）雨：晴天和阴雨。 [5]“大凡物理有常有变”三句：是说事物运动的过程有常规、有异变，运气所主导的是常规运动过程，凡与运气所主导者不同的情形，都属于异变的范畴。 [6]“常则如本气”五句：是说常规运动的表现是和起主导作用的运气之功能相一致的，异变则什么样的情况都可能

发生，而各种不同的情况又有各自要占测的内容，所以占测的运气征候有“从”“逆”“淫”“郁”“胜”“复”“太过”“不足”等变化，其发生原因及征候皆不同。[7]“若厥阴用事多风”至“此之谓不足”，皆举例说明在厥阴起主导作用而气候多风的条件下，各种异变的气候征兆，如多风而草木繁荣茂盛，这叫“从”；天气明朗清洁，干燥而无风，这叫“逆”；天空尘埃蔽日而昏暗，地上流水不结冰，这叫“淫”；大风刮断树木，景物浑浊扰乱，这叫“郁”；山泽干枯，草木零落，这叫“胜”；天气酷热如火烤，螟虫和蝗虫为灾，这叫“复”；山崩地震，不时有沙尘蔽天，这叫“太过”；不时天气阴沉，厚厚的云层使大白天也变得昏暗，这叫“不足”。[8]“虽数里之间”四句：是说虽相隔只有几里地，而气候不同，所引起的疾病也全不一样，又怎可拘泥于一种证候？证，指证候（症状总称）。[9]频日晦溽（rù）：连日阴晦潮湿。[10]“是时湿土用事”五句：是说这时太阴湿土起主导作用，连日阴天，显示“从”的气运（指顺从太阴湿土之气）已见效，只是还被厥阴所克制，所以未能成雨。[11]“后日骤晴者”至“以是知其必雨”：是说后一天骤然放晴，显示出燥金的征候，厥阴当消减，则太阴得以伸张，明日运气皆顺畅，以此知其必然有雨。[12]“造微之妙”二句：是说占候要达到细致入微的程度而皆有效验，那种知识运用上的精妙是差一头发丝都不行的。造，至。

[点评]

在中医学上占有重要的地位的五运六气学说，其基本内容是在中医整体观念的指导下，以阴阳五行学说为基础，运用天干地支等符号作为演绎工具，来推论气候变化规律及其对人体健康和疾病的影响。所谓“五运”，一般用五行之名，称为木运、火运、土运、金运、水运。用“五运”表示它们分主一年四时变化时，又称初运、二运、三运、四运、五运，每运七十二日，分主春、夏、长夏、秋、冬；又每年有一运主岁，而配以纪年的天干，故“五运”又称丁壬木、戊癸火、甲己土、乙庚金、丙辛水。所谓“六气”，与“天之阴阳”的六名（厥阴、少阴、少阳、太阴、阳明、太阳）相应，即分称为风、热、暑、湿、燥、寒；与“地之阴阳”的六名（木、火、火、土、金、水）相应，则分称为风木、君火、相火、湿土、燥金、寒水。故合天地之阴阳，“六气”又称厥阴风木、少阴君火、少阳相火、太阴湿土、阳明燥金、太阳寒水。运气学说反映了古人对自然环境与人体生命、健康、疾病关系的高度认知，包含丰富而深刻的辩证唯物观念，与传统中医学联系密切，但也有着迷信的成分和严重的形式主义偏颇，如果生搬硬套，也会走上形而上学的迷途。

《崇天》《明天》二历日月食不效

庆历中有一术士，姓李，多巧思。尝木刻一舞钟馗[1]，高二三尺，右手持铁简[2]，以香饵置钟馗左手中，鼠缘手取食，则左手扼鼠，右手运简毙之，以献荆王[3]。王馆于门下，会太史言月当蚀于昏时[4]，李自云有术可禳[5]。荆王试使为之，是夜月果不蚀。王大神之[6]，即日表闻，诏付内侍省问状。李云："本善历术，知《崇天历》蚀限太弱[7]，此月所蚀当在浊中[8]。以微贱不能自通，始以机巧干荆邸[9]，今又假禳禬以动朝廷耳[10]。"诏送司天监考验[11]。李与判监楚衍推步日月蚀[12]，遂加蚀限二刻，李补司天学生。至熙宁元年七月，日辰蚀东方不效[13]，却是蚀限太强，历官皆坐谪。令监官周琮重修[14]，复减去庆历所加二刻。苟欲求熙宁日蚀，而庆历之蚀复失之。议久纷纷，卒无巧算，遂废《明天》，复行《崇天》。至熙宁五年，卫朴造《奉元历》[15]，始知旧蚀法止用日平度，故在疾者过之，在迟者不及。《崇》《明》二历加减皆不曾求其所因，至是方究其失。

本条先言"《崇天历》蚀限太弱"，指此历把食限的角度定小了；下又言"蚀限太强"，则是《明天历》又把食限的角度定大了。熙宁元年（1068）七月甲申京师地震，次日又震，当夜月食。有司言《明天历》不效，当改历，朝廷诏司天监更造新历。沈括谓是月日食东方不效，据现代天文学推算，是年7月31日（阳历）日环食，太平洋中可见，大陆不见。

［注释］

[1] 舞钟馗：舞蹈形象的钟馗。钟馗，民间传说中捉鬼、打鬼的神人。旧时民间多以为门神，其像铁面虬鬓，正气浩然，唐时被封为"赐福镇宅圣君"。　[2] 铁简：古代砸击兵器。铁鞭之属，为四棱方柱体。　[3] 荆王：北宋荆王赵頵（jūn）（1056—1088）。为英宗第四子、神宗同母弟。　[4] 太史：此指北宋前期天文机构司天监首脑，俗称太史。参见本条注[11]。　[5] 禳（ráng）：祈祷

以消灾。此指禳除月食。 [6]“王大神之”三句：是说荆王大以为神奇，当天即上表奏闻皇帝，皇帝下诏让内侍省（内廷供奉机构）问讯其事真相。 [7]《崇天历》：北宋仁宗天圣初年所制定的历法。天圣二年（1024）颁行，治平二年（1065）为《明天历》所取代，熙宁初曾复行。蚀限：今通称“食限”。天文学用语，指日食、月食的发生要求日、月、地三者之间的相对位置必须满足的界限条件。《辞海》“食限”条云：“在朔日，月球中心离白道和黄道的交点使日食成为可能的极限角距离叫‘日食限’。距离在15° 21′（下限）以内必发生日食，在18° 31′（上限）以外无日食。在望日，地影中心离白道和黄道的交点使月食成为可能的极限角距离叫‘月食限’。月食的上限为12° 15′，下限为9° 30′。在上下限之间可能发生日偏食或月偏食。” [8]浊中：犹言昏暗中，指在地平线以下。 [9]干荆邸：意谓借故交接和请托荆王，以求得到赏识和任用。干（gān），求取。 [10]假禳禬以动朝廷：假借禳除灾害以打动朝廷。禬（guì），为消灾除病而祭祀。 [11]司天监：北宋前期天文机构。又称司天台。掌察天文祥异、钟鼓漏刻、写造历书及有关祠祀事项等。下设天文院、钟鼓院，除官吏外，各有学生数十名，或又有监生，兼有天文学校的职能。元丰间改革官制后，司天监改称太史局，其首脑亦称太史令，隶秘书省。考验：考察验证。 [12]楚衍：北宋天文学家。开封阼城（今河南延津）人。初为司天监学生，迁保章正，仁宗天圣初参与制作《崇天历》，授灵台郎。进司天监丞，官终管勾（判）司天监。推步：推算天象历法。 [13]日辰蚀东方不效：《宋会要辑稿·运历》一之八作“望后将旦，月蚀东方，与历不协”，清陆心源《宋史翼》卷三十七《方技列传·卫朴》从《宋会要》。疑“辰”为“晨”字之误。 [14]周琮：北宋天文学家。英宗时累迁殿中丞判司天监，主持制定《明天历》。其历测算不甚精密，仅行三年即罢。 [15]“卫朴造《奉元历》”四句：是说卫朴在制定《奉元历》时，始发现旧历推算日月食只用太阳运行的平均速度，因而所定的食限在太阳视运动比较快（“冬至日行速”）的情况下就过头，在太阳视运动比较慢（“夏至日行迟”）的情况下又不够数。日平度，指太阳在黄道上运行的平均速度。卫朴，参见卷十八“卫朴精于历术”条注[1]。

[点评]

沈括使卫朴造《奉元历》，发现“冬至日行速”“夏至日行迟”，故将《崇天历》《明天历》日月食之不效亦归于“旧蚀法止用日平度”。有关内容可并参本卷“《奉元历》改移闰朔”条及“晷漏与太阳视运动”条。但看本条所述熙宁元年（1068）七月之日食事，则日月食之效与不效，不但关乎测验问题，且与观测地点亦直接相关。

卷八　象数二

月行九道非实有

沈括此条实际上说明了古代天文坐标体系的假设性质，也强调了天体视运动与其真实运动状况的区别。

历法[1]，天有黄、赤二道，月有九道。此皆强名而已，非实有也。亦由天之有三百六十五度，天何尝有度？以日行三百六十五日而一期，强谓之"度"，以步日月五星行次而已。日之所由，谓之"黄道"；南北极之中度最均处[2]，谓之"赤道"。月行黄道之南，谓之"朱道"；行黄道之北，谓之"黑道"；黄道之东，谓之"青道"；黄道之西，谓之"白道"。黄道内外各四，并黄道为九[3]。

日月之行[4]，有迟有速，难可以一术御也。故因其合散，分为数段，每段以一色名之，欲以别算位而已，如算法用赤筹、黑筹，以别正、负之数。历家不知其意，遂以为实有九道，甚可嗤也[5]。

［注释］

[1]“历法”至“以步日月五星行次而已”：是说历法上，天球有黄、赤二道，月亮则有九道。这些都是人为的命名，并非是天体实有的轨道。亦犹如天有三百六十五度，天又何尝有度数？因为太阳每运行三百六十五天而成一个周期，所以强称之为“度”，不过是为了测算日、月、五星的运行方位而已。由，通“犹”。行次，指天体运行所达到的处所。 [2] 南北极之中度最均处：指天球赤道平面。地球赤道圈沿平面在天球上的投影即是天球赤道圈。因天球赤道在北天极与南天极之中，故称“中度最均处”。 [3] 并黄道为九：此处言朱、黑、青、白道各二，都是相对于黄道的方位而言的，且月亮运行亦经过月道与黄道的交点，故并黄道而言“月有九道”。参见本条“点评”。 [4]“日月之行”至“以别正、负之数”：是说太阳和月亮的运行有快有慢，难以用一种方法来应对测量。所以根据它们的会合与离散，分为几个区间，每个区间用一种颜色命名，欲以区别测算的方位而已，有如算法上用赤筹、黑筹来区别正数和负数。按：古时筹算，或用红色算筹表示正数，黑色算筹表示负数，故称“正算赤，负算黑”。 [5] 嗤（chī）：讥笑、嘲笑。

[点评]

“月有九道”之说，见于《汉书·天文志》：“日有中道，月有九行（háng）。中道者，黄道，一曰光道。……月有九行者：黑道二，出黄道北；赤道二，出黄道南；白道二，出黄道西；青道二，出黄道东。立春、春分，月东从青道；立秋、秋分，西从白道；立冬、冬至，北从黑道；立夏、夏至，南从赤道。”这是将月道按节气分为八个段落，又各按相对于黄道的方位称为黑道、赤道、白道、青道，每道有二，凡八道，再加黄道，故号称“九道”。“九道”之名，即按五行说，对应黄、青、赤、白、黑。由于节气上的四立和二分二至在天球上都是成对相差180° 而对应的点，因此八道的分布，便是“黄道内外各四”，即黄道以内（以北）有黑、赤、白、青道各一，黄道以外（以南）也有黑、赤、白、青道各一。这些都是术数家的称谓，而沈括以为也有天文家演算的需要，历家若因此以为月球的运行真有九条轨道，那就是笑话了。

二十八宿度数

二十八宿[1]，为其有二十八星当度，故立以为宿。前世测候[2]，多或改变，如《唐书》测得毕有十七度半，觜只有半度之类，皆谬说也。星既不当度，自不当用为宿次，自是浑仪度距疏密不等耳。凡二十八宿度数[3]，皆以赤道为法，唯

历代学者对于二十八宿的定位均有差异，其间观测仪器的误差是原因之一，但也有岁差等重要因素的影

黄道度有不全度者。盖黄道有斜有直，故度数与赤道不等，即须以当度星为宿。唯虚宿末有奇数[4]，自是日之余分，历家取以为斗分者此也；余宿则不然。

［注释］

[1]“二十八宿”三句：是说二十八宿，因为有二十八个星座正好处在它们的宿度所确定的天区内，所以就选择这些星座作为各宿的标志星（距星）。参见卷七“太阳过宫”条“二十八宿”注及“二十八宿分度”条“距度星”注。　[2]“前世测候”至“自是浑仪度距疏密不等耳”：是说前世观测二十八宿的位置，所得距星的宿度有时多所改变，如《新唐书·天文志》记载所测毕宿的度数为十七度半，觜宿则只有半度之类，这些都是错误的说法。既然距星不在宿度范围之内，自然不应当用为天体运行经过本宿位置的处所，上述错误说法其实都是浑仪测量两宿距星间的赤经差疏密不等造成的。毕、觜（zī），毕宿、觜宿，分为西方白虎七宿的第五、第六宿。度距，即距度，指二十八宿中相邻两宿距星间的赤经差。　[3]“凡二十八宿度数”至“即须以当度星为宿”：是说二十八宿的度数皆以赤经度数为准，只是在黄道上的度数有的是不完全的（非整数度）。这是由于黄道相对于赤道而言，有倾斜，有平直，故黄道度数与赤道度数不等，这就需要以当整数度的星座为宿星。按：天球赤经类似于地球经度的角距离，而用天赤道上的弧段表示，故沈括谓“二十八宿度数皆以赤道为法”。又，二十八宿在早被分布在天球赤道线上，至汉代始被分布在黄道上，两种分布并不完全相合，故沈括又谓“黄道度有不全度者”。　[4]“唯虚宿末有奇数”三句：是说只是在虚宿度数的末尾

响。沈括指斥《新唐书·天文志》所记毕宿十七度半、觜宿半度之类为“谬说”，大概并不是认为这类测量值完全不可据，而只是在强调这类数值并不就是二十八宿原先的距度。

还有个小数零头，这本来是全年日数的余数，历家取以为“斗分”的，就是这个余数。按：此谓历家所称“斗分”在虚宿（北方第四宿）之末，与“斗分”因在斗宿（北方第一宿）而得名之说不合。查《淮南子·天文训》所载二十八宿的距度数值，唯箕宿（东方第七宿）为 11.25°，有小数，其余皆为整数；《后汉书·律历志下》和《晋书·律历志下》则皆载斗宿距度有余分；《宋史·律历志十二》分载“赤道宿度”和“黄道宿度”，均谓虚宿“九（度）少”，下注“秒七十二”。疑沈括此处乃据宋朝浑仪校测数据言之，故谓“斗分”在虚宿末。斗分，参见卷七“历法步岁之法”条注[2]。又按：句中“虚宿”下“末”字，元刊本及各家校本几乎皆作“未”，当是误字，于文意不能通。胡道静《梦溪笔谈校证》有校语云：“‘未’弘治本作‘末’。”今据以改为“末”。

［点评］

二十八宿是中国古代天文学家为观测日、月、五星的运行而划分的二十八个星区，每个星区包含若干颗恒星，以便用来说明日、月、五星运行所到的位置。由于古代观测者的地理纬度是在黄河流域，也就是北纬 35°左右，所以他所重视观测的天区首先是北天极所在的北天区，其次便是黄道和天赤道附近的星区。按历来固有的认识，天极是不动的，天极附近的星座也是永不没落的；与此相应的是，赤道在天球上的位置也是固定的，赤道附近的星虽然有时不在天空中出现，而可以通过它和天极附近星座的相对位置推算测定。二十八宿在早即被分布在天球赤道线上，亦即沈括所说“凡二十八宿度数，皆以赤道为法”；后来天文学家按习惯把二十八宿分布在黄道上，这跟赤道分布不完全相合，故沈括又谓“黄道度有不全度者”。这也就是为什么现在所知的二十八宿差不多都在赤道和黄道附近（有的也可说还在月道附近）的原因。其实，严格地讲，恒星的赤经是因岁差而发生变化的，黄经则不受岁差影响，如虚宿两星 3800 年前赤经相同，如今却相差 3° 54′。所以二十八宿星空区域的度数不一，有的还相差很大；说“二十八星当度”可以是一时现象，更多的时候还是“不当度”。另外，回归年的长度有“余分”，这也是星宿度数不能取整的原因之一。

五星行度与卫朴历术

予尝考古今历法[1]，五星行度，唯留逆之际最多差。自内而进者[2]，其退必向外；自外而进者，其退必由内。其迹如循柳叶[3]，两末锐，中间往还之道相去甚远。故两末星行成度稍迟，以其斜行故也；中间成度稍速，以其径绝故也。历家但知行道有迟速，不知道径又有斜直之异。熙宁中，予领太史令，卫朴造历[4]，气朔已正[5]，但五星未有候簿可验[6]。前世修历，多只增损旧历而已，未曾实考天度。其法须测验每夜昏、晓、夜半月及五星所在度秒[7]，置簿录之，满五年，其间剔去云阴及昼见日数外，可得三年实行[8]，然后以算术缀之，古所谓“缀术”者此也[9]。是时司天历官皆承世族[10]，隶名食禄，本无知历者，恶朴之术过己，群沮之，屡起大狱；虽终不能摇朴，而候簿至今不成。《奉元历》五星步术，但增损旧历，正其甚谬处十得五六而已。朴之历术，今古未有，为群历人所沮，不能尽其艺，惜哉！

卫朴初因家境贫寒，以占卜为生，居乡里神祠中。及受聘修历法，乃为世族子弟历官所排陷，以致“屡起大狱”。他尽力尽心测验月球及五星运动，本来预计可得实满三年天数的运行数据，然后综合这些数据加以运算，可惜这一事业终因人事的沮毁而未能完成。

［注释］

[1]“予尝考古今历法”三句：是说我曾查考古今各种历法，发现有关五星运行的数据，以五星稽留和逆行之际误差最多。五星，见卷七“太阳过宫”条注[7]。行度，运行的度位。留逆，古人认为太阳的运行速度是恒定的，五星的运行则迟速不一，它们在与太阳同度之后即渐趋缓慢，然后停留、逆行，逆行之后又顺行。这些都是由相对于太阳视运动的错觉而造成的。　[2]“自内而进者”四句：是说五星在黄道以北顺行（自西而东）向前的，它们逆行（自东而西）回来时也必定要退向黄道以南；五星在黄道以南顺行向前的，它们也必定要从黄道以北退行回来。内、外，分指黄道以北、黄道以南。　[3]“其迹如循柳叶”至“以其径绝故也”：是说五星的轨迹如同沿着柳叶运行的椭圆形，两头尖锐，中间往返的路径之间相距很远。所以在轨迹的两头，五星的运行速度稍慢，这是由于它们斜行的缘故；在轨迹的中间部分，则五星的运行速度稍快，这是由于它们直行的缘故。成度，运行所经度数，犹言速度。径绝，犹言直截、直接、直捷，指直行。径，直往。绝，越过。　[4]卫朴造历：参见卷十八“卫朴精于历术”

条注 [1]。 [5] 气朔已正：节气等已经修正。气朔，亦称“朔气”，泛指节气、岁时，实包括年月长度、朔望时刻及闰法等。 [6] 候簿：候天的记录簿，即天文观测记录。 [7] 其法须测验每夜昏、晓、夜半月及五星所在度秒：指卫朴的观测方法，必须是每天的黄昏、夜半和拂晓时分，都测验月亮及五星所在的度数和时刻。 [8] 三年实行：累计约三年天数的五星实际运行数据。 [9] 缀术：本书卷十八“訾术和缀术”条谓“求星辰之行，步气朔消长，谓之缀术”。缀，连缀、联结，此指数学运算。 [10] “是时司天历官皆承世族”至“屡起大狱”：是说当时司天监的历官都是继承家族职业来的，徒隶名籍而坐吃俸禄，本无真懂历法的人，这些人妒忌卫朴的本领超过自己，遂群起攻击破坏，屡欲制造大案陷害卫朴。世族，此指世袭某种职业的家族。恶（wù），讨厌、憎恨。沮（jǔ），使……丧气，犹言阻挠、破坏。

［点评］

沈括此条记述他对行星运动的研究，发现五星的视运动轨迹如同沿着柳叶运行的椭圆形，两头尖锐，中间往返的路径之间相距很远，所以五星的运动有斜行，有直行，斜行则速度稍慢，直行则速度稍快。这样的精细观测是合乎天文实际的，足以揭示五星视运动有进、有退、有稽留的特点，并可借以纠正古今历法相关数据中的误差。文中还介绍了沈括与卫朴测验月亮与五星运动的经历和方法，即每日黄昏、夜半和拂晓精确观测和记录月亮、五星所在位置和时刻，如此坚持五年，累积海量数据，然后综合运算，得出真实的五星行度。这也充分显示了他们的科学态度和实验精神，可惜他们的工作终因人事的沮毁而未能完成。

禁中天文院

北宋禁中天文院带有御用机构的性质，与作为政府官署的司天监若太史局并立，而职权实无差异。司天监若太史局所属别有天文院，约置于太宗末年，非此禁中天文院。

国朝置天文院于禁中[1]，设漏刻、观天台、铜浑仪，皆如司天监，与司天监互相检察。每夜天文院具有无谪见云物、禨祥及当夜星次[2]，须令于皇城门未发前到禁中，门发后司天占状方到，以两司奏状对勘，以防虚伪。近岁皆是阴相计会[3]，符同写奏，习以为常，其来已久，中外具知之，不以为怪。其日、月、五星行次，皆只据小历所算躔度誊奏[4]，不曾占候，有司但备员安禄而已。熙宁中，予领太史，尝按发其欺，免官者六人。未几，其弊复如故。

[注释]

[1] 国朝置天文院于禁中：宋代禁中天文院，俗称翰林天文院，始置于太宗太平兴国年间（976—984），为内侍省翰林院别局之一，在开封大内宣祐门内之东廊，为皇家天文机构。一般不设专职长官，而由翰林院勾当官或提举官总其事，所属职事官亦由司天监官吏充任。仁宗庆历三年（1043）别建钦天台（又称观天台）于本院南侧，皇祐元年（1049）置铜浑仪于其上，此后每夜轮值学生观察天象，占测祥异，每日具所占事、每季详定星图呈报御前及关报史馆，与司天监互质异同。元丰改革官制后，改称翰林天文局。靖康之变，其仪器用物均被金人掳走。 [2]“每夜天文

院具有无谪见云物、祺祥及当夜星次”五句：是说每夜天文院都要具状奏报有无异常出现的杂色云气、吉祥征兆及当夜星辰的方位等，必须在皇城未开门之前把奏状送到禁中，皇城开门后司天监的占测奏状送到，即以两个部门的奏状比对校勘，以防止弄虚作假。谪见（xiàn），异常出现；谪，变异。云物，古人用为云气颜色发生灾变之称；物，色。祺祥，别本或作“祯祥”。 [3]“近岁皆是阴相计会”二句：是说司天监与翰林天文院暗中相互计置会合，附和比同一致后再誊写奏报。 [4] 小历：官修“大历”的对称，指私家所造历法。躔度：日月星辰运行的度数。

［点评］

宋代翰林天文院设于禁中，与皇城外司天监并立，本为使二者所占天象互质异同，以防止弄虚作假。然久而生弊，天文院与司天监官员往往相互勾连，比勘占测结果而附和一致后，才誊写上奏。沈括任提举司天监时，尝纠发其弊而处分多人，然不久又弊端如故，尸位素餐而已。北宋翰林天文院史载不详，沈括此条所记为重要史料之一。

司天监铜浑仪

司天监铜浑仪，景德中历官韩显符所造[1]，依仿刘曜时孔挺、晁崇、斛兰之法[2]，失于简略。天文院浑仪，皇祐中冬官正舒易简所造[3]，乃用

沈括谓置所造浑仪、玉壶、浮漏、铜表于天文院，未具体说明置于哪个天文院。《宋史·律历志十三》谓熙宁七年（1074）六月“诏置于翰林天文院”，《续资治通鉴长编》卷二五四亦作“于翰林天文院安置”。然据学者考证，所造诸器乃置于司天监天文院，而不在禁中翰林天文院。

唐梁令瓒、僧一行之法[4]，颇为详备，而失于难用。熙宁中，予更造浑仪，并创为玉壶、浮漏、铜表，皆置天文院，别设官领之。天文院旧铜仪，送朝服法物库收藏[5]，以备讲求。

［注释］

[1] 韩显符（940—1013）：北宋前期天文学家。初以善观察天象，补司天监生，迁灵台郎。专浑天之学，淳化初表请制造铜浑仪、候仪，至道元年（995）浑仪铸成，于司天监筑台置之，显符上《浑仪法要》10卷。累加司天冬官正，大中祥符三年（1010）所造铜浑仪移入龙图阁。官至殿中丞兼翰林天文。《宋史·方技列传》有传。按：沈括谓显符造铜浑仪在景德中，《玉海》卷四以为“当从国史”在至道中。 [2] 刘曜（不详—329）：十六国时前赵国主。匈奴族，318—329年在位。孔挺：前赵史官丞。曾于刘曜光初六年（323）造铜浑仪。晁崇：北魏太史令。曾奉道武帝之命造浑仪。斛兰：北魏人。明元帝永兴四年（412）造铁制浑仪，下至唐初尚被使用。 [3] 舒易简：北宋天文学者。历司天监中官正、冬官正。皇祐元年（1049）奉诏与周琮、于渊等人改制黄道浑仪、漏刻和圭表，三年成，浑仪置于翰林天文院之候台，漏刻置于文德殿之钟鼓楼，圭表置于司天监。仁宗为撰《浑仪总要》10卷，已而留中不出。 [4] 梁令瓒：唐代画家。蜀人，官左内率府兵曹参军。开元间为僧一行造新历而创制游仪木样，被一行所称，后又与一行制造浑天铜仪。一行，见本书卷七“《奉元历》改移闰朔”条注[1]。 [5] 朝服法物库：宋代官署名。属殿中省，掌百官朝服及各官署之礼衣、仪仗。

［点评］

北宋铜浑仪，最早在东京文德殿鼓楼下曾保存“古本铜浑仪”一具，但据韩显符所说，“制极疏略，不可施用”。太宗末年韩显符新造铜浑仪，依仿北朝前赵时铁浑仪制作，还较简略，后来移置于皇城龙图阁。仁宗皇祐间舒易简等改铸铜浑仪，乃参用唐代僧一行及李淳风、梁令瓒等所创制度，已较详确，然当时一行自己也以为“难用”。至神宗熙宁年间，沈括详考古今之说，再造铜浑仪及浮漏、景表。《梦溪笔谈》此条所记，即韩显符以来前后三次制造铜浑仪的情况，详见于《宋史·天文志一》及所录沈括《浑仪议》，可以参看。哲宗元祐间，苏颂又造“水运仪象台”，较前更有进步。徽宗宣和间又曾再造铜浑仪，史载已不详。所有这五架铜浑仪，靖康之变时均被金人掳掠北去。

卷九　人事一

寇准镇物

本条所说“独寇忠愍赞成上意”，乃避讳用语，实际当时真宗极不欲行。《鹤林玉露》云：“澶渊之役，寇准与真宗论亲征，上欲入，准曰：‘陛下不可入，入则不出矣。’……即拥以行。”

景德中，河北用兵，车驾欲幸澶渊，中外之论不一，独寇忠愍赞成上意[1]。乘舆方渡河[2]，虏骑充斥，至于城下，人情恟恟[3]。上使人微觇准所为[4]，而准方酣寝于中书，鼻息如雷。人以其一时镇物，比之谢安[5]。

[注释]

[1] 寇忠愍：寇准，参见卷五“《柘枝》旧曲”条注[4]。景

德元年（1004），辽军大举南下，深入宋境，寇准力促真宗亲征至澶渊（今河南濮阳），最终双方议和。 [2] 乘舆：古代特指皇帝车驾。 [3] 恟恟：今通用“汹汹”。形容人心浮动，混乱不安。 [4] 微觇（chān）：暗中窥视。 [5] 谢安（320—385）：东晋孝武帝时宰相。383 年淝水之战时，前秦大兵压境，他调兵遣将后，自出山中对客弈棋，不久捷报传来，时称其镇静。

[点评]

《梦溪笔谈》中所记的人物轶事，和宋人的其他笔记作品相近，都是偏重于杂谈有关人物的气度、格局、抱负、警策、幽默、行事风采、进退行止之类故事的，只不过更注意不涉及负面的评价。这类故事尚短而厌长，最好是三言两语，开门见山，便能点睛破题，令人眼前一亮。如本条讲述寇准在大敌当前、人情汹汹局面下的行为，重在体现他能撑大局而不拘小节、临危不乱、举止如常的气度和风格。陈师道《后山谈丛》卷一说：“澶渊之役，真宗使候莱公，曰：‘相公饮酒矣，唱曲子矣，掷骰子矣，鼾睡矣。’”沈括摄取其最典型的一端，只说他“酣寝于中书，鼻息如雷”，便已足见其不同凡人的“镇物”之风采。

李士衡不重财物

李士衡为馆职[1]，使高丽，一武人为副。高丽礼币赠遗之物[2]，士衡皆不关意，一切委于副使。时船底疏漏，副使者以士衡所得缣帛藉船底[3]，然后实己物，以避漏湿。至海中，遇大风，船欲倾覆。舟人大恐，请尽弃所载，不尔船重，必难免。副使仓惶，悉取船中之物投之海中，便不暇拣择。约投及半，风息船定。既而点检所投，皆副使之物，士衡所得在船底，一无所失。

［注释］

[1] 李士衡（959—1032）：《宋史》本传作“李仕衡”。字天均，秦州成纪（今甘肃天水）人。累官三司使，仁宗初年拜尚书左丞。　[2] 礼币赠遗之物：礼品丝织物等各种赠送物品。币，丝织物。赠遗（wèi），赠送。　[3] 藉：垫。

［点评］

此条本在讽刺贪财者处心积虑地为自己盘算，结果却适得其反，得不偿失。然关键是李士衡原对财物“皆不关意”：身外之物，何必那么计较，一颗平常心而已！

孙甫善于论史，有《唐史论断》。《宋史·孙甫传》引时人言：“终日读史，不如一日听孙论也。”

孙之翰不受砚

孙之翰[1]，人尝与一砚，直三十千。孙曰：

"砚有何异，而如此之价也？"客曰："砚以石润为贤[2]。此石呵之，则水流。"孙曰："一日呵得一担水，才直三钱，买此何用？"竟不受。

［注释］

[1] 孙之翰：孙甫（998—1057）。字之翰，阳翟（今河南禹县）人。官至三司度支副使。 [2] 贤：此指贵重。别本多作"贵"。

王荆公不受紫团参

王荆公病喘[1]，药用紫团山人参[2]，不可得。时薛师政自河东还[3]，适有之，赠公数两，不受。人有劝公曰："公之疾，非此药不可治。疾可忧，药不足辞。"公曰："平生无紫团参，亦活到今日。"竟不受。公面黧黑[4]，门人忧之，以问医。医曰："此垢污，非疾也。"进澡豆令公颒面[5]，公曰："天生黑于予，澡豆其如予何？"

此条末句"公曰"乃套用《论语·述而》所记孔子曰："天生德于予，桓魋（tuí）其如予何？"或传有人劝荆公用芫荽洗面，他的回答是"天生黑于予，芫荽其如予何？"

［注释］

[1] 王荆公：王安石（1021—1086）。北宋杰出思想家、政治改革家、文学家。字介甫，号半山，抚州临川（今江西抚州市临川区）人。神宗熙宁年间累官参知政事、同中书门下平章事（宰

相），全面实施新法，为富国强兵采取了一系列重大举措。罢相后封舒国公，元丰中改封荆国公。哲宗元祐初卒，绍圣初赠谥文，徽宗政和年间追封舒王。 [2] 紫团山人参：紫团山所产的人参。紫团山在今山西壶关东南树掌镇。 [3] 薛师政：薛向（1016—1081）。字师正，万泉（今山西万荣）人。史称其“干局绝人，尤善商财，计算无遗策”。熙宁中累官权三司使，元丰初官至同知枢密院事。河东：泛指今山西地区。 [4] 黧（lí）黑：面色黑。“黧”谓黑中带黄。 [5] 澡豆：古人用的护肤性质的物品。用豆粉加药物制成，以洗手、面，可使皮肤光泽。颒（huì）面：洗脸。

［点评］

“孙之翰不受砚”和“王荆公不受紫团参”二条，也与财物有关系，是讲廉洁操行的。然故事背后所潜藏的，恐怕更多还是人情问题：事无大小，人情如山，若为人情所累，则非到万不得已，不要也罢。王荆公据说面黑，生活邋遢，然荆公之廉洁是连他政治上的反对派也毫无异议的。

卷十　人事二

强干县令

蒋堂侍郎为淮南转运使日[1]，属县例致贺冬至书，皆投书即还。有一县令使人独不肯去，须责回书[2]，左右谕之皆不听，以至呵逐亦不去，曰：“宁得罪，不得书不敢回邑。”时苏子美在坐[3]，颇骇怪，曰：“皂隶如此野很[4]，其令可知。”蒋曰：“不然。此必健者，能使人不敢慢其命令如此。”乃为一简答之，方去。子美归吴中月余[5]，得蒋书曰：“县令果健者。”遂为之延誉，后卒为

此条虽云“强干县令”，然为文不见县令之“强干”，只见县吏之“野很”，刻画别具一格。

名臣。或云乃天章阁待制杜杞也[6]。

[注释]

[1] 蒋堂（980—1054）：字希鲁，宜兴（今属江苏）人。官至礼部侍郎。 [2] 须责回书：要求必须有转运使的回复书简。责，求。 [3] 苏子美：苏舜钦（1008—1048）。字子美，绵州（今四川绵阳）人。历官集贤校理。 [4] 皂隶：古代对奴仆的称呼，后亦被用为吏人的蔑称。野很：同“野狠”，粗野凶悍。 [5] 吴中：今江苏苏州一带。今苏州南城有吴中区。也泛指吴地。 [6] 杜杞（1005—1050）：字伟长，无锡（今属江苏）人。历官环庆路兵马都部署、经略安抚使。为官强敏有才。

[点评]

此条记事，文字简质，意在揭示官场中的一种强干的处事风格。事出传闻，不可考究，但文中所涉及的蒋堂、杜杞，《宋史》中俱有传，皆为强干之人。

盛文肃阅人物

盛文肃为尚书右丞知扬州[1]，简重少所许可[2]。时夏有章自建州司户参军授郑州推官，过扬州，文肃骤称其才雅，明日置酒召之。人有谓有章曰：“盛公未尝燕过客，甚器重者方召一饭。”

《青箱杂记》卷六记载盛度为翰林学士，孙抃召试馆职，以文投之，有章荷其意[3]，别日为一诗谢之，至客次，先使人持诗以入。公得诗，不发封，即还之，使人谢有章曰："度已衰老无用，此诗不复得见。"有章殊不意，往见通判刁绎[4]，具言所以。绎亦不谕其由，曰："府公性多忤[5]，诗中得无激触否[6]？"有章曰："元未曾发封。"[7]又曰："无乃笔札不严？"曰："有章自书，极严谨。"曰："如此，必是将命者有所忤耳[8]。"乃往见文肃而问之："夏有章今日献诗何如？"公曰："不曾读，已还之。"绎曰："公始待有章甚厚，今乃不读其诗，何也？"公曰："始见其气韵清修[9]，谓必远器[10]。今封诗乃自称'新圃田从事'[11]，得一幕官[12]，遂尔轻脱[13]！君但观之，必止于此官，志已满矣。切记之，他日可验。"贾文元时为参政[14]，与有章有旧，乃荐为馆职。有诏，候到任一年召试。明年除馆阁校勘，御史发其旧事[15]，遂寝夺[16]，改差国子监主簿，仍带郑州推官。未几，卒于京师。文肃阅人物多如此，不复挟他术。

盛度怒斥为"邪道"，呵责再三。及试于学士院，盛度仍以孙氏试卷列入优等，人叹其公正如此！此可与沈括所记盛度与夏有章事对看。

[注释]

[1] 盛文肃：盛度（968—1041）。字公量，余杭（今浙江杭州余杭区）人。仁宗时官至参知政事，迁知枢密院事，行宰相职权。数度起落，以太子少傅致仕，卒谥文肃。 [2] 简重少所许可：简静持重，对人少有称许。 [3]“有章荷其意”四句：是说夏有章承蒙盛公的情意，他日献上一诗去感谢他，到了旅店住下，先让人拿着他封好的诗笺送到盛公府上。客次，旅舍。按：夏有章事状大致见于本条所述，别未详。 [4] 刁绎：丹徒（今江苏镇江）人。刁约兄。仁宗时进士，历官扬州通判。 [5] 性多忤：性格多与人情相抵触。 [6] 激触：刺激触犯之处。 [7] 元：今用“原”字，指本来。 [8] 将命者有所忤：猜测是奉命送诗笺的人对盛度有所冒犯。 [9] 气韵清修：指气质风度清正修谨。 [10] 远器：喻指前程远大的人才。《宋人轶事汇编》卷七引作“达器”。 [11] 新圃田从事：意即“圃田新从事官”。圃田是其籍贯，当今河南中牟一带。新从事官指其新任推官。 [12] 幕官：幕职官。宋代各州府所置签书判官厅公事、节度掌书记、观察支使，诸州府判官、推官，军、监判官等，统称幕职官。 [13] 尔：如此。 [14] 贾文元：贾昌朝（998—1065）。字子明，开封人。仁宗朝官至宰相，封魏国公，又进封许国公，卒谥文元。按：荐举夏有章者，一说为宰相吕夷简，一说为宰相陈执中。 [15] 御史发其旧事：当时欧阳修为谏官，上奏揭发夏有章尝坐贪赃。 [16] 寝夺：因事而停止及取消已决定任命的官职。

[点评]

此条叙事稍曲折，多为对话，颇类语体文字。宋代士子及后生或为科举，或为升职，或仅为表示尊敬与谢意等，尚有向座主、长辈、名家或上司等献诗献文的风俗，以期借此展示才学而获得对方的欣赏和荐举。当时人们对此习以为常，故本条所记盛度事，初不为常情所理解，问之，方知其以此为阅人之术，而以“不复挟他术”为术。

林逋隐居

林逋隐居杭州孤山[1]，常畜两鹤，纵之则飞入云霄，盘旋久之，复入笼中。逋常泛小艇游西湖诸寺，有客至逋所居，则一童子出，应门延客坐[2]，为开笼纵鹤。良久，逋必棹小船而归[3]，盖尝以鹤飞为验也。逋高逸倨傲，多所学，唯不能棋，常谓人曰[4]：“逋世间事皆能之，唯不能担粪与著棋。”

［注释］

[1] 林逋（bū）（968—1028）：字君复，钱塘（今浙江杭州）人。早年游历江淮间，后归隐杭州西湖孤山，种梅养鹤，终身不娶，以诗著名。卒谥和靖先生。 [2] 应门：候门、守门，犹言当门，在大门口。 [3] 棹（zhào）：划水行船。 [4] 常：通“尝”。

［点评］

此条记隐居诗人林逋，但述其飞鹤、童子，亦闻其声而不见其人。林氏名曰“隐居”，而不离西湖孤山，自谓“以梅为妻，以鹤为子”，处士而已，名隐而实不隐，盖未尝忘“世间事”。

范仲淹不教人主杀人手滑

庆历中[1]，有近侍犯法，罪不至死，执政以其情重，请杀之。范希文独无言，退而谓同列曰：“诸公劝人主法外杀近臣，一时虽快意，不宜教手滑。”诸公默然。

［注释］

[1]“庆历中”至段尾记述范仲淹轶事，意为：庆历年间，有皇帝身边的侍从犯法，罪行不至于判处死刑，执政大臣以其情节严重，请杀之。唯独范仲淹不开口，退朝后对同僚说：“诸公劝皇上在法律之外杀近臣，虽然一时痛快，但不宜教皇上随意杀人而留不住手。”诸公都默然无语。范希文，范仲淹（989—1052），北宋杰出思想家、政治改革家、文学家。字希文，苏州吴县（今苏州吴中区）人。仁宗时官至参知政事，曾推行庆历新政，新政失败后历知邠州、邓州、杭州、青州，卒谥文正，世称范文正公。手滑，喻行事不加节制或不能自止。

［点评］

范仲淹“不教人主杀人手滑”的故事，流传颇广，又见苏辙《龙川别志》卷下、邵伯温《邵氏闻见录》卷八、吴曾《能改斋漫录》卷八、罗大经《鹤林玉露》甲编卷五及《续资治通鉴长编》卷一四五等。诸书所载细节有异，而或说为唐人掌故；清毕沅《续资治通鉴》卷四十六有“考异”，以为此“盖出小说家傅会”。

卷十一　官政一

陈恕改茶法

三司使在北宋元丰间改革官制以前，为朝廷最高财政长官，统领盐铁、户部、度支三个机构，总理国家财政，号称计相，地位仅次于参知政事。元丰改革官制后废三司，职事大多归于尚书省户部和工部，三司使改为户部尚书。

世称陈恕为三司使[1]，改茶法，岁计几增十倍[2]。予为三司使时考其籍[3]，盖自景德中北戎入寇之后，河北籴便之法荡尽，此后茶利十丧其九。恕在任[4]，值北虏讲解，商人顿复，岁课遂增，虽云十倍之多，考之尚未盈旧额，至今称道，盖不虞之誉也。

［注释］

[1] 陈恕（946—1004）：字仲言，洪州南昌（今江西南昌）人。累为三司度支判官、户部副使、营田制置使、盐铁使，尝为参知政事数月，复以工部侍郎充总计使判左右计事，后官至尚书左丞，卒赠户部尚书。事迹详具《宋史》本传。　[2] 岁计：犹言年度财政收支。此特指每年的茶税收入。　[3]“予为三司使时考其籍”四句：是说我为三司使时，曾经查考陈恕的籍帐记录，大概自景德年间北方辽人入侵内地以后，河北地区籴便之法就已荡然无存，此后国家茶利十已丧失其九。籴便之法，当是统指下条所称“博籴”“便籴”“直便”三事，即所谓“三说法”，参见下条。籴（dí），买进粮食。茶利，指国家茶叶税收及官府经营专卖的收入等。　[4]“恕在任”至“盖不虞之誉也”：是说陈恕任三司使期间，正逢与北方辽国讲和，募商人贩茶的举措顿时恢复，每年的赋税收入遂有增加，虽说多至过去的10倍，而考查其账目，却还未满旧时的收入额度，至今所称道的，大概为出乎意料的奖誉。讲解，即讲和。

［点评］

此条言世人称道陈恕为三司使时改革茶法，每年的茶税收入几乎增加了10倍。陈恕其人，有吏干，善理财，掌国家财政十余年，诸书多言其尝为三司使，然《宋史》本传未言其曾任此职。本传记载：“至道二年（996），欲并三司，命官总判。其勾院、磨勘、理欠、凭由、支收、行帐、提点等司，令恕条列其事以闻。”疑陈恕为总计使时，即曾总判三司，实已兼三司使之职。史传又载其改革茶法，募商人贩茶，“始为三法行之，货财流通”，可一并参看本卷此下“三说法”条及下卷“宋代茶法”条。

“三说法”

宋代经济史上常被提及的所谓“三说法”，是北宋时曾经流行的一种习惯用语，至今仍有不同的理解。照沈括的看法，所谓“三说法”本指入中粮草的籴便方式，或说是有关入中制度的三种主张。具体的解释见本条文字及各注，亦见“点评”的说明。

世传算茶有三说法最便[1]。“三说”者[2]，皆谓见钱为一说，犀、牙、香药为一说，茶为一说，深不然也。此乃三分法耳，谓缘边入纳粮草，其价折为三分，一分支见钱，一分折犀象、杂货，一分折茶。尔后又有并折盐为四分法，更改不一，皆非“三说”也。予在三司[3]，求得“三说”旧案，“三说”者乃是三事：博籴为一说，便籴为一说，直便为一说。其谓之博籴者[4]，极边粮草，岁入必欲足常额，每岁自三司抛数下库务，先封桩见钱、紧便钱、紧茶钞紧便钱谓水路商旅所便处，紧茶钞谓上三山场榷务然后召人入中。便籴者[5]，次边粮草，商人先入中粮草，乃诣京师算请慢便钱、慢茶钞及杂货慢便钱谓道路货易非便处，慢茶钞谓下三山场榷务。直便者[6]，商人取便，于缘边入纳见钱，于京师请领。“三说”，先博籴数足，然后听便籴及直便。以此，商人竞趋争先[7]，赴极边博籴，故边粟常先足，不为诸郡分裂。粮草之价不能翔踊[8]，诸路税课亦皆盈衍[9]，此良法也。予在三司，方欲讲求，会左迁[10]，不果建议。

近时有学者讨论“三说法”，完全否定了沈括的见解，认为他以博籴、便籴、直便为“三说”，北宋时实无其事。对此一定要慎重。严格地讲，北宋入中制度虽然到仁宗时已渐次废止，但沈括官至三司使，他对“三说法”还绝不可能陌生，而且在一定程度上甚至可以说，他还是事主的身份，因此对他关于“三说法”的解释，断未可轻易否定，而还有必要作全面深到的检视和研究。

［注释］

[1] 算茶：宋代官府向民间籴买粮草等战略物资，其支付手段中有用茶叶、茶引折算的一种方式，习称“算茶”。　[2]“‘三说’者”至“皆非‘三说’也”：是说所谓“三说”，人们都以为支付现钱是一说，折算犀牛角、象牙、香药是一说，折算茶叶是一说，这看法大为不然。这不过是一种三分法，说的是向河北沿边地区入纳粮草，其价格折算为三部分支付：一部分支付现钱；一部分折算为犀牛角、象牙及其他杂货；一部分折算为茶叶。此后又有用盐来折算的，合起来即成为四分法，而还有其他随时变更的不同折算办法，这些都不是“三说法”的本义。按：沈括之意，盖谓“三说法”既不是仅指入边粮草的折算方法，更不是仅指折算钱物的三分法或四分法，故下文皆以入中制度及籴便方式言之。　[3]“予在三司”六句：细按全篇文意，盖谓沈括为三司使时，曾专门找出有关“三说”的旧档案查阅，发现“三说”指的是三种事体，也就是三种措施或主张：博籴是一种主张，便籴是一种主张，直便是一种主张。　[4]“其谓之博籴者”六句：是说所谓博籴，是指最边远地区（一线边境）的粮草，每年所收必定要满足通常所定的数额，每年由三司下达数额于库务司，先将现钱、紧便钱、紧茶钞封存入库，然后再招商人、民户入中粮草。库务，指库务司，全称提举（或都大提举）在京诸司库务司，掌

内番药库、杂买务等京城诸库务，覆验所受三司计度移用之事。封桩，犹言封存入库，宋初曾设封桩库专储金帛及财政盈余等。紧便钱，指水路交通、商业贸易较便利之处的国库钱，以其随时需要支付，需求量大，故称“紧便”。紧茶钞，指上三山茶场（参见卷十二“北宋茶租额钱”条“十三山场”注）榷货务的茶钞，亦以其需要支付的时间短而称“紧”。榷（què）务，榷货务，官府专卖机构。入中，也称“入纳”“中纳”，犹言输纳官府，指官府募商人、民户输纳粮草或其他军需物资于规定的沿边地点，官府将所有入纳物资通过价格折算给予钞引，使至京师或其他指定地点领取现钱或金银、茶、盐、犀牛角、象牙、香药等。按：宋代博籴本指粮缺时，官府将仓库中的余粮低价卖出，用高价买进民间的丝、绵、绫、绢等，到秋收后再用银、丝、绢等物兑换粮食，以平衡物价。沈括本条所称博籴，已是指利用博籴的仓储钱币和贵重货物作为入中的成本。　[5]“便籴者”四句：是说所谓便籴，是指次边地区（二线边境）粮草先由商人入中，然后到京师结算请领慢便钱、慢茶钞及各种杂货。按：此所述慢便钱、慢茶钞，分指水路交通、商业贸易不便利之处的国库钱和下三山茶场榷货务的茶钞，所谓“慢”皆与上文“紧”字相对。　[6]“直便者”四句：是说所谓直便，是指商人为求方便，而在沿边直接交纳现钱，到京师请领茶、盐等自行出卖。　[7]“商人竞趋争先”四句：是说商人都争先恐后地赴极边地区博籴粮草，因此边境积粟常常首先满足所需数额，而不因各州郡分别输纳而分裂为好多块，以致各自完成定额的速度快慢不一。　[8]翔踊：物价腾跃上涨。　[9]盈衍：满溢有羡余。　[10]左迁：降级除官。

［点评］

此条专谈“三说法”问题，直接关涉北宋前期的入中制度。这一问题大概从一开始就存在分歧的看法，如今最早反映此种分歧的记录便是《梦溪笔谈》此条。照沈括所说，在他之前，对于“三说法”的流行的解释，是认为其法即指商人入中后所得折博钱物的三分法。其实，沈括通过查阅三司旧档，发现入中粮草的折博钱物并不止于三分法，还有四分法乃至更多随机变化的折算方式。《宋史·食货志下五》云：“乾兴以来，西北兵费不足，募商人入中刍粟，如雍熙法给券以茶偿之。后又益以东南缗钱、香药、犀齿，谓之三说。”《续资治通鉴长编》卷一〇〇的记载与此稍异：“然自西北宿兵既多，馈饷不足，因募商人入中刍粟，度地里远近，增其虚估，给券以茶偿之。后又益以东南缗钱、香药、象齿、谓之三税。”这类记载明显是指折博钱物的三分法（《续资治通鉴长编》的“三税”当是“三说”之讹），《宋会要辑稿》《玉海》《文献通考》也略同《宋史》。沈括对这种看法是存疑的，他做三司使时，通过调阅有关“三说法”的旧档案，经过仔细的考察，乃知所谓“三说法”并不是指折博钱物的三分法或四分法，而是指如下三种主张：一是优先保证入中的极边之博籴，商人请领交通和贸易便利处的紧便钱、紧茶钞；二是入中可稍缓的次边之便籴，商人请领交通和贸易非便处的慢便钱、慢茶钞；三是商人直接在沿边交纳现钱而请领茶盐等自行出卖的直便。如此，则沈括所称“三事”乃是三种入中措施，而不是仅指三种折算方式或物品。北宋茶、盐从官府专卖到开放通商是大变化，开始时商人争先恐后地“赴极边博籴”，故致“边粟常先足”。

“三说法”的前提是入中，没有入中就没有折中或折博。《续资治通鉴长编》卷九三记载天禧三年（1019）五月河北转运使寇瑊之言，谓“请行入中、凿头、便籴三说之法”。所说“凿头”指批凿、批画折博头子（茶引之类），即在钱物凭证上写明应当算给的物品名称、加饶比例、算领地点等，在此实际上还是指入中。所说“便籴”也还是指入中的一种方式。不过此以“入中、凿头、便籴”三者并提，可能也显示了入中的三个层次。从概念上讲，“三说法”应该是俗称，而不是像“入中”“折中”这样的政策用语，所以在正规的法律文件或史籍中，未见有对“三说”的明确解释。即使宋代写国史的人，当时对于“三说法”亦未必能够解释清楚，并且很容易偏向指称折中物品的三分法或四分法。《宋史·食货志下五》的记载当即出于国史，然所记亦非定论。

“赫连城”马面

古代城防设施中的马面起源很早，先秦时《墨子》书中所称的“行城”即已具有马面的性质。考古所见战国时燕下都遗址（今河北易县境内）城墙已有马面，汉

延州故丰林县城[1]，赫连勃勃所筑[2]，至今谓之“赫连城”。紧密如石[3]，斸之皆火出。其城不甚厚，但马面极长且密[4]。予亲使人步之[5]，马面皆长四丈，相去六七丈。以其马面密，则城不须太厚，人力亦难攻也。予曾亲见攻城，若马面长，则可反射城下攻者；兼密则矢石相及，敌

人至城下，则四面矢石临之。须使敌人不能到城下，乃为良法。今边城虽厚，而马面极短且疏；若敌人可到城下，则城虽厚，终为危道。其间更多刓其角[6]，谓之“团敌”，此尤无益：全藉倚楼角以发矢石，以覆护城脚，但使敌人备处多，则自不可存立。赫连之城，深可为法也。

魏洛阳金墉城遗址北城垣也见到墩台，甘肃夏和县北据说为汉代边城的八角城遗址也还有现存的马面多处。丰林故地赫连城建于十六国时，距夏都统万城仅有数百千米，可见当时也是赫连氏的一座重要的坞壁式防御城堡。史载赫连氏强悍而酷烈，“乃蒸土筑城，锥入一寸，即杀作者而并筑之”，故其城垣格外坚固。沈括此条特别重视其马面，对研究古城文化别有史料价值。

［注释］

[1] 故丰林县城：在今陕西延安宝塔区东。 [2] 赫连勃勃（381—425）：十六国时夏政权的建立者。匈奴族，407—425 年在位。 [3] “紧密如石”二句：是说赫连城的土城墙坚硬如石，用锄头刨上去能迸出火星。斸（zhú），用锄头或镢头刨。 [4] 马面：古人为加强城池防御而在城墙外侧加筑的附属墙台建筑，又称“敌台”等。 [5] “予亲使人步之”三句：此述延州赫连城的马面突出城外的长度是 4 丈，相互间隔是 6—7 丈。按：较之陈规《守城录》所述，此种马面长度加倍，间隔则缩小至五分之一，故沈括谓其马面“极长且密”。 [6] “其间更多刓其角”至“则自不可存立”：是说马面的墙角更多被刓成圆形的，而称之为“团敌”，这尤其是无益的措施：全凭借楼角来发射弓箭、石块，以遮蔽保护城脚，如果敌人防备之处多，则自己仍然无法存在和立足。刓（wán），削成圆形。团敌，《武经总要》前集卷十二作“敌团”：“凡城上皆有女墙，每十步及马面，皆上设敌棚、敌团、敌楼。”原注：“敌团，城角也。”盖特指马面的圆角。按：沈括以为当下城墙的马面大都短小而且稀疏，如果敌人可以攻到城下，那么城墙虽厚，终究难免陷于危亡之地，所以将城角的马面建成圆角形，

便毫无益处，更值得效法的是赫连城的长而密集的马面。

［点评］

马面是古代城墙防御设施之一。一般突出于高大城墙的墙体外侧，为附属的较小墙体，每隔一段距离即有一座，多呈长方形，因外观狭长如马面而得名，又称敌台、墩台、墙台；而也有贴附于城墙的外墙面而建筑为半圆形的。宋陈规《守城录·守城机要》记载马面的形制颇详，其文开头即云："马面，旧制六十步立一座，跳出城外，不减二丈；阔狭随地利不定，两边直觑城脚。"此为传统马面的一种，是贴附在城墙外侧的高台式短墙，向外突出的长度不小于 2 丈，宽度可随地形而定，高度一般与城墙相埒，要求两边都能直接看到城脚。按陈氏所述，此种墙台上有木结构的楼子（俗称"敌楼"），但经不住大砲巨石的攻击，所以后来就不用楼子，只在墙台顶部周边加筑又高又厚的墙体。墙体上留有"品"字形孔眼，既可用于瞭望，又可过刀枪。靠城墙的部位两边开两个小门，是为了下瞰城外；里面紧靠台顶高厚墙体，则有一对一对的高大木柱（"排叉木"），都用粗大的绳索在柱子上编成网，以阻挡敌人的砲石。宋代普通的马面大概如是，而一城的马面有许多，陈规所述的旧制马面间隔是 60 步（约 30 丈）。历代马面以实心的为多，而也有空心（类似碉堡式）的，形制复杂多样，其基本功用则皆为自上而下从三面打击攻城的敌人，消除城下死角，强化城墙的防御功能。沈括所述丰林旧地赫连城的马面，特点是"极长且密"，"可反射城下攻者"，"使敌人不能到城下”，更利于防守。其城址背山面川，东西长约500米，南北宽约200米，如今土城墙及马面尚存，残墙长约200米，夯土层一般厚10厘米—12厘米，城墙高约7米，底宽约5米。赫连氏夏都统万城遗址（今陕西靖边北白城子），其空心马面有长18.8米、宽16.4米者，则其长在6丈左右，比延州赫连城的马面还长出2丈。

刘晏平抑米价之术

刘晏掌南计[1]，数百里外物价高下即日知之。人有得晏一事，予在三司时尝行之于东南。每岁发运司和籴米于郡县[2]，未知价之高下，须先具价申禀，然后视其贵贱，贵则寡取，贱则取盈，尽得郡县之价，方能契数行下；比至则粜价已增，所以常得贵售。晏法则令多粟通途郡县[3]，以数十岁籴价与所籴粟数高下，各为五等，具籍于主者今属发运司，粟价才定，更不申禀，即时廪收，但第一价则籴第五数，第五价即籴第一数，第二价则籴第四数，第四价即籴第二数，乃即驰递报发运司。如此[4]，粟贱之地自籴尽极数，其余节级各得其宜，已无极售。发运司仍会诸郡所

《新唐书》卷一百四十九《刘第五班王李传赞》：“刘晏因平准法，斡山海，排商贾，制万物低昂，常操天下赢赀，以佐军兴。虽挐兵数十年，敛不及民而用度足。唐中偾而振，晏有劳焉，可谓知取予矣。其经晏辟署者，皆用材显，循其法，亦能富国云。”

籴之数计之[5]，若过于多则损贵与远者，尚少则增贱与近者。自此粟价未尝失时[6]，各当本处丰俭。即日知价，信皆有术。

［注释］

[1] 刘晏（716—780）：唐代著名经济改革家、理财家。字士安。曹州南华（今山东东明）人。官至吏部尚书、同平章事，领度支、铸钱、盐铁等使，封彭城县开国伯。遭谗害被敕自尽，年六十五。南计：宋代《事实类苑》卷二十一引作“国计”，指国家财政。唐代国家财政名义上由尚书省所设户部管理，而尚书省位居宫城之南，且在中书省、门下省之南，习称南省，故国计亦称南计。 [2]“每岁发运司和籴米于郡县”至“所以常得贵售”：是说每年发运司征购粮食，在不知道粮价高低之前，各州县必须先列出本地粮价申报发运司，然后发运司根据各地粮价的贵贱，贵则少收，贱则收其盈余，在尽知州县的粮价之后，才能约定征购数量；然而等文件发到各地，各地的粮价已经上涨了，所以地方的粮食常能卖得价格较高。发运司，宋代掌管河流漕运的机构，主要设置于北宋时，南宋初年以后置废不常。和籴，指中国古代向民间征购粮食的政策和举措，因为此种征购名义上为议价交易，故称“和籴”。中唐以后和籴的强制配购性质日趋浓重，至宋代尤其成为括粮养兵的重要手段，当时所谓博籴、便籴等仍皆属于和籴的范畴。契数，指约定粮食征购的数量，犹言下达指标。契，约定。 [3]“晏法则令多粟通途郡县”至“乃即驰递报发运司”：略述刘晏平抑米价之术：让产粮多而交通便利的州县，把数十年间的购粮价款和所购粮食数量之多少，各分为五等，开列清单上报主管部门，待当地粮价稳定之后，便不须再申报，而马上开仓

购粮，只不过用第一等的价款收购第五等价格的粮食，用第五等的价款收购第一等价格的粮食，第二等价款收购第四等价格的粮食，第四等价款收购第二等价格的粮食，即以此征购数量驰传递送报告发运司。廪收，即收购粮食入仓。 [4]“如此”四句：是说这样，粮价便宜之地的粮食自会被尽量收购而达到最大的收购量，其余档次粮价之地的收购量也各得其宜，但已不可能达到最大的销售指数。 [5]“发运司仍会诸郡所籴之数计之”三句：是说发运司还要汇总统计各州县征购粮食的总量，如果量过大了就减少对粮价高与偏远地方的征购，量还不够就增加对粮价便宜与近便地方的征购。 [6]“自此粟价未尝失时”二句：是说如此则粮价未尝不符合当时的情况，与各地丰收或歉收的年景也相适应。

［点评］

此条所述刘晏平抑米价之术，类似现代统筹法。按所述，刘晏是以各郡县数十年间和籴粟米款项的年平均数为一系列，又以各郡县数十年间和籴粟米数量的年平均数为一系列，使两个系列各分为五等，而分别下达给各郡县的。这样，以第一等的最高款项籴买第五等的贱价粟米之数（即产粮区有余粮之处的粟米），则可括尽其余粮之数而购进，甚至还可多购；其余两系列的第二等和第四等，也可对应调剂，各得其宜；第三等为中数，可以不动。当然，最后发运司还可根据和籴总数加以适当的调整，“若过于多则损贵与远者，尚少则增贱与近者”。这些实际上都体现了沈括本人的平抑物价思想，而不仅仅在谈刘晏之术。

宋初均赋

宋初田赋的正额不高，每亩在一斗上下，但在实际征收过程中，存在各种名目的附加费用，诸如支移、折变、加耗等，农民负担也很重。

五代方镇割据，多于旧赋之外重取于民，国初悉皆蠲正[1]，税额一定[2]。其间或有重轻未均处，随事均之。福、歙州税额太重[3]，福州则令以钱二贯五百折纳绢一疋，歙州输官之绢止重数两；太原府输赋全除[4]，乃以减价籴粜补之。后人往往疑福、歙折绢太贵[5]，太原折米太贱，盖不见当时均赋之意也。

［注释］

[1] 蠲（juān）正：免除或拨正。别本或作“蠲止”，指免除或废止。 [2] 税额一定：纳税数额始定。一，始。 [3]“福、歙州税额太重”三句：是说福州（今属福建）、歙（shè）州（今安徽黄山市）的赋税偏重，因此令福州民户纳税按一匹绢折价二贯五百钱（2500 钱）计算，歙州民户折纳官府的绢则只有几两重。折纳，税法用语。唐时实行两税法，按钱折价交纳粟帛，称为“折纳”。 [4]“太原府输赋全除”二句：是说太原府（今山西太原）民户先前各种形式的赋税数额全都废止，而按原额减价计算，统以折纳粮米的形式补交。籴粜（tiào），官府籴米、民众粜米，实指官府的和籴征购。《事实类苑》卷二十一引作“籴米”。 [5]“后人往往疑福、歙折绢太贵”三句：是说后人往往以为当时福州、歙州民户纳绢折价太高，而太原民户补交的税米折价又太低，这是由于没有看清楚当时采取这类措施都是为了均平赋税、确定税额的意图。

[点评]

此条谈宋初均平赋税、确定税额事，都是针对五代十国时期各国轻重不一的赋税而言的，如沈括所列举的福州、歙州、太原三地，五代十国时分属闽、南唐、北汉，原都是赋税较重的地方，故宋初加以调整。后人或以为调整后的税额，福州、歙州折纳的绢还是太贵，太原折纳的米则又太贱。沈括以为这样的看法是不妥当的，因为当时均平赋税的本意是“随事均之”，目的在使重定的税额符合当地经济生活的实际情况和纳税者的负担水平，而并不是为了平衡各地的物价。沈括的见解应是合乎历史实际的，不过所谓“悉皆蠲正，税额一定”，也不无溢美的成分。事实上，五代十国时期各个割据政权巧立名目所设置的各种苛捐杂税，宋朝统一后几乎全都承袭了下来，而统称之为“杂变”，又叫“沿纳”，其中某些征敛甚至比五代时还要苛刻。这点在理解沈括的叙述时也应注意到。

程文简善虑事

夏秋沿纳之物[1]，如盐曲钱之类[2]，名件烦碎[3]。庆历中，有司建议并合归一名，以省帐钞[4]。程文简为三司使[5]，独以谓仍旧为便，若没其旧名，异日不知，或再敷盐曲[6]，则致重复。此亦善虑事也。

《宋史·食货志上二》：“自唐以来，民计田输赋外，增取他物，复折为赋，谓之‘杂变’，亦谓之‘沿纳’。而名品烦细，其类不一。”

［注释］

[1] 夏秋沿纳之物：夏、秋两税所收正赋之外的各种杂物税。沿纳，唐宋时在田赋正税以外所收的附加税。 [2] 盐曲钱：盐曲税钱。盐曲，古人用食盐和酒曲制作的一种调味料。 [3] 名件烦碎：名目繁杂琐碎。 [4] 以省帐钞：以求减省账簿和文档。按《宋史·食货志上二》："明道中，帝（仁宗）躬耕籍田，因诏三司以类并合。于是悉除诸名品，并为一物，夏秋岁入，第分粗细二色，百姓便之。"此即指合并各种杂税名目之事。《宋史》记其事在明道中（1032—1033），与沈括所称庆历中（1041—1048）有异。 [5] 程文简：程琳（988—1056）。字天球，永宁军博野（今河北博野）人。仁宗时两次为三司使，累官至参知政事，迁尚书左丞，又以使相判大名府十年，卒谥文简。 [6] 或再敷盐曲：有可能再实施或设置盐曲税钱之类事。

［点评］

此条言程琳"善虑事"，而适可证名目繁杂之"沿纳"何以不可去。《宋史·程琳传》有云："或请并天下农田税物名者，琳曰：'合而为一，易于勾校，可也。后有兴利之臣，复用旧名增之，是重困民，无已时也。'"此当即沈括本条所述，文异而意同。

边城战棚

《东京梦华录》卷一《东都外城》记载："新城

边城守具中有战棚[1]，以长木抗于女墙之上，大体类敌楼。可以离合[2]，设之顷刻可就，以备仓卒城楼摧坏；或无楼处受攻，则急张战棚以临之。梁侯景攻台城[3]，为高楼以临城[4]，城上亦为楼以拒之，使壮士交槊斗于楼上[5]，亦近此类。预备敌人[6]，非仓卒可致；近岁边臣有议，以谓既有敌楼，则战棚悉可废省，恐讲之未熟也[7]。

每百步设马面，战棚密置女头，旦暮修整，望之耸然。"此指战棚与马面相配合，而战棚密置于女墙之上，亦高耸有气势。

［注释］

[1]"边城守具中有战棚"三句：是说边城守具中有一种战棚，是以长木料架在城墙上面的女墙上搭建的棚子，大体类似敌楼。抗，支撑。女墙，城墙上面呈凹凸形状的矮墙，俗亦称城墙垛子。敌楼，建在城墙或马面上用以御敌的楼屋。　[2]"可以离合"五句：是说战棚可以拆卸，要设置很快就能组装好，可为仓促之间城楼被摧毁做准备；或者没有城楼之处受到攻击，可以紧急搭建战棚俯瞰城下。仓卒（cù），即仓促。临，俯视，从高处向低处看。　[3]侯景（503—552）：本姓侯骨，字万景，南北朝时羯族人物。原为北魏大将，547年率部投降南朝萧梁。次年起兵叛乱，攻入建康。551年杀死梁武帝，篡位自立，不久败死。台城：南朝都城建康（今南京）城内的朝廷台省（中央政府）和皇宫所在地。梁武帝被侯景围困饿死于此。原址在今南京市鸡鸣寺一带，隋初被夷为平地并加以垦耕。　[4]为高楼以临城：制造高高的望楼以俯瞰城内。望楼，攻城用具，在坚实的高竿上建造方形木屋而成，主要用于瞭望，也可利用木屋攻打敌人。　[5]交槊斗于楼上：双方在望楼、城楼上用长矛交互攻击。槊，长矛。　[6]"预备敌人"二句：是说预先备御敌人攻城，有关设施非仓促之间可成。犹言"顷刻可

就”的战棚不可省。 [7] 讲之未熟：讲求城防设施未成熟。

［点评］

唐宋时所称“战棚”，与“敌楼”相似，都是增强城墙防御的设施，只不过敌楼为固定楼房，战棚则为活动棚屋。战棚的优点是离合方便，可以随时架设，顷刻可就，以备仓促迎敌，但与可供储兵、储物、巡逻、瞭望的敌楼不能等同，所以沈括不认为既有敌楼，战棚可省。他的看法对守城而言，应是成熟的讲求、周到的考虑。

驿传急脚递

驿传旧有三等[1]，曰步递、马递、急脚递[2]。急脚递最遽，日行四百里，唯军兴则用之。熙宁中[3]，又有金字牌急脚递，如古之羽檄也。以木牌朱漆黄金字，光明眩目，过如飞电，望之者无不避路，日行五百余里。有军前机速处分，则自御前发下，三省、枢密院莫得与也。

《永乐大典》卷一四五七五引《金玉新书》：“诸急脚递承传御前不入铺文书，并日行五百里，不以昼夜，鸣铃走递，前铺闻铃，预备人出铺交受。”

［注释］

[1]“驿传旧有三等”二句：是说宋代驿站的公文传递旧时有三个级别，即步行传递、走马传递和加急的急脚传递。一般要求步递日行二百里，马递日行三百里，急脚递日行四百里。驿传（yì

zhuàn)，古时或指驿站（专掌传递公文、运送官物及接待供往来官员的交通机构），或指驿站的车马，这里实指驿站（或递铺）的公文传递。　[2] 急脚递：始创于宋代的一种快速军邮方式。专用于传递边防机宜切要文字或其他紧急军事文书，多在国家有军事行动时使用。通常由急递铺兵卒鸣铃奔走，接力完成，文书不入递铺，交接皆在道上，“即刻走传”，闻铃者皆避道，一昼夜行四百里，不得任何住滞；特殊情况下，且交通条件允许，也可走马急递。　[3] “熙宁中”至“三省、枢密院莫得与也”：是说宋神宗时所创金字牌急脚递是比一般急脚递更快的一种通邮方式，如同古代投递插羽毛的紧急军事文书。其牌是木牌，长尺余，为红漆黄金字，光亮耀人眼目，多用马递，飞驰如闪电，行人望见无不躲避，一昼夜能行五百余里；如果有军事前线需要紧急处置的机密事项，则金字牌自皇帝御前直接发出，三省、枢密院也不能参与。

［点评］

此条专谈宋代驿传急脚递，特别是金字牌急脚递，为古代军邮史料。史载宋代有黑漆红字牌急脚递，规定日行三百里；又有黄漆青字牌急脚递，规定日行三百五十里；唯金字牌急脚递最快，要求日行四百里至五百里以上。南宋绍兴十一年（1141），秦桧以宋高宗名义，一天内连发十二道金字牌，勒令在抗金前线作战的岳飞退兵，即为此种金字牌急脚递。宋代驿传制度的特点之一，是由驿站、驿馆逐渐分化出独立的递铺系统，习亦称马递铺、急递铺，成为官府文书传递的主要机构。这点对元、明、清时代的递铺制度有重要影响。

范文正浙西救灾

皇祐二年[1]，吴中大饥[2]，殍殣枕路[3]。是时范文正领浙西[4]，发粟及募民存饷[5]，为术甚备。吴人喜竞渡，好为佛事。希文乃纵民竞渡，太守日出宴于湖上，自春至夏，居民空巷出游。又召诸佛寺主首谕之曰："饥岁工价至贱，可以大兴土木之役。"于是诸寺工作鼎兴[6]。又新敖仓吏舍[7]，日役千夫。监司奏劾杭州不恤荒政[8]，嬉游不节，及公私兴造，伤耗民力。文正乃自条叙所以宴游及兴造，皆欲以发有余之财以惠贫者。贸易、饮食、工技、服力之人[9]，仰食于公私者，日无虑数万人，荒政之施，莫此为大。是岁，两浙唯杭州晏然，民不流徙，皆文正之惠也。岁饥，发司农之粟[10]，募民兴利，近岁遂著为令[11]。既已恤饥[12]，因之以成就民利，此先王之美泽也[13]。

《鹤林玉露》甲集卷三转叙范仲淹在浙西救灾事，谓是岁"惟杭饥而不害"，使贫民免于"转徙填壑"，与沈括之意同。

[注释]

[1] 皇祐二年：即公元 1050 年。 [2] 吴中：此泛指吴地，包括浙西在内。宋时浙江西路涵盖今浙江北部及江苏南部地区。大饥：因严重的灾害而引起的大饥荒。 [3] 殍殣（piǎo jìn）枕路：饿死的

人横七竖八地躺卧在道路上。枕，枕藉，喻头脚叠压之状。[4] 范文正：范仲淹，见卷十“范仲淹不教人主杀人手滑”条注 [1]。领浙西：此指范仲淹晚年以前执政为杭州知州。[5] 发粟及募民存饷：开官仓放粮赈灾及招募富民出钱出粮救济灾民。存饷，本义指供给灾民饮食，此犹言救济。[6] 诸寺工作鼎兴：各寺院土木工程一时大兴起来。鼎，大。[7] 新敖仓吏舍：重新翻盖粮仓和官舍。敖，通“廒”，粮仓。[8] 监司：宋代各路转运使司、提点刑狱司、提举长平仓等官署，总称为监司。奏劾：上奏章检举。不恤荒政：不以救荒为忧。恤，忧虑。荒政，救荒的对策。[9]“贸易、饮食、工技、服力之人”五句：是说从事货物贸易、饮食服务、手工技艺及其他靠出卖劳力为生的人，仰食于公家及富贵人家的，每天不下数万人，救济灾荒的措施，没有比这更重要的。无虑，大概、大约。[10] 司农之粟：国家粮仓的粮食。司农，即司农寺，为掌管国家粮食积储、仓廪管理及京朝官禄米供应等事务的机构。[11] 著为令：意指著录在典册中，使之成为一种律令性质的事例。犹言成为一种制度。[12] 恤饥：抚慰和救济灾民。[13] 先王之美泽：先王泽及后世的一个优良传统。

［点评］

本条表彰皇祐二年（1050）范仲淹在浙西救荒事，谓其“为术甚备”，重点列举了他在开仓放粮之外所采取的三项措施：一是发动民间在西湖上举行龙舟竞渡比赛，他作为太守也率领官员到湖上举行宴会，自春至夏，使杭州居民皆空巷出游；二是动员各寺院大兴土木工程，以便让大批灾民为工役而得到救济；三是翻新官府的粮仓和廨舍等，每天雇用的工役也达上千人。这几项措施的花费，除国家拨款外，大约相当大的比例是从民间募集来的，即范仲淹所说“宴游及兴造，皆欲以发有余之财以惠贫者”。这样的举措与传统的救灾政策有所不同，显然是以富民捐资为重要资金来源的，故当时曾被奏劾。然“既已恤饥，因之以成就民利”，沈括谓“是岁，两浙唯杭州晏然，民不流徙”，正可见其救灾的成效，故后来被朝廷“著为令”。所记甚有史料价值。

运粮之法

沈括此条所述运粮之法，是从战争实践中总结出来的，从中更可深知行军打仗“运粮不但多费，而势难行远”，也从技术层面上进一步印证了“凡师行，因粮于敌，最为急务”的道理。这也是自《孙子兵法》以来，历代兵家所强调的军事指导思想之一。

凡师行，因粮于敌[1]，最为急务。运粮不但多费，而势难行远。予尝计之[2]，人负米六斗，卒自携五日干粮，人饷一卒，一去可十八日；米六斗[3]，人食日二升，二人食之，十八日尽。若计复回[4]，只可进九日。二人饷一卒，一去可二十六日；米一石二斗[5]，三人食日六升，八日则一夫所负已尽，给六日粮遣回，后十八日二人食日四升并粮。若计复回，止可进十三日。前八日日食六升，后五日并回程日食四升并粮。三人饷一卒，一去可三十一日；米一石八斗，前六日半四人食日八升，减一夫给四日粮，中七日三人食日六升，又减一夫给九日粮，后十八日二人食日四升并粮计复回，止可进十六日。前六日半日食八升，中七日日食六升，后十一日并回程日食四升并粮。三人饷一卒[6]，极矣。若兴师十万，辎重三之一，止得驻战之卒七万人，已用三十万人运粮，此外难复加矣。放回运夫[7]，须有援卒，缘运行死亡、疾病，人数稍减，且以所减之食，准援卒所费。运粮之法[8]，人负六斗，此以总数率之也。其间队长不负，樵汲减半，所余皆均在众夫，更有死亡、疾病者所负之米又以均之，则人所负常不啻六斗矣。故军中不容冗食[9]，一夫冗食，二三人饷之，尚或不足。若以畜乘运之[10]，则驼负三石，马、骡一石五斗，驴一石，比之人运，虽负多而费寡，然刍牧不时，畜多瘦死，一畜死则并所负弃之，较之人负，利害相半。

［**注释**］

[1] 因粮于敌：语出《孙子兵法·作战篇》。犹言就敌取粮，意谓从敌人方面解决粮饷等物资补给问题。　[2]“予尝计之”五句：是说我曾按运粮的民夫每人负担六斗米、士兵每人自带五天的干粮计算，每个运粮的民夫供给一个士兵的口粮，单程可维持十八天。一去，前往目的地的单程。　[3]“米六斗”四句注文：是为沈括对“人饷一卒”的计算方法：民夫一人所负粮米为六斗（60升），每人每日食用 2 升，二人食之，则 60 升可食十五日；又士

兵所带五日干粮，二人食之可维持两日半，权且以三日计之，故沈括总谓“十八日尽”，到时二人所带即全无剩余。 [4]“若计复回”二句：是说如果连回程在内，二人所带干粮便只够吃九日。进，读作“尽”。《列子·天瑞》“终进乎不知也”，张湛注：“进当为尽，此书尽字例多作进也。”按：《梦溪笔谈》此条谓“只可进九日”，是对上文“一去可十八日”的补充说明，而与注文“十八日尽”亦相应，故“进”字当以读作“尽”为是。下文“止可进十三日”及“止可进十六日”，其“进”字亦当读作“尽”。 [5]“米一石二斗”五句注文：是为沈括对“二人饷一卒”的计算方法：两个民夫所负粮米为一石二斗（120 升），三人每日共食用 6 升，八日即食用 48 升，这时民夫一人所负的 60 升实际上已经用完了，因为剩余的 12 升已仅够他返程六日的口粮；另一民夫所负的粮米 60 升，再加上士兵所带的干粮，则按注 [3] 的算法，二人食用还可维持十八日，故总谓“一去可二十六日”。并粮，加上士兵所带的干粮一并计算。按：下述各小字注文的算法皆类此，均不再另外说明。 [6]“三人饷一卒”至“此外难复加矣”句：是说一个士兵的口粮由三人供给，已到极点了。据此计算，如果出兵 10 万人，押送辎重的人员约占 1/3，那么驻守和战斗人员就只得 7 万人，而运输粮草已用 30 万人，此外更难以复加。 [7]“放回运夫”至“准援卒所费”：是说遣返运粮的民夫，需要有帮助遣返的士兵，因为运粮过程中会有死亡、生病的民夫，人数会略有减少，所以可用所减人数原有的口粮，大致确定帮助遣返士兵的人数和口粮。 [8]“运粮之法”至“则人所负常不啻六斗矣”：是说运粮的办法，规定每人负担六斗，是按总人数平均计算的。其间队长并不负担，樵采和汲水人员的负担减半，刨除这些人之后，所有军粮皆由众人均摊负担，而更有死亡、疾病者所负担的粮米也要均摊给众人，这样就使每人所负担的粮米常常不止六斗。率

（lǜ），按比例计算。不啻（chì），不止，不只。［9］“故军中不容冗食”四句：是说军中不容许有多余的吃闲饭的人，一个吃闲饭的人，就得由两三个人来供给，有时还不够。［10］“若以畜乘运之”至“利害相半”：是说如果用牲口驮运，那么骆驼能驮三石，马和骡子能驮一石五斗，驴能驮一石，与人力运输相比，虽负重多而花费少，但不能按时喂养和放牧，牲口多累病而瘦死，一头牲口死去后，就连所驮的粮食也一并抛弃了，较之人力负担，利弊各半。

［点评］

本条所述运粮之法，是个复杂而烦琐的数学计算程序，涉及驻守和战斗人员的人数、押送辎重和运输粮草的人数、人力所能负担的军饷之总数、军兵和运粮者消耗口粮的总数、往返行军日程、所携口粮能够维持的人数和天数等，皆须通盘考虑。根据沈括通过科学计算所提出的运粮方案，假如出兵10万人，其中押送辎重的人员约占1/3，那么驻守和战斗人员就只有约7万人，而运输粮草已要用到30万人，此外更难以复加。所以他指出，军中不容许有多余的吃闲饭的人，一个吃闲饭的人，就得由两三个人来供给，有时还不够；又谓以人力运粮和用牲口运粮各有利弊，皆切于实用。

水工高超

庆历中，河决北都商胡[1]，久之未塞，三司

沈括对社会生活、现实事物的认

知和思考，偏重人与自然的关系，往往自觉指向智慧的运用和科学的发明。水工高超治理黄河决口的建议和方法，是对传统的工具性制件与相关应用技术的改进，虽不全属创新，而能攻坚克难，卓见成效。这在沈括看来，是比高贵者更胜一筹的，故所记细致而不苟，遂成为可贵的科技文献。元人《河防通议·卷埽》说：“埽之制非古也，盖近世人创之耳。观其制作，亦椎轮于竹楗石菑也。”所谓“近世”实指宋代，宋代河埽大兴，埽工技术亦日趋完善，沈括所称道的高超是其杰出代表。

度支副使郭申锡亲往董作[2]。凡塞河决[3]，垂合，中间一埽谓之“合龙门”，功全在此。是时屡塞不合。时合龙门埽长六十步[4]，有水工高超者献议，以谓埽身太长，人力不能压埽，不至水底，故河流不断，而绳缆多绝。今当以六十步为三节，每节埽长二十步，中间以索连属之[5]。先下第一节，待其至底，方压第二、第三。旧工争之，以为不可，云二十步埽不能断漏，徒用三节，所费当倍，而决不塞。超谓之曰：“第一埽，水信未断[6]，然势必杀半；压第二埽，止用半力，水纵未断，不过小漏耳；第三节，乃平地施工，足以尽人力。处置三节既定，即上两节自为浊泥所淤[7]，不烦人功。”申锡主前议，不听超说。是时贾魏公帅北门[8]，独以超之言为然，阴遣数千人于下流收漉流埽[9]。既定而埽果流[10]，而河决愈甚，申锡坐谪[11]。卒用超计，商胡方定。

[注释]

[1]河：黄河。北都：今河北大名。宋时以为北京。商胡：地名，后世称商胡埽，在今河南濮阳东北。当时属大名府路澶州。 [2]郭申锡（998—1074）：字延之，大名人。历官三司副使，以给事中

致仕。董作：监督施工。　[3]“凡塞河决”四句：是说凡是堵塞黄河决口，将要合龙时，在决口中间部位下埽的工作叫“合龙门”，治理河决的事功全在此举。垂，接近。埽（sào），旧时用以防护堤岸或堵塞决口的治河制件。用树枝、秫秸、芦苇、茅草或竹枝等夹杂泥沙碎石捆扎而成，而合龙的埽可以做得非常庞大。习惯上也称塞埽的地段或所成的堤坝为埽，或又转为地名，称某某地为某某埽。合龙门，亦简称“合龙”，治河工程用语。凡治河工程，无论筑坝、围堤或围堰，或堵塞堤坝决口，均从两岸或两头动工，逐渐向中间延伸，于后期形成对接之缺口，称为龙口或龙门，最后对接封口而截流的工作，便称为合龙门。　[4]步：古代长度单位。宋代以五尺为一步，以宋尺当今31.65厘米计算，则一步为1.5825米，二十步为31.65米，六十步即长达94.95米。　[5]索：绳索。《宋史·河渠志》谓：“以竹为巨索，长十尺至百尺，有数等。”连属（zhǔ）：连接。　[6]信：确实。　[7]上两节：前两节，即先下的第一节、第二节。　[8]贾魏公帅北门：是时贾昌朝以使相判大名府兼北京留守司、河北安抚使。宋以大名府（今河北大名）为北京，号称本朝“北大门”，故此谓“帅北门”。贾魏公，即贾昌朝，见卷十“盛文肃阅人物”条注[14]。　[9]阴遣数千人于下流收漉流埽：暗地里派出数千人，准备在下游截捞合龙失败后被冲走的埽。收漉（lù），犹收滤，指打捞。　[10]既定而埽果流：按过去埽工的方案实施完毕之后，埽果然被冲走。　[11]坐谪：获罪被贬官。

［点评］

此条是中国科技史上记录劳动者发明创造的著名文献，完整地介绍了水工高超治理黄河决口的过程和他所创造的“三节压埽法”。黄河埽工技术起源很早，大约还在春秋时期已有应用。《史记·河渠书》记载汉武帝时，黄河在瓠子河口（今河南濮阳境）决堤，武帝发卒数万人塞决口，并亲临工地，“令群臣从官自将军已下皆负薪窴决河”，所谓“负薪窴决河”盖即当时埽工之事。宋代埽工大盛，《宋史·河渠志》便记有天台埽、龙门埽、王楚埽、商胡埽、原武埽、内黄埽、大吴埽、灵平埽、枣强埽、清池埽、阜城埽、元城埽、阳武埽、南皮埽及“金堤两埽”“新堤六埽”“东西两堤五十九埽”等，或统称“河埽”。高超的“三节压埽法”，是将屡试不能成功的总长六十步之大埽，均分为各长二十步的三节，中间用粗大竹索连接，合龙时将三节分下：先用大力把第一节下至决口处的水底，使水势减半；再用半力把第二节压在第一节上，这时水势大减，已只是小漏；然后再把第三节压在上面，这时已是平地施工，可以尽人力而为，且调整好了第三节之后，下两节也已都被浊泥淤死固定。高超此法简单实用而操作安全便利，全赖沈括的记录留名青史，成为不朽的发明。

宋代食盐

盐之品至多，前史所载，夷狄间自有十余种，中国所出亦不减数十种。今公私通行者四种：一者末盐[1]，海盐也，河北、京东、淮南、两浙、

食盐名目极多，不可胜数。《本草纲目·石部·食盐》“李时珍曰”所叙主要有海盐、

江南东西、荆湖南北、福建、广南东西十一路食之；其次颗盐[2]，解州盐泽及晋、绛、潞、泽所出，京畿、南京、京西、陕西、河东、褒、剑等处食之；又次井盐[3]，凿井取之，益、梓、利、夔四路食之；又次崖盐[4]，生于土崖之间，阶、成、凤等州食之。唯陕西路颗盐有定课[5]，岁为钱二百三十万缗[6]；自余盈虚不常[7]，大约岁入二千余万缗。唯末盐岁自抄三百万[8]，供河北边籴，其他皆给本处经费而已。缘边籴买仰给于度支者[9]，河北则海末盐，河东、陕西则颗盐及蜀茶为多。运盐之法[10]，凡行百里，陆运斤四钱，船运斤一钱，以此为率。

井盐、池盐、碱盐、崖盐五种，除碱盐外大致可与沈括此条互参。李时珍还提及饴盐，戎盐（土盐）、石盐、木盐、蓬盐等，以为“造化生物之妙，诚难殚知”。

［注释］

[1] 末盐：细末状的盐。李时珍《本草纲目》称为“散盐”，谓“出于海及井，并煮碱而成者，其盐皆散末也”，则末盐不仅为海盐，也包括井盐、碱盐，但以海盐为主。下述食末盐的十一路，基本上都在东南沿海地区。　[2] 颗盐：俗又称“粒盐”，指未经炼制的粗盐。下述解州及晋、绛、潞、泽诸州皆在今山西境内，“盐泽”，即盐池。　[3] 井盐：通过打井的方式抽取地下卤水而制成的盐。蜀中井盐闻名天下，下述益、梓、利、夔诸路皆在今四川、重庆地区。　[4] 崖盐：《本草纲目·食盐》载，“阶、成、凤州所出，皆崖盐也。生于土崖之间，状如白矾，亦名生盐”。

《天工开物》上篇《作咸·崖盐》载，“凡西省阶、凤等州邑，海、井交穷，其岩穴自生盐，色如红土，恣人刮取，不假煎炼”。阶州，治今甘肃陇南武都；凤州，治今陕西凤县。成州（治今甘肃成县），在阶、凤之间。 [5] 定课：固定数额的税收。 [6] 缗（mín）：本指穿铜铁钱的绳子，后用作钱币单位，一千钱为一缗。 [7] 盈虚不常：满额或不满额不定。犹言多少不定。 [8]“唯末盐岁自抄三百万”二句：是说只有末盐每年单独发行盐钞三百万缗，供河北沿边籴买粮草。抄，通作“钞”，指盐钞，即盐商向官府纳款后领取的运销食盐的凭证。宋代自庆历末年开始实行盐钞法，令商人在边郡折博务缴纳现钱买盐钞，凭钞领取一定量的解池盐贩卖。后东南末盐也行钞法，至北宋末年则普遍推行到各地。参见本卷下文“盐钞法”条。 [9]“缘边籴买仰给于度支者”三句：是说边防地区籴买粮草依靠三司度支部所掌管的中央财政拨款的，河北多用海末盐的税收，河东、陕西则以使用颗盐及蜀茶的税收为多。 [10]“运盐之法”五句：言食盐的运费，规定凡行一百里，陆运每斤收四钱，船运每斤收一钱，以此为准。率（lǜ），标准。

［点评］

此条括述宋代盐产之种类、销售范围、岁课之数及用途、运费等，主要涉及公私通行的四种食盐，文字简洁而明确。《宋史·食货志下三》分为颗盐、末盐两大类：“引池而成者曰颗盐，《周官》所谓盬盐也；鬻海、鬻井、鬻碱而成者，曰末盐，周官所谓散盐也。”这是囿于经典所记而作的合并划分，不如沈括所分明晰。

李处厚验伤

太常博士李处厚知庐州慎县[1]，尝有殴人死者，处厚往验伤，以糟胾、灰汤之类薄之[2]，都无伤迹。有一老父求见，曰："邑之老书吏也，知验伤不见其迹。此易辨也，以新赤油伞日中覆之[3]，以水沃其尸[4]，其迹必见。"处厚如其言，伤迹宛然[5]。自此江、淮之间，官司往往用此法。

南宋宋慈的《洗冤集录》记载："验尸并骨伤损处，痕迹未见，用糟醋泼罨尸首，于露天以新油绢或明油雨伞覆欲见处，迎日隔伞看，痕即见；若阴雨，以热炭隔照。此良法也。"此正可与沈括的记录相参看，而又有阴雨天"以热炭隔照"的补充。

［注释］

[1] 李处厚：北宋福州连江（福建今县）人。庆历二年（1042）进士，历官太常博士。慎县：旧县名。本为庐州（今安徽合肥）属县，南宋时避孝宗讳，改称梁县（今肥东梁园镇）。 [2] 糟胾（zì）：疑当作"糟截（zài）"，指一种酒浆，或指一种醋；《洗冤集录》引作"糟醋"。灰汤：用草木灰烧的热水。薄：接近。疑通"泼"字，指冲洗。《洗冤集录》有"用糟醋泼罨尸首"之语，"泼罨（yǎn）"指冲洗和热敷。 [3] 新赤油伞：新做的红色油纸伞。传统工艺的油纸伞是用涂上原生态熟桐油的棉纸做成的，也有用布绸一类织物制作的，不但可以用于遮阳避雨，而且被认为有驱恶避邪的象征意义。 [4] 沃：用较大的水流冲洗。《说文解字注》释"浇"字："沃为浇之大，浇为沃之细。" [5] 宛然：清楚而相像的样子。

［点评］

《梦溪笔谈》此条，文字简括，语意明确，留下了一条古人利用滤光原理解决法医问题的重要科学史料。依据现代光学知识，可见光的波长范围在红光的0.77微米到紫光的0.39微米之间，或说在红光的770纳米到紫光的390纳米之间，这中间依次有红、橙、黄、绿、青、蓝、紫等色光。太阳光是这些色光的组合，呈白光，就验伤而言，白光与相关的青紫光之间反衬度不大，因而不易辨别。老书吏凭经验建议用红油伞罩尸取证，这实际是用红油伞作为滤光器，从日光中滤取红色波段的光，以为验伤取证之助。红色波段光在可见光中波长最长，而皮下瘀血部位一般呈青紫色，青紫光在可见光中波长最短，这样一来，瘀血部位的色光与照射光之间的波长差增加，这就提高了瘀血部位与周围部位的反衬度，从而使其变色的伤痕比较容易被观察到。中国古代关于滤光应用的早期记载，以沈括《梦溪笔谈》此条最为清晰而紧要。

钱塘江石堤

钱塘之地，史称“潮汛往来，率无宁岁”，时常会发生水患。两宋时期，杭州地方当局始终关注钱塘江堤的修筑工作，共筑堤二十一次，不仅有效地保护了两岸

钱塘江[1]，钱氏时为石堤[2]，堤外又植大木十余行，谓之滉柱[3]。宝元、康定间，人有献议取滉柱，可得良材数十万，杭帅以为然。既而旧木出水，皆朽败不可用，而滉柱一空，石堤为洪涛所激，岁岁摧决。盖昔人埋柱，以折其怒势[4]，不与水争力，故江涛不能为患。杜伟长为转运

使[5]，人有献说自浙江税场以东[6]，移退数里为月堤，以避怒水。众水工皆以为便，独一老水工以为不然，密谕其党曰："移堤则岁无水患，若曹何所衣食？"[7]众人乐其利，乃从而和之。伟长不悟其计[8]，费以巨万，而江堤之害，仍岁有之。近年乃讲月堤之利[9]，涛害稍稀，然犹不若滉柱之利。然所费至多，不复可为。

的民舍与田庐，且使"枕带江海，远引瓯闽，近控吴越"的杭州进一步发展为繁荣的国际贸易中心。"东南形胜，三吴都会，钱塘自古繁华"，杭城与钱江共存共荣，也因钱江潮而大大提升其名城价值。

[注释]

[1] 钱塘江：今浙江省境内最大河流，为古代总称浙江的下游杭州段的别称。其入海口的潮水汹涌澎湃，形成天下奇观"钱江潮"。　[2] 钱氏：指五代至宋初吴越政权。907 年钱镠称吴越王，建都杭州，据有两浙十三州之地，至 978 年第五位国主钱俶降于宋。　[3] 滉（huàng）柱：防洪护堤的大木桩。以石堤言之，河道在石堤外，木桩植立在石堤外的深水中，以大水滉漾不止，故称滉柱。　[4]"以折其怒势"二句：是说以滉柱减弱钱塘江潮大浪狂涛的冲击势头，而不是仅凭石堤与江潮角力。　[5] 杜伟长：杜杞，见卷十"强干县令"条注。其为两浙转运使在庆历六年（1046）至七年间。　[6]"人有献说自浙江税场以东"三句：是说有人提议从江边的浙江税场以东地段离开石堤后退几里地的位置上，再修筑一道月牙形的堤坝，以躲避因大浪狂潮所造成的水患。　[7] 若曹：犹言你们。　[8]"伟长不悟其计"四句：是说杜杞没有察觉老水工的图谋，仍然花费巨资维持江堤，而因江堤毁坏而造成的水患还是年年都有。仍岁，连年、多年。　[9]"近年

乃讲月堤之利”五句：是说近年乃讲求修筑月堤的好处，实施之后江潮的危害逐渐减少，但还是比不上滉柱的效益。然而要重新植立滉柱花费极大，已不可能再这么做。

［点评］

钱塘江潮汹涌澎湃，怒涛滚滚，具有排山倒海的气势和无坚不摧的力量。据史料记载，钱塘江始筑捍海塘堤，大约可上溯到东汉时，然后世所采取的有关措施，仍大都推本于五代初年钱镠为吴越王时。《宋史·河渠志七》载钱镠修塘堤，因“潮水昼夜冲激，版筑不就”，“遂造竹器，积巨石，植以大木”，堤岸乃固；《吴越备史》卷一也载钱镠“命运巨石，盛以竹笼，植巨材捍之”，可见沈括此条所记石堤及滉柱事真实无误。《宋史》同篇又载宋真宗大中祥符七年（1014），为修复钱塘江被冲坏的堤岸，乃命官“复用钱氏旧法，实石于竹笼，倚叠为岸，固以桩木，环亘可七里”，以捍潮势；仁宗景祐年间（1034—1038），又曾抽调士兵二千余人专门采石修补捍海塘，随损随治，合计民夫共达五千余人，修成新堤十余里。然据沈括所说，宝元、康定年间（1038—1041）毁滉柱，实为一大失策。稍后于庆历年间（1041—1048），又修建月堤，反映了那时人们捍御海潮的新对策，但已不抵当年滉柱的效益。有关老水工为衣食之利而反对修建月堤的故事，可能只是出于传闻，未必实有其事。

盐钞法

陕西颗盐[1]，旧法官自般运，置务拘卖。兵部员外郎范祥始为钞法[2]，令商人就边郡入钱四贯八百售一钞[3]，至解池请盐二百斤，任其私卖，得钱以实塞下，省数十郡般运之劳。异日辇车牛驴以盐役死者岁以万计[4]，冒禁抵罪者不可胜数，至此悉免。行之既久，盐价时有低昂，又于京师置都盐院[5]，陕西转运司自遣官主之。京师食盐[6]，斤不足三十五钱，则敛而不发，以长盐价；过四十，则大发库盐，以压商利，使盐价有常。而钞法有定数[7]，行之数十年，至今以为利也。

北宋盐法，初承唐制，几乎全行榷法，即由官府垄断销售，禁止私贩。不过商人逐利，私贩并不能完全禁止。仁宗即位后，宋夏关系紧张，西北边境地区私贩食盐的现象尤其严重，因此渐有通商之议出现。范祥为关中人，熟悉盐法利害，于是到庆历末他出任陕西提刑时，便以精心策划的方案，向朝廷建议开放通商，实行盐钞法。他的建议得到枢密副使韩琦、知制诰田况等人的支持，遂奏准朝廷，先在陕西试验推行。这是一项重要的盐法改革，《宋史·食货志下三》谓其法“行之数年，黠

［注释］

[1]“陕西颗盐”三句：是说陕西的颗盐，过去的办法是官府自行组织搬运，设置专门的机构购进和出卖。般，“搬”的本字。务，官署名称，宋代管理贸易及税收的官署均称“务”，州县皆置。拘卖，本意指限制出卖，此实指专卖。　[2]范祥（不详—1060）：字晋公，邠州三水（今陕西旬邑）人。庆历八年（1048），以提点陕西路刑狱兼制置解盐事，首次推行盐钞法。　[3]“令商人就边郡入钱四贯八百售一钞”五句：叙述盐钞法的内容和要达到的成效：使商人到边境州郡纳钱四贯八百，即售予一帖盐钞，

商贾，无所侥幸，关中之民，得安其业，公私便之”。不过对国家而言，榷法和钞法各有利弊，所以到南宋时，基本上仍以榷法与钞法相结合为主。

到解州盐池换取食盐二百斤，任由他们私自贩卖，官府以收入的钞钱充实边防费用，同时省去了数十个州县搬运食盐的劳苦。解池，见卷三“解州盐泽”条。盐钞，又称盐引、盐票等，即官府发给商人支领和运销食盐的凭证。 [4]“异日辇车牛驴以盐役死者岁以万计”三句：是说往日辇运拉车的牛和驴每年因为盐运役使而死者达上万头，而违犯国家食盐专卖禁令抵罪的人也不可胜数，这些情况至行钞法而都得以避免。异日，往日。 [5] 都盐院：专掌以解州池盐供应京师及京东诸州官员廪禄食盐并出卖食盐的机构。由陕西转运司自行派遣官员主持供应和出卖事务。 [6]“京师食盐”至“使盐价有常”：是说京师的食盐，如果每斤卖不到三十五钱，就敛藏入库而不发卖，以使盐价上涨；如果每斤超过了四十钱，就大批发放库存的食盐，以抑制商人的暴利，使盐价保持稳定。 [7]“而钞法有定数”三句：是说盐钞的发放是有定额的，推行数十年，国家至今赖以为利。

[点评]

北宋中叶由陕西地方官范祥创始的盐钞制度，即允许盐商凭钞运销食盐的制度，习称盐钞法，也称钞盐法。盐钞由政府发行，商人付现钱，按钱数领券，商人持券至产地交验，领盐运销。盐钞发行多少，视盐场产量而定，钞面皆注明运销食盐数量及价格。盐钞法的实行，既省去了各地官府募民运盐之劳，又免去了民众走私犯罪的风险，利官利民，且后来又有平衡盐价的都盐院，故其法能久行不废。北宋末蔡京当政时变更盐政，官府滥发盐钞，使盐钞法遭受重大破坏。南宋时盐钞法继续推行，而多与官府榷盐制度相结合，对后世仍有深远影响。

河北盐法

河北盐法[1]，太祖皇帝尝降墨敕，听民间贾贩，唯收税钱，不许官榷。其后有司屡请闭固[2]，仁宗皇帝又有批诏云：“朕终不使河北百姓常食贵盐。”献议者悉罢遣之[3]，河北父老皆掌中掬灰，藉火焚香，望阙欢呼称谢。熙宁中[4]，复有献谋者，予时在三司，求访两朝墨敕不获，然人人能诵其言，议亦竟寝。

［注释］

[1]“河北盐法”五句：是说河北地区的盐法，太祖曾颁降手书的敕令，允许民间贩卖，只收税钱，不许官府专卖。墨敕，犹言手书的敕令。贾（gǔ）贩，贩卖。榷，古代盐、铁、酒等物品的国家专卖之称。　[2] 有司屡请闭固：有关部门屡次奏请禁止私卖。闭固，通“闭锢”，犹禁止。　[3]“献议者悉罢遣之”四句：是说当时建议禁绝私盐的官员都被罢职外放，河北父老都手捧灰土，点火焚香，望京阙膜拜，欢呼称谢。掬，双手捧。　[4]“熙宁中”至“议亦竟寝”：是说熙宁年间，又有人向皇上建议禁止私盐。我当时在三司，访求太祖、仁宗的手书敕令没有见到，然而人人都能传诵那些话，禁止私盐的建议也最终被搁置。寝，搁置。

［点评］

此条谈及北宋盐法问题上的两次寝议之举，一次在仁宗时，一次在神宗时，反映出食盐的榷卖与通商两种制度之间的冲突和争议，并不仅仅关乎河北盐法。两次寝罢的都是恢复官榷之议，看似是通商之议占了上风，但主张官榷而反对通商的官员估计不在少数，只不过权衡之下完全禁止私卖也难推行。食盐是人类生活最重要的必需品之一，在中国古代商品经济还不发达的社会条件下，食盐的官榷和通商各有利弊，二者之间的矛盾始终存在，历代盐政的变化大都根源于此；最后在大多数情况下所采取的，仍是公私合营式的折中措施，即食盐的生产和销售既不完全排除官营，同时在容许私营的前提下，也严厉禁止富商大贾的非法牟利。

卷十二　官政二

淮南漕渠复闸

淮南漕渠筑埭以畜水[1]，不知始于何时。旧传召伯埭谢公所为[2]，按李翱《来南录》[3]，唐时犹是流水，不应谢公时已作此埭。天圣中，监真州排岸司右侍禁陶鉴始议为复闸节水[4]，以省舟船过埭之劳。是时工部郎中方仲荀、文思使张纶为发运使、副[5]，表行之，始为真州闸，岁省冗卒五百人，杂费百二十五万。运舟旧法，舟载米不过三百石；闸成，始为四百石船。其后所载

史载复闸起于唐。《宋史·河渠志七》云："唐宝历初，观察使李渤立斗门，以通漕舟。"其斗门在广西灵渠。北宋太平兴国九年

浸多[6]，官船至七百石；私船受米八百余囊[7]，囊二石。自后北神、召伯、龙舟、茱萸诸埭相次废革[8]，至今为利。予元丰中过真州，江亭后粪壤中见一卧石[9]，乃胡武平为《水闸记》[10]，略叙其事而不甚详具。

［注释］

[1] 淮南漕渠：淮南漕运水道。此指古代运河自今江苏淮安至仪征的一段。埭（dài）：也称“堰埭”，古时用土石或草木材料筑成的壅水土坝，用于提高上游水位，以便水运或灌溉。船只上行过埭，须用人力、畜力或绞车牵引。畜水：同“蓄水”。 [2] 召伯埭：堰埭名，在今江苏扬州江都区西北邵伯镇。谢公：东晋大臣谢安，见卷九“寇准镇物”条注。《晋书·谢安传》：“时会稽王道子专权，而奸谄颇相扇构，安出镇广陵之步丘，筑垒曰新城以避之……及至新城，筑埭于城北，后人追思之，名为召伯埭。”广陵，即今扬州，谢安新城在扬州东北。按：召（shào）伯，亦称召公，周初大臣。名奭（shì），位至太保，与周公旦齐名。谢安为宰相，淝水之战中指挥晋军大胜前秦军，进位太保，时人以其比于召伯。后人追思之，因有召伯埭、召伯湖、召伯镇等名。 [3] 李翱（772—841）：字习之，唐陇西成纪（今甘肃秦安东）人。尝从韩愈学古文，官至桂州刺史、山南东道节度使。早年曾至扬州、汴渠、淮河等地，撰有《来南录》。 [4] 陶鉴：北宋浔阳（今江西九江）人。历官右侍禁。乾兴元年（1022）监真州（今江苏仪征）排岸司，为节制漕渠水流及节省船运过埭之劳，始建议修建复闸。其事经发运使方仲荀、副使张纶奏准朝廷，又得知

（984），江淮发运司副使乔维岳在真扬运河的同一河段上曾修建“二斗门”。《宋史·乔维岳传》云：“又建安（仪征）北至淮澨，总五堰，运舟所至，十经上下，其重载者皆卸粮而过，舟时坏失粮，纲卒缘此为奸，潜有侵盗。维岳始命创二斗门于西河第三堰，二门相距逾五十步，覆以厦屋，设悬门积水，俟潮平乃泄之。建横桥岸上，筑土累石，以牢其址。自是弊尽革，而运舟往来无滞矣。”此种“二斗门”已是现代船闸的雏形，尚早于陶鉴修建复闸40余年。

真州曾乾度、通判王汝能等赞助，于天圣三年（1025）冬季开工，次年四月竣工，时称“通江木闸”，也称“复闸”。　[5] 方仲荀：北宋歙县（今属安徽）人。真宗咸平中进士，大中祥符中知苏州，后历工部郎中、江淮制置发运使。张纶：字公信，北宋汝阴（今安徽阜阳）人。考进士不第，补三班奉职，后累官江淮制置发运副使，又屡历知州，官至东上阁门使。为人有才略，所至兴利除害，在泰州曾修复捍海堰百五十里，民为立生祠。　[6] 浸：渐。　[7] 囊：类似今之麻袋。一囊米重 2 石，在宋代约当 194 斤。　[8]“自后北神、召伯、龙舟、茱萸诸埭相次废革”二句：是说自复闸修成后，北神、召伯、龙舟、茱萸诸埭渐次废去，而复闸至今还赖以为利。　[9] 粪壤：淤土。卷二十四“淤田法”条，谈及“粪”即“淤”。卧石：仆倒而被埋于淤土中的碑刻。　[10] 胡武平：胡宿（995—1067）。宿字武平，晋陵（常州）人。仁宗天圣二年（1024）进士，官至枢密副使，谥文恭。复闸修成时，胡氏为真州附廓县扬子县尉，天圣五年（1027）为之作《通江木闸记》。其文今仍存胡氏文集《文恭集》中，题为《真州水闸记》。

[点评]

本条记载北宋天圣年间真州运河废埭修建复闸之事，以当时胡宿所作《真州水闸记》碑刻为据，又据其他文献所记作了推考。“复闸”之名，缘于河道上下游两道闸门：当船上行时，关闭下游闸门，上游的河水进入闸门区抬高水位，船也随之浮起，上升到与上游水面相平，从而平稳进入上游；当船下行时，关闭上游闸门，开启下游闸门，水位平缓下降，船也随之落下。复闸的兴建因须具备厢形构筑物，故又称厢闸、塘闸，在改善航运条件方面发挥了巨大的作用，为中国航运技术史上的重大革新，如今在内河航运中仍被普遍使用，如长江葛洲坝船闸就是一座现代化的复闸。

庆历中议弛茶盐之禁

庆历中[1]，议弛茶盐之禁及减商税[2]，范文正以为不可[3]："茶盐、商税之入，但分减商贾之利耳，行于商贾未甚有害也。今国用未减[4]，岁入不可阙[5]，既不取之于山泽及商贾，须取之于农，与其害农，孰若取之于商贾？今为计，莫若先省国用；国用有余，当先宽赋役，然后及商贾，弛禁非所当先也。"其议遂寝。

［注释］

[1] 庆历：宋仁宗年号，1041—1048 年。 [2] 弛茶盐之禁：解除对私贩茶、盐的禁令。弛，放宽、解除。 [3] 范文正：范仲淹，见卷十"范仲淹不教人主杀人手滑"条注 [1]。 [4] 国用：国家财政开支。 [5] 岁入：国家一年的财政收入。阙：古用作"缺"字。

［点评］

此条述范仲淹反对取消私贩茶、盐的禁令及降低商税，理由有三：一是茶、盐税收和商税不过是分摊和减少了商贾的利益，对商贾并无大害；二是国家财政开支不取于山林川泽等自然资源及商贾，便须取之于农民，与其害农，还不如收加赋于商贾；三是现在的急务是节省国家财政开支，即使国家财政有了结余，也应当首先减轻农民的赋役负担，然后才能考虑商贾。这类看法在中国古代的政策背景下，都是重农抑商的基本思考，但皆不能作为抑商的前提推行。

宋初铸钱之数

国朝初平江南[1]，岁铸钱七万贯。自后稍增广[2]，至天圣中，岁铸一百余万贯。庆历间，至三百万贯。熙宁六年以后，岁铸铜、铁钱六百余万贯。

[注释]

[1] 江南：五代十国时的南唐政权。后周显德五年（958），周世宗伐南唐，南唐李璟去皇帝尊号，称江南国主；宋太祖开宝八年（975），宋军克金陵（金南京），灭南唐。 [2] 稍增广：逐渐增多。

[点评]

宋代铸钱数量，大大超过前代。据《文献通考》卷九所记，太宗至道中岁铸铜钱 80 万贯，真宗景德中已达 183 万贯；大中祥符以后，铜坑多不开采，天禧末岁铸铜钱仍多至 105 万贯。这些皆可与沈括此条所记相对照。宋代商品经济发达，海外贸易亦频繁，宋代财政收入的缗钱约占 1/3，且采铜铸钱利润甚高，这些因素都促进了货币流通量和铸造量的增多。

吏无常禄

南宋真德秀《西山政训》有云："乡村小民，畏吏如虎，纵吏下乡，犹纵虎出柙也。"俞文豹《吹剑四录》亦云："汉之天下，弊于戚畹；唐之天下，弊于宦孺；我朝天下，弊于吏奸。凡为朝廷失人心、促国脉者，皆出于吏贪。"此种精言警语，皆发人深省。

天下吏人素无常禄[1]，唯以受赇为生[2]，往往致富者。熙宁三年，始制天下吏禄，而设重法以绝请托之弊[3]。是岁，京师诸司岁支吏禄钱三千八百三十四贯二百五十四；岁岁增广，至熙宁八年，岁支三十七万一千五百三十三贯一百七十八；自后增损不常，皆不过此数。京师旧有禄者，及天下吏禄，皆不预此数。

[注释]

[1] 吏人：泛指吏人和公人，即宋人合称的"公吏"。宋代各级官府的下属办事人员，一般担任文职的称吏人，具体执行各种事务的称公人，都有许多等级。宋初因财用不足，公吏除少量特

殊情况者外，都无规定的俸禄。　[2] 赇（qiú）：贿赂。　[3] 重法：加重判罪的法令条文，犹严刑。请托：以私事私利托关系、走门路、通关节。

［点评］

宋代公吏，特别是州县吏人，一向没有固定的俸禄，只靠受贿为生，且往往有因此而致富的。直到王安石变法时，才采取“尽禄天下之吏”的措施，“普遍给俸”。虽然这也是一项积极的政策，其初衷是希望“吏禄既厚，则人知自重，不敢冒法，可以省刑”，有所谓“高薪养廉”的意思，但在财政上显然也是政府的一项负担。《梦溪笔谈》此条所记，只是始制天下吏禄后京师各政府机构的吏禄情况，而自熙宁三年（1070）至八年，不过五年多时间，京师每年吏禄的不完全统计已增加将近百倍，达到“三十七万一千五百三十三贯一百七十八”。《宋史·食货志下一》所载“三司上新增吏禄数”还包括诸路、诸州吏禄在内，谓“京师岁增四十一万三千四百余缗，监司、诸州六十八万九千八百余缗”，合计有沈括所记数字的将近三倍。然史书又谓当时“良吏实寡，赇取如故”，“养廉”的实效最终还是令人怀疑的。

北宋茶利

国朝茶利[1]，除官本及杂费外，净入钱禁榷时取一年最中数，计一百九万四千九十三贯八百八十五，内六十四万九千六十九贯茶净利，卖茶[2]，嘉祐二年收十六万四百三十一贯五百二十七，除元本及杂费外，得净利十万六千九百五十七贯六百八十五。客茶交引钱[3]，嘉祐三年除元本及杂费外，得净利五十四万二千一百一十一贯五百二十四。四十四万五千二十四贯六百七十茶税钱。最中嘉祐元年所收数，除川茶钱在外。通商后来[4]，取一年最中数，计一百一十七万五千一百四贯九百一十九钱，内三十六万九千七十二贯四百七十一钱茶租，嘉祐四年通商，立定茶交引钱六十八万四千三百二十一贯三百八十，后累经减放，至治平二年最中分，收上数。八十万六千三十二贯六百四十八钱茶税。最中治平三年，除川茶税钱外，会此数。

沈括此条谈北宋茶利，不包括四川茶钱在内，这是由于北宋前期，今四川及两广地区茶法不同，允许通商。《宋会要辑稿·食货》二九之七：“川陕、广南州军止以土产茶通商，别无茶法。”《宋史·食货志下五》：“天下茶皆禁，唯川峡、广南听民自买卖，禁其出境。”川茶禁榷大致始于宋神宗熙宁末年，元丰中广南茶亦行禁榷。

［注释］

[1]“国朝茶利”五句，句意未完，当与后面正文“四十四万五千二十四贯六百七十茶税钱”连读。连读后大意是说：本朝财政收入中的茶利部分，除官本及杂费等开支外，净收入在茶叶由官府专卖时，取一年收入中最有代表性的中数，计有1 094 093.885贯，其中卖茶的净利息钱为649 069贯，茶税钱为445 024.670贯。按：据“茶税钱”下注文，此乃嘉祐元年（1056）茶利之数，但不包括四川茶钱。元本，即“原本”，习称

“本钱”，指政府为收购茶园户的茶叶而预先支付给园户的钱。杂费，指经营专卖的各项繁杂开支。禁榷，指官府专卖。 [2]“卖茶”四句注文，所录为嘉祐二年（1057）数据。盖是年卖茶总收入为160 431.527贯，净利息为106 957.685贯，二者之差即官本及杂费。按：别有材料谓是年茶利为47万缗。大约因其时正在通商前夕，茶法将变，故致茶利大起大落。 [3]客茶交引钱：指官府茶叶专卖的贴射法和交引法所得的利钱。贴射法是茶商向官府贴纳官买官卖应得的净利后，由官府发给贴纳凭证，茶商持凭证直接向园户购茶贩茶，即所谓“使客自就山园买茶，而官场坐收贴纳之利”（《文献通考》卷十八）；交引法则即入中法，是由商人输纳粮草于边地后，领取交引凭证，而到京师兑换现钱、茶盐或其他杂货以搏利。沈括此处所记嘉祐三年（1058）的茶利为542 111.524贯，当即是年发行券证茶引的净收入。 [4]“通商后来”五句所记，为嘉祐四年（1059）罢茶禁而实行通商法以后的茶利。从是年开始，直到崇宁元年（1102）罢通商法，有宋茶利大致由茶租和茶税两项构成。茶租即“园户之种茶者，官收租钱”，因其相当于农业税，故称“茶租”；茶税则即“商贾之贩茶者，官收征算”，因商人与园户可自由交易，故只需交纳茶税。沈括在此所列，是以英宗治平年间的茶利为标准数的，总数为1 175 104.919贯，其中包括茶租369 072.471贯，茶税806 032.648贯。其茶租数和茶税数，按小注所说，乃不是出于同一年：茶租数是由嘉祐四年立定的茶交引钱684 321.380累经减放而来的，最后选治平二年（1065）的369 072.471贯为“最中分”之数；茶税数的806 032.648贯则为治平三年（1066）的会计之数，亦不包含四川茶税钱。从这两个数字看，通商后的茶利与禁榷时相比，茶租比先前的茶课约减少了一半，商税却增加了1倍左右，对大商贾有某种程度的抑制机能。

［点评］

本条记北宋茶利，分为禁榷时期与通商时期两项，而仅记有代表性年份的中等收入数字，以为参考标准。所列数字大都精确到小数点后第三位，但按现有数字计算，有几处小数部分的加减还不够准确。宋代茶利的构成，嘉祐四年（1059）以前百年禁榷的时期，一般包括茶息、茶税、食茶岁课三项：茶息即买、卖茶的差价，又称茶净利；茶税由商品流通税（即过税）与商品零售税（即住税）两项构成；食茶岁课乃出售食茶（人们日常饮用的茶叶）获得的利润。以景祐元年（1034）为例，这三项的数字分别为 59 万缗、57 万缗和 34 万缗，合计为 150 万缗。禁榷时，茶利最高年份为东南茶利 500 余万缗。嘉祐四年（1059）罢茶禁而实行通商法以后，直到崇宁元年（1102）罢通商法以前，茶利大致由茶租和茶税两项构成，沈括所举中数为英宗治平年间的 1 175 104.919 贯，比禁榷时期要低一些。由此数分析，茶租比禁榷时期的茶课有所减少，而商税成倍增加，对大商贾有所抑制。

宋代茶法

本朝茶法，乾德二年始诏在京、建州、汉、蕲口各置榷货务[1]；五年，始禁私卖茶，从不应为情理重[2]。太平兴国二年，删定禁法条贯[3]，始立等科罪。淳化二年，令商贾就园户买茶，公于官场贴射，始行贴射法[4]。淳化四年，初行交引，罢贴射法。西北入粟给交引[5]，自通利军始[6]。是岁罢诸处榷货务，寻复依旧。至咸平元年，茶利钱以一百三十九万二千一百一十九贯三百一十九为额。至嘉祐三年，凡六十一年用此额，官本杂费皆在内，中间时有增亏，岁入不常。咸平五年[7]，三司使王嗣宗始立三分法，以十分茶价，四分给香药，三分犀象，三分茶引；六年，又改支六分香药、犀象，四分茶引。景德二年，许人入中钱、帛、金银，谓之“三说”。至祥符九年[8]，茶引益轻，用知秦州曹玮议，就永兴、凤翔以官钱收买客引，以救引价。前此累增加饶钱[9]，至天禧二年，镇戎军纳大麦一斗，本价通加饶，共支钱一贯二百五十四。乾兴元年，改三分法，支茶引三分、东南见钱二分半、香药四分半。天圣元年，复行贴射法。行之三年[10]，茶利尽归大商，官场但得黄晚恶茶，乃诏孙奭重议，罢贴射法。明年[11]，推治元议省吏，勾覆官勾献等皆决配沙门岛；元详定枢密副使张邓公、参知政事吕许公、鲁肃简各罚俸一月；御史中丞刘筠、入内内侍省副都知周文质、西上閤门使薛昭廓、三部副使各罚铜二十斤；前三司使李谘落枢密直学士，依旧知洪州。皇祐三年，算茶依旧只用见钱。至嘉祐四年二月五日，降敕罢茶禁。

[**注释**]

[1] 榷货务：亦省称“榷务”，宋代管理贸易和税收的机构。《续资治通鉴长编》卷五乾德二年（964）八月：“初令京师、建安、汉阳、蕲口并置场榷茶。”《宋史·食货志下五》：“宋榷茶之制，择要会之地，曰江陵府（今湖北江陵），曰真州（今江苏仪征），曰海州（今江苏海城），曰汉阳军（今湖北武汉汉阳），曰无为军（今安徽无为），曰蕲州之蕲口（今湖北蕲春蕲州镇），为榷货务六。初，京城（今河南开封）、建安（今福建建瓯）、襄复州（今湖北天门）皆置务，后建安、襄复州务废，京城务虽存，但会给交钞往还，而不积茶货。” [2] 从不应为情理重：法律用语，《宋会要辑稿·食货》三〇之一作“并从不应为重定断”。指对违禁私自贩茶者，按违禁情节严重的条款从重处罚。 [3]“删定禁法条贯”二句：是说修订禁止私贩条例，始订立罪名，分等定罪。《续资治通鉴长编》卷一八太平兴国二年（977）二月：“凡出茶州县，民辄留及卖鬻计直十贯以上，黥面送阙下，妇人配为铁工。民间私茶，减本犯人罪之半。榷务主吏盗官茶贩鬻，钱五百以下徒三年，三贯以上黥面送阙下。茶园户辄毁败其丛株者，计所出茶论如法。” [4] 贴射法：宋代官买官卖茶叶的一种转换方式。指商人若能贴补交纳官府买卖茶叶应得的净利息钱，则官府

发给其贴纳凭证，茶商持凭证可直接向茶场园户采购茶叶贩卖。参见前“北宋茶利”条注 [3]。按：载籍多谓此法始行于太宗淳化三年（992），本条作淳化二年，疑传抄有误。又，贴射法只在淳化间及天圣间分别施行过两次，时间均较短，皆因其无法取代交引法而罢去。　[5] 交引：此指茶引、盐引等商人“入中”的凭证。参见卷十一“三说法”条。　[6] 通利军：行政区划名，治所在今河南浚县东。　[7]“咸平五年”至“谓之‘三说’”：参见卷十一“三说法”条。王嗣宗（944—1021），字希阮，汾州（今山西汾阳）人。历官三司使、御史中丞。　[8]“至祥符九年”五句：是说至大中祥符九年（1016），茶引越来越不值钱，朝廷采纳秦州知州曹玮的建议，在永兴军（今陕西西安）、凤翔府（今陕西凤翔）用国库钱收购客商手中的茶引，以挽救茶引的价格。曹玮（973—1030），字宝臣，灵寿（今属河北）人。宋将领，官至签书枢密院事。捄，同“救”。　[9]“前此累增加饶钱”五句：是说当茶引贬值时，已经屡次有虚估的加价，至天禧二年（1018），商人在镇戎军输纳大麦一斗，所给茶引通算其本价与加饶钱，已需支出铜钱 1 贯加 254 文。加饶钱，指因物价变化而增加的虚估值。镇戎军，宋代军州名，今宁夏固原。　[10]“行之二年”五句：是说仁宗即位初复行贴射法三年，大商人皆得优质茶而占尽了茶利，官府茶场只得到黄茶、晚茶等粗恶茶，于是朝廷便让孙奭等重新审议而罢去了贴射法。按：孙奭等议罢贴射法在天圣三年（1025）十一月，自是河北缘边入中粮草复用“三说法”。孙奭（962—1033），字宗古，须城（今山东东平）人，官至兵部侍郎。　[11]“明年”至“依旧知洪州”所记，皆为天圣四年（1026）置狱追究三司吏人先前以贴射法因缘为奸之罪及辅臣、官员因此受牵连而被处分之事，其事详见《续资治通鉴长编》卷一〇四及《宋史·李谘传》。勾献，三司勾院吏人，时为勾覆官（掌审核各地上报三司的钱粮百物出纳账籍），被流放沙门岛（今山东蓬莱西北海中）。张邓公，即张士逊（964—1049），字顺之，光化军（今湖北光化）人，官至宰相，封邓国公。吕许公，即吕夷简（979—1044），字坦夫，开封人，官至宰相，封许国公。鲁肃简，即鲁宗道（966—1029），字贯之，亳州谯（今安徽亳州市）人，官至参知政事，卒谥肃简。刘筠（971—1031），字子仪，大名（今属河北）人，官至翰林学士。周文质，宦官，为入内内侍省副都知。薛昭廓，武臣，为西上阁门使。李谘（981—1036），字仲询，新喻（今江西新余）人，官至户部侍郎、三司使，以茶法事落职知洪州（治今江西南昌）。按：刘筠等人“各罚铜二十斤”，《续资治通鉴长编》作“各罚铜三十斤”；又《续资治通鉴长编》载当时被罚铜者尚有王臻、范雍、蔡齐、俞献可、姜遵，沈括均未提及。

［点评］

此条综述北宋建国后百年间榷茶制度的沿革，可供检索这一阶段官府茶法的变化。北宋榷茶依托的是六榷货务、十三山场的专卖体制，专卖的方式则是官购商销，即产茶园户除交茶租外，所有余茶均由官府统购，然后募商人转销。宋初茶商贩茶需要“入金帛京师，执引诣沿江给茶”，也就是向朝廷购买交引，凭交引领茶贩卖，故时称“交引法”。大致到太宗淳化年间，交引法即逐渐转向入中制度，亦即由商人入纳刍粟于西北边境地区，领取等价证券，到京师兑换现钱、茶盐及香药、犀牛角、象牙等杂物，所以后来便有了“三分法”“四分法”“三说法”“现钱法”等诸多不同的说法。其间虽也短暂施行过试验性质的通商措施“贴射法”，但因贴射法减少了政府的茶利收入，所以很快就废止了，仍许商人“输钱京师给券，就茶山给以新茶”。交引法可称是中国古代专卖制度成功的范例，但后来随着入中制度的衰落，此种交引也产生出高额虚估和加抬面值等弊端，最后到嘉祐四年（1059），终于被“开江淮茶禁，听民自卖，通商收税”的通商制度所取代。

北宋茶租额钱

国朝六榷货务、十三山场[1]，都卖茶岁一千五十三万三千七百四十七斤半，租额钱二百二十五万四千四十七贯一十。

其六榷货务取最中[2]，嘉祐六年抛占茶五百七十三万六千七百八十六斤半，租额钱一百九十六万四千六百四十七贯二百七十八：荆南府租额钱三十一万五千一百四十八贯三百七十五，受纳潭、鼎、澧、岳、归、峡州、荆南府片散茶共八十七万五千三百五十七斤；汉阳军租额钱二十一万八千三百二十一贯五十一，受纳鄂州片茶二十三万八千三百斤半；蕲州蕲口租额钱三十五万九千八百三十九贯八百一十四，受纳潭、建州、兴国军片茶五十万斤；无为军租

北宋榷茶的六榷货务、十三山场，都是在太祖、太宗时期逐渐形成的，大致到太宗太平兴国年间已稳定下来。《宋史·食货志下五》存录北宋国史之文，对六榷货务、十三山场及其茶利有综合的记录，可与沈括此条所记互参：“在淮南则蕲、黄、庐、舒、光、寿六州，官自为场，置吏总之，谓之山场者十三；六州采茶之民皆隶焉，谓之

园户。……总为岁课八百六十五万余斤，其出鬻皆就本场。在江南则宣、歙、江、池、饶、信、洪、抚、筠、袁十州，广德、兴国、临江、建昌、南康五军；两浙则杭、苏、明、越、婺、处、温、台、湖、常、衢、睦十二州；荆湖则江陵府、潭、澧、鼎、鄂、岳、归、峡七州、荆门军；福建则建、剑二州，岁如山场输租折税。总为岁课江南千二十七万余斤，两浙百二十七万九千余斤，荆湖二百四十七万余斤，福建三十九万三千余斤，悉送六榷务鬻之。”

额钱三十四万八千六百二十贯四百三十，受纳潭、筠、袁、池、饶、建、歙、江、洪州、南康、兴国军片散茶共八十四万二千三百三十三斤；真州租额钱五十一万四千二十二贯九百三十二，受纳潭、袁、池、饶、歙、建、抚、筠、宣、江、吉、洪州、兴国、临江、南康军片散茶共二百八十五万六千二百六斤；海州租额钱三十万八千七百三贯六百七十六，受纳睦、湖、杭、越、衢、温、婺、台、常、明、饶、歙州片散茶共四十二万四千五百九十斤。

十三山场租额钱共二十八万九千三百九十九贯七百三十二[3]，共买茶四百七十九万六千九百六十一斤：光州光山场买茶三十万七千二百十六斤，卖钱一万二千四百五十六贯；子安场买茶二十二万八千三十斤，卖钱一万三千六百八十九贯三百四十八；商城场买茶四十万五百五十三斤，卖钱二万七千七十九贯四百四十六；寿州麻步场买茶三十三万一千八百三十三斤，卖钱三万四千八百一十一贯三百五十；霍山场买茶五十三万二千三百九斤，卖钱三万五千五百九十五贯四百八十九；开顺场买茶二十六万九千七十七斤，卖钱一万七千一百三十贯；庐州王同场买茶二十九万七千三百二十八斤，卖钱一万四千三百五十七贯六百四十二；黄州麻城场买茶二十八万四千二百七十四斤，卖钱一万二千五百四十贯；舒州罗源场买茶一十八万五千八十二斤，卖钱一万四百六十九贯七百八十五；太湖场买茶八十二万九千三十二斤，卖钱三万六千九十六贯六百八十；蕲州洗马场买茶四十万斤，卖钱二万六千三百六十贯；王祺场买茶一十八万二千二百二十七斤，卖钱一万一千九百五十三贯九百九十二；石桥场买茶五十五万斤，卖钱三万六千八十贯。

［注释］

[1]“国朝六榷货务、十三山场”三句：《梦溪笔谈》此条内容，详细罗列了嘉祐六年（1061），即北宋于嘉祐四年施行通商法后的第三年，六榷货务与十三山场所收的茶租额钱及买茶、卖茶的收入情况。开头所列“都卖茶”总数的 10 533 747.5 斤，即

下述是年六榷货务“抛占茶”的 5 736 786.5 斤与十三山场“买茶”的 4 796 961 斤之和；开头所列租额钱总数的 2 254 047.01 贯，则即下述六榷货务租额钱的 1 964 647.278 贯与十三山场租额钱的 289 399.732 贯之和。六榷货务，见前“宋代茶法”条注。十三山场，即淮南十三处榷卖茶场，详见下文。都，总。 [2]“其六榷货务取最中”至“歙州片散茶共四十二万四千五百九十斤”：详列六榷货务的茶租额钱以及所辖各州府所输纳的片茶、散茶之数。所“受纳”之茶的数额，当即茶园户所缴纳的用以折抵茶租的茶额之总数。盖北宋以通商法取代禁榷法之后，园户交纳“代税茶”的形式并未改变，只不过是以茶租的折纳代替了茶课的折纳。片茶，指宋人习惯上将茶叶加工成细末而又压制成饼片等形状的成品茶。散茶，指如同现在用茶习惯，仍保持茶叶散开状态的成品茶。又，沈括所称的“抛占茶”，当是三司下达给各榷货茶务的购销额度之俗称，其数实为各榷货务所“受纳”的片、散茶之总额。 [3]“十三山场租额钱共二十八万九千三百九十九贯七百三十二”至“卖钱三万六千八十贯”：详列淮南十三山场的“买茶”之数与“卖钱”之数。其“卖钱”之数的总和即本段开头所说的“十三山场租额钱”之数，则其“买茶”之数的总和之金额亦即十三山场的租额钱之和。

[点评]

此条是接“宋代茶法”条记录北宋茶法的，分别详细列出了嘉祐年间及治平年间六榷货务与十三山场的两组数据，包括所收的茶租额钱及买茶、卖茶的收入情况。这些都可作为宋代茶法和茶价的第一手材料使用。此外，由本条文字的下段还可知淮南十三山场的分布：光州（今河南潢川）三场：光山场、子安场、商城场；寿州（今安徽寿县）三场：麻步场、霍山场、开顺场；庐州（今安徽合肥）一场：王同场；黄州（今湖北黄冈）一场：麻城场；舒州（今安徽安庆）两场：罗源场、太湖场；蕲州（今湖北蕲春）三场：洗马场、王祺场、石桥场。宋人对十三山场又有“上三山场”“下三山场”的俗称，盖以光、寿、庐三州的榷场为“上三山场”，以黄、舒、蕲三州的榷场为“下三山场”。

北宋发运司岁供京师米数

发运司岁供京师米[1]，以六百万石为额。淮南一百三十万石，江南东路九十九万一千一百石，江南西路一百二十万八千九百石，荆湖南路六十五万石，荆湖北路三十五万石，两浙路一百五十万石，通余羡岁入六百二十万石[2]。

［注释］

[1] 发运司：见卷十一“刘晏平抑米价之术”条注[2]。　[2] 余羡：实际运输供应而超出定额的数量。

［点评］

北宋都城开封所需用的稻米，主要来自于淮南、江南东西、荆湖南北、两浙六路。史载汴河漕运江淮米，到太宗太平兴国年间已达300万—400万石，至道初增至580万石，到真宗大中祥符初年更达700万石。沈括所记“发运司岁供京师米，以六百万石为额”，为神宗时规定，其时通算六路所供超出定额的余数，总共在620万石左右。

卷十三　权智

盐井雨盘

陵州盐井[1]，深五百余尺，皆石也。上下甚宽广，独中间稍狭，谓之“杖鼓腰”。旧自井底用柏木为干，上出井口，自木干垂绠而下[2]，方能至水，井侧设大车绞之。岁久，井干摧败，屡欲新之，而井中阴气袭人，入者辄死，无缘措手。惟候有雨入井，则阴气随雨而下，稍可施工，雨晴复止。后有人以一木盘，满中贮水[3]，盘底为小窍，酾水一如雨点[4]，设于井上，谓之雨盘，

北宋释文莹《玉壶清话》卷三记云：“陵州盐井，旧深五十余丈，凿石而入。其井上土下石，石之上凡二十余丈，以楩柟木四面锁叠，用障其土。土下即盐脉，自石而

出。伪蜀置监，岁炼八十万斤。”所记“上土下石”，与《宋史·杨佐传》及沈括本条所说“皆石”有异。

令水下终日不绝。如此数月，井干为之一新，而陵井之利复旧。

[注释]

[1] 陵州：北宋前期州名，治今四川仁寿。因当地有盐井，北宋后期先后改为陵井监、仙井监。南宋时为隆州。 [2] 绠（gěng）：汲水用的绳子。 [3] 满中：满满。中，满。 [4] 釃（shāi）水：洒水。

[点评]

本条叙事见于《宋史·杨佐传》：“杨佐，字公仪……及进士及第，为陵州推官。州有盐井，深五十丈，皆石也。底用柏木为干，上出井口，垂绠而下，方能及水。岁久，干摧败，欲易之，而阴气腾上，入者辄死。惟天有雨，则气随以下，稍能施工，晴则亟止。佐教工人以木盘贮水，穴窍洒之，如雨滴然，谓之雨盘。如是累月，井干一新，利复其旧。”以此文与沈括所记相对照，知《梦溪笔谈》此条全出于北宋国史旧文，而元人修《宋史》又稍有润色，则发明雨盘者即杨佐与盐井工人。其事即在修复盐井时，以人工降雨的方式抑制井中有毒气体的危害。在现代化学工业中，让液体与气体对流，使液体吸附并带走有害气体，仍是常用的工艺方法。

颡叫子

世人以竹、木、牙、骨之类为叫子，置人喉中吹之，能作人言，谓之颡叫子[1]。尝有病喑者[2]，为人所苦，烦冤无以自言[3]。听讼者试取叫子，令颡之作声[4]，如傀儡子[5]，粗能辨其一二，其冤获申。此亦可记也。

颡叫子，或比之为原始的“人工喉”“助讲器”。清代无名氏《调燮类编》云：“病喑者，试取叫子，使嗓子作声，习久自依稀可辨。”（见俞樾《茶香室续钞》卷七）

［注释］

[1] 颡（sǎng）叫子：犹言用嗓子（喉咙）吹的“哨子”。颡，通“嗓”。　[2] 喑：古人谓有音无字（能发音而不能吐字说话）曰喑，音字俱无曰哑。单用“喑”字亦可理解为“哑”。　[3] 烦冤：烦躁愤懑，感到冤屈。　[4] 颡之：放入嗓子中。　[5] 傀儡子：木偶戏中的木头人。艺人口含哨子令木偶发声，故此以“傀儡子”作比。

驯鹘术

《庄子》曰[1]：畜虎者不与全物、生物。此为诚言。尝有人善调山鹘[2]，使之斗，莫可与敌。人有得其术者，每食则以山鹘皮裹肉哺之，久之，望见真鹘，则欲搏而食之。此以所养移其性也。

[注释]

[1] “《庄子》曰”二句：语出《庄子·人间世》，原文：“汝不知夫养虎者乎？不敢以生物与之，为其杀之之怒也；不敢以全物与之，为其决之之怒也。”意指驯养老虎，本欲减弱其兽性，而以活的动物、身体完整的动物给它喂食，正好会引起它搏噬的欲望。畜，通“蓄”，养。 [2] 山鹧：鹧鸪。为杂食性鸟类，善斗，雄鸟还有着美妙的歌喉。

[点评]

沈括谓山鹧能“以所养移其性”，乃顺其性而然。《庄子·至乐》又有相反的寓言云：“昔者海鸟止于鲁郊，鲁侯御而觞之于庙，奏《九韶》以为乐，具太牢以为膳。鸟乃眩视忧悲，不敢食一脔，不敢饮一杯，三日而死。此以己养养鸟也，非以鸟养养鸟也。”这是以自身享乐的方式养鸟，而非依从鸟的生活习性养鸟，故鸟死。

狄青为将以奇胜

宝元中，党项犯塞[1]，时新募万胜军未习战阵[2]，遇寇多北[3]。狄青为将[4]，一日尽取万胜旗付虎翼军[5]，使之出战。虏望其旗易之[6]，全军径趋，为虎翼所破，殆无遗类[7]。又青在泾原[8]，尝以寡当众，度必以奇胜，预戒军中尽舍

《梦溪笔谈》此条所举战法，皆为示弱于敌、以弱胜强之例。正如《六韬·军势》所说的，“动莫神

弓弩，皆执短兵器；令军中闻钲一声则止[9]，再声则严阵而阳却[10]，钲声止则大呼而突之，士卒皆如其教。才遇敌，未接战，遽声钲，士卒皆止；再声，皆却。虏人大笑，相谓曰：“孰谓狄天使勇？”时虏人谓青为“天使”。钲声止，忽前突之，虏兵大乱，相蹂践死者，不可胜计也。

［注释］

[1] 党项：古代族名，属于西羌族的一支。此代指西夏，西夏政权为党项羌人所建。　[2] 万胜军：北宋军队番号。庆历初年为补充西北兵员而组建，多京师市井无赖子弟，战斗力很差。　[3] 北：作战失败而背转身逃走。习称“败北”。　[4] 狄青（1008—1057）：字汉臣，汾州（今山西汾阳）人。北宋名将，官至枢密使。　[5] 虎翼军：北宋禁军番号。太宗、真宗时所建，有殿前虎翼、侍卫司虎翼、上虎翼、虎翼水军等名，为禁军精锐。　[6] 易：轻视。　[7] 殆无遗类：差不多全被歼灭了。　[8] 泾原：见本卷“种世衡用间”条注 [1]。《宋史 · 狄青传》：“以功累迁西上閤门副使，擢秦州刺史、泾原路副都总管、经略招讨副使。”　[9] 钲（zhēng）：此指锣。古人作战以鸣锣为退兵信号。　[10] 阳：通“佯”，假装。

［点评］

此条所记以虎翼军冒充万胜军破敌事，《续资治通鉴长编》载在庆历二年（1042）五月，为西上閤门使、忠州刺史、并代钤辖、专管勾麟府军马张亢事，与狄青无

于不意，谋莫善于不识”，先胜者“先见弱于敌而后战”；亦如《孙子兵法 · 始计篇》所说的，“能而示之不能，用而示之不用”，兵家之胜“攻其无备，出其不意”。此为诡道，亦为常道，虽曰用奇，实亦为正法，精髓即在以卑弱惑敌、诱敌、骄敌、懈敌，不战而已先胜。

涉，范镇《东斋记事》卷一及曾巩《隆平集》卷十九亦皆记为张亢事；且万胜军始建于庆历元年（1041），亦不在宝元（1038—1040）中。此当是沈括误记，然无碍于表彰其事之为奇计。此例之下，又述狄青遇敌击钲事，他书无异载。

雷简夫窖大石

陕西因洪水下大石塞山涧中，水遂横流为害。石之大有如屋者，人力不能去，州县患之。雷简夫为县令[1]，乃使人各于石下穿一穴，度如石大，挽石入穴窖之[2]，水患遂息也。

［注释］

[1] 雷简夫（1001—1067）：字太简，郃阳（今陕西合阳）人。早年隐居，仁宗时仕至殿中丞、职方员外郎。史不载其曾为县令。 [2] 窖之：像填入地窖中那样埋掉它。

［点评］

雷简夫巧妙掩埋山涧巨石以消水患的方式，很值得一记。此乃疏导自然灾害的堰塞湖之一法，至今仍有启发性。

潴水为塞

瓦桥关北与辽人为邻[1]，素无关河为阻。往岁六宅使何承矩守瓦桥[2]，始议因陂泽之地，潴水为塞[3]。欲自相视[4]，恐其谋泄，日会僚佐，泛船置酒赏蓼花[5]。作《蓼花吟》数十篇，令座客属和，画以为图，传至京师，人莫喻其意。自此始壅诸淀。庆历中，内侍杨怀敏复踵为之[6]。至熙宁中，又开徐村、柳庄等泺[7]，皆以徐、鲍、沙、唐等河[8]，叫猴、鸡距、五眼等泉为之源[9]，东合滹沱、漳、淇、易、白等水并大河[10]。于是自保州西北沈远泺[11]，东尽沧州泥枯海口[12]，几八百里，悉为潴潦[13]，阔者有及六十里者，至今倚为藩篱。或谓侵蚀民田，岁失边粟之入，此殊不然。深、冀、沧、瀛间[14]，惟大河、滹沱、漳水所淤方为美田，淤淀不至处悉是斥卤，不可种艺。异日惟是聚集游民，刮咸煮盐[15]，颇干盐禁，时为寇盗。自为潴泺，奸盐遂少，而鱼、蟹、菰[16]、苇之利，人亦赖之。

与河北雄安密切相关的白洋淀地处北京、天津、保定腹地，为华北平原最大的淡水湖泊，素有“北国江南”之称。远古和上古黄河流经华北平原，赋予了白洋淀水乡悠久的历史生命；宋代所建“深不可行舟，浅不可徒步”的八百里塘泺防线，在中国古代军事史、水利史上也留下了精彩的一页，至今仍对雄安文化有着现实影响。

[注释]

[1] 瓦桥关：宋代边关地名。故址在今河北省雄县县城西南，地当冀中大湖白洋淀之北、拒马河之南，据古代九河下游，河湖相连，水路交通便利，自唐代末年以来即与益津关（今河北霸州市区东）、淤口关（今霸州东信安镇）并称三关。五代后晋时为契丹所占，后周收复三关，使之成为与契丹的分界。北宋以重兵据守，为边防重地。 [2] 何承矩（946—1006）：字正则，宋初武臣。早年为棣州衙内指挥使，太宗太平兴国间历知河南府、潭州，入为六宅使守瓦桥关，又以节度副使治沧州。迁制置河北缘边屯田使，筑堤贮水为屯田。淳化间擢为西上阁门使、知沧州，逾年徙雄州。真宗时命为四路都转运使，又授置缘边安抚使，景德初进领英州团练使，卒赠相州观察使。 [3] 潴（zhū）水为塞：蓄水为边塞。指利用原有的陂塘胡泊，以引水植稻为名开垦方田，筑堤储水，以为边防要塞。 [4] 相（xiàng）视：勘察，实地调查。 [5] 蓼（liǎo）花：又称水蓼花。生长在水边或水中的草本植物，开浅红色或白色的花，有穗状花序，俗称狗尾巴花。 [6] 杨怀敏：宋仁宗时宦官。历官入内副都知，庆历中曾奉命至河北边境扩建方田，增广塘泺，入奏仁宗，自谓“于水边为陛下置水虎翼军一百万”。 [7] 徐村、柳庄等泺（pō）：约在今保定西北。泺，同“泊”。 [8] 徐、鲍、沙、唐等河：鲍河、沙河、唐河，即今河北瀑河、大沙河、唐河；徐河已淤涸，故道在今河北徐水县城南 40 里。 [9] 叫猴、鸡距、五眼等泉：当皆在今保定市西北。 [10] 滹淹、漳、淇、易、白等水并大河：今河北滹沱河、漳河，河南淇河，河北易水河、白沟河（大清河中段）等及黄河。 [11] 保州：今河北保定。沈远泺：在今河北保定西北，已枯涸。沈，读作“沉”。 [12] 沧州：今河北沧州。泥枯海口：北宋时黄河入海口，在今天津海河入海口附近。或说“泥枯”当作“泥沽”。 [13] 潴

潦（lǎo）：积滞而泛滥成灾的水泊。 [14] 深、冀、沧、瀛：诸州分治今河北深州、冀州、沧州、河间。 [15] 刮咸煮盐：泛指制盐。刮咸，即刮盐，《北堂书钞》卷第一百四十六“井水泼炭”注引《益州记》云：“越巂先烧炭，以盐井水泼之，刮取盐。”又“水渍咸石”注引同书云：“汶山有咸石，先以水渍此咸石，既而煎之。”煮盐，煮海水为盐。 [16] 菰（gū）：根茎称茭白的水生植物。

［点评］

宋人在宋辽边境潴水为边塞事，据《宋史·何承矩传》记载，承矩在河北，时契丹挠边，乃上疏曰：“臣幼侍先臣关南征行，熟知北边道路、川源之势。若于顺安砦西开易河蒲口，导水东注于海，东西三百余里，南北五七十里，资其陂泽，筑堤贮水为屯田，可以遏敌骑之奔轶。俟期岁间，关南诸泊悉壅阗，即播为稻田。其缘边州军临塘水者，止留城守军士，不烦发兵广戍。收地利以实边，设险固以防塞，春夏课农，秋冬习武，休息民力，以助国经。如此数年，将见彼弱我强，彼劳我逸，此御边之要策也。”史称承矩“不习吏事”，而“颇有识鉴”，观此疏之策划，诚为伟计。

河北白洋淀一带曾为黄河故道，历史上黄河多次泛滥冲淤改道，形成了崎岖不平的地形地貌。五代后晋石敬瑭把燕云十六州拱手让给契丹，使得宋辽边界线推进到平原地区，彻底丧失了长城屏障。这里一马平川，无险可守，契丹骑兵可以长驱直入，宋人对辽兵的骚扰防不胜防。何承矩以武臣治雄州，不动声色，日会僚佐，泛船置酒赏花，暗地勘测地形，谋其大事。其计得朝廷支持，终于到淳化四年（993），何承矩以制置河北缘边屯田使，奉旨发动沿边各州驻军18 000余人开河引流，建陂修塘，筑堤蓄水，凡修堤堰六百里，置斗门，引淀水灌溉，播种江东早稻，次年即大获丰收。后来继任者赓续经营，八百里淀泊相连，水面宽达到数十里，成为宋辽边境牢靠的御敌屏障，同时也成就了一项庞大的水利工程，功在北宋，利在千秋。

苏州至昆山长堤

旧时苏州与昆山之间皆是浅水沼泽地，不便于筑路。沈括所记修长堤的设计，实是利用两道人工泥墙，造出泥墙间六丈宽的陆地，然后旱地施工，就地取土，使取土与筑堤合而为一体的工作，事半而功倍。此种筑堤技术周全与实用，亦堪称发明。

苏州至昆山县凡六十里，皆浅水无陆途，民颇病涉[1]，久欲为长堤，但苏州皆泽国，无处求土。嘉祐中，人有献计，就水中以籧篨、刍稿为墙[2]，栽两行，相去三尺；去墙六丈，又为一墙，亦如此。漉水中淤泥，实籧篨中，候干，则以水车汱去两墙之间旧水[3]。墙间六丈皆土，留其半以为堤脚[4]，掘其半为渠，取土以为堤。每三四里，则为一桥，以通南北之水。不日堤成，至今为利。

［注释］

[1] 病涉：苦于徒步蹚水。 [2] 籧篨（qú chú）：用苇或竹编成

的粗席。刍稿：杂草与禾秆。句义指用苇席、竹席或草席及捆扎的禾秆等，依附于木桩筑成墙。 [3] 汏（quǎn 或 tài）：水落貌。引申为除去，与“涓”字同意。在此指用水车把水车干。别本或作“畎”，乃同音假借字。 [4] 堤脚：土堤的根基。

［点评］

此条叙述在苏州至昆山浅水中构筑长堤之事。其法是先用粗竹席及禾秆、草把子等依附于木桩，在水中做成双层的屏障，漉取水中淤泥填在双层屏障中，筑成三尺宽的泥墙。这样的泥墙筑两道，两道泥墙之间留下六丈宽的距离，等两道泥墙都干了之后，便用水车车干两道墙之间的水。这时两墙之间的六丈地面便都是土，于是两分之，以中间三丈为长堤之基础，以基础两边各一丈五尺为取土筑堤之地，堤成则两边即为水渠。又每隔三四里为一桥，以通南北之水。如此则长堤分段筑成，使泽国变通途，为利久远。

李允则守雄州

李允则守雄州[1]，北门外民居极多，城中地窄，欲展北城，而以辽人通好，恐其生事。门外旧有东岳行宫[2]，允则以银为大香炉，陈于庙中，故不设备。一日，银炉为盗所攘[3]，乃大出募赏[4]，所在张榜捕贼甚急[5]。久之不获，遂声

沈括所记李允则扩建雄州北城事，见于《宋史》允则本传，文字略有不同。本传

云："城北旧有瓮城，允则欲合大城为一。先建东岳祠，出黄金百两为供器，道（导）以鼓吹，居人争献金银。久之，密自彻（撤）去，声言盗自北至，遂下令捕盗，三移文北界，乃兴版筑，扬言以护祠。而卒就关城浚壕，起月堤，自此瓮城之人，悉内（纳）城中。"

言庙中屡遭寇，课夫筑墙围之[6]，其实展北城也。不逾旬而就，虏人亦不怪之，则今雄州北关城是也。大都军中诈谋，未必皆奇策，但当时偶能欺敌，而成奇功。时人有语云："用得著，敌人休；用不著，自家羞。"斯言诚然。

[注释]

[1]李允则（953—1028）：北宋将领。字垂范。太原府盂县（今山西阳曲东北大盂镇）人。历知潭、沧、瀛、雄、镇、潞等州，守河北边境20余年，官至防御使。雄州：今河北雄县。 [2]东岳行宫：雄州东岳庙。自唐玄宗封禅泰山后，各地皆有东岳庙，而皆称东岳行宫，祀东岳大帝。 [3]攘：偷。 [4]募赏：缉捕犯人的赏钱。募，广求。 [5]所在：此指缉捕令所到之处，犹言各处。 [6]课夫：征发民役。

[点评]

北宋时雄州邻近辽国边境。李允则守雄州时，想扩展北城以加强防守，然其时正当宋、辽通好时期，又怕辽国起疑心。于是他声言东岳庙中文物屡被盗，乃调集民夫大规模增筑围墙，其实是为了建北城。而辽人被欺，亦不以为怪，结果不到十天城就建成了，即现在的北关城。这计谋是很普通的，但当时却能成功，可见用得着的计谋就是好计谋，沈括对此很欣赏。

侯叔献治汴堤

熙宁中，濉阳界中发汴堤淤田[1]，汴水暴至，堤防颇坏陷将毁，人力不可制。都水丞侯叔献时莅其役[2]，相视其上数十里有一古城，急发汴堤，注水入古城中，下流遂涸，急使人治堤陷。次日，古城中水盈，汴流复行，而堤陷已完矣。徐塞古城所决，内外之水平而不流，瞬息可塞，众皆伏其机敏。

淤田法是王安石变法时改革农田水利的重要措施之一，沈括为汴河流域淤田的提举官，侯叔献也以判都水监为重要主持人。叔献尽瘁于治水，因积劳成疾而早卒，宋神宗曾奖誉他："古人所谓勤于邦，尽力乎沟洫，于卿无愧！"王安石在他去世后也特作挽诗悼念，称他"荒度平成继禹功"，"两全忠孝古人风"。

[注释]

[1] 濉（suī）阳：今安徽濉溪。发汴堤淤田：打开汴水的堤防淤田。汴水，又称汴渠、汴河，为中国古代沟通黄河和淮河的骨干运河，又称通济渠。自河南荥阳的板渚出黄河，流经郑州、开封、商丘以至安徽的濉溪、宿州等地，至江苏盱眙入淮河，全长650千米，连接黄河与淮河，贯通西安到扬州，为古代水运大动脉，北宋时尤为东都开封的生命线。　[2] 都水丞：古代负责治水的官员。唐时为都水监次官，北宋初不设都水监，仅以丞判监事，神宗元丰改制后复为都水监次官，参领监务，后省罢不常。侯叔献（1023—1076）：字景仁，宜黄（今属江西）人。官至判都水监，卒于任。莅其役：侯氏亲临淤田工程。

[点评]

北宋始诏引汴水淤田在熙宁五年（1072）九月，见

《续资治通鉴长编》卷二三八："壬子，诏司农寺出常平粟十万石，赐南京、宿、亳、泗州募饥人浚沟河，遣检正中书刑房公事沈括专提举，仍令就相视开封府界以东沿汴官私田可以置斗门引汴水淤溉处以闻。"濉溪界内汴水暴至，汴堤将决口，侯叔献急中生智，乃决上游一古城附近之汴堤，使大水灌入古城，然后慢慢修复下游汴堤。待下游汴堤修复后，再放古城中水入汴渠，至内外水平，然后完其堤。侯氏之机敏亦为提举浚河及淤田的沈括所欣赏。

种世衡用间

宝元中，党项犯边，有明珠族首领骁悍[1]，最为边患。种世衡为将[2]，欲以计擒之，闻其好击鼓，乃造一马持战鼓[3]，以银裹之，极华焕，密使谍者阳卖之入明珠族。后乃择骁卒数百人，戒之曰："凡见负银鼓自随者[4]，并力擒之。"一日羌酋负鼓而出，遂为世衡所擒。又元昊之臣野利常为谋主[5]，守天都山[6]，号天都大王，与元昊乳母白姥有隙[7]。岁除日[8]，野利引兵巡边，深涉汉境数宿，白姥乘间乃谮其欲叛，元昊疑之。世衡尝得蕃酋之子苏吃曩[9]，厚遇之，闻元昊尝赐野利宝刀，而吃㐚之父得幸于野利，世衡因使吃㐚窃野利刀，许之以缘边职任、锦袍、真金带。吃㐚得刀以还，世衡乃唱言野利已为白姥谮死，设祭境上，为祭文，叙岁除日相见之欢。入夜，乃火烧纸钱，川中尽明。虏见火光，引骑近边窥觇[10]，乃佯委祭具[11]，而银器凡千余两，悉弃之。虏人争取器皿，得元昊所赐刀，及火炉中见祭文，已烧尽，但存数十字。元昊得之，又识其所赐刀，遂赐野利死。野利有大功，死不以罪，自此君臣猜贰，以至不能军[12]。平夏之功，世衡计谋居多，当时人未甚知之。世衡卒，乃录其功，赠观察使。

沈括此条所记用间之事，亦略见于《宋史》本传，盖原载于北宋国史。

[注释]

[1] 明珠族：党项西夏部族。又称敏珠、敏珠尔、明朱等，北宋时为泾原路、环庆路之间蕃部大族。泾原路辖境相当今甘肃蒲河以西、葫芦河以东、张家川以北及宁夏固原、隆德、泾源、西吉等县地，环庆路辖境相当今陕西长武、武功、旬邑、礼泉等县间地及甘肃环江、马莲河流域以东地区。骁悍：勇猛强悍。 [2] 种（chóng）世衡（985—1045）：字仲平，洛阳人。官至环州知州兼环庆路兵马钤辖，为一时名帅。 [3]“乃造一马持战鼓”四句：是说于是造了个能在马上手持的战鼓，用银包裹装饰，极为华丽光彩，暗中派间谍假装做买卖而把它卖给了明珠族的人。阳，同

“佯”，假装。 [4] 负银鼓自随者：随身带着银鼓的人。 [5] 野利：西夏大将野利遇乞（不详—1042）。党项族野利部人。西夏景宗元昊皇后兄（一说从父）。多权谋，善用兵，元昊授为监军，与其兄野利旺荣分统左、右厢军，号大王，官至宁令。因怨恨元昊黜野利皇后，欲谋杀之，事泄被诛。一说因宋将种世衡施反间计，诬其欲降宋，为元昊所忌，被杀。 [6] 天都山：也称西华山，当地人称西山。位于今宁夏中卫市西安镇西，元昊在位末年曾在此建避暑行宫。为西夏佛教圣地，有著名的天都山石窟。 [7] 白姥（mǔ）：亦称白妪（yù），元昊乳母。相传她曾请托野利遇乞提拔其侄为军官，为遇乞所拒，遂怀恨在心，诬遇乞巡边深入宋境不归，意在叛降宋朝，元昊因此对遇乞生疑。 [8] 岁除日：汉族农历年最后一天，俗称“年三十”，又称“除日”“岁除”“除夕”。 [9] 苏吃曩：“曩”亦作“囊”。清人所编《西夏书事》记其为“西酋”，即西夏蕃部酋长。其事状大致如沈括此条所记，别未详。 [10] 引骑近边窥觇（chān）：招引骑兵到边境附近窥视侦察。 [11] 佯委祭具：假装把祭祀器物都抛弃了。委，弃。 [12] 不能军：不能组织起军队作战。按：此指野利遇乞原掌兵权，自其死后，军心涣散，君臣相互猜疑，已无人能团聚军心，组织起作战的军队。

［点评］

史载种世衡守边，积粮谷，通货财，所至不烦朝廷益兵增饷，善抚士卒，能得人死力。庆历中奉范仲淹檄令筑细腰城（今甘肃环县西），城成而卒。相传他对西夏多用反间计，成功瓦解了敌方。

卷十四　艺文一

“郭索”与“钩辀”

欧阳文忠常爱林逋诗“草泥行郭索，云木叫钩辀”之句[1]，文忠以谓语新而属对亲切。钩辀，鹧鸪声也，李群玉诗云[2]：“方穿诘曲崎岖路，又听钩辀格磔声。”郭索，蟹行貌也，扬雄《太玄》曰[3]：“蟹之郭索，用心躁也。”

林逋诗句以“云木”对“草泥”，霄壤之别；又以“钩辀”应“郭索”，天然切响。诗家靳佳句，用典求亲和，故欧阳公不吝称道，沈括亦为之考索。

［注释］

[1] 欧阳文忠：欧阳修（1007—1072）。字永叔，号醉翁、

六一居士，吉州永丰（今江西永丰）人。北宋政治家、文学家。为北宋前期文坛领袖，官至参知政事，谥号文忠，世称欧阳文忠公。林逋：见卷十“林逋隐居”条注[1]。 [2]李群玉（808—862）：晚唐诗人。字文山，澧州（今湖南常德市澧县）人。宣宗时授弘文馆校书郎，三年后辞官归故里，死后被追赐进士及第。 [3]扬雄（前53—18）：字子云，西汉蜀郡成都（今属四川）人。西汉著名学者、辞赋家。成帝时为给事黄门郎，王莽时曾以大夫校书天禄阁。所作《太玄》即《太玄经》，自称仿《周易》而作，为继承和发展汉代道家思想的哲学著作。

［点评］

林逋诗句“草泥行郭索，云木叫钩辀（zhōu）”，因欧阳修的表彰而成为著名诗典。“草泥行郭索”，是说螃蟹从水草泥泞中郭郭索索地爬过。扬雄《太玄·锐》原载：“蟹之郭索，心不一也。”后人释“郭索”，或说为多足貌，或说为躁动貌，司马光《集注太玄经》则全引《荀子·劝学篇》之文云：“蚓无爪牙之利，筋骨之强，上食埃土，下饮黄泉，用心一也。蟹六跪而二螯，非蛇蟺之穴无所寄托者，用心躁也。”可见沈括引《太玄》“蟹之郭索”，并未用其“心不一”的释文，而是改用了荀子所称的“用心躁”。然扬雄所说的“心不一”，也许原是指许多螃蟹爬过时的乱纷纷的样子，而不是仅指一只螃蟹。

“云木叫钩辀”，是说鹧鸪在高高的林木中钩钩辀辀地鸣叫着。典出唐李群玉《九子坡闻鹧鸪》诗的“方穿诘曲崎岖路，又听钩辀格磔声”。其“方”“又”二字，传世本作“正”“更”，反而觉得不如作“方”“又”更舒坦。原诗通过对所闻鹧鸪啼叫声的描写，表达旅人的哀愁及对于远方友人的思念之情，“钩辀格磔”其实不仅是象声词，也被赋予了形容哀愁的意味，如辛弃疾的词句“江晚正愁余，山深闻鹧鸪”。而《遁斋闲览》卷三云：“然鹧鸪未尝栖木而鸣，惟低飞草中。”未详此说有理与否。

相错成文

韩退之集中《罗池神碑铭》[1]，有“春与猿吟兮秋与鹤飞”，今验石刻，乃“春与猿吟兮秋鹤与飞”。古人多用此格，如《楚词》“吉日兮辰良”，又“蕙肴蒸兮兰籍，奠桂酒兮椒浆”[2]。盖欲相错成文，则语势矫健耳。杜子美诗“红稻啄余鹦鹉粒，碧梧栖老凤凰枝”[3]，此亦语反而意全。韩退之《雪诗》“舞镜鸾窥沼，行天马度桥”，亦效此体，然稍牵强，不若前人之语浑成也。

“相错成文”之法，王观国《学林》卷七谓“句老而格新”，陈善《扪虱新话》卷五复述沈括“错综其语，以为矫健故耳”的看法，程大昌《考古编》卷八谓如“秋鹤与飞”的“超上一字，以取劲健”，孙奕《履斋示儿编》卷十谓“杜诗倒用一字，尤见工夫……

[注释]

[1] 韩退之：韩愈，见卷四“世人画韩退之”条注[1]。《罗池神碑铭》：原题《柳州罗池庙碑》，是韩愈为其好友柳宗元死后的神庙所作的碑文。柳宗元（773—819），字子厚，故籍河东，出生于京城长安，官终柳州刺史，世称“河东先生”“柳河东”“柳

凡倒着字句，自爽健也”，这些申述都是延展沈括的论点而来的，意思皆相通。

柳州”等。在文学上与韩愈齐名，并称“韩柳”。其庙在广西柳州城东的罗池。 [2] 此所引《楚辞》章句，皆见《九歌·东皇太一》。 [3] 杜子美：杜甫（712—770）。字子美，河南府巩县（今河南巩义）人。曾历官左拾遗、检校工部员外郎，故世称杜拾遗、杜工部；又自号少陵野老，故世称杜少陵。唐代最著名现实主义诗人，被尊为“诗圣”，与“诗仙”李白合称“李杜”。沈括在此所引诗句，见杜诗《秋兴八首》的第八首。

［点评］

此条所称“相错成文”，学者或说只为侧重而倒装，自有其理，然莫若沈括径谓之欲“语势矫健”，避直白耳。《罗池神碑铭》若只作“春与猿吟兮秋与鹤飞”，大抵还是平铺直叙，然而后四字一旦改为“秋鹤与飞”，则顿觉语势增强而不同。《楚辞》的“蕙肴蒸”若只作“蒸蕙肴”，以与“奠桂酒”并举，那也平淡，然又不可为消除语病，便硬以“蕙肴蒸”与“桂酒奠”相对。杜诗的“红稻（或作香稻）”“碧梧”句，为人人尽知的名句，二词着意倒装，便消尽了全句的直白，使人突觉出奇而风景全殊。杜诗还有“绿垂风折笋，红绽雨肥梅”之句，如果写成“绿笋风垂折，红梅雨绽肥”，那也是会变直白的。唯韩愈《雪诗》之句，若读为“鸾窥沼舞镜，马度桥行天”，即不免有些拗口，故沈括谓其现有句子“稍牵强，不若前人之语浑成”。

旬锻月炼

诗人以诗主人物[1]，故虽小诗，莫不埏蹂极工而后已[2]，所谓“旬锻月炼”者，信非虚言。小说崔护《题城南诗》[3]，其始曰：“去年今日此门中，人面桃花相映红。人面不知何处去，桃花依旧笑春风。”后以其意未全，语未工，改第三句曰“人面只今何处在”。至今所传此两本，唯《本事诗》作“只今何处在”[4]。唐人工诗，大率多如此。虽有两“今”字，不恤也，取语意为主耳。后人以其有两“今”字，只多行前篇。

古人为诗，极重“锻炼”，其实等于“推敲”，例不胜举。这中间包含意趣与法度的关系问题，理论上要求以意境为主，而不必过分追求格律上的严整。崔护的《题城南诗》解决这一问题，看来并未找到合适的字眼，沈括虽说“虽有两‘今’字，不恤也，取语意为主耳”，好像更偏向“人面只今何处在”，然法度背后，毕竟仍不如“人面不知何处去”自然而然。

[注释]

[1] 诗人以诗主人物：犹言诗人的诗歌创作以体现人和物的关系为主。人物，指人和物，偏重指人事和自然的关系。 [2] 埏（shān）蹂：本指制作陶器时反复和土揉泥，引申为一般意义上的“锤炼”之意。 [3] 崔护：字殷功，唐博陵（今河北定州）人。德宗贞元中进士，宪宗元和初与元稹、白居易等同登才识兼茂明于体用科。文宗大和间历官京兆尹，迁岭南节度使，卒于任。 [4]《本事诗》：唐孟棨著，1卷。多记唐人诗之本事，按情感、事感、高逸、怨愤、征异、征咎、嘲戏七类编排，同时保存了一些唐代诗人轶事，并收录相关的一些诗歌。孟棨，字初中，唐僖宗乾符间进士，历官司勋郎中。

[**点评**]

本条以崔护《题城南诗》为例，谈唐人作诗的“锤炼”精神。相传崔氏初时应试落第，清明独游都城南，至一村居求饮，有女子启扉奉上一碗水，独倚花朵绽放的小桃枝伫立，属意甚厚。及来岁清明再往寻之，庭院如故而门户扃锁，因题诗于其门，即沈括此条所论之诗。《太平广记》录其故事，而有更多的传奇情节。

崔护此诗以“人面桃花，物是人非”这样一个简单的人生经历，道出了千万人都似曾有过的共同生活体验，故得广为流传，脍炙人口。其第三句“人面不知何处去”，因缺少与第一句的“今日”相对的时间词，自觉意义不全，用语未工，因此后来欲改为“人面只今何处在”。其实，二者皆浅易平实，工拙难校，俗间为顺口，大概仍多用“人面不知何处去”，干脆就不计较时间词之有无了。

音韵之学

沈括谈反切拼音，非常重视“梵音”（古印度语的发音），如《梦溪笔谈》卷三有一条专谈《楚辞》中的语气助词“些”字（本书未选），便认

音韵之学，自沈约为四声及天竺梵学入中国[1]，其术渐密。观古人谐声，有不可解者。如“玖”字、“有”字[2]，多与“李”字协用；“庆”字、“正”字，多与“章”字、“平”字协用[3]。如《诗》“或群或友，以燕天子”，“彼留之子，贻我佩玖”，

"投我以木李，报之以琼玖"，"终三十里，十千维耦"，"自今而后，岁其有；君子有穀，贻孙子"，"陟降左右，令闻不已"，"膳夫左右，无不能止"，"鱼丽于罶，鰋鲤；君子有酒，旨且有"，如此极多。又如"孝孙有庆，万寿无疆"，"黍稷稻粱，农夫之庆"，"唯其有章矣，是以有庆矣"，"则笃其庆，载锡之光"，"我田既臧，农夫之庆"，"万舞洋洋，孝孙有庆"。《易》云："西南得朋，乃与类行；东北丧朋，乃终有庆。""积善之家，必有余庆；积不善之家，必有余殃。"班固《东都赋》："彰皇德兮侔周成，永延长兮膺天庆。"如此亦多。今《广韵》中"庆"一音"卿"[4]，然如《诗》之"未见君子，忧心怲怲；既见君子，庶几有臧"，"谁秉国成……卒劳百姓"，"我王不宁……覆怨其正"，亦是"怲""正"与"宁""平"协用，不止"庆"而已。恐别有理也。

为此"些"字即是梵语的"萨嚩诃"（Svāhā），三字合言即"些"字；卷十五"切韵之学"条，还详列有佛家华严四十二字母。对于"协用"的概念，沈括虽仍然使用，但他认为本条所举各例"恐别有理"，事实上对"协音说"还是存疑的。

［注释］

[1] 沈约为四声：指南朝齐、梁之际沈约等人关于古汉语四声问题的讨论和研究。沈约，南朝史学家、文学家，参见本书卷五"笛"条注 [10]。天竺梵学：中国学者对印度佛学的称呼。"天竺"

是古代中国及其他东亚国家对当今印度和巴基斯坦等南亚国家的统称，过去又译“身笃”“身毒”“贤豆”等，译名从正音，即“印度”。　[2] 自“如‘玖’字、‘有’字”以下，直至“不止‘庆’而已”，所举文献例证中的韵脚字，按现在通行的古韵分部，玖、有、李、友、子、里、始、右、已、止、鲤皆属之部，庆、章、疆、粱、光、臧、洋、行、殃、卿、怲皆属阳部，正、平、宁、成、姓皆属耕部，另有几个需要单独对待的字是耦属候部、觳属屋部、朋属蒸部。　[3] 协用：此指古人所谓“协音”的用法。大致自南北朝以来，有些学者用当世语音诵读古代韵文，遇有自认为不能押韵的韵脚，便主张临时改读某个可以押韵的音，有时甚至径改韵脚为合韵的字，这样的做法即被称为“协音”。“协音”一词，古籍中通常也写作“叶音”。　[4]《广韵》：宋代官修韵书，全名《大宋重修广韵》。真宗时由陈彭年，丘雍等奉诏编纂，主要据隋陆法言《切韵》、唐孙愐《唐韵》等增订而成，按声调分为上平声、下平声、上声、去声、入声 5 卷，共 206 韵，基本上代表了中古声韵体系，成为后来各种官修韵书的蓝本，是中国现存重要韵书。

[点评]

本条论汉语音韵之学，所涉及的几个问题都非常复杂。首先是沈约等人所提出的“四声说”，即关于古汉语声调的学说。先是周颙发现汉字读音有平上去入四种声调，遂创著《四声切韵》一书，为中国汉语声韵学最早的著述之一。嗣后沈约与谢朓、王融、范云等人一起，将四声理论同传统的诗赋音韵知识相结合，要求在五言诗创作中注意音韵和四声的变化，尽可能地做到“一简之内，音韵尽殊；两句之中，轻重悉异”，并提出务必要避免修辞和声律上的八种弊病（平头、上尾、蜂腰、鹤膝、大韵、小韵、旁钮、正钮），即后人所称的“四声八病”。“四声八病”之说为后来近体诗的产生奠定了声律基础，蕴涵丰富的美学内容。

其次，汉语音韵学与天竺梵学有非常密切的关联。佛教文化传入中国后，在语言学方面的最大影响，莫过于汉语音韵学的创立。一般认为，流行于南北朝时期的反切拼音法即是汉语音韵学的开端，而这种拼音法与佛经的翻译直接有关，且沈约等人提出“四声”问题亦深受梵学影响，故沈括谓汉语音韵学自此而“渐密”。

再次，关于“协音”，特别是改字协音，从一开始就多有争议。如《尚书·洪范》的“无偏无颇，遵王之义”，唐玄宗便认为“颇”和“义”不押韵，曾经下令改“颇”为“陂”，以求读音与“义”字和谐。实则“时有古今，地有南北，字有更革，音有转移”（明·陈第《毛诗古音考·序》）。语音是不断发展变化的，后人读古诗文偶觉不押韵是正常现象，强改古字音以求押韵的“协音说”是毫无道理的，只会无端造成汉字读音的混乱。如《梦溪笔谈》此条所举“玖”字、“有”字多与“李”字押韵，“庆”字、“正”字多与“章”字、“平”字押韵的例子，沈括以为“不可解”者，根据现代古音学的研究，“玖”“有”“李”诸字皆属之部，本为同一韵部，自可押韵；“庆”“章”属阳部，“正”“平”属耕部，按古人不太严格的押韵习惯，也可以通押。这些在今天看来已是不难理解的道理，然在北宋时还无人能够提出解决办法。宋徽宗曾经下诏把唐玄宗改字的《洪范》复从旧文，仍用“颇”字，这是北宋末讲求古音韵的一项具体成果。南宋中叶以后，古音学渐次兴起，学者对所谓“协音”的看法渐次有所改变。如吴棫（yù）在所撰《韵补》《诗补音》《楚辞音》等著作中，就对古今音变提出了自己的见解；陈振孙也曾谈道：“古今世殊，南北俗异，语言音声，诚有不得尽合者。”（《直斋书录解题》卷三）此与明人陈第《毛诗古音考》序言中的著名说法已基本一致。

王圣美“右文”说

对“右文”说须进行具体的分析。汉字的形声字中，有的声符是有意义的，有的声符是无意义的。照现代语言学家沈兼士先生的看法，声符有意义的属于“右文”，声符无意义的并不属于“右文”。如果迷信“右文”说，一切以“右文”说之，则很容易抹杀声符无意义的形声字，过犹不及。

王圣美治字学[1]，演其义以为“右文”[2]。古之字书，皆从左文，凡字其类在左，其义在右。如木类，其左皆从木。所谓“右文”者，如戋，小也，水之小者曰浅，金之小者曰钱，歹之小者曰残[3]，贝之小者曰贱[4]。如此之类，皆以戋为义也。

[注释]

[1] 王圣美：王子韶。字圣美，太原（今属山西）人。王安石变法时曾引入制置三司条例司，变法失败后贬上元知县。后累迁提举两浙常平、集贤校理，参与修订《说文解字》。哲宗元祐中历秘书少监，绍圣中官至秘书监。《宣和书谱》谓其尝作《字解》，大抵与王安石《字说》相违背。 [2] 右文：文字学术语。指王

子韶首次明确提出的一种分析汉字形声字的声符所具有的表义作用，并据同声符字组探讨语源关系的学说。因汉字形声字的声符大都在字的右边，故此说被称为“右文”说。　[3] 歹：残骨。句意谓碎骨小者为“残”。　[4] 贝：古人用作货币，故其小者曰“贱”。

［点评］

“右文”说常见的举例，除沈括所举者外，张世南《游宦纪闻》卷九也说：“‘青’字有精明之义，故日之无障蔽者为晴，水之无溷浊者谓清，目之能明见者为睛，米之去粗皮者为精。”“右文”说泛言之不无道理，实可归属于传统六书中声兼义的一类，在某种程度上揭示了语源学与文字学的关联，以为汉字形体也能指示一部分语言线索，但在语源学、文字学上都不能视为普适的原则，滥用“右文”说也很容易走向穿凿。

宋初古文

往岁士人多尚对偶为文，穆修、张景辈始为平文[1]，当时谓之“古文”。穆、张尝同造朝[2]，待旦于东华门外[3]。方论文次[4]，适见有奔马践死一犬，二人各记其事，以较工拙。穆修曰：“马逸，有黄犬遇蹄而毙。”张景曰：“有犬死奔马之下。”时文体新变，二人之语皆拙涩[5]，当时已

逸马杀犬故事，后世所传或托之于欧阳修：“欧阳公在翰林时，常与同院出游。有奔马毙犬，公曰：‘试书其一事。’一曰：‘有犬卧于通衢，逸马蹄而杀

之。’一曰：‘有马逸于街衢，卧犬遭之而毙。’公曰：‘使子修史，万卷未已也。’曰：‘内翰云何？’公曰：‘逸马杀犬于道。’相与一笑。”此盖托为欧公修《新唐书》时事。然欧公修史本不赞成用语简涩古奥，如逸马杀犬故事所欲言者，亦不合于欧公为文力求清通流畅的风格。

谓之工，传之至今。

［注释］

[1] 穆修（979—1032）：字伯长，汶阳（今山东汶上）人。曾任文学参军。提倡散文，对后来古文运动的代表人物欧阳修等都有影响。张景：字晦之，公安（今属湖北）人。为宋初古文运动先驱者柳开门人，历文学参军。平文：散文。 [2] 造朝：上朝，指臣子到朝廷觐见君主。造，就，到某处去。 [3] 东华门：北宋首都汴京宫城（大内）的东面城门。朝臣集合上朝时在此等待天明。 [4] 方论文次：正议论文章之际。 [5] 拙涩：朴拙滞涩，粗疏不灵活。

［点评］

此条所述逸马杀犬掌故，实际上是反映宋初古文运动先驱的创作倾向的。宋初古文运动宗师唐代大家韩愈、柳宗元，力图摆落传统骈体文的羁绊和现时浮靡卑弱的文风，倡导学习先秦两汉散文语言用于著述，然而在观念上又要兴复古道，依附韩愈倡言的“道统”构筑新的藩篱，所以为文便不免还被称为拙涩。到沈括的时代，古文运动早已步入正轨，形成新的文风，因而他对逸马杀犬掌故的表达也不再费力以较诸人工拙，只是随口说出“适见有奔马践死一犬”而已。于是陈善《扪虱新话》卷五有云：“沈存中记穆修、张景同造朝，适有奔马践死一犬，遂相与各记其事，以较工拙。穆修曰：‘马逸，有黄犬遇蹄而毙。’张景曰：‘有犬死奔马之下。’今较此二语，张当为优。然存中但云‘适有奔马践死一犬’，则又浑成矣。”沈括的表达当然也还只是句法的一种，然鲁迅先生在《写文章》的文章里也曾谈到这个话题说：“两人的大作，不但拙涩，主旨先就不一，穆说的是马踏死了犬，张说的是犬给马踏死了，究竟是着重在马，还是在犬呢？较明白稳当的还是沈括的毫不经意的文章：‘有奔马，践死一犬。’”

王荆公集句诗

古人诗有“风定花犹落”之句[1]，以谓无人能对，王荆公以对“鸟鸣山更幽”[2]。“鸟鸣山更幽”本宋王籍诗[3]，元对“蝉噪林逾静，鸟鸣山更幽”[4]，上下句只是一意。“风定花犹落，鸟鸣山更幽”，则上句乃静中有动，下句动中有静。荆公始为集句诗，多者至百韵，皆集合前人之句，语意对偶，往往亲切过于本诗。后人稍稍有效而为者。

荆公集句诗，试举《招叶致远》绝句一首：“山桃野杏两三栽，嫩蕊商量细细开。最是一年春好处，明朝有意抱琴来。”四句诗依次分别来自唐代雍陶、杜甫、韩愈、李白的诗作，诚所谓“浑然天成，绝无痕迹”，极似荆公晚年自作的绝佳小诗，人见人爱。

[注释]

[1] 风定花犹落：南朝谢贞（534—585）诗句。贞字文正，陈郡阳夏（今河南太康）人。早年流落北周20余年，后南归，陈后主时曾为中宫管记。《陈书》有传。 [2] 王荆公：王安石，见

卷九“王荆公不受紫团参”条注[1]。 [3]王籍：南朝梁诗人。字文海，琅琊临沂（今属山东）人。尝为湘东王萧绎谘议参军，仕途蹭蹬，郁郁寡欢而卒。《梁书》有传。 [4]元：同“原”。

[点评]

集句诗成风气始于宋。胡仔《苕溪渔隐丛话》前集卷三十五引蔡绦《西清诗话》云：“集句自国初有之，未盛也。至石曼卿人物开敏，以文为戏，然后大著。……至元丰间，王荆公益工于此。”王荆公集句诗的成就无人可比。《苕溪渔隐丛话》同卷又引陈正敏《遁斋闲览》云：“荆公集句诗，虽累数十韵，皆顷刻而就，词意相属，如出诸己，他人极力效之，终不及也。”严羽《沧浪诗话·诗评》亦云：“集句惟荆公最长，《胡笳十八拍》浑然天成，绝无痕迹，如蔡文姬肺肝间流出。”又叶大庆《考古质疑·佚文》云：“大庆观舒王诗集，其集句凡四十余首，如《题金山》一韵，乃四十句，信乎词意相属，如出一己。又《胡笳十八拍》，凡十八首，亦皆集句为之。”诸书之语皆与沈括本条对王荆公集句诗的评价相合。

卷十五　艺文二

切韵之学

切韵之学[1]，本出于西域。汉人训字，止曰“读如某字”，未用反切。然古语已有二声合为一字者，如不可为叵、何不为盍、如是为尔、而已为耳、之乎为诸之类[2]，似西域二合之音，盖切字之原也。如“耎”字[3]，文从而、犬，亦切音也。殆与声俱生，莫知从来。

今切韵之法[4]，先类其字，各归其母，唇音、舌音各八，牙音、喉音各四，齿音十，半齿、半

汉语音韵学上表示声类的三十六字母，据近世发现

舌音二，凡三十六，分为五音，天下之声总于是矣。每声复有四等，谓清、次清、浊、平也[5]。如颠、天、田、年，邦、胮、庞、厖之类是也。皆得之自然，非人为之。如帮字，横调之为五音，帮、当、刚、臧、央是也；帮，宫之清；当，商之清；刚，角之清；臧，徵之清；央，羽之清。纵调之为四等，帮、滂、傍、茫是也。帮，宫之清；滂，宫之次清；傍，宫之浊；茫，宫之不清不浊。就本音本等调之为四声，帮、榜、傍、博是也。帮，宫清之平；榜，宫清之上；傍，宫清之去；博，宫清之入。四等之声，多有声无字者，如封、峰、逢，止有三字；邕、胸，止有两字；竦、火、欲、以，皆止有一字。五音亦然，滂、汤、康、苍，止有四字。四声则有无声，亦有无字者，如萧字、肴字，全韵皆无入声。此皆声之类也。所谓切韵者[6]，上字为切，下字为韵。切须归本母，韵须归本等。切归本母，谓之音和[7]，如德红为东之类，德与东同一母也。字有重、中重、轻、中轻。本等声尽，泛入别等，谓之类隔[8]。虽隔等，须以其类，谓唇与唇类、齿与齿类，如武延为绵、符兵为平之类是也。韵归本等，如冬与东，

的敦煌唐写本《守温韵学残卷》所见，晚唐时还只有三十字母，且据时间更早些的敦煌写本《归三十字母例》推测，三十字母还在守温以前已有使用，大致反映了唐代语音系统。宋人（大约亦为僧人）整理和增益三十字母是陆续进行的，现在知道僧惟净等在宋仁宗景祐二年（1035）结集进呈并于当年敕板刊印的《景祐天竺字源》，以华言和梵语对照翻译，其卷一开头即说有“十二转声、三十四字母”，大概其时三十六字母还不全；而到沈括结集《梦溪笔谈》时，也就是大致到宋哲宗元祐年间（1086—1094），如本条所述，已是

字母皆属端字：冬乃端字中第一等声，故都宗切，宗字第一等韵也，以其归精字，故精徵音第一等声；东字乃端字中第三等声，故德红切，红字第三等韵也，以其归匣字，故匣羽音第三等声。又有互用借声，类例颇多[9]。

大都自沈约为四声，音韵愈密。然梵学则有华、竺之异[10]，南渡之后又杂以吴音，故音韵庞驳，师法多门。至于所分五音，法亦不一。如乐家所用[11]，则随律命之，本无定音，常以浊者为宫，稍清为商，最清为角，清浊不常为徵、羽。切韵家则定以唇、齿、牙、舌、喉为宫、商、角、徵、羽[12]，其间又有半徵、半商者，如来、日二字是也，皆不论清浊。五行家则以韵类清浊参配[13]，今五姓是也。梵学则喉、牙、齿、舌、唇之外，又有折、摄二声：折声自脐轮起至唇上发，如竼字浮金反之类是也；摄声鼻音，如歁字鼻中发之类是也[14]。字母则有四十二[15]，曰阿、多、波、者、那、啰、拖；婆、荼、沙、嚩、哆、也、瑟咤二合、迦、娑、么、伽、他、社、锁；拖、前一拖轻呼，此一拖重呼。奢、佉、叉、娑多二合、壤、

在详细介绍三十六字母和等韵学的体制了。这样说来，三十六字母的最后形成大约即在景祐初到元祐间五十多年的时间内，反映的已是宋代语音系统，而不再仅是唐人的语音材料了。

曷攞多三合、婆上声、车、娑么二合、诃婆二合、縒、伽上声、咤；拏、娑颇二合、娑迦二合、也娑二合、室者二合、侘、陀。为法不同，各有理致。虽先王所不言，然不害有此理，历世浸久[16]，学者日深，自当造微耳[17]。

[注释]

[1] 切韵之学：此指用反切法为汉字注音的学问。反切法起于佛教传入中国后西域僧人以梵文与汉文互相标音的做法，后来逐渐创制出用汉字表示的声母和韵母，成为古人主流的拼音方式。 [2] 如不可为叵、何不为盍、如是为尔、而已为耳、之乎为诸之类：均指古书中两字急读而拼合为一音的现象，如“不可”读为“叵”（pǒ）、“何不”读为“盍”（hé）、“如是”读为“尔”、“而已”读为“耳”、“之乎”读为“诸”之类。沈括以为此种现象即汉字反切的本原。 [3] 輭：同“软”。古籍中以这两种写法通用，又通作“耎”。耎，《说文解字》谓从大、而声，注音作“而沇切”；《大宋重修广韵》作“而兗切”，《集韵》作“乳兗切”。沈括以为从而从犬，亦是切音。 [4]“今切韵之法”至“天下之声总于是矣”：叙述汉语音韵学上的三十六字母。三十六字母即宋代韵图上用以表示中古汉语声类的字母系统，亦即声母代表字。旧传唐末沙门守温首创三十字母，宋代无名氏又在守温基础上扩充至三十六字母，初步反映了唐宋时期的语音系统。 [5] 清、次清、浊、平：一般称为全清、次清、全浊、次浊。音韵学家根据声母的发音方法，把三十六字母分为清音和浊音两大类，发音时声带不振动的音称为清音，声带振动的音称为浊音。全清表示不送气清音及清

擦音，次清表示送气清音；全浊表示送气浊音（擦音，塞音，塞擦音），次浊表示鼻化塞浊音及其他浊音。所谓“每声复有四等”，实际是四类。 [6]“所谓切韵者”三句，介绍古代反切注音方法：上字取其声母，又称为“切”；下字取其韵母（包括声调），又称为“韵”。所取声母、韵母拼合即成一个音，如由“德红”二字即拼出“东”字的音。 [7]音和：谓反切上字与被切字同声母，反切下字与被切字同韵、同等。 [8]类隔：谓反切下字与被切字同韵、同等，反切上字与被切字只是同类别而不同声母。 [9]类例颇多：本段文字总述了北宋等韵学的概要情况，主要是根据传世等韵图所作的概括。有关说明参见本条“点评”。 [10]“然梵学则有华、竺之异”三句：是说梵学有中土梵学、天竺梵学的差异，晋人南渡之后，梵学语音又夹杂了吴地语音，所以音韵驳杂，师承也出于多门。庬（máng）驳，驳杂不纯。 [11]“如乐家所用”至“清浊不常为徵、羽”：是说音乐领域对五音的运用，皆随音律调整，本无固定的律位标准，五音的清浊划分也无不变的常规。 [12]“切韵家则定以唇、齿、牙、舌、喉为宫、商、角、徵、羽”四句：是说切韵学以唇、齿、牙、舌、喉音，对应宫、商、角、徵、羽，其实并无多少道理可言，尤其半徵、半商之音，更难论其清浊。 [13]“五行家则以韵类清浊参配”二句：是说五行家在韵类及清浊等方面胡乱搭配，像现在号称“五姓”的术数即是。五姓，指旧时术士按宫、商、角、徵、羽，将姓氏加以分类，因其类有五，遂称“五姓”。《旧唐书·吕才传》：“至于近代师巫，更加五姓之说。言五姓者，谓宫、商、角、徵、羽等，天下万物，悉配属之，行事吉凶，依此为法。至如张、王等为商，武、庚等为羽，欲似同韵相求。及其以柳姓为宫，以赵姓为角，又非四声相管。其间亦有同是一姓，分属宫、商；后有复姓数字，徵、羽不别。验于经典，本无斯说，诸阴阳书，亦无此语，直是野俗口传，竟无所出之处。……又检《春秋》，以陈、卫及秦，并同水姓，齐、郑及宋，皆为火姓。或承所出之祖，或系所属之星，或取所居之地，亦非宫、商、角、徵，共相管摄。此则事不稽古，义理乖僻者也。” [14] 折声、摄声：梵语发声方法。按所说，折声乃自肚脐而上以至口唇间发出，摄声则为鼻音。脐轮，瑜伽术谓人体有七大脉轮，自下而上，海底轮居第一，脐轮居第二。 [15]“字母则有四十二”：下述四十二字母，佛家称“华严字母”，又称“字智法门”，出自《大方广佛华严经·入法界品》。其字佛书多异，如沈括所录二“拖”字或作“柂”、“佗”字或作“侘”等。据说这些代表字是古代佛教僧侣为学习梵语而用汉字标识梵语的字母表，可视为中国古代拼音“反切”之母。其字母有“一合”“二合”“三合”三种类型，指汉译单字、双字、三字，皆为一个字母。佛教徒唱念华严四十二字母样式繁多，据说其妙用无穷，是学菩萨行、修菩萨道的一种殊胜法门，能把罪业消尽。 [16] 浸：渐。 [17] 造微：达到精妙的程度。

[点评]

宋人所称的“切韵之学”，实际上是谈因反切注音而起的等韵学。等韵学的研究源于唐或唐以前佛门，是随着梵学的传入和韵书的增多而逐步产生和发展起来的。概括地说，等韵学专门讲求汉字拼读的反切方法，乃是音韵学中以审音为主而分析汉字音节结构、说明发音原理的一门学问。它用“字母”表示汉字的声母系统，用“五音”“七音”说明字母的发音部位（包括唇、舌、齿、牙、喉音），用“清浊”描述声母的发音方法，用“等呼”分析韵母的结构，用“摄”概括韵的归类，用图表的形式具体显示反切所表示的读音。由于此种学问的突出特点在于用“等”的概念分析字音，因此被称为“等韵学”，简称“等韵”。有关著作通常主要表现为一种表格形式的反切图，一般叫作“等韵图”或“韵图”。现在所知宋人所作最早的等韵书，即北宋中叶王宗道的《切韵指玄论》3卷，便附有《四声等第图》，而没有流传下来；同时僧鉴聿所撰《韵总》一书，“推字母轻重之法以定四声”，也以等韵内容为主，因该书已佚，亦未详是否为韵图。北宋学者谈等韵，就现存资料而言，要以沈括此条最有系统性。所论显然是根据当时流行的韵图作概括的，其中以轻重或清浊为等，反映出早期韵图的分等由声类而起，又逐渐由声及韵，韵也分等。

宋代韵图上用来代表中古汉语声类的三十六字母，一般使用下列代表字：帮滂并明（重唇音）、非敷奉微（轻唇音）、端透定泥（舌头音）、知彻澄娘（舌上音）、精清从心邪（齿头音）、照穿床审禅（正齿音）、见溪群疑（牙音）、晓匣影喻（喉音）、来（半舌音）、日（半齿音）。以清浊划分，全清十一字：帮非端知精心照审见影晓；次清七字：滂敷透彻清穿溪；全浊十字：并奉定澄从邪床禅群匣；次浊八字：明微泥娘疑喻来日。古人认为三十六字母配合五音、七音，全天下的汉语语音就概括完了，所以等韵学在宋代还是全新的学问。

宋代的韵图，至今大都已经散佚，目前尚能看到的，仅有无名氏的《韵镜》、郑樵的《通志·七音略》、祝泌的《皇极经世解起数诀》及相传为司马光撰的《切韵指掌图》、不著撰人的《四声等子》等几种。这几种书的编纂源流也不易搞清楚，特别是《韵镜》《切韵指掌图》《四声等子》的撰作年代，都至今尚无定说。

《龙龛手镜》对阅读敦煌文献有独特的使用价值。敦煌写本，特别是晚唐、五代写本，俗字、讹体、变体字等满纸，或至不能卒读，多可赖《龙龛手镜》查对而贯通。此亦可见行均编书“别出手眼”，本意也在反映佛书习用俗字的实际情况。

《龙龛手镜》

幽州僧行均集佛书中字，为切韵训诂，凡十六万字，分四卷，号《龙龛手镜》[1]。燕僧智光为之序，甚有词辩。契丹重熙二年集[2]。契丹书禁甚严，传入中国者法皆死。熙宁中，有人自虏中得之，入傅钦之家[3]。蒲传正帅浙西[4]，取以镂板。其序末旧云“重熙二年五月序”，蒲公削去之。观其字，音韵次序皆有理法，后世殆不以其为燕人也。

［注释］

[1]《龙龛手镜》：今本作《龙龛手鉴》，宋人重刻时避“镜”字改“鉴”。据辽高僧智光为该书所作序，全书共收 26 430 余字，注文共 163 170 余字，收字范围较广，不限于佛书。作者行均，字广济，俗姓于，生平未详，据说曾在小五台山金河寺（今河北蔚县东南）为僧，历时五年而撰此书。智光，字法炬，为辽时燕台悯忠寺（即今北京法源寺）僧人。 [2] 重熙二年集：传世《龙龛手鉴》为影钞辽刻本，仍保存智光序，末题辽统和十五年（997），则此书即作于智光作序之时，而不作于重熙二年（1033）。沈括当是误记，晁公武《郡斋读书志》已指出：“今本乃云统和，

非重熙，岂存中不见旧题，妄记之邪？” [3] 傅钦之：傅尧俞（1024—1091）。字钦之，须城（今山东东平）人。官至中书侍郎。 [4] 蒲传正：蒲宗孟（1028—1093）。字传正，新井（今四川南部县西）人。官至尚书左丞。

［点评］

《龙龛手镜》主要是为方便佛教徒研读佛经而编制的一部字书。全书按部首编排文字，部首又按平上去入四声分为 4 卷，各部之字亦按四声排列。所列文字有正体、通体、或体、俗体、今体、古文等，而或体、俗体颇多，杂然并陈，有的字形奇诡讹乱，不可究诘，而在今对研究俗文字学颇有用。字条下皆有注音、释义，相当一部分还有字形辨析，沈括谓“观其字，音韵次序皆有理法”，评价颇佳，然释文亦多有舛误。沈括又谓之“为切韵训诂”，主要是就其字下多录不同的反切注音及不同的字义而言的，但仍是字书的形式，非专为音韵和训诂而作。

鹳雀楼诗

河中府鹳雀楼[1]，三层，前瞻中条，下瞰大河[2]，唐人留诗者甚多，唯李益、王之涣、畅诸三篇能状其景[3]。李益诗曰：“鹳雀楼西百尺墙，汀洲云树共茫茫。汉家箫鼓随流水，魏国山河半夕阳。事去千年犹恨速，愁来一日即知长。风烟并在思归处，远目非春亦自伤。”王之涣诗曰[4]：“白日依山尽，黄河入海流。欲穷千里目，更上一层楼。”畅诸诗曰[5]：“迥临飞鸟上，高出世尘间。天势围平野，河流入断山。”

“白日依山尽”写远景、写山，“黄河入海流”写近景、写水，景象壮观，气势磅礴。“千里”“一层”都是虚数，是诗人想象中的纵横空间；“欲穷”“更上”不过朴素的意愿，蕴含了多少憧憬和希望。全篇对仗，一气呵成，语极工整，又厚重有力。

［注释］

[1] 河中府：治所在今山西永济蒲州镇。鹳雀楼：又作“鹳鹊楼”，位于山西省永济市蒲州古城西面黄河东岸。始建于北周，以当时有鹳雀栖其上而得名。因楼体壮观，结构奇巧，周围风景明丽，曾久为骚人墨客登临胜地，留下许多不朽诗篇。历隋唐至宋金700余年，金元之际毁于战火，20世纪末至21世纪初重建，仿唐形制，四檐三层。 [2] 前瞻中条，下瞰大河：前望中条山，下瞰黄河。 [3] 李益（约750—约830）：字君虞，姑臧（今甘肃武威）人。唐宪宗时官至礼部尚书。王之涣（688—742）：字季陵，晋阳（今山西太原）人。历文安县尉。畅诸：汝州（今河南临汝）人。历许昌尉。 [4] 按：王之涣此诗，一说为朱斌撰，一说为朱佐日撰。《全唐诗》既载为王之涣之诗，题为《登鹳雀楼》，又加注云“一作朱斌诗”；又在朱斌《登楼》一诗下，加注云“一作王之涣诗”。朱斌《登楼》一诗最早见于唐天宝初年芮挺章所选编的《国秀集》一书。然唐张著《翰林盛事》又记载：“朱佐日，吴郡人。两登制科，三为御史。武后尝吟《登鹳雀楼》诗，问是谁作？李峤曰：‘御史朱佐日诗也。’” [5] 按：畅诸此诗，一说为畅当撰，见传世司马光《续诗话》“唐之中叶文章特盛”条注及李颀《古今诗话》、阮阅《百家诗话总龟》、彭乘《墨客挥犀》等。

畅当，畅诸之兄。《全唐诗》亦录此诗在畅当诗中，题为《登鹳雀楼》。然唐代李瀚《河中鹳雀楼集序》以为畅诸诗，云："前辈畅诸，题诗上层，名播前后，山川景象，备于一言。"

［点评］

鹳雀楼之历史景观，唐人《河中鹳雀楼集序》有云："宇文护镇河外之地，筑为层楼，遐标碧空，影倒横流，二百余载，独立乎中州。以其佳气在下，代为胜概，唐世诸公，多有题咏。"沈括述之，但用"前瞻中条，下瞰大河"八字，便括尽其胜概。所录王之涣、畅诸二绝句，对仗工整，用语精辟，气势充盈，雄大浑成，司马光《续诗话》已云："如后人擅诗名者，岂能及之哉！"

卷十六　艺文三

“乌鬼”考

士人刘克[1]，博观异书。杜甫诗有“家家养乌鬼，顿顿食黄鱼”[2]，世之说者皆谓夔、峡间至今有“鬼户”[3]，乃夷人也，其主谓之“鬼主”[4]，然不闻有“乌鬼”之说；又“鬼户”者，夷人所称，又非人家所养。克乃按《夔州图经》，称峡中人谓鸬鹚为乌鬼。蜀人临水居者，皆养鸬鹚，绳系其颈，使之捕鱼，得鱼则倒提出之，至今如此。”予在蜀中，见人家养鸬鹚使捕鱼，信然，但不知谓之乌鬼耳。

[注释]

[1] 士人刘克：未详。　[2] 此所引杜甫诗句出《戏作俳谐遣闷二首》之一："异俗吁可怪，斯人难并居。家家养乌鬼，顿顿食黄鱼。"　[3] 夔、峡：夔州、峡州，治所分在今重庆奉节、湖北宜昌。　[4] 鬼主：唐宋时代所称与白蛮相对的乌蛮族（主要分布于今云、贵、川接壤地区），其首领称为"鬼主"，有都鬼主、大鬼主、小鬼主之别，但鬼主之间并无固定的隶属关系。《梦溪笔谈》此条所说的"鬼主"，未详是否与乌蛮"鬼主"有关系。

[点评]

"乌鬼"的称呼，宋人有几种解释：一说为捕鱼的鸬鹚，即《梦溪笔谈》此条所记；一说为祭祀的鬼神，见《续笔谈》"'乌鬼'再考"条；一说指"神乌"，见程大昌《演繁露》卷十三"乌鬼"条；一说指供祭的猪，见马永卿《懒真子》卷四。后世还有说指"鬼奴"或"乌龟"的。按沈括的"再考"，他后来大概倾向于夔、峡居民以祭祀"养鬼"说。

《香奁集》

韩偓为唐末政治人物，有风节，后人或不欲以

和鲁公凝有艳词一编[1]，名《香奁集》。凝

其《香奁集》为贤者之累，故有以和凝之小词为《香奁集》的传闻出现。疑沈括之说亦与此不无关系。然如韩偓自序所说，“柳巷青楼，未尝糠秕；金闺绣户，始预风流”，“艳体”之存，与人之贤否又何干！

后贵，乃嫁其名为韩偓[2]，今世传韩偓《香奁集》，乃凝所为也。凝生平著述，分为《演纶》《游艺》《孝悌》《疑狱》《香奁》《籯金》六集，自为《游艺集序》云：“予有《香奁》《籯金》二集，不行于世。”凝在政府，避议论，讳其名，又欲后人知，故于《游艺集序》述之，此凝之意也。予在秀州，其曾孙和惇家藏诸书，皆鲁公旧物，末有印记甚完。

［注释］

[1] 和鲁公凝：和凝（898—955）。五代时文学家。字成绩，郓州须昌（今山东东平）人。后梁进士，后晋时官至宰相，入后汉封鲁国公。艳词：艳丽的文辞。旧时多指所谓“闺房不雅驯”者，即描写男女之情的诗词。 [2] 韩偓（wò）（约842—923）：字致尧，万年（今陕西西安）人。晚唐诗人，官至翰林学士承旨。参见本书卷三“‘野马’为田野间浮气”条注[3]。

［点评］

严羽《沧浪诗话·诗体》：“香奁体，韩偓之诗，皆裾裙脂粉之语，有《香奁集》。”沈括以所见和凝文集“旧物”，证明《香奁集》乃和凝所作而嫁名于韩偓。陈正敏《遁斋闲览》卷三以为沈括误证，而谓“偓词致婉丽，非凝言”；葛立方《韵语阳秋》卷五引《新唐书·韩偓传》及《香奁集·无题诗序》，亦谓“此集韩偓所作无疑，而《笔谈》以为和凝嫁名于偓，特未考其详尔”。胡道静《梦溪笔谈校证》引韩偓《香奁集》自序，又加按语云：“自偓自序观之，亦确证葛说为是而沈说为非也。然恐和凝别有《香奁集》，而非嫁名于偓耳。”胡先生所疑或是。

卷十七　书画

善求古人心意

欧阳公尝得一古画牡丹丛，其下有一猫，未知其精粗。丞相正肃吴公与欧公姻家[1]，一见曰："此正午牡丹也。何以明之？其花披哆而色燥[2]，此日中时花也；猫眼黑睛如线，此正午猫眼也。有带露花，则房敛而色泽[3]；猫眼早暮则睛圆，日渐中狭长，正午则如一线耳。"此亦善求古人心意也。

黄朝英《靖康缃（xiāng）素杂记》卷六《说猫》："《杂俎》云：'猫

目睛旦暮圆，及午，竖敛如线。其鼻端常冷，唯夏至日暖。’……正肃公虽曰善求古人之意，然说猫处，往往亦自于段氏云。”按：《杂俎》指唐人段成式所撰《酉阳杂俎》。

［注释］

[1] 正肃吴公：吴育（1004—1058）。字春卿，建州浦城（今属福建）人。官至参知政事，卒谥正肃。姻家：儿女亲家。 [2] 披哆（chǐ）：披散、张开。 [3] 房敛而色泽：花房是收敛的，且花色鲜亮。

［点评］

此条谈图画鉴赏，而以牡丹花丛下有一猫的画为例，先判定“其花披哆而色燥”，知其为“日中时花”；又判定“猫眼黑睛如线”，知其为“正午猫眼”。于是合而言之，知所画为“正午牡丹”。这一话题大概在宋人已是常谈，只不过传闻或托之于欧阳修和吴育。南宋初李石《题黄筌牡丹花下猫》诗中说：“竦然花下猫，蜂喧聒如鼓。醉眼不成睡，花气日亭午。”黄筌为五代著名画家，也许所画即正午牡丹。今台北故宫博物院藏有一幅宋人的《富贵花狸图》，亦在牡丹花丛下画一只猫，花的上面几朵全开而花瓣披散，下面几朵是半开的状态，还有边上一朵是骨朵；猫伏在地上，有黑白相间的长毛，脖子上束着丝带，脸向上仰望，眼睛还是圆的。此画的花、猫都有富贵相，生气满纸，看来所画不是正午牡丹；且牡丹花一般在清晨开放，画家亦未必喜欢画正午牡丹。

高益匠心

相传高益最早据民间传说的二郎神搜山降魔故事画为《搜山图》，大为宋太宗所欣赏，遂得入图画院，奉诏画相国寺廊壁。后来二郎神故事成为广泛的文学题材，名家所画《搜山图》亦俨然成一系列，现今仍有十余本传世，被国内外珍藏。

相国寺旧画壁[1]，乃高益之笔[2]，有画众工奏乐一堵最有意。人多病拥琵琶者误拨下弦[3]：众管皆发“四”字，琵琶“四”字在上弦，此拨乃掩下弦，误也。予以谓非误也[4]。盖管以发指为声，琵琶以拨过为声，此拨掩下弦，则声在上弦也。益之布置尚能如此，其心匠可知[5]。

［注释］

[1] 相国寺：又称“大相国寺”。北宋都城汴京最大的佛教寺院，民间号称“皇家寺”。 [2] 高益：宋初画家。本为契丹涿郡人，后入宋都汴京，以卖药、卖画自给。太宗在即位前已识之，即位后命为翰林图画院待诏，以善画佛道、鬼神、蕃汉人马著称。 [3]“人多病拥琵琶者误拨下弦”五句：是说人多以为这幅画有个毛病，即弹琵琶的乐工误拨了下弦：各种管乐器发的都是“四”字音，琵琶的“四”字音在上弦，这位乐工拨弦的手指却掩住了下弦，显然是画错了。四，古代乐谱用字，为表示音阶的符号，相当于现代简谱的6。 [4]“予以谓非误也”五句：是说我以为这并没有画错。因为管乐器是以手指离开器孔而发声的，琵琶则是手指拨过相应的弦之后才发声，现在画上拨弦的手指掩住了下弦，正表示声音是在上弦。 [5] 心匠：心思之精巧。匠，灵巧。按：今习称“匠心”，通常指精巧的构思。

［点评］

相国寺画众工奏乐的壁画，非精通奏乐的画家不能画出奏乐者的技巧，亦非精通奏乐的观画者不能看出奏乐者的指法。高益匠心，沈括眼光，如高山流水，亦为别一种知音。

书画之妙

书画之妙[1]，当以神会，难可以形器求也。世之观画者，多能指摘其间形象、位置、彩色瑕疵而已，至于奥理冥造者，罕见其人。如彦远《画评》言："王维画物，多不问四时，如画花，往往以桃、杏、芙蓉、莲花同画一景。"[2]予家所藏摩诘画《袁安卧雪图》[3]，有雪中芭蕉，此乃得心应手，意到便成，故造理入神，迥得天意。此难可与俗人论也。谢赫云[4]："卫协之画[5]，虽不该备形妙，而有气韵，凌跨群雄，旷代绝笔。"又欧文忠《盘车图诗》云[6]："古画画意不画形，梅诗咏物无隐情。忘形得意知者寡，不若见诗如见画。"此真为识画也。

《袁安卧雪图》至今仍有争议。一则故事本发生于洛阳，只因"雪中芭蕉"而扯上了岭南；二则有学者指出，张彦远《画评》并未说过"王维画物多不问四时"的话。不过沈括谈画理，仍自成一家言，如所说"奥理冥造"，就不仅是赏画问题，也被认为是中国画善于大胆想象及宋画强调理趣的一种概括。

[注释]

[1]“书画之妙”至“罕见其人”：是说书画作品的奥妙之处，当从其意境上心领神会，难以仅从其外在表现形式上寻求。世上观赏绘画作品的人，大都不过能指摘画中的事物形象、配备位置及色彩运用等方面的瑕疵而已，至于确实能够在冥冥中领会优秀画作的深刻意境和哲理的，罕见其人。形器，本指器物外观形制，此喻画作的外在表现形式。奥理冥造，犹言冥造奥理，意指下意识通达画作的深奥内涵。造，达到。 [2] 此处所引彦远《画评》之言意谓：王维画景物，多不问四时节令，如画花，往往将不同季节开花的桃、杏、芙蓉、莲花等画于同一幅景物图上。彦远，即张彦远，唐后期书画评论家。字爱宾，猗氏（今山西临猗南）人，开元间宰相张嘉贞后人，官至大理卿。著有《历代名画记》《法书要录》等，今未见其有《画评》传世。王维（701—761），字摩诘，蒲州（今山西永济）人。官至尚书右丞。为盛唐著名诗人及画家。 [3]《袁安卧雪图》：相传为王维所画反映东汉袁安早年入仕前客居洛阳困顿情形的作品。袁安（不详—92），字邵公（一作召公），汝南汝阳（今河南商水西南）人。东汉明帝、章帝及和帝初年大臣，位至三公。按：袁安“卧雪”故事，指袁氏在大雪天僵卧于草屋中，非是直接躺卧在雪中，事见《后汉书·袁安传》李贤注引晋周斐《汝南先贤传》。 [4] 谢赫：南朝齐、梁间画家。善作风俗画、人物画，著有《古画品录》，被认为是中国最古的绘画论著。提出中国绘画上的“六法”，后世称“谢赫六法”。 [5] 卫协：西晋画家。善画道释人物，冠绝当代，时有“画圣”之名。谢赫《古画品录》云：“古画之略，至协始精，六法之中，迨为兼善。虽不该备形妙，颇得壮气，陵跨群雄，旷代绝笔。” [6] 按：“又欧文忠《盘车图诗》”五句所引欧阳修《盘车图诗》，原为和梅尧臣而作，大意是说：古人绘画注重意境，不注重

形似，梅尧臣的诗则强调写实，追求平淡的风格，咏物直露而不含蓄；对于绘画上的“忘形得意”，了解的人少，作诗如果过分求实，则不如学学“忘形得意”的办法，以意境为主，使人读一首诗如同看一幅画。欧文忠：欧阳文忠，即欧阳修。梅尧臣（1002—1060），字圣俞，宣城（今属安徽）人，官至员外郎。

［点评］

此条所谈及的《袁安卧雪图》，北宋时已甚有名，且多争议。宋敏求《春明退朝录》卷下只说“唐人所画《袁安卧雪图》，时称名笔”，未指明作者为谁；释文莹《湘山野录》卷上则谓之“乃唐周昉绝笔”；沈括在此则明指为王维所画。争议还不止于作者问题，更令人费解的是此图画岭南之物芭蕉于大雪中。释惠洪《冷斋夜话》卷四说：“王维画雪中芭蕉，法眼观之，知其神情寄寓于物，俗论则讥以为不知寒暑。”《朱子语类》卷一百三十八直言王维误画了芭蕉：“雪里芭蕉，他是会画雪，只是雪中无芭蕉，他自不合画了芭蕉。”沈括以为此画乃是王维得心应手的创作，意趣到处便可成画，所以能够达理入神，深得天机本性。其意盖谓对于此画的景物不一定要求合乎节令，故谓“难可与俗人论”。黄伯思《东观余论·跋滕子济所藏唐人出游图》又云：“昔人深于画者，得意忘象，其形模位置有不可以常法论者……如雪蕉同景，桃李与芙蓉并秀。”这看法与沈括贴近。然朱翌《猗觉寮杂记》卷上云：“《笔谈》云王维画入神，不拘四时，如雪中芭蕉，故惠洪云‘雪里芭蕉失寒暑’，皆以芭蕉非雪中物。岭外如曲江，冬大雪，芭蕉自若，红蕉方开花，始知前辈虽画史亦不苟。洪作诗时未到岭外，存中亦未知也。”此言岭外偶然也会有大雪，雪中芭蕉未必就稀奇。

袁安卧雪故事在古代极有影响，成为传统文学和绘画广为引用的典故和题材。自唐、五代直到近现代，著名画家专门创作《袁安卧雪图》者不下数十家，俨然成为一种特殊的传承现象，而大都顺从王维“文人画”的路子，以写意为主，很少再计较节令问题。明人沈周作《袁安卧雪图》，题云：“何人不卧雪，史独载袁安。但得画中趣，哪知门外寒。”今北京故宫博物院所藏徐渭《梅花蕉叶图轴》和《蕉石牡丹图轴》，前者旁题大字“芭蕉伴梅花，此是王维画”，后者又称“牡丹雪里开亲见，芭蕉雪里王维擅，霜兔毫尖一小儿，凭渠摆拨春风面”。这些大概也就是欧阳修所说的“古画画意不画形”了，而与“文人画”所谓“与其工而不妙，不若妙而不工”的写意特征相联系。

宋迪论山水画“活笔”

宋迪的“活笔”理论，清晰地描述了山水画创作实践中的意象生成过程，也即从自然之象到心中之象，再到笔下之象的几个阶段，涉及技法

度支员外郎宋迪工画[1]，尤善为平远山水。其得意者，有《平沙雁落》《远浦帆归》《山市晴岚》《江天暮雪》《洞庭秋月》《潇湘夜雨》《烟寺晚钟》《渔村落照》，谓之“八景”，好事者多传之。往岁小窑村陈用之善画[2]，迪见其画山水，

谓用之曰："汝画信工，但少天趣。"用之深伏其言，曰："常患其不及古人者，正在于此。"迪曰："此不难耳。汝先当求一败墙，张绢素讫，倚之败墙之上，朝夕观之。观之既久，隔素见败墙之上，高平曲折，皆成山水之象。心存目想：高者为山，下者为水；坎者为谷，缺者为涧；显者为近，晦者为远。神领意造，恍然见其有人禽草木飞动往来之象[3]，了然在目，则随意命笔，默以神会，自然境皆天就，不类人为，是谓'活笔'。"用之自此画格日进。

训练及审美情趣两个层面的问题，皆具原创性。

[注释]

[1] 宋迪：字复古，洛阳人。历官度支员外郎。善画寒林、松石，尤善平山远水。作画崇尚意境，苏轼曾称其画"妙绝一时"。　[2] 陈用之："之"亦作"智""志"。郾城（今属河南）人。仁宗天圣中为图画院祗候，未久罢归。居小窑镇，世人多称之为"小窑陈"。善画佛道、人马、山川林木，而偏于精详。　[3] 恍（huǎng）然：忽然领悟的样子。

[点评]

此条重点记述了北宋画家宋迪启发后学训练山水画"活笔"的方法。按宋迪所指点，初学山水画可以先找一堵破败的墙壁，对着墙壁张起一幅白色丝绢的大画布，然后倚在败墙上，早晨晚上日出日落时，都全神贯注地观看败墙在画布上的投影。观看得久了，隔着画布就能见到败墙的上部高低平凹、曲曲折折，都能变幻成山水的景象。心目一体而存想：败墙高处是山，低处是水；凹陷处是山谷，缺口处是山涧；显豁处是近景，模糊处是远景。神会而意到，忽然发现败墙上都是人物、禽兽、草木飞动往来的景象，全然历历在胸目中，于是随意命笔，默然写出心领神会的意象，自然画中的意境就都天然而成，不似人为的造作，这就叫作“活笔”。宋迪对“活笔”的要求是很高的，他所指点的方法也可以用，但也不是非用不可。元人谢文彦《图绘宝鉴》卷三评价小窑陈的画作，谓之“虽详悉精微，但疏放全少，无飘逸处”，看来仍是就其缺少“活笔”而言的。

徐熙与黄筌

国初，江南布衣徐熙[1]、伪蜀翰林待诏黄筌[2]，皆以善画著名，尤长于画花竹。蜀平，黄筌并二子居宝、居实，弟惟亮，皆隶翰林图画院[3]，擅名一时。其后江南平，徐熙至京师，送图画院。品其画格，诸黄画花，妙在赋色，用笔极新细，殆不见墨迹，但以轻色染成，谓之“写生”；徐熙以墨笔画之，殊草草，略施丹粉而已，神气迥出[4]，别有生动之意。筌恶其轧己[5]，言其画粗恶不入格，罢之。熙之子乃效诸黄之格，更不用墨笔，直以彩色图之，谓之“没骨图”[6]，工与诸黄不相下，筌等不复能瑕疵，遂得齿院品[7]。然其气韵，皆不及熙远甚也。

徐熙后人徐崇嗣、崇矩、崇勋，皆承家学而善画，且崇嗣、崇矩并入于《宣和画谱》。北宋画史多称诸人为徐熙之孙，唯《梦溪笔谈》此条及董逌《广川画跋》称为徐熙之子，有学者考证当以沈括、董逌所称为是。

［注释］

[1] 徐熙：金陵（今江苏南京）人。出身南唐望族，放达不仕，南唐灭国后入宋，不久去世。善画花竹、禽鱼、蔬果、草虫等，与黄筌并为五代宋初花鸟画不同流派的代表人物。　[2] 黄筌（约 903—965）：字要叔，成都人。仕前、后蜀，为翰林待诏，入宋官至太子左赞善大夫。与诸子及弟惟亮并善花鸟画，自成一派。　[3] 翰林图画院：宋代皇家画院。隶属入内内侍省所辖翰林院图画局，设画学正、艺学、祇侯、待诏四等职位，聚集天下绘画名家供奉朝廷，实为国家绘画创作中心，同时招收画学生，兼有国家绘画学校的性质。　[4] 神气迥（jiǒng）出：顿时体现出来的精神气韵远在一般作品之上。迥，远。　[5] 恶（wù）其轧（yà）己：憎恶其排挤自己。按：此实指黄筌嫉妒。　[6] 没（mò）骨图：当是指用彩色渍染掩盖先前用墨笔所勾勒或皴染出的形象轮廓的画法。此法讲求花卉之浓丽，而骨气已远逊于徐熙的“落墨法”。　[7] 得齿院品：得以列入图画院入品的作品中。齿，并列。

［点评］

此条述论徐熙、黄筌两派画风之异，而谓徐熙之子屈从权势，放弃徐氏风格，改从黄氏画风，结果导致画作的气韵远不如徐熙生动。《宣和画谱》卷十七《花鸟三·徐熙》也记载：“今之画花者，往往以色晕淡而成，独熙落墨以写其枝叶蕊萼，然后傅色，故骨气风神，为古今之绝笔。议者或以谓黄筌、赵昌为熙之后先，殆未知熙者。盖筌之画则神而不妙，昌之画则妙而不神，兼二者一洗而空之，其为熙欤！”北宋郭若虚《图画见闻志》卷一有“论黄、徐体异”条，引谚语云“黄家富贵，徐熙野逸”，也反映出浓丽与骨气之别。

王羲之《乐毅论》石刻

《乐毅论》书帖和《黄庭经》一样，虽属小楷，但书法雍容和雅，有大字格局，且笔势精妙，备尽楷则，行笔自然，字势逸宕，至今仍是练习小楷的优良范本。然自宋世以来，已不见唐人原拓，传世者皆为重摹本，如沈括所说，“笔画无复昔之清劲”。这也是著名书法作品流传过程中的正常现象。

王羲之书[1]，旧传惟《乐毅论》乃羲之亲书于石，其他皆纸素所传。唐太宗裒聚二王墨迹[2]，惟《乐毅论》石本在，其后随太宗入昭陵[3]。朱梁时[4]，耀州节度使温韬发昭陵得之[5]，复传人间。或曰公主以伪本易之，元不曾入圹[6]。本朝入高绅学士家[7]。皇祐中，绅之子高安世为钱塘主簿，《乐毅论》在其家，予尝见之。时石已破缺，末后独有一“海”字者是也。其家后十余年，安世在苏州，石已破为数片，以铁束之。后安世死，石不知所在。或云苏州一富家得之，亦不复见。今传《乐毅论》皆摹本也，笔画无复昔之清劲。羲之小楷字，于此殆绝。《遗教经》之类[8]，皆非其比也。

[注释]

[1]“王羲之书”三句：是说王羲之的书法作品，旧时相传只有《乐毅论》是王羲之亲笔书写上石的，其他都是以纸本或绢本流传的。《乐毅论》，三国魏夏侯玄原作，据传王羲之书以付其子官奴（王献之），遂成为后世所传王羲之最著名的小楷书法作品。详见本条“点评”。 [2]裒（póu）：聚，聚集。 [3]随太宗入昭陵：太宗去世时被作为随葬品埋入墓中。昭陵，唐太宗陵墓。 [4]朱梁：五代时朱温建立的后梁政权。 [5]温韬（不详—928）：京兆华原（今陕西铜川市耀州区）人。唐末为华原镇将，降于后梁，曾盗发唐诸帝陵墓。后唐明帝时被赐死。 [6]元：通“原”。圹（kuàng）：墓穴。 [7]高绅：鄞县（今浙江宁波鄞州区）人。为真宗朝宰相王钦若亲戚，曾屡任馆职，又历转运使、经略使等，天禧间以知越州致仕。 [8]《遗教经》：相传为王羲之书法作品之一，原题《佛遗教经》，亦为小楷。欧阳修《集古录》以为伪品，推测“盖唐世写经手所书”，“然其字亦可爱”。后世看法仍不一，虽都肯定其书法成就，而以为与《兰亭集序》《乐毅论》相比，则皆相去有间。

[点评]

乐毅是战国后期杰出的军事家，曾拜燕国上将军，公元前284年统帅燕国等五国联军进攻齐国，连下70余城，创造了中国古代战争史上以弱胜强的著名战例。三国夏侯玄所作《乐毅论》专论乐毅攻齐之事，自王羲之以小楷抄写传世后，其文即尤假“书圣”之书法名世。然南朝梁时内府所藏《乐毅论》书帖，梁武帝已云“恐非真迹”，陶弘景亦疑其为摹本。唯陈、隋间释智永，仍视之为王羲之真迹正书第一。唐初褚遂良等复鉴定为王羲之真迹。唐太宗最为宝重《兰亭集序》与《乐毅论》书迹，尝以《乐毅论》拓本分赐大臣六人，“于是在外乃有六本”。其墨迹本早已不存，所谓“真迹”更无从谈起。一说唐初“真迹”在战乱时被咸阳老妪投之于灶火；一说唐太宗所收《乐毅论》原先便无墨迹而只有石刻。石刻的流传情况，载籍所见非常复杂，而《梦溪笔谈》此条所记可存一说。

董源、巨然山水画

胡道静《梦溪笔谈校证》（第426页）云：“梦溪家藏法书名画甚富，观摩鉴赏，特具一日之长。读《笔谈》‘书画’卷品评古今，讨论画法，自是行家，语非浮泛，知其于艺事浸沉之深也。”

江南中主时[1]，有北苑使董源善画[2]，尤工秋岚远景，多写江南真山，不为奇峭之笔。其后建业僧巨然祖述源法[3]，皆臻妙理。大体源及巨然画笔皆宜远观，其用笔甚草草，近视之几不类物象，远观则景物粲然，幽情远思，如睹异境。如源画《落照图》，近视无功，远观村落杳然深远，悉是晚景，远峰之顶宛有反照之色，此妙处也。

[注释]

[1] 江南中主：五代十国时南唐皇帝李璟（916—961）。943 年即位，958 年为后周所攻，去帝号，改称“江南国主”。又以南唐共历三帝，璟居中，后人遂称之为“中主”。 [2] 北苑使：南唐皇室园林“北苑”的官署长官。参见《补笔谈》卷一“北苑茶”条注 [3]。董源：一作董元，字叔达，钟陵（即金陵，今江苏南京）人。南唐画家。以曾历官北苑使（一说为北苑副使），世称董北苑。擅长水墨山水画，为当时南方山水画流派的主要代表人物之一。 [3] 巨然：五代宋初画家。初为建业（今南京）开元寺僧，后随南唐后主降宋入汴京，居开宝寺。继承董源水墨山水画风而有发展，世称“董巨”。

[点评]

北宋后期，文人山水画理论趋向成熟，南方山水画派的代表人物董源首次受到沈括的推崇和欣赏。沈括对董氏绘画的品评，一是说他“多写江南真山，不为奇峭之笔”，也就是以实景入画，不作夸张和幻化。这点稍后米芾在所作《画史》中概括为“平淡天真”“不装巧趣”，作为一种画风来看，其实正适合于描绘玲珑秀美的江南风景，本不须巉岩奇峭。二是说董氏“用笔甚草草，近视之几不类物象，远观则景物粲然，幽情远思，如睹异境”。这点由水墨画的皴法所致，同时也反映出文人画崇尚自然、放达、潇散的写意追求和审美情趣。

卷十八 技艺

喻皓《木经》

欧阳修《归田录》卷上第二条，即记有喻皓建造京师开宝寺塔之事，并对他的建筑技术给以很高的评价，说他乃“国朝以来木工，一人而已，至今木工皆以预都料为法，有《木经》三卷行于世”。北宋末李诫所著《营

营舍之法，谓之《木经》，或云喻皓所撰[1]。凡屋有“三分去声”：自梁以上为“上分”，地以上为“中分”，阶为“下分”。凡梁长几何[2]，则配极几何，以为榱等。如梁长八尺，配极三尺五寸，则厅堂法也[3]。此谓之“上分”。楹若干尺[4]，则配堂基若干尺，以为榱等。若楹一丈一尺，则阶基四尺五寸之类，以至承栱、榱桷皆有定法，谓之“中分”。阶级有“峻”“平”“慢”三等；

宫中则以御辇为法[5]：凡自下而登[6]，前竿垂尽臂，后竿展尽臂，为“峻道”；荷辇十二人：前二人曰前竿，次二人曰前绦；又次曰前胁，后二人曰后胁；又后曰后绦，末后曰后竿。辇前队长一人曰传唱，后一人曰报赛。前竿平肘，后竿平肩，为“慢道”；前竿垂手，后竿平肩，为“平道”。此之谓“下分”。其书三卷。近岁土木之工益为严善[7]，旧《木经》多不用，未有人重为之，亦良工之一业也。

造法式》一书，是一部综合性的建筑学著作，也是官方颁布的建筑设计和施工规范书籍，其中很多内容即是参照《木经》编集的。

［注释］

[1] 喻皓：又作“俞皓”“预皓”“喻浩”“预浩”等。北宋前期建筑师。浙东人，生平未详。　[2]“凡梁长几何”三句：是说凡是梁长多少，则梁到屋脊的垂直高度就相应地配多少，以此定出比例。极：屋脊。在此实指屋脊与横梁之间的垂直高度。榱等：同“衰（cuī）等”，等级、比例。　[3] 厅堂法：厅堂的规格。　[4]“楹若干尺”至“榱桷皆有定法”：是说柱子高若干尺，则堂基就相应地高若干尺，也以此定出比例。如柱子高一丈一尺，则堂前大门台阶的高度就配四尺五寸之类，以至于斗拱、椽子等都有固定的尺寸。楹，支撑横梁的木柱。承栱，即斗拱，梁和柱之间的承重结构。榱桷（cuī jué），椽子。　[5] 宫中则以御辇为法：皇宫内台阶的种类以御辇的出入为标准。御辇，此指皇帝专坐的轿。　[6]“凡自下而登”四句：是说凡是抬御辇升阶，当抬辇者都在台阶上时，最前面的二人（前竿）手臂自然下垂到手能握竿的最低度（“垂尽臂”），最后面的二人（后竿）则手臂上举到手

能握竿的最高度（“展尽臂”），以此保持前后的平衡，这样的台阶比较陡而叫作“峻道”。下述“慢道”“平道”，坡度依次降低，文意参此。 [7]“近岁土木之工益为严善”四句：是说近年土木建筑的技术要求更为严谨完善了，已多不用旧时的《木经》，然而还没有人重新编写一部这样的书，这也应该是优秀的木工值得留意的一项业内之事。

［点评］

《梦溪笔谈》所记宋代工程技术方面的能工巧匠，最为昭昭在人耳口的是发明活字印刷术的毕昇和水工高超、木工喻皓。喻皓为北宋前期有名的建筑师，欧阳修《归田录》和辑录杨亿言论的《杨文公谈苑》都记有他的建筑成就。《梦溪笔谈》本条则特别述及总结喻皓实践经验和理论思考的著作《木经》，保存了极重要的建筑学资料。《木经》是总结房屋建筑工艺的作品，也可看成是中国历史上第一部木结构建筑手册。按沈括所记，该书把房屋结构分为上、中、下三部分，按照尺寸比例来安排构件，并且格外注意各部分之间的协调，连构件尺寸也有细致的记录，这样的房屋设计无论从实用方面还是从审美角度来看，都达到了严格而高超的建筑标准。《木经》问世后一直被广泛使用，不仅促进了当时建筑技术的交流和提高，而且对后来建筑技术的发展有很大影响。

軎术和缀术

审方面势，覆量高深远近，算家谓之軎术[1]。“軎”文象形，如绳木所用墨斗也[2]。求星辰之行，步气朔消长，谓之缀术[3]，谓不可以形察，但以算数缀之而已。北齐祖亘有《缀术》二卷[4]。

［注释］

[1] 軎（wèi）术：中国古代的一门应用算术，主要用于测量地势高低、距离远近等，也用于考察、选择、规划用材。审方面势，指测量地势。按：此与下二“軎”字，《事实类苑》卷五十二所引及元大德本《梦溪笔谈》均作“叀”。《说文解字》释“叀”字为“小谨”，释“軎”字为“车轴端”，疑“軎”“叀”二字用于表示一种算术均为借音字。甲骨文已有“叀”字，用作语首助词的“惟”，与“軎”字音同；“軎”又写作“轊”或“轨”，亦是同音假借。据段玉裁《说文解字注》“叀”字条注文，唐李阳冰释“叀”字曾有“墨斗之说”。明方以智《通雅》卷四十释“叀术”云：“叀术，即今之测量器也。祖暅之《缀术》，宋卫朴专明叀术。叀音罥（juàn），挂也，挂空取线而算之，总曰《缀术》。”其意盖谓使用悬空垂线的器具测量地形的高低远近，总其数据而算之，即谓之“叀术”；而这“叀术”即包含在祖暅之的《缀术》中，所以卫朴曾专门讲明其中的“叀术”。若此说可据，则“軎术”之名可能即是由“缀术”分化而来的，二者义通，均泛指数学运算。“叀”字后世读作“专”，当不是本音，其本音大概与“軎”“缀”相同或相近，古音均属微部，故“軎术”和“叀术”

也可通用。　[2]"'𦒱'文象形"二句：此为沈括的看法，以为"𦒱"是象形字，所象即为木工画线所用墨斗的形状。这一看法当是参考李阳冰对"叀"字的解释而来的，大约以为二字构形相同，均与墨斗有关，意在说明"𦒱术"或"叀术"即是测量运算的称谓。　[3]缀术：数学运算。在中国古代亦为应用算术，主要用于天文测量和节气朔望等历法推算。　[4]祖亘：祖暅，参见卷七"极星测量"条注[9]。按：沈括谓"北齐祖亘"，"北齐"二字不可解，疑有误。《祖暅之传》见《南史》，附于《祖冲之传》下，与北齐无涉。或载籍因其祖籍而称之为"范阳祖暅"，又误写为"范阳祖亘"，以致被误认为北齐人。《缀术》：或作《缀述》。一般认为由祖冲之、祖暅之父子二人相继撰述而成，为汉魏至隋唐间水平最高的数学著作。因"学官莫能究其深奥，是故废而不理"，遂致此书久已失传。据唐人有关叙说，《缀术》中可能有精密的圆周率、三次方程的解法和正确的球体积计算方法等成就。

[点评]

此条解释什么叫"𦒱术"、什么叫"缀术"。按沈括的表述，他认为"𦒱术"是用作地形测量的，因为有关数据都是通过直观测量的方法得来的，所以叫"𦒱术"。"𦒱"是象形字，表示像木工的墨斗那样的测量用具；"缀术"是用作天文观测和历法推算的，因为有关数据都不是靠直观测量的方法得来的，而是靠推导和演算得来的，所以叫"缀术"，"缀"就是连缀的意思，而用作著述的代称。沈括在此从实际运用的角度，把𦒱术和缀术分成了算术的两个分支，并分别解释了它们的起源和功用；而按方以智的看法，"缀术"是总名，"𦒱术"是分称，抽象来说，二者都是指算数中的综合运算。

隙积术和会圆术

算数求积尺之法[1]，如刍萌、刍童、方池、冥谷、堑堵、鳖臑、圆锥、阳马之类[2]，物形备矣，独未有隙积一术。古法，凡算方积之物[3]，有立方[4]，谓六幕皆方者[5]，其法：再自乘则得之[6]。有堑堵[7]，谓如土墙者，两边杀，两头齐，其法：并上下广折半以为之广，以直高乘之；又以直高为股，以上广减下广、余者半之为句，句股求弦，以为斜高。有刍童[8]，谓如覆斗者，四面皆杀，其法：倍上长加入下长，以上广乘之；倍下长加入上长，以下广乘之；并二位以高乘之，六而一。隙积者[9]，谓积之有隙者。如累棋、层坛及酒家积罂之类。虽似覆斗[10]，四面皆杀，缘有刻缺及虚隙之处，用刍童法求之，常失于数少。予思而得之[11]，用刍童法为上行，下行别列下广，以上广减之，余者以高乘之，六而一，并入上行。假令积罂[12]，最上行纵广各二罂，最下行各十二罂，行行相次，先以上二行相次，率至十二，当十一行也。以刍童法求之，倍上行长得四，并入下长得十六，以上广乘

沈括的隙积术，采取的是先分层计算，然后再作级数求和的办法，或说是先“化整为零”，然后再“积零为整”，二者是个互逆的过程。沈括的会圆术，在名称上就是跟传统的割圆术互逆的，毋宁说也是一种“积零为整”的思维。这两种“术”都与近代积分学相接近，在中国古代鲜明体现了数学思想上的创新。

之得之三十二；又倍下行长得二十四，并入上长得二十六，以下广乘之得三百一十二，并二位得三百四十四，以高乘之得三千七百八十四。重列下广十二，以上广减之余十，以高乘之得一百一十，并入上位得三千八百九十四，六而一，得六百四十九，此为罂数也。刍童求见实方之积[13]，隙积求见合角不尽、益出羡积也。

履亩之法[14]，方圆曲直尽矣，未有会圆之术。凡圆田，既能拆之，须使会之复圆，古法惟以中破圆法拆之，其失有及三倍者。予别为拆会之术[15]：置圆田径，半之以为弦；又以半径减去所割数，余者为股；各自乘，以股除弦，余者开方除为勾，倍之为割田之直径；以所割之数自乘倍之，又以圆径除所得，加入直径，为割田之弧。再割亦如之[16]，减去已割之数，则再割之数也。假令有圆田[17]，径十步，欲割二步。以半径为弦，五步自乘得二十五；又以半径减去所割二步，余三步为股，自乘得九；用减弦外，有十六，开平方，除得四步为勾，倍之为所割直径。以所割之数二步自乘为四，倍之得为八，退上一位为四尺，以圆径除。今圆径十，已是盈数，无可除，只用四尺加入直径，为所割之弧，凡得圆径八步四尺也。再割亦依此法。如圆径二十步求弧数，则当折半，乃所谓以圆径除之也。此二类皆造微之术，古书所不到者，漫志于此。

［注释］

[1] 积尺：古人用“积尺”表示面积或体积，沈括在此表示体积。　[2] 刍萌：也称刍甍（méng），即长方楔形体。底面为矩形，左右两个侧面为三角形，前后两个侧面为梯形。刍童：长方棱台，也称楔形四棱台。上、下底面均为矩形，四面为两两对称梯形。方池、冥谷：一种上底面大于下底面的四棱台形体，犹如倒置的刍童，形状亦类似于过去升斗一类的容器。堑堵：《九章算术》指两底面为直角三角形的正柱体，亦即长方体的斜截平分体。但按《梦溪笔谈》此条下文所说，堑堵如土墙，“两边杀，两头齐”，即两侧的两面自下而上逐渐内缩，两头的两面与地面垂直，则所指乃两侧为矩形、两头为等腰梯形的长方棱台，与《九章算术》所指不同。鳖臑（biē nào）：一种锥体。底面为直角三角形，且有一棱与底面垂直。圆锥：圆锥体。阳马：四棱锥。有时指底面为长方形且有一棱与底面垂直的锥体。　[3] 方积：现在所称体积。　[4] 立方：正方体，即用六个完全相同的正方形围成的立体。　[5] 六幕：一作“六幂”，指正方体的六个侧面。　[6] 再自乘：一乘再乘，指边长的立方。正方体的体积即由边长的三次方而得。　[7]“有堑堵”至“以为斜高”：此处所叙计算堑堵体积的文字，疑有脱误。所说“其法”的“并上下广折半”当是指堑堵两端等腰梯形的中线之长，所说“直高”则指等腰梯形的高，二者相乘即等腰梯形的面积。以此面积乘以堑堵的长度，即是堑堵的体积。然其下所说“又以直高为股”云云，所求“斜高”实为

等腰梯形的腰，即堑堵侧面矩形的短边，而不是其长边。清张文虎校订此处文字，以为“堑堵法云”数句“尤谬误”，历来虽屡经改字，仍难疏通，故疑今本此处仍有脱误。 [8]“有刍童”至“六而一”：叙述刍童体积的计算方法，谓刍童如倒扣的斗，四面由下而上皆内缩，其体积的计算公式如下：

$$V_{刍童}=h[(2b+d)a+(2d+b)c]\div 6$$

其中 a 为上底的宽，b 为上底的长，c 为下底的宽，d 为下底的长，h 为高（上下底之间的距离）。 [9]“隙积者”三句：是说隙积指带有缝隙的堆积物，如叠垒起来的棋子、分层建筑的坛台以及酒店里堆垛起来的酒坛子之类。罂，小口大腹陶瓷容器。按：所谓隙积术，实即高阶等差级数的求和问题。 [10]“虽似覆斗”五句：是说隙积之物的总体形状虽也像倒扣的斗，四面都是逐层向上收缩的，但因为四条棱都有类似契刻的缺口及空隙之处，所以用刍童法推算，所得结果往往比实际的数目少。 [11]“予思而得之”至“并入上行”：叙述沈括思考所得的新方法：先用刍童法计算，把得出的结果放到算板（或算盘）的上一行，然后另起一行，以下广减去上广的余数乘以高，再除以六，最后把另算的结果加到上一行的数目上。其算式列出来如下：

$$V_{隙积}=h[(2b+d)a+(2d+b)c]\div 6+h(c-a)\div 6$$

$$=h[(2b+d)a+(2d+b)c+h(c-a)]\div 6$$

这个算式只是在刍童计算的结果上增加了“别列”的一项，其中的 h 也可以改换成隙积的层数 n。文中的“上行”“下行”（以及“上位”“下位”），都是指筹算而言的，只是运算的习惯称呼。 [12]注文“假令积罂”至“此为罂数也”：全部算法为隙积法的举例：假设酒家积罂，最上行纵广各二罂，最下行各十二罂，行行相次，共十一行，套入上式，即可得出酒罂总数：$\{[(2\times2+12)\times2+(2\times12+2)\times12]\times11+(12-2)\times11\}\div6=[(16\times2+26\times12)\times11+10\times11]\div6=$

$[(32+312)\times11+110]\div6=(3784+110)\div6=3894\div6=649$（罂数）。[13]“刍童求见实方之积”二句：是说刍童法要求得知在刍童规范内所能容纳的实物积数，隙积术则还要求得知因物件边角包括不尽而溢出的余数。益，同“溢”，多出的。　[14]“履亩之法”至“其失有及三倍者”：是说丈量土地的方法，无非是方、圆、曲、直各种数据的测量和计算，但还未见有会合弧形为圆形的测算办法。凡是圆形田土，既能把它们拆分测量，就必须也能使它们拼合起来恢复圆形而作测算，古法只以中分破圆为直的办法拆分圆弧测算，其误差有及于三倍的。会圆之术，按沈括本条所述，又称“拆会之术”，实指将已经拆分测算的弧形地段再拼合起来，用计算圆面积的办法计算其面积，所谓“会圆”即拼合为圆之意。中破圆法，当是指以不断中分的方式把弧形线段变得细碎，如此则至极细碎时，每一小段便皆可作直线处理。此即中国魏晋之际数学家刘徽所发明的“割圆术”及后来所称的“祖暅原理”，已包含微积分的萌芽。　[15]“予别为拆会之术”至“为割田之弧”：逐步叙述沈括别创的“拆会之术”（即会圆术）中求田土弧段长度的方法。其法如下：设有弧段 AB，其中心点为 P，圆心为 O，线段 OP 与 AB 的交点为 C，又设弧长为 l，弦长 AB 为 a，圆的半径为 r，矢高（圆弧的高 PC）为 h，则 $OB=r$，$OC=r-h$，则由 Rt △ OBC 很容易算出另一直角边 CB 的长度值，2 倍之即为 a 之值。按沈括所述计算圆弓形弧长的近似方法，其近似公式为如下：

$$l=a+2h^2/r$$

这个公式的计算结果比实际值略小，并且圆弓形的弧所对圆心角越小，其精确度越大，当圆心角小于 45° 时，相对误差小于 2%。按：文中所说“置圆田径，半之以为弦”，指以圆的半径为 Rt △ OBC 的斜边，“弦”即此斜边，而不是指圆弧所对的线段；下面所求的“股”“勾”，即 Rt △ OBC 的两个直角边；所说“割田之直径”，此“直径”乃指圆弧所对的弦，而不是圆的直径，圆的直径沈括在此只称“径”。 [16]“再割亦如之”三句：是说再割一块田土，方法也一样，而由已知的弧长减去某段弧长，也可得到另一段弧长。按：此意在指出弧线和直线一样，也可作加减运算。 [17]注文“假令有圆田”至“乃所谓以圆径除之也”为举例说明，所举的例子是假设圆的直径为10步，半径r=5步，矢高h=2步，代入上式，即得出圆弧的长为八步四尺。注末说“如圆径二十步求弧数，则当折半，乃所谓以圆径除之也”，意指圆的直径和半径r都扩大了一倍，而r在$2h^2/r$式中为分母，故其值亦“折半”，缩小了一倍。

［点评］

隙积术和会圆术是沈括在数学领域的两大重要研究成果。隙积术是用来计算诸如累棋、层坛、积罂（堆垛的酒坛子）一类长方台形垛积的体积和堆垛物数目的方法，其中包含高阶等差级数的计算公式，开了中国垛积术研究的先河。南宋后期数学家杨辉发展了这一成果，由多面体体积公式导出了相应的垛积公式。会圆术是用以处理圆弧的弦、矢（弧的高）与弧长之间数量关系的方法，沈括在中国数学史上最早给出了利用弦、矢推求弧长近似值的公式。元代郭守敬创制《授时历》时，以四次方程求“黄道积度”，即是引用沈括会圆术的公式而列出方程的，并称之为“弧矢割圆术”。

蹙融

蹙融，或谓之蹙戎，《汉书》谓之格五[1]。虽止用数棋，共行一道，亦有能否。徐德占善移[2]，遂至无敌。其法以己常欲有余裕[3]，而致敌人于崄[4]。虽知其术止如是，然卒莫能胜之。

《汉书·吾丘寿王传》注引刘德曰：“格五，棋行簺法，曰‘塞’‘白’‘乘’‘五’，至‘五’格不得行，故云格五。”此指掷色子行棋，若掷到“五”则停止行棋，让对方走棋。此亦为一家之说。

［注释］

[1] 格五：古代的一种棋类游戏。又名簙簺、博塞或簺。 [2] 徐德占：北宋人徐禧（1035—1082）。字德占，洪州分宁（今江西修水）人。元丰中官至知制诰、御史中丞、给事中，力主筑永乐城（今陕西米脂西）以御西夏，城成，旋为西夏攻陷，战死。 [3] 余裕：犹言回旋余地。 [4] 崄：同“险”。

［点评］

格五之棋，或说弈棋双方分用黑白子五枚，共行中道，每次移一步，遇对方则跳越，以先抵敌境为胜。其规则今已无清楚记录。唐宋时又称蹙融、蹙戎为格五，是否确实，今亦无定论。

棋局都数

小说，唐僧一行曾算棋局都数[1]，凡若干

围棋的棋局都数大概是人世间目前所能认识到的最大的数字之一。沈括的计算只是理想的算法之一，不包括实际对局中的“打劫”及有的位置在提子后还可落子、有的位置却不能落子等无限变化的情况。沈括能计算到需要连书五十二个“万”字的总数，虽然“五十二”这个数的表达出了问题，但他实际上已将近接触到大约为1.74×10 172的数值，已是了不起的成就。

局尽之。予尝思之，此固易耳，但数多[2]，非世间名数可能言之。今略举大数。凡方二路[3]，用四子，可变八十一局。方三路，用九子，可变一万九千六百八十三局。方四路，用十六子，可变四千三百四万六千七百二十一局。方五路，用二十五子，可变八千四百七十二亿八千八百六十万九千四百四十三局。古法，十万为亿，十亿为兆，万兆为秭[4]。算家以万万为亿，万万亿为兆，万万兆为垓。今但以算家数计之。方六路[5]，用三十六子，可变十五兆九十四万六千三百五十二亿八千二百三万一千九百二十六局。方七路以上，数多无名可记。尽三百六十一路，大约连书“万”字五十二[6]，即是局之大数。“万”字五十二，最下“万”字即万局，第二是万万局，第三是万亿局，第四是一兆局，第五是万兆局，第六是万万兆，谓之一垓，第七是万垓局，第八是万万垓，第九是万倍万万垓。此外无名可纪。但五十二次万倍乘之，即是都大数，零中数不与。其法，初一路可变三局，一黑一白一空。自后不以横直，但增一子，即三因之。凡三百六十一增，皆三因之，即是都局数。又法[7]，先计循边一行为法，凡十九路，得一十亿六千二百二十六万一千四百六十七局。凡加一行，即以法累乘之，乘终十九行，亦得上数。又法[8]，以自法相乘，得一百三十五兆八百五十一万七千一百七十四亿四千八百二十八万七千三百三十四局。此是两行，凡三十八路，变得此数也。下位副置之，以下乘上，又以下乘下，置为上位；又副置之，以下乘上，以下乘下；加一法，亦得上数。有数法可求，唯此法最径捷。只五次乘便尽三百六十一路。千变万化，不出此数，棋之局尽矣。

［注释］

[1] 棋局都数：指围棋在数学演算的理论上可能出现的棋局总数。 [2]“但数多”二句：是说数字太大，人世间现有的数字名称不够用，不可能都读出来。 [3]“凡方二路”三句：是说棋盘上横、竖各二路如井字形的方格，因有四个位置可布子，用四子，而每个位置都有为白子所占、为黑子所占或空着三种可能的布局，所以横、竖各二路可能的布局共有 $3\times3\times3\times3=3^4=81$ 种。如此，方三路有九个位置可布子，用九子，则棋局可变总数即为 3^9=19 683 种；方四路有十六个位置可布子，用十六子，则棋局可变总数即为 3^{16}=43 046 721 种。以此类推，直到整个棋盘的方十九路，共有三百六十一个位置可布子，用三百六十一子，则棋局可变总数即为 3^{361} 种。此即下文所说：

“其法，初一路可变三局（一黑一白一空），自后不以横直，但增一子，即三因之。凡三百六十一增，皆三因之，即是都局数。” [4] 秭（zǐ）：中国古代通常用为“万亿”之名，沈括在此处指“万兆”。 [5]“方六路”三句：按方六路计算，用三十六子，棋局可变总数应是 3^{36}=150 094 635 296 999 121 种。沈括算出的数是 150 094 635 282 031 926，自亿位以下算错了。 [6] 五十二：当作“四十三”。3^{361} = 1.7 408 965 065 903 $\times 10^{172}$= 1.7 408 965 065 903 ×（10 000）^{43}，用汉字写出来，就需要连写四十三个“万”字。 [7]“又法”六句：此所称“又法”，是先算边上一行的布局数，因有十九个位置，故有 3^{19} = 1 162 261 467 种布局（沈括称此数为“法”，但注文的“一十亿”当作“一十一亿”，少了“十”下的“一”字），以后每添一行，就用此“法”数乘一次，连乘的结果是 3^{361}，亦即棋局总数。 [8]“又法”十一句最后给出了一种算法，用的是筹算语言，实际步骤是：3^{19}（法）——$3^{19}\times 3^{19}$（自法相乘）=3^{38}（下位副置之）——$3^{38}\times 3^{19}$（以下乘上）=3^{57}——$3^{57}\times 3^{57}$（又以下乘下）=3^{114}（置为上位又副置之）——$3^{114}\times 3^{57}$（以下乘上）=3^{171}——$3^{171}\times 3^{171}$（以下乘下）=3^{342}——$3^{342}\times 3^{19}$（加乘一法）=3^{361}。沈括认为此法是最便捷的，“只五次乘，便尽三百六十一路”。

[点评]

围棋棋盘上的变局总数，普通人要用清晰的思路计算和表述出来，还要用传统的数字表示方法写下来，几乎是不可能的，因为数字实在太庞大了。但这对沈括却是很容易的事，只不过他也感觉“数多，非世间名数可能言之”。沈括的时代距十七世纪初欧洲发明对数还有

500 多年，那时的中国天文学家还在花费巨大的精力，用筹算工具去对付那些繁杂的“天文数字”。沈括对棋局总数的计算方法是正确的，所得结果也基本正确，并提出了多种算法，显示了那时中国科学家群体仅用筹算处理如此庞大数字的非凡运算能力。

弹 棋

《西京杂记》云[1]：“汉元帝好蹴踘[2]，以蹴踘为劳，求相类而不劳者，遂为弹棋之戏[3]。”予观弹棋绝不类蹴踘[4]，颇与击踘相近，疑是传写误耳。唐薛嵩好蹴踘[5]，刘钢劝止之，曰：“为乐甚众，何必乘危，邀顷刻之欢？”此亦击踘，《唐书》误述为蹴踘。弹棋，今人罕为之，有《谱》一卷，盖唐人所为。其局方二尺[6]，中心高如覆盂，其巅为小壶，四角微隆起。今大名开元寺佛殿上有一石局，亦唐时物也。李商隐诗曰[7]：“玉作弹棋局，中心最不平。”谓其中高也。白乐天诗[8]：“弹棋局上事，最妙是长斜。”长斜谓抹角斜弹，一发过半局，今《谱》中具有此法。柳子厚叙棋[9]，用二十四棋者，即此戏也。《汉书》

三国曹丕《弹棋赋》：“局则荆山妙璞，发藻扬晖；丰腹高隆，庳根四颓；平如砥砺，滑若柔荑。棋则玄木北干，素树西枝；洪纤若一，修短无差。象筹列植，一据双螭；滑石雾散，云布四垂。”

唐卢渝《弹棋赋》：“下方广以法地，上圆高以象天。起而能伏，危而不悬，四隅成举，四达无偏。居中谓之丰腹，在末渭之缘边。”

注云“两人对局，白黑子各六枚”，与子厚所记小异。如弈棋[10]，古局用十七道，合二百八十九道，黑白棋各百五十，亦与后世法不同。

［注释］

[1]《西京杂记》：旧题东晋葛洪撰。原有跋文，谓辑抄西汉刘歆所遗汉史资料而成。为笔记小说作品集，多怪诞不经。今通行本为六卷，共一百余则，两万余言。 [2] 汉元帝（前 74—前 33）：西汉皇帝，即刘奭，宣帝之子。黄龙元年（前 49）即位。多才艺，在位时西汉已走下坡路。按：“汉元帝好蹴鞠”，今本《西京杂记》卷二作“（汉）成帝好蹴踘”，不作元帝。汉成帝（前 51—前 7），即刘骜，字俊（骏），号太孙，元帝之子。竟宁元年（前 33）即位。在位时曾任用刘向校理国家藏书。晚年荒废政事，为后来王莽篡汉留下祸根。蹴踘（cù jū）：古人以脚蹴、蹋、踢皮球的活动，类似今日之足球。踘，古同“鞠”。早期的“鞠”是用皮革包裹毛发等软材料制成的，唐宋以后开始逐渐出现外形类似今日足球的充气皮球。 [3] 弹棋：大约在汉魏之际兴起的一种棋类游戏。棋盘为正方形，中部有高圆隆起，四面平展如砥，象征天圆地方。载籍谓“二人对局，黑白各六枚，先列棋相当，下呼上击之”，但如何击之，规则如何，今已不明。魏晋南北朝时逐渐发展为双方各八枚棋子对局，唐代又进而各用十二枚棋子，宋代时此游戏已然消失。按：此所引《西京杂记》之文有节略，今本《西京杂记》卷二记载：“成帝好蹴踘，群臣以蹴踘为劳体，非至尊所宜。帝曰：‘朕好之。可择似而不劳者奏之。’家君（指刘歆之父刘向）作弹棋以献。帝大悦，赐青羔裘、紫丝履，服以朝觐。” [4]“予观弹棋绝不类蹴踘”三句：是说弹棋与蹴踘绝不

相类，而颇与击踘相近，故沈括疑《西京杂记》所说的“蹴踘”为“击踘”传写之误。击踘，又作“击鞠”，宋人或称“击木毬子”，即今日所称打马球。球有拳头大小，用质地轻巧的柔木制成，中间被掏空，外面还雕有精致花纹。游戏者乘马分两队，手持球杖，共击一球，以打入对方球门为胜。唐宋时代盛行此种运动。 [5]“唐薛嵩好蹴踘”至“《唐书》误述为蹴踘”：述刘钢劝止薛嵩蹴鞠事，见《新唐书·薛仁贵传》所附《薛嵩传》。沈括以为薛嵩所好者本为击踘，《新唐书》误述为蹴踘。薛嵩（不详—772年），本名薛尹，字嵩，绛州万泉（今山西万荣）人。唐朝中叶将领，大将军薛仁贵之孙，晚年封平阳王。刘钢，隐士。 [6]局：棋盘。下文“石局”指石棋盘，“半局”指棋盘之半。 [7]李商隐（约813—约858）：晚唐著名诗人。字义山，号玉溪生，荥阳（今属河南）人。此所引诗句见所作《柳枝五首》。 [8]白乐天：见卷五“霓裳羽衣曲”条注[6]。此所引诗句见所作《和春深》之十七。 [9]“柳子厚叙棋”三句：此述柳宗元之文，原题《序棋》。文中有云：“得木局，隆其中而规焉，其下方以直。置棋二十有四，贵者半，贱者半。贵曰上，贱曰下，咸自第一至十二。下者二乃敌一，用朱、墨以别焉。”此指唐人弹棋，双方各用十二子，红者为贵子，黑者为贱子，贵、贱各半，行棋皆先以贱击贵，不得已才使用贵子。 [10]弈棋：此所称为古代围棋。魏晋及其以前围棋的棋局纵横十七道，合二百八十九道，白、黑棋子各一百五十枚。

[点评]

弹棋的起源，西晋傅玄《弹棋赋序》及东晋葛洪《西京杂记》以为始于西汉成帝时，曹魏邯郸淳《艺经·弹棋》及南朝刘义庆《世说新语·巧艺》以为始于曹魏宫廷。《后汉书·梁冀传》谓梁冀能弹棋，后世还流传他所做的《弹棋经》1卷，类书又载有蔡邕的《弹棋赋》和王粲的《弹棋赋》，可见东汉时也曾流行弹棋游戏。《梦溪笔谈》此条引《西京杂记》，谓弹棋起于汉元帝时，元大德刊本《梦溪笔谈》也作汉元帝，可能不确，疑以作成帝为是。沈括因蹴鞠与弹棋不相类，怀疑《西京杂记》的“蹴鞠”当作“击鞠”，可存一说，然尚未有版本依据。

增成法

沈括所称“增成法”还是就筹算术提出来的，但完全合乎后来兴起的珠算法则和口诀。珠算到北宋时已逐步发展起来，《清明上河图》中“赵太丞家”药铺的柜台上即可清楚地看到放着一把算盘，所谓“增成法”事实上已开启珠算之法门。

算术多门，如求一[1]、上驱[2]、搭因[3]、重因之类[4]，皆不离乘除。唯增成一法[5]，稍异其术，都不用乘除，但补亏就盈而已[6]。假如欲九除者[7]，增一便是；八除者，增二便是。但一位一因之[8]，若位数少则颇简捷，位数多则愈繁，不若乘除之有常。然算术不患多学[9]，见简即用，见繁即变，不胶一法，乃为通术也。

[注释]

[1]求一：此指四则运算中的一种简化繁复计算的办法，又称“求一乘除法”，即当乘数或除数的首位不是1时，可以通过加倍或折半的方式使它变成1，别以加减法辅助乘除法进行计算以求简捷。举例来说，794×51可变用下列算式：

794×51=（794÷2）×（51×2）=397×102=397×（100+2）=39 700+397×2=40 494。　[2] 上驱：当即南宋杨辉《乘除通变本末》所称“身前因”，指乘数为多位数且个位为 1 时的一种简便算法。例如，397×91 可变用下列算式：397×91=397×90+397×1=35 730+397=36 127。按：此种算法实指先从乘数的上位数乘起，而要点是通过乘法分配律将多位数乘法化为一位数乘法和加法来完成。　[3] 搭因：先拆解乘除之数为简单因数，然后再重新搭配进行运算的办法。例如，25×24=（5×5）×（4×6）=（5×4）×（5×6）=20×30=600。　[4] 重因：乘数或除数可分解为两个或多个一位数的乘积的算法。例如，72×36=72×（4×9）=72×2×2×3×3。其要点是把多位数乘除法化为一位数乘除法。　[5] 增成一法：“增成”二字各本皆同，胡道静《梦溪笔谈校证》据《事实类苑》校改为“增减”。按：据本条下述，此法是相对于除数为九、八等自然数的筹算除法而言的，要点是就被除数各位的盈数进行计算，盈数不足则增成之，故《事实类苑》“减”字不可从，当以作“成”字为是。今仍从各本作“成”，并称其法为“增成法”。参见本条下面各注及“点评”。　[6] 补亏就盈：此指在所说除法运算过程中，被除数上位以盈数被除后，其余数补入下位，下位即成新的盈数，运算又就此新的盈数继续进行下去。盈，盈数。按：古人称十、百、千、万等整数为盈数，又称十为小盈之数，万为大盈之数；而凡是小盈之数的倍数，亦即十的倍数，如二十、三十……二百、三百……也都是盈数。被除数除个位外，其余每一位上的数都表示十的倍数，亦即都是盈数，这些盈数的首位被九、八等除，通常都有余数要补入下位，以成新的盈数，故沈括谓之“补亏就赢”。　[7]“假如欲九除者”四句：是说假如要用九除小盈之数，在下位增一便是；要用八除小盈之数，在下位增二便是。按：此但以小盈之数“十”言之，故

中国古代一般所称的“求一术”，又称“大衍求一术”，源于《孙子算经》中的“物不知数”问题。这一问题即现代数论中求解一次同余式方程组问题，按《孙子算经》原题应是指下列情况：找一个数能被 3 和 5 整除，且除以 7 余 1（此数为 15）；再找一个数能被 5 和 7 整除，且除以 3 余 1（此数为 70）；再找一个数能被 7 和 3 整除，且除以 5 余 1（此数为 21）。因为要求余数都是 1，所以叫“大衍求一术”。《梦溪笔谈》此条所说的“求一”算法不是指此种情况。

下位言“增一”“增二”；若以盈数“二十”言之，则下位当言“增二”“增四”。类推开来，则此实即后来珠算口诀所称的“九一下加一,九二下加二……”及“八一下加二,八二下加四……”之类。例如，162÷9，第一步用9除首位1,1不动变成商数，下位加1成7；第二步用9除7，7不动变成商数，下位加7成9；第三步用9除9，得1，加于上位，即得总商数18。 [8]“但一位一因之”四句：是说只要这样一位接一位地进行下去，如果位数较少则颇为简便，位数愈多则愈烦琐，不如乘除之法有常规。因，接续。 [9]“然算术不患多学”五句：是说然而算术不怕多学些办法，见到简便的算法就采用，碰上烦琐的情况就改变，不拘泥于固定的算法，这才是应当通行的原则。

[点评]

本条谈筹算除法中的“增成法”，也许由于此法本来并不复杂，所以沈括未对“增成”二字多加解释，以致还在北宋末，江少虞所作《事实类苑》卷五十二已误改“增成”为“增减”。近世学者整理和注译《梦溪笔谈》，据我们所见，还没有人对此条做出确切的解释；至于“增成”改从“增减”处理，文意就更难疏通。据笔者考察，比照后来珠算所称“九一下加一”“八一下加二”之类口诀，所谓“增成”实指用被除数首位盈数被除之后的余数，补成下位继续被除的盈数。这样理解既符合“增成”之意，也合乎沈括所说“一位一因之”的程序。由于此法不能乱位，故而他特别指出要“一位一因之”。

毕昇发明活字印刷

板印书籍，唐人尚未盛为之，自冯瀛王始印五经已后[1]，典籍皆为板本。庆历中，有布衣毕昇又为活板。其法，用胶泥刻字[2]，薄如钱唇[3]，每字为一印，火烧令坚。先设一铁板，其上以松脂、腊和纸灰之类冒之[4]，欲印则以一铁范置铁板上，乃密布字印。满铁范为一板，持就火炀之[5]，药稍镕[6]，则以一平板按其面，则字平如砥[7]。若止印三二本，未为简易；若印数十百千本，则极为神速。常作二铁板，一板印刷，一板已自布字，此印者才毕，则第二板已具，更互用之，瞬息可就。每一字皆有数印，如“之”“也”等字，每字有二十余印，以备一板内有重复者。不用则以纸贴之，每韵为一贴[8]，木格贮之。有奇字素无备者，旋刻之，以草火烧，瞬息可成。不以木为之者，木理有疏密，沾水则高下不平，兼与药相粘不可取。不若燔土[9]，用讫，再火令药镕，以手拂之，其印自落，殊不沾污。昇死，其印为予群从所得[10]，至今保藏。

活字印刷术的发明，是印刷史上的一次伟大技术革命。世界上第一个发明活字印刷术的人是中国宋朝的平民毕昇，时间是在北宋仁宗庆历年间（1041—1048）。他比欧洲最先用活字印《圣经》的谷腾堡要早400年（张秀民、韩琦：《中国活字印刷史》，中国书籍出版社，1998年版，第2页）。

[注释]

[1] 冯瀛王：冯道（882—954）。字可道，瀛州景城（今河北河间）人。历任后唐、后晋、后汉、后周四朝宰相，自号“长乐老”，不为后世所称。死后追封瀛王。后唐时，冯道曾与同为宰相的李愚一起奏请，令国子监雕印“九经”。其事到后周时始完成，前后历时二十余年，为中国历史上最早用木板雕印儒家经典。已后：同“以后”。 [2] 胶泥：用黏性较强的细土和成的泥。一般用土要经过多次澄洗，成泥后质地细腻而密致滋润，软硬适度，有时还根据需要添加某种黏合剂。 [3] 薄如钱唇：凸刻的字片像铜钱的边沿那样厚薄。 [4] 腊：通“蜡”。和：掺和。冒：覆盖。 [5] 炀：烤。 [6] 药：上面所说的松脂、蜡等。镕：熔化。 [7] 字平如砥：排字版的表面像细磨刀石那样平。砥（dǐ），细磨刀石。 [8] 每韵为一贴：字印按韵书的韵目编排，每目为一类，分别贴在纸上，一类为一帖。一贴，同“一帖”。 [9] 燔土：烧制的泥活字。燔（fán），烧。 [10] 群从：从子辈，即侄辈。

[点评]

北宋中后期之际，正当雕版印刷发展到鼎盛阶段时，布衣毕昇鉴于雕版制作的费工费时，乃别生技巧，创造性地发明了胶泥活字印刷术，无意间造就了人类历史上的伟大发明之一。他的办法是先用胶泥刻字，每字一印，用火烧硬；同时另设一块铁板，其上覆盖用松脂、蜡和纸灰混合制作的药物。要印书时，就在铁板上加一件书板大小的铁框，框内密布活字印，再加热铁板，待药物稍熔化，则用另一平板压平字印表面。如此，等药物凝固，就可以刷墨印书了。这样的办法，若只印三两本书，未见得简易；若印数很多，乃至成百上千本，则极为神速。常用两块铁板一起操作，一板印刷时，一板已在布字，这一板才印完，则第二板已准备好，轮流印刷，瞬息可就。每一字都有几个字印，如“之”“也”等字重复率高，每字都有二十几个印。活字不用时就分装，以木格贮之，并贴纸笺标明，每韵为一帖。有的奇字平时没有准备，可以随时现刻，用草火烧制，转眼可成。这样的泥活字印刷术，与近世铅活字印刷术已几乎没有什么不同。在当时人们还不重视活字印刷时，沈括别具眼光，详细记述了毕昇发明活字印刷的原理和流程，也显示出沈括的卓识，如今此条已成为珍贵的历史文献；而同样可贵的是，毕昇虽是平民，沈括的字里行间仍然充满了对他的尊敬。

宋代用活字印刷的书籍，至今尚未见有确实的真本出现。现在所能确知的，是南宋中叶政治家兼著名学者周必大曾在潭州（今湖南长沙）用沈括所记的方法，以胶泥活字排布于铜版上，印制了他自己的著作《玉堂杂记》。他在光宗绍熙四年（1193）的一封书札中提到：“近用沈存中法，以胶泥铜版移换摹印，今日偶成《玉堂杂记》二十八事。”（见《周益文忠公集》卷一百九十八《与程元成给事札》）另外，到南宋末年，约当宋理宗淳祐年间，河南辉县士人姚枢也曾让弟子杨古用泥活字印制《小学书》《近思录》《东莱经史论说》等书（见姚燧《牧庵集》卷十五《中书左丞姚文献公神道碑》）。这些都开了后世活字印刷的先河。元代王祯创制了木活字，还有人发明了锡活字。明代木活字续有发展，而铜活字也在江、浙、闽等地流行开来，常州还出现了铅活字印本。清代木活字技术空前发展，乾隆年间即完成了大规模用木活字印制的《武英殿聚珍版丛书》。铜活字在清代大兴，铅活字技术也发展起来，并出现了瓷活字、陶活字。更有纪念意义的是清代泥活字也重新焕发生机：道光间苏州人李瑶曾“仿宋胶泥板印法”，“从毕昇活字例”，“排板造成”《南疆绎史勘本》五十八卷及《校补金石例四种》十七卷；几乎与李瑶同时的安徽泾县秀才翟金生则痴迷活字印刷三十余年，亲手制造泥活字十多万枚，先后印成了《泥版试印初编》《泥版试印续编》《仙屏书屋初集诗录》《修业堂初集》《修业堂二集》《泾县水东翟氏宗谱》及《肄雅诗钞》等著作。李氏、翟氏的泥活字印本如今基本上都还有传世，他们用自己的实践打破了后人对泥活字可行性的怀疑，成为毕昇伟大贡献不可磨灭的实证。

卫朴精于历术

《春秋》一书所记载的三十六次日食，据现代天文学家追算，其中有三十三次是可以得到证实的，而不可能出于古人的伪造；另外的三次，有两次怀疑是错简

淮南人卫朴精于历术[1]，一行之流也[2]。《春秋》日蚀三十六[3]，诸历通验，密者不过得二十六七，唯一行得二十九，朴乃得三十五，唯庄公十八年一蚀，今古算皆不入蚀法，疑前史误耳。自夏仲康五年癸巳岁至熙宁六年癸丑，凡三千二百一年，书传所载日蚀凡四百七十五，众

历考验虽各有得失，而朴所得为多。朴能不用算推古今日月蚀[4]，但口诵乘除，不差一算。凡大历悉是算数[5]，令人就耳一读，即能暗诵；旁通历则纵横诵之。尝令人写历书，写讫，令附耳读之，有差一算者，读至其处，则曰“此误某字”，其精如此。大乘除皆不下[6]，照位运筹如飞，人眼不能逐。人有故移其一算者，朴自上至下手循一遍，至移算处则拨正而去。熙宁中撰《奉元历》，以无候簿[7]，未能尽其术，自言得六七而已，然已密于他历。

或误记，还有一次无法证实或证伪。这些既是古代可贵的天文学资料，也从一个侧面表明了《春秋》的信史地位。

［注释］

[1] 卫朴（不详—1077）：北宋天文历算家。楚州山阳（今江苏淮安市楚州区）人。平民出身，精于历算，双目失明。熙宁中由沈括推荐，入司天监主持修订历法，三年成《奉元历》，行用十八年。《宋史·艺文志》载其历法著作多种。 [2] 一行：见卷七“《奉元历》改移闰朔”条注 [1]。 [3]“《春秋》日蚀三十六”至“而朴所得为多”：是说《春秋》一书中记载了三十六次日食，历代用各种历法通加验证，一般认为所记与实际天象密合的不过有二十六七次，只有一行证明有二十九次，而卫朴则证明有三十五次，只有庄公十八年的一次日食，与古今学者对日食发生日期的推算都不合，怀疑是《春秋》记错了。从夏代仲康五年癸巳岁到宋代熙宁六年癸丑岁，凡三千二百零一年，各种书籍所记载的日食共有四百七十五次，以往各种历法的推考检验虽各有得

失，而卫朴所得出的合乎实际的结论要较前人为多。按：夏仲康时日食见《尚书·胤征》，为中国古籍中所见第一次日食，但所记是否真实，后世争论极多。 [4]“朴能不用算推古今日月蚀”三句：是说卫朴不用计算工具就能够推算古今日食和月食，加减乘除都只用口算，却一个数都不会错。一算，一个算筹，犹今言一个数。 [5]“凡大历悉是算数”四句：是说凡是正式制定的历法书，全都是一大堆计算程序和数字，卫朴叫人在耳边读一遍，就能够背诵下来；对于历表和各种年表，他也都能纵横背诵。大历，指正规历法书。旁通历，指历史年表一类的工具书。 [6]“大乘除皆不下”三句：是说卫朴用算筹运算时，很大数字的乘除都不用一步一步摆下去，只照着数位移动算筹，运行如飞，人的眼睛都跟不上。不下，指不在下一行摆出算筹。古人筹算，是按步骤自上而下分行摆算筹的，不摆下行犹言省略步骤。 [7]候簿：观测天象的记录簿。

[点评]

本条在写法上类似于人物传记，但没有详述卫朴的生平，而是只强调了他测算古今日月食的成就，以及他惊人的记忆力和非凡的心算、筹算能力，且遗憾于他制定《奉元历》“未能尽其术”。《梦溪笔谈》有关《奉元历》及行星视运动、日平度等条目中，皆涉及卫朴，可与此条一并参看。

梵天寺木塔

钱氏据两浙时[1]，于杭州梵天寺建一木塔。方两三级，钱帅登之[2]，患其塔动。匠师云：“未布瓦，上轻，故如此。”乃以瓦布之，而动如初。无可奈何，密使其妻见喻皓之妻，赂以金钗，问塔动之因。皓笑曰：“此易耳。但逐层布板讫，便实钉之，则不动矣。”匠师如其言，塔遂定。盖钉板上下弥束[3]，六幕相联如胠箧，人履其板，六幕相持，自不能动。人皆伏其精练。

喻皓所说建造木塔的实钉方法，基于木结构建筑的整体箱形结构。大凡截面为正六边形的正六棱柱箱体，在逐层顶板实钉之后，也就成为“上下弥束，六幕相联”的最稳定结构。这点符合科学的几何原理。

[注释]

[1] 钱氏：五代至宋初吴越政权，参见卷十一“钱塘江石堤”条注 [2]。 [2] 钱帅：钱俶（chù）。钱俶曾被后周封为天下兵马大元帅。 [3]“盖钉板上下弥束”五句：是说这是由于钉死的木板上下牵合约束，六面木板相互关联如同一个大箱子，人走在上面，六面互相支撑，自然就晃动不了了。弥束，牵合约束。六幕，六面。胠箧（qū qiè），泛指箱子。

[点评]

杭州梵天寺木塔始建于后梁贞明二年（916），至北宋乾德二年（964）重建，此条所记即为重建时事，介绍了喻皓以“实钉”方法解决木塔晃动问题的经过。

相传北宋前期开封开宝寺所建木塔最为喻皓平生建筑杰作，欧阳修《归田录》卷上记此塔云："塔初成，望之不正而势倾西北，人怪而问之，浩曰：'京师地平无山，而多西北风，吹之不百年当正也。'其用心之精盖如此。"《杨文公谈苑·喻浩造塔》也记载了喻氏建造开宝寺木塔的情形："浩不食荤茹，性绝巧，先作塔式以献。每建一级，外设帷帟，惟闻椎凿之声，凡一月而一级成。其有梁柱龃龉未安者，浩周旋视之，持槌撞击数十，即皆牢整，自云此可七百年无倾动。人或问其北面稍高，浩曰：'京城多北风，而此数十步，乃五丈河，润气津浃，过一百年，则北隅微垫而塔正矣。'"《续资治通鉴长编》卷三〇记载开宝寺塔的建筑逾八年，至端拱二年（989）始建成，"巨丽精巧，近代无比"。据说此木塔至庆历年间因雷击焚毁，于是从皇祐间开始改建为砖塔，大约直到熙宁末年才完工。自元代以来，因此塔遍体通砌褐色琉璃砖，浑似铁铸，故俗称"铁塔"。铁塔历经近千年间的地震、战火、风灾、水患等灾害，代代修整，至今仍巍然屹立，为国家重点保护文物。

脏气主毛类各异

医者所论人须、发、眉虽皆毛类，而所主五藏各异，故有老而须白、眉发不白者，或发白而须眉不白者，藏气有所偏故也[1]。大率发属于心[2]，禀火气，故上生；须属肾，禀水气，故下生；眉属肝，故侧生。男子肾气外行，上为须，下为势，故女子、宦人无势，则亦无须，而眉发无异于男子，则知不属肾也。

[注释]

[1] 藏气有所偏故：这是由于五脏之气有所偏主的缘故。藏，古同“脏”。 [2]“大率发属于心”至“则知不属肾也”：见于《古今医鉴·脏气各殊论》。势，男子外生殖器。

[点评]

中医学上所称脏气即五脏之气，实指五脏的机能活动。古人虽不知人体毛发的生长主要由雄激素和雌激素所控制与制约，但深信毛发仍与全身脏腑经络密切相关，譬如说气血衰则须发易白等，亦自有其理据。

中医用药讲究配伍，对症下药，临症加减，极具灵活性。沈括自称“治方最久”，极重“良方”，然亦谓“一赌其验，即谓之良，殆不异乎刻舟以求遗剑者”（《苏沈良方》原序）。此亦即医术不可“恃书以为用”之意。

医之为术不可恃书为用

医之为术，苟非得之于心，而恃书以为用者，未见能臻其妙。如术能动钟乳[1]，按《乳石论》曰：“服钟乳当终身忌术。”五石诸散用钟乳为主[2]，复用术，理极相反，不知何谓。予以问老医，皆莫能言其义。按《乳石论》云："石性虽温，而体本沈重，必待其相蒸薄然后发[3]。"如此则服石多者[4]，势自能相蒸；若更以药触之，其发必甚。五石散杂以众药[5]，用石殊少，势不能蒸，须藉外物激之令发耳。如火少[6]，必因风气所鼓而后发；火盛则鼓之，反为害，此自然之理也。故孙思邈云[7]："五石散大猛毒，宁食野葛[8]，不服五石。遇此方，即须焚之，勿为含生之害。"[9] 又曰："人不服石[10]，庶事不佳；石在身中，万事休泰。唯不可服五石散。"盖以五石散聚其所恶[11]，激而用之，其发暴故也。古人处方大体如此，非此书所能尽也。况方书仍多伪杂[12]，如《神农本草》[13]，最为旧书，其间差误尤多，医不可以不知也。

［注释］

[1]"如朮能动钟乳"三句：是说如苍术、白术能激发钟乳石的作用，按《乳石论》所说："服钟乳石应当终生忌白朮。"朮（zhú），现写作"术"，指中药里的苍术、白术。《乳石论》，指唐代名医孙思邈所著《千金要方》中的《乳石篇》。钟乳、乳石，全称钟乳石，又名石钟乳等，别名甚多，为碳酸盐类矿物方解石，主要成分为碳酸钙，用作中药性甘温，可为壮阳药。 [2]"五石

诸散用钟乳为主”四句：是说以五石散为主的各种药方却以钟乳石为主药，又兼用白朮类药，药理极其相反，不知为什么这样用药。五石散，中药方剂名，主要成分为钟乳石、紫石英、白石英、硫黄、赤石脂五种石药，而医籍所载还有茯苓、白朮等多种配药。所谓“五石诸散”是由五石散变化而产生的其他药方，古人多用为长生不老药，实则五石散有毒，不能服用。［3］必待其相蒸薄然后发：必待诸种石药相互熏蒸接触才能发挥其药力和效能。薄，迫近，犹接触、混合。［4］“如此则服石多者”四句：是说如此则服石药多的，势必自能相互熏蒸；若更以其他药物去触发它们，则其药力发作必然更厉害。［5］“五石散杂以众药”四句：是说五石散杂有许多药，如果用石药特别少，那势必不能互相熏蒸，所以必须借外物激发石药而使之发挥药性。［6］“如火少”五句：是说如果是小火，必待有风鼓荡吹发才能烧起来；如果火势已盛还要鼓风，反而有害，这是自然的道理。少，通“小”。［7］孙思邈（541—682）：唐代著名医药学家。京兆华原（今陕西铜川市耀州区）人。终身不仕，亲自采制药物，为人治病；搜集民间验方、秘方，总结临床经验及前代医学理论，为医学和药物学做出重要贡献，被后世尊称为“药王”。著有《千金要方》《千金翼方》等。［8］野葛：此指钩吻，一种有毒的中药，俗又称断肠草、烂肠草。［9］含生：古人用以指一切有生命者。多指人类。［10］“人不服石”五句：是说人不服石钟乳，身体机能受影响；服用了钟乳石，万事休宁身康泰。但就是不可服用五石散。［11］“盖以五石散聚其所恶”三句：是说这是由于五石散聚集了石药中有害的东西，把它们的药性激发出来使用，其发作会非常猛烈的缘故。［12］方书：此泛指医药书，不仅指药方书籍。［13］《神农本草》：《神农本草经》，又称《本草经》或《本经》，亦简称《本草》。托名“神农”所作，实成书于汉代，为中医四大经典著作之一，是中国现存最早的中药学著作。全书分 3 卷，载药 365 种，与一年 365 日相合，乃古人有意为之。原本早已散佚，现有辑本多种，仍基本上接近原来面目。

[点评]

本文以石药为例，阐释了医家行医的一条重要原则，就是诊病处方不能仅靠书本知识，而要有自己的临床经验和心得。如苍朮、白朮可以激发钟乳石的作用，但用之不当也可以引发钟乳石的危害，所以谨慎的医家就提出服用钟乳石之后要终生禁忌白朮。又如五石散以钟乳石为主药，而又兼用白朮类药，二者的药理极其相反，这是由于五石散中的石药含量很小，不能相互熏蒸发挥效力，所以要由其他药物激发它们的作用；但若五石散中的石药含量本来就高，又不适当地用了白朮等其他配药，则可能导致各种石药猛烈发作，造成大害，所以谨慎的医家说五石散是“大猛毒”，不可服用。这些都要靠医家自己的心得掌握，不是方书上所能讲清楚的；况且医书中也有许多虚假和杂乱的东西，即使像《神农本草》这样的古书，其间也有不少错误，医家对此都不能不了解。

芎䓖与苦参

予一族子[1]，旧服芎䓖[2]，医郑叔熊见之云：

“芎䓖不可久服，多令人暴死。”后族子果无疾而卒。又予姻家朝士张子通之妻，因病脑风[3]，服芎䓖甚久，亦一旦暴亡。皆予目见者。又予尝苦腰重，久坐则旅距十余步然后能行[4]。有一将佐见予，曰：“得无用苦参洁齿否？”[5]予时以病齿，用苦参数年矣。曰：“此病由也。苦参入齿，其气伤肾，能使人腰重。”后有太常少卿舒昭亮用苦参揩齿，岁久亦病腰，自后悉不用苦参，腰疾皆愈。此皆方书旧不载者。

［注释］

[1] 族子：本族堂侄。 [2] 芎䓖（xiōng qióng）：中药名，即川芎。味辛性温，活血通经、祛风止痛。 [3] 脑风：风邪上入于脑所引起的病症，即一般所称头痛病。 [4] 旅距：亦作“旅拒”，联绵词，指腰不能挺直而迈步困难的样子。 [5] 苦参：中药名，具有清热燥湿、杀虫、利尿等功能。

［点评］

此条谈川芎久服则会引起“暴亡”，用苦参揩齿则会“病腰”，谓皆为旧方书所不载者。寇宗奭《本草衍义》以为前者是由于以川芎单服：“若单服既久，则走散真气。既使他药佐使，又不久服，中病便已，则何能至此也？”苦参汤可治龋齿，《史记·扁鹊仓公列传》已有记载，现代医家以为苦参多服确能败胃伤肾，伤肾则腰重。

泻肝救脾

奉真医术，据《乾道四明图经上》记载：“其法传之元觉，元觉传之法琮及了初，皆能续其焰，驰声一时，相传盖三世，活人无虑千百数。”

四明僧奉真[1]，良医也。天章阁待制许元为江淮发运使[2]，奏课于京师，方欲入对，而其子疾亟[3]，瞑而不食[4]，惙惙欲死逾宿矣[5]。使奉真视之，曰：“脾已绝，不可治，死在明日。”元曰：“观其疾势，固知其不可救。今方有事，须陛对[6]，能延数日之期否？”奉真曰：“如此似可。诸脏皆已衰[7]，唯肝脏独过。脾为肝所胜，其气先绝，一脏绝则死；若急泻肝气，令肝气衰，则脾少缓，可延三日，过此无术也。”乃投药。至晚乃能张目，稍稍复啜粥，明日渐苏而能食。元甚喜，奉真笑曰：“此不足喜。肝气暂舒耳，无能为也。”后三日果卒。

［注释］

[1] 奉真：号普济，北宋四明（今浙江宁波）僧人。善医，熙宁中名闻于东都汴京。 [2] 许元（989—1057）：字子春，宣州宣城（今属安徽）人。以荫补官，处事精密，官至江淮两浙荆湖发

运副使，后又历知扬州、越州、泰州。《宋史》有传。 [3]疾亟(jí)：病情急迫。 [4]瞑：闭目昏迷。 [5]惙惙(chuò chuò)：气息奄奄。 [6]陛对：受皇上召见进宫上殿奏对。 [7]“诸脏皆已衰”至“过此无术也”：是说诸脏器皆已衰竭，唯独肝脏之气尚旺。脾脏为肝脏所克，其气将先断绝，一个脏器丧失功能则人就会死亡；如果赶快宣泄肝气，让肝气衰耗，则脾气的断绝稍能缓解，可延迟三日，过此就没有办法了。

[点评]

中医谓肝有疏泄胆汁、调节脾气的功能，中药方剂有泻肝汤、补脾汤、泻肝扶脾汤等。本文所讲解的，即是疏泄肝气以延缓脾气之绝的实例。

卷十九　器用

宋初敕撰的《三礼图集注》多有失误，沈括是较早据出土实物纠正《三礼图》失误的学者之一。如本条所言，他对《三礼图》的批评都是对的，其见识也超乎当时一般人。

《三礼图》之误

礼书所载黄彝[1]，乃画人目为饰，谓之“黄目”。予游关中，得古铜黄彝，殊不然。其刻画甚繁，大体似缪篆[2]，又如阑盾间所画回波曲水之文[3]。中间有二目，如大弹丸，突起煌煌然，所谓“黄目”也。视其文，仿佛有牙角口吻之象，或谓“黄目”乃自是一物。又予昔年在姑熟王敦城下土中得一铜钲[4]，刻其底曰“诸葛士全茖鸣钲”。“茖”即古“落”字也，此部落之“落”；“士全”，部将名耳。其钲中间铸一物，有角，羊头，其身亦如篆文，如今时术士所画符；傍有两字，乃大篆“飞廉”字，篆文亦古怪，则钲间所图盖飞廉也。飞廉[5]，神兽之名。淮南转运使韩持正亦有一钲[6]，所图飞廉及篆字与此亦同。以此验之，则“黄目”疑亦是一物。飞廉之类，其形状如字非字，如画非画，恐古人别有深理。大抵先王之器皆不苟为，昔夏后铸鼎以知神奸[7]，殆亦此类。恨未能深究其理，必有所谓。或曰：《礼图》樽彝皆以木为之，未闻用铜者。此亦未可质，如今人得古铜樽者极多，安得言无？如《礼图》瓫以瓦为之，《左传》却有“瑶瓫”；律以竹为之，晋时舜祠下乃发得玉律。此亦无常法。如蒲、谷璧，《礼图》悉作草稼之象，今世人发古冢得蒲璧[8]，乃刻文蓬蓬如蒲花敷时[9]，谷璧如粟粒耳[10]，则《礼图》亦未可为据。

［注释］

[1] 礼书：此指宋初聂崇义奉敕编撰的《三礼图集注》（或称《新定三礼图》），简称《三礼图》，本条下文所称的《礼图》均指

此书。是书凡20卷，乃参考古代多种《三礼图》纂辑而成，共有图380余幅，解说10余万言。然所增补古器物图绘无实物参照，臆测颇多，尤其所作新图，十之八九不可依据。黄彝：古称“黄目”，为一种祭祀用的青铜酒尊，又称“黄目尊”。按《梦溪笔谈》此条下文所说，所谓“黄目”当是指一种突出了眼目部位的兽面纹装饰，故沈括谓“仿佛有牙角口吻之象”，或是另一物，而不是仅指“突起煌煌然”的“二目”。《三礼图》的黄彝图像画人之二目为饰，无依据。 [2] 缪篆：古人所用的一种笔画屈曲缠绕的特殊字体，秦汉以后主要用于印章。沈括此处用以喻指铜器纹饰的繁缛。 [3] 阑盾：同“栏楯”，栏杆。回波曲水之文：一般所称曲水纹，为水波与浪花构成的纹饰，故又称回旋纹或水波纹。在此特指刻在宫殿前石陛（阶）上的曲水纹。文，同“纹”。 [4] 姑熟：亦作姑孰，今安徽当涂。王敦（266—324）：东晋初大臣。字处仲，宰相王导堂兄。永昌元年（322）起兵于武昌，攻破建康城，自领丞相。既而移镇姑孰，自领扬州牧。太宁二年（324）再次攻打建康，死于军中。此处所述“王敦城”，盖即指王敦在姑孰时所筑城。钲（zhēng）：古代行军时所用的一种乐器，铜制，形似钟而狭长，有长柄可执，口向上，在行军时敲击。 [5] 飞廉：神话中的风神之名，头如雀，有角，鹿身，蛇尾而豹纹。又为神兽之名，长毛，有翼。 [6] 韩持正：字存中，颍川（今河南许昌）人。一说名存中，字持正。北宋末官至侍郎，建炎初卒。[7] 昔夏后铸鼎以知神奸：相传夏后氏首领大禹曾铸铜鼎，在上面铸刻鬼神百物，以使民众知道神灵和鬼怪，求福避灾。《左传》宣公三年：“昔夏之方有德也，远方图物，贡金九牧，铸鼎象物，百物而为之备，使民知神奸。故民入川泽山林，不逢不若，螭魅罔两，莫能逢之。用能协于上下，以承天休。” [8] 蒲璧：古代一种上面刻有香蒲状花纹的璧。香蒲，多年生沼生、水生或湿生草本植物，有小花。璧，扁平而圆形的中间有孔的玉器。后世出土的蒲璧皆如沈括所说。[9] 刻文蓬蓬如蒲花敷时：指蒲璧所刻纹饰茂密，像按时节开放的蒲花。蓬蓬，繁盛貌。敷，花盛开。 [10] 谷璧：谷纹璧。如沈括所说，此种璧的表面密布凸起的粟粒状纹饰，即纵横成排的小乳丁，每个小乳丁还都有旋涡状的围饰。有些传世玉璧还是蒲纹与谷纹双层而一体的，外圈是蒲纹，内圈为谷纹，格外美观别致。《三礼图》所绘蒲璧、谷璧图均画四丛草稼为饰，亦甚不经。

[点评]

宋初编纂的《三礼图集注》一书，资料丰富，但因当时古器物学尚不发达，所绘图形，问题多多。下至元祐以后，由于金石学迅速趋盛，几乎所有的古器物都已有出土，学者对古器物形制因之也有了全新的认识，始知聂氏《三礼图》多不可据。政和间朝廷曾下诏毁去国子监旧时所绘两壁《三礼图》，并命各州县学所绘图像也都加改正，同时官私所修礼书及各种古器物图录也都对《三礼图》之误多所纠正。

云雷之象

礼书言罍[1]，画云雷之象[2]，然莫知雷作何状。今祭器中画雷，有作鬼神伐鼓之象，此甚不经。予尝得一古铜罍，环其腹皆有画，正如人间

商代甲骨文已有“云”“雷”之字：“云”象悬垂于天上的卷曲的云形；“雷”在闪电符号的周围加上两个或多个小圆圈，或省为两个或多个点，或又在两边别写为两个小小的“田”字，均表示雷声。后世所考二字初文皆与甲骨文相合。

屋梁所画曲水[3]，细观之，乃是云雷相间为饰。如者，古云字也，象云气之形；如者，雷字也，古文为雷，象回旋之声。其铜罍之饰，皆一一相间，乃所谓云雷之象也。今《汉书》罍字作，盖古人以此饰罍，后世自失传耳。

［注释］

[1] 罍（léi）：中国古代大型盛酒器和礼器，早期亦用为水器。有陶罍、青铜罍，造型又各有方形、圆形两种。圆形罍最常见，一般为敛口、广肩、大腹、圈足或平底；肩部两侧有两耳或四耳，耳作环形或兽首形；下腹部一侧或有穿鼻。器表多布满纹饰，古铜罍的纹饰尤其繁缛。 [2] 云雷之象：此指商周青铜器纹饰中的云雷纹。大都是连续的回旋状线条，一般称圆形转角的为云纹，方形转角的为雷纹，多用作衬托主题纹饰的地纹。 [3] 曲水：古人引水环曲成渠，流觞畅饮以为乐，称为“曲水”。此指曲水纹，参见卷十九“器用”条注[3]。

［点评］

商周青铜器上的云雷纹，当是从旋涡状的纹饰发展变化而来的。然后世礼家去古云远，在金石学成熟以前，已不清楚上古云雷图像原作何状，所以有人就画为“鬼神伐鼓之象”，以为祭器上的图案，这是非常荒唐的。沈括以古铜罍实物证实这类图像之“不经”，无可辩驳。他进一步从文字学上指出，“云”字“象云气之形”，“雷”

字“象回旋之声”，也为“云雷之象”的认知提供了更切实的证据。

革囊纳声

古法，以牛革为矢服[1]，卧则以为枕。取其中虚，附地枕之，数里内有人马声，则皆闻之。盖虚能纳声也[2]。

［注释］

[1] 矢服：此指盛箭矢的皮袋子。《周礼·夏官·司弓矢》作“矢箙”，郑玄注：“箙（fú），盛矢器也，以兽皮为之。”“箙”有时亦指竹制、木制的箭筒。 [2] 虚能纳声：犹言中空的物品能够接纳声波。

［点评］

沈括此条所记，是指古人用牛皮制作盛箭矢的袋子，行军卧地睡觉时就用袋子做枕头，以便听到远处的人马声。这种做法堪称是最早应用“声呐”原理的实例，但其基本原理不是“虚能纳声”，而毋宁说是“实能传声”。据说声波在地层土石介质中的传播速度比之在空气中的传播速度要快十倍以上，而前者所传输的声音能量更达到后者的上万倍，所以经验告诉人们，人耳贴地可以听得更快、更远、更清楚，这也是古人以革囊纳声的行为根源。其间不无革囊共鸣、震动的因素，但这只是“接听器”的改进，不是决定性的原因。

郓州弩机

郓州发地得一铜弩机[1]，甚大，制作极工。其侧有刻文，曰“臂师虞士[2]，牙师张柔”[3]。史传无此色目人[4]，不知何代物也。

[注释]

[1] 郓州：治所在今山东东平。弩机：弩弓的发射装置。参见本卷下文“弩机矩度”条注[2]。 [2] 臂师：制作弩臂（弓架）的工师。 [3] 牙师：制作机牙（弓弦固定装置）的工师。 [4] 色目：此指种类名目。句意谓史传中没有“臂师”“牙师”这类名目，所以其人虞士、张柔也无从考求。元代时统称来自西亚、中亚的各民族之人为“色目人”，沈括此条尚无此用意。

神臂弓

神臂弓是中国古代兵器史上的重要发明之一，元、明、清时代仍是受到重视的远射兵

熙宁中，李定献偏架弩[1]，似弓而施干镫[2]。以镫距地而张之[3]，射三百步[4]，能洞重札[5]，谓之“神臂弓”，最为利器。李定，本党项羌酋，

自投归朝廷，官至防团而死[6]，诸子皆以骁勇雄于西边。

器。其发明者李定（或李宏）的身份，仅见于沈括此条所记，知其人原为党项羌族酋长，归宋后仍在官。他书或谓之“百姓”，或谓之“民”，皆未详其身份。

［注释］

[1] 李定：《宋史·兵志》及《曲洧旧闻》卷九、《容斋三笔》卷十六皆作“李宏”，未详孰是。偏架弩：机械弓的一种。弓架上无箭槽，发射时箭在弓架一边，故名。 [2] 干（gàn）镫：犹如铁制的马镫，用脚踩踏以张弓。 [3] 以镫距地：以铁镫踏向地面。距，亦作“拒”，抵。 [4] 三百步：《宋会要辑稿》《文献通考》《曲洧旧闻》《容斋三笔》均作“二百四十步”，《宋史·兵志》作“三百四十余步”。宋代二百四十步约当现今 379.8 米，三百步约当现今 474.75 米，三百四十步约当现今 538.05 米。 [5] 洞重（chóng）札：穿透两层或多层的铠甲。札，铠甲上用金属制成的叶片。 [6] 防团：防御使、团练使的合称。皆为武臣寄禄官，前者高于后者。

［点评］

神臂弓的制造，详见于《宋史·兵志十一》：“熙宁元年，始命入内副都知张若水、西上閤门使李评料简弓弩而增修之。若水进所造神臂弓，实李宏所献，盖弩类也。以檿为身，檀为弰，铁为镫子、枪头，铜为马面、牙发，麻绳扎丝为弦。弓之身三尺有二寸，弦长二尺有五寸，箭木羽长数寸。射三百四十余步，入榆木半笴。帝阅而善之，于是神臂始用，而他器弗及焉。”宋代神臂弓有多个强弱不同的型号，是一种介于单兵弩和床弩之间的多用途弩，曾为宋军弩手的制式兵器之一。两宋之际，金军元帅完颜宗弼曾说“宋用军器，大妙者不过神臂弓”，因命“付样造之”。

沈卢、鱼肠

古剑有“沈卢”“鱼肠”之名[1]。沈音湛。“沈卢”，谓其湛湛然黑色也[2]。古人以剂钢为刃[3]，柔铁为茎干，不尔则多断折。剑之钢者[4]，刃多毁缺，“巨阙”是也，故不可纯用剂钢。“鱼肠”[5]，即今蟠钢剑也，又谓之“松文”，取诸鱼燔熟，褫去胁，视见其肠，正如今之蟠钢剑文也。

古人所称的蟠钢剑是一种带有特殊花纹和光彩的刀剑，一般说来都应当是用花纹钢制作而成的。依沈括所说，宋代蟠钢剑的花纹既像盘伏屈曲的鱼肠，又像刨光后的松木纹理，故又有“鱼肠”“松文”二名。花纹钢是原始形态的复合钢，其制作皆主于高碳钢与低碳钢的锻接技术，已带有新的时代特点。

[注释]

[1] 沈卢：载籍多写作“湛卢”。“沈”即古“沉”字，“湛”字古读亦如“沉”。卢，黑色。 [2] 湛湛然黑色：清明澄澈而青黑的样子。 [3]“古人以剂钢为刃”三句：是说古人以含有杂质的钢为剑刃，以熟铁为剑身，不这样剑就容易折断。剂钢，即今所称高碳合金钢。古人以为这种钢掺入了其他成分（剂），有杂质，不是纯钢，故称“剂钢”。以高碳合金钢为剑刃，具有高强度和高硬度，而可焊性、冷塑性差，容易折断，故古人又以柔铁为剑身。柔铁，熟铁。 [4]“剑之钢者”四句：是说剑过分刚硬的，其刃会多有毁缺，古时相传的“巨阙”就是这种剑，所以铸剑不可纯用剂钢（高碳钢）。钢者，此“钢”字通“刚”，指刚硬。巨

阙，传说的宝剑名。　[5]“鱼肠”至“正如今之蟠钢剑文也”：是说以“鱼肠”为名的剑，就是现在的蟠钢剑，其名又叫“松文”；“鱼肠”的名字是这样来的：把鱼煮熟，剥去它两边的肉，露出它的肠子看一看，就知道其肠正像现在蟠钢剑的花纹。蟠钢剑，花纹似蟠龙的钢剑。松文，同“松纹”，意指像刨光后的松木纹理。取诸，取之于，指“鱼肠”之名取义的缘由。褫（chì），剥去。

［点评］

古人所称的传世宝剑，据东汉《越绝书·外传·记宝剑第十三》所记，相传有春秋末越国欧冶子所铸的湛卢、纯钩、胜邪、鱼肠、巨阙，号称“五大名剑”。这类名剑，从中国古代冶金技术的发展状况来看，那时还都是铜制的兵器，而不可能已是后世所称的“钢刀”。沈括所说的“蟠钢剑”，仍有“湛卢”“鱼肠”“松文”等名，已可说是用花纹钢做的，大抵为东汉以后的产品。这样的宝剑，用强度高、硬度高的高碳合金钢做剑刃，用强度低、硬度低而韧性好的“柔铁”即低碳钢做剑身，二者经过千锤百炼而锻接在一起，也就成为锋利无比而不易折断的兵器。沈括的记录表明，高碳钢与低碳钢的锻接技术至迟到唐宋时代已完全成熟。

汉墓石刻壁画

济州金乡县发一古冢[1]，乃汉大司徒朱鲔墓[2]，石壁皆刻人物、祭器、乐架之类。人之衣冠多品[3]，有如今之幞头者[4]，巾额皆方[5]，悉如今制，但无脚耳。妇人亦有如今之“垂肩冠”者，如近年所服角冠[6]，两翼抱面，下垂及肩，略无小异。人情不相远，千余年前冠服已尝如此。其祭器亦有类今之食器者。

朱鲔墓画像石，过去曾有争议。清人《山左金石志》谓“其中人物衣冠萧疏生动，颇类唐宋人画法”，或是朱鲔后人“追崇先世”的作品；近世鲁迅先生认为应是晋代石刻。

［注释］

[1] 济州：北宋时治所在今山东巨野。金乡县：今山东金乡。古冢：古墓。 [2] 朱鲔（wěi）：两汉之际汉阳（今湖北武汉汉阳区）人。字长舒，初为绿林起义军首领，后为更始帝刘玄大司马。东汉建立后归降光武帝，拜平狄将军，封扶沟侯，历官少府。按：史载朱鲔曾为刘玄大司马，未闻其曾为东汉大司徒。 [3] 品：种类。 [4] 幞头：参见卷一“幞头”条注 [1]。 [5] 巾额：头巾前部覆盖额头处。 [6] 角冠：唐代女道士多服一种宽大的白角冠，或下垂及肩，时称“垂肩冠”或“等肩冠”。宋代宫廷妇女曾一度流行用这种冠饰，后被禁止。

［点评］

朱鲔墓原址位于今山东金乡县城西鱼山街道所属李庄，旧称朱鲔石屋或朱鲔石室，亦称朱鲔石庙，一般认为是目前所知最大的汉代墓地石祠堂。其墓最早见于北魏郦道元《水经注》的著录，至宋代被发掘，已知其墓内有石壁画像；清代咸丰间地陷，复出一小室。清修《山左金石志》载：“朱鲔墓石室画像，分为二十五幅，上层十二幅，高一尺五寸，下层十三幅，高三尺五寸，唯横广尺寸不等。每幅有帷幕列屏及杯盘樽勺，皆燕飨宾客之事。凡男子皆有端冕者，有纱帽者，有如僧帽二层者，有如巾子双梁者，有裹帻向前如飘缨者，有上仰盖形者，有下圆上锐者，种类不一，衣领及袖有褶。女像首有冠髻，髻上饰钗，股间有缀珠者。唯一幅上有八分书，题'朱长舒之墓'五字，夭斜不工，又下有八分书四行。"1930年，金乡县文教局曾成立专门机构陈列保护朱鲔墓画像石，后不知何故，神秘失踪半数；好在仅剩的约半数有幸被保留下来，今存山东石刻艺术博物馆，仍为珍贵的文物资料。原墓地重新整理后，已辟为旅游景点。

凸面镜

古人铸鉴[1]，鉴大则平，鉴小则凸。凡鉴洼则照人面大，凸则照人面小。小鉴不能全观人面，故令微凸，收人面令小，则鉴虽小而能全纳人面；仍复量鉴之小大，增损高下，常令人面与鉴大小相若。此工之巧智。后人不能造，比得古鉴[2]，皆刮磨令平，此师旷所以伤知音也[3]。

[注释]

[1] 鉴：宋人避太祖赵匡胤祖父赵敬名讳，不用“镜”字而用“鉴”字。 [2] 比：及，等到。 [3] 师旷：春秋时晋国宫廷乐师。相传著名的高级古琴曲《阳春白雪》即为其所创，故后人有师旷感伤知音难遇之说。

[点评]

世人不知凸面镜之功用，反而磨之使平。沈括正确描述了镜面曲率与映像大小的关系，正可谓古人造镜“巧智”之知音。

唐肺石

长安故宫阙前，有唐肺石尚在[1]。其制如佛寺所击响石而甚大[2]，可长八九尺，形如垂肺；亦有款志[3]，但漫剥不可读。按《秋官 · 大司寇》：“以肺石达穷民。”原其义，乃伸冤者击之，立其下，然后士听其辞[4]，如今之挝登闻鼓也[5]。所以肺形者，便于垂；又肺主声，声所以达其冤也。

《周礼 · 秋官 · 大司寇》：“以肺石达穷民。凡远近惸（qióng）独老幼之欲有复于上，而其长弗达者，立于肺石。三日，士听其辞，以告于上而罪其长。”

[注释]

[1] 肺石：古时设于朝廷门外的赤石。民有不平，得击石鸣

冤。因石形如肺，故名肺石。 [2] 响石：一种出于自然，敲击能够发出不一般的声响，或对周围人群的欢声笑语有回音的大石。 [3] 款志：也写作“款识”，指金石器物上镌刻的文字。 [4] 士：古代掌狱讼的官。 [5] 挝（zhuā）：击。登闻鼓：古代设于朝堂下，许臣民击之言事或申冤的鼓。始于晋代，后世沿之。宋代有登闻鼓院，专职收受臣民章奏。

［点评］

唐代长安太极宫承天门前、大明宫含元殿前各有一处名为“肺石”的设置，以体现自古以来庶民有冤情而可直诉于天子的申诉方式。《梦溪笔谈》此条意在保存前朝制度遗迹，同时也为介绍有关文物，而溯及其制度源流。

顺天得一钱

熙宁中，尝发地得大钱三十余千文[1]，皆“顺天”“得一”。当时在庭皆疑古无“得一”年号，莫知何代物。予按《唐书》：史思明僭号[2]，铸“顺天”“得一”钱。“顺天”乃其伪年号；“得一”特以名铸钱耳，非年号也。

［注释］

[1] 大钱：也称“重钱”，指较重的钱，即面额较高的钱。史

载史思明所铸大钱，一枚当“开元通宝”一百枚流通使用。千文：此用作钱币单位，表示一千枚铜钱或铁钱，相当于一贯。 [2] 史思明（703—761）：唐代安史之乱头目之一。759 年自称帝，后被其子所杀。僭号：超越本分而非法冒用某种称号。此指冒用帝王称号及非法设置年号。

［点评］

《新唐书·逆臣·史思明传》载史思明称帝，国号大燕，建元顺天，铸“顺天”“得一”钱。北宋庞元英《文昌杂录·补遗》谓史思明初铸“得一元宝”钱，旋以部下言“得一”不吉利，又改为“顺天元宝”。沈括谓“顺天”乃史氏年号，“得一”只是其钱名而非年号，当是。盖史氏初不以年号名钱，旋废“得壹”钱名，而改以年号“顺天”名钱。两种铜钱在安史之乱平定后无用，被收集铸为佛像，而流落民间者尚多，今仍有出土，铸造精美。

透光镜

沈括此条所谈透光镜的透光原理，事实上已说出了铸态曲率，难能可贵，但还没有谈及研磨曲率。他说家藏的三件铜镜只有一件透光，另

世有透光鉴，鉴背有铭文，凡二十字，字极古，莫能读。以鉴承日光，则背文及二十字皆透在屋壁上[1]，了了分明。人有原其理[2]，以谓铸时薄处先冷，唯背文上差厚，后冷而铜缩多；文虽在背，而鉴面隐然有迹，所以于光中现。予观

之，理诚如是。然予家有三鉴，又见他家所藏，皆是一样，文画铭字无纤异者，形制甚古，唯此一样光透，其他鉴虽至薄者，皆莫能透。意古人别自有术。

两件皆不能透，应该不是“古人别自有术”，而主要还是没有打磨到透光的程度，或者也因材料及氧化锈蚀等所致。

[注释]

[1] 背文：背面的花纹。文，同“纹”，下同。透在屋壁上：指背纹透映到镜面对面的白墙上。　[2] “人有原其理”至“所以于光中现”：是说有人推究透光铜镜的透光原理，以为铸铜镜时薄的地方先冷，而背面有花纹及文字的地方要厚一些，这些地方冷得慢，铜就收缩得多一些；花纹虽在背面，而在镜面上仍然隐约存留着它们的痕迹，所以在日光照射下就显示出来了。

[点评]

透光铜镜的透光原理，现代不少专家作过反复的试验和研究，普遍认为这一现象应与两种曲率有关系：一种是所谓铸态曲率，即铜镜在铸造过程中，镜背的花纹图案凹凸处厚薄不同，经过凝固收缩而产生铸造应力，从而使得镜面也产生“凹凸不平”的曲率；另一种可称研磨曲率，即铜镜在铸造之后，毛坯的镜面又经过精细的研磨、开光，因按压应力而造成新的物理性质上的弹性形变，亦即新的研磨曲率。这两种曲率应该是叠加而发生作用的，当弹性形变发生到一定程度时，镜面曲率与镜背花纹相应，也就导致“透光”效果的出现。不过刚铸造出来的铜镜毛坯，其镜面是既不能照人，当然更不能透光的，必须经过反反复复的研磨，去掉粗坯层及锈迹等，再进行极为精细的人工抛光，才能真正作为镜子被使用。所以有人认为铜镜的透光实际上与铸态曲率没有关系，而只与加工研磨过程中产生的新的镜面曲率有关。所谓“透光”，实质上还是一种独具特点的反射，并无穿透可言，因镜面曲率而造成光在平整处的平行反射、凹处的会聚反射和凸起处的漫反射，是以透光的效果便在被反射的白色物体上显现出来，产生明暗不同的亮影。而最终铜镜是否透光，还要看研磨曲率是否恰好适应透光的需要，所以并不是所有的铜镜都能透光，透光现象有相当强的选择性。

弩机矩度

此条考察弩机矩度及勾股定理的应用问题，以文献记载、考古实物与技术实验参互论证，反映了沈括注重以书本知识与亲历见闻、客观经验相结合的学问风格。

予顷年在海州[1]，人家穿地得一弩机[2]。其望山甚长[3]，望山之侧为小矩[4]，如尺之有分寸。原其意[5]，以目注镞端，以望山之度拟之，准其高下，正用算家勾股法也。《太甲》曰[6]：“往省括于度则释。”疑此乃“度”也[7]。汉陈王宠善弩射[8]，十发十中，中皆同处。其法“以天覆地载[9]，参连为奇；三微三小，三微为经，三小为纬，要在机牙”。其言隐晦难晓，大意“天覆地载”，前后手势耳；“参连为奇”，谓以度视镞，以镞视的，参连如衡，此正是勾股度高深之术也；“三经三纬”，则设之于堋，以志其高下左右耳。予尝设三经三纬[10]，以镞注之，发矢亦十得七八；设度于机，定加密矣。

［注释］

[1] 顷年：近年。海州：今江苏连云港市海州区。　[2] 弩机：弩弓用以固定弓弦的发射装置，亦称“弩牙”。汉刘熙《释名・释兵第二十三》载：“弩，怒也，有势怒也。其柄曰臂，似人臂也。钩弦者曰牙，似齿牙也。牙外曰郭，为牙之规郭也。下曰悬刀，其形然也。合名之曰机，言如机之巧也。亦言如门户之枢机，开阖有节也。”　[3] 望山：弩机的组成部件。在机键的上面，用以瞄准，犹今之“准星”。　[4] 小矩：小型的直角形矩尺。　[5]“原其意”五句：是说推究安装小矩尺之意，是在发射时以眼目注视箭头的端点，用瞄准部件的度数测算发射的角度，以调整箭头的高下，用的正是算术家的勾股法。勾股法，即今所称勾股定理，亦即直角三角形的两条直角边正方形面积之和等于其斜边正方形面积的定理，也可表述为 $a^2+b^2=c^2$（a、b 为两直角边，c 为斜边）。　[6]“《太甲》曰”二句见《尚书・太甲上》，原文：“若虞机张，往省括于度则释。”孔传云：“机，弩牙也。虞，度也。度机，机有度。以准望言修德，夙夜思之，明旦行之，如射先省矢括于度，释则中。”孔颖达疏：“为政之事，譬若以弩射也，可准度之机已张之，又当以意往省，视矢括当于所度则释而放之，如是而射则无不中矣。”省（xǐng），观察。括，指箭杆的尾部接触弓弦

的部分。释，放出。句意谓度机张开以后，要先看准了箭矢合于瞄准的度数再发射，则射出的箭就无不能中。 [7] 疑此乃“度”：揣测这件弩机的小矩尺就是《太甲》篇所说的“度”。 [8] 陈王宠：刘宠（不详—197）。东汉末陈孝王刘承之子。曾镇压黄巾起义，保全陈国，后为袁术所杀。此言刘宠善于用弩弓射箭，能十发十中，而且射中点全在一个位置。 [9]“其法”至“以志其高下左右耳”：此处文字，“以天覆地载，参连为奇；三微三小，三微为经，三小为纬，要在机牙”，见《后汉书・陈敬王羡传》注引华峤书（指华氏所著《汉后书》），而稍有减字。原注引作：“宠射，其秘法以天覆地载，参连为奇；又有三微三小，三微为经，三小为纬，经纬相将，万胜之方，然要在机牙。”按沈括的解释，“其法”大意当是：“天覆地载”，指的是前后手势；“参连为奇”，谓以度机瞄准箭镞，又以箭镞对准目标，使“参连如衡”，即度机、箭镞、目标三者在同一水平上连成一线，这正是利用勾股定理求高求深的方法；至于“三经三纬”，则大概不过是设在靶墙上的三条经（纵）线和三条纬（横）线，用来标志箭靶的高低左右。堋（péng），设置箭靶的矮墙，俗称“箭垛子”。 [10]“予尝设三经三纬”五句：是说我曾按这办法设置三经三纬，并用箭头连接起来，发箭也十中七八；若设刻度于弩机上，那么命中的精度一定会更高。注，连接。

［点评］

此条谈弩机，主要是谈弩机的望山和矩度。沈括通过刘宠善弩射的历史记载和自己的试验，指出望山和矩度的设置即依托于算家的勾股定理，以求提高射箭的命中率。他论述这点是以习武的箭垛子为准的，盖假定施射的距离还不算远，箭射出后是直线飞行的，故以为测算命中的运算适用于勾股定理。然而事实是，按正常的射箭程序，箭飞出后所行的是抛物线路径，箭杆仰角与射程须用抛物方程求出，单凭勾股定理运算不能得出准确的数据。

新莽铜匜

予于关中得一铜匜[1]，其背有刻文二十字，曰："律人衡兰注水匜[2]，容一升，始建国元年一月癸卯造[3]。"皆小篆。"律人"当是官名，《王莽传》中不载。

[注释]

[1] 匜（yí）：中国古代盥（guàn）洗器，即盛水浇水以洗手洗脸的用具。有陶制、铜制的两种，一般为敞口，弧壁，平底，前有流，后有泥条状把手。也用作礼器，行沃盥之礼时为客人洗手所用。[2] 律人衡兰：当作"律斤衡兰"，详见本条"点评"。[3] 始建国：一作建国。王莽篡汉后所建新朝年号，始于公元 8 年，终于公元 13 年。癸卯：当作"癸酉"，亦见本条"点评"。

[点评]

此条记新莽时的铜匜铭文，胡道静《梦溪笔谈校证》引王国维《梦溪笔谈》手识云："此器世尚有之。省云'律斤衡兰'，非'律人'也。下云'始建国元年一月癸卯造’。”（胡道静注：“癸卯”当作“癸酉”）按：宋吕大临《续考古图》卷四及薛尚功《历代钟鼎彝器款识法帖》卷十九均著录此匜，铭文第二字皆释“斤”而不释“人”，当以释“斤”为是；又“始建国元年”下，二书所摩皆作“正月癸酉朔日制”，亦非“癸卯”。也就是说，沈括所述此匜铭文的“人”字、“卯”字皆偶然疏忽而出错了。清阮元《稽古斋钟鼎彝器款识》卷九谓“律斤衡兰”即新莽铜权铭文的“律石衡兰”，“斤”“石”皆为重量单位，“律石衡”当是官名，“律斤衡”为别称，“兰”当是人名。

青堂羌善锻甲

中国古代冷锻铁甲的技术和工艺，至北宋青唐羌所锻“瘊子甲”而臻于极致。后世冷锻技艺仍续有发展，如明代宋应星所著《天工开物》中卷《锤锻》记云：“凡锯，熟铁锻成薄片，不钢，亦不淬健。出火退烧后，频加冷锤坚性，用鎈（锉）开齿。”

青堂羌善锻甲[1]，铁色青黑，莹彻可鉴毛发。以麝皮为綇旅之[2]，柔薄而韧。镇戎军有一铁甲[3]，椟藏之[4]，相传以为宝器。韩魏公帅泾原[5]，曾取试之，去之五十步，强弩射之，不能入。尝有一矢贯札[6]，乃是中其钻空，为钻空所刮，铁皆反卷，其坚如此。凡锻甲之法，其始甚厚，不用火，冷锻之，比元厚三分减二乃成[7]。其末留箸头许不锻[8]，隐然如瘊子，欲以验未锻时厚薄，如浚河留土笋也，谓之“瘊子甲”。今人多于甲札之背隐起[9]，伪为瘊子；虽置瘊子，但元非精钢，或以火锻为之，皆无补于用，徒为外饰而已。

[注释]

[1] 青堂羌：亦作“青唐羌”。原为吐蕃族的一支，后据青唐城（今青海西宁）建立政权。北宋时所称“青唐羌”，实指唃厮啰政权所属的藏人。　[2] 以麘皮为綇旅之：用麘皮制作的带子把甲片连缀起来。麘，形似鹿的动物，又称香獐子。綇（xū），带子。旅，排列。　[3] 镇戎军：行政区划名，治所在今宁夏固原。　[4] 椟（dú）：木匣。　[5] 韩魏公：韩琦（1008—1075）。北宋宰相。曾为陕西四路经略安抚招讨使。泾原：宋代路名，参见卷十三“种世衡用间”条注 [1]。　[6]“尝有一矢贯札”五句：是说也曾有一箭穿透了甲片，竟是因为正好射在了甲片的小钻孔上，结果箭头为钻孔所刮，铁都反卷起来了，其甲片竟坚硬到如此程度。札，甲片。钻空，即“钻孔”，“空”通“孔”，为连缀甲片而在甲片上穿的小孔。　[7] 元：今用“原”字。下同。　[8]“其末留箸头许不锻”五句：是说甲片的末端留着像筷子头那么大小的一小片不锻打，凸起像个瘊子，这是为了检查铁片未锻打时的厚薄，有如疏浚河道时留些笋状的立土，所以这种铠甲被叫作“瘊子甲”。隐然，凸起的样子。瘊子，俗语，指皮肤上的赘疣。土笋，竹笋状的立土，即用以标识原地面高度的土柱。　[9]“今人多于甲札之背隐起”至“徒为外饰而已”：是说今人锻甲，多在甲片的背面故意造出小块的凸起，假充瘊子；虽留瘊子，但所用质料原非精钢，或由加热锻打做成，都无补于实用，不过徒为外表的装饰罢了。隐起，凸起。

［点评］

此条所记古人金属加工的冷锻技术和工艺，最为简要、客观、清晰而翔实，有重要史料价值。青唐羌通过冷锻的方法，将铁甲加工到“铁色青黑，莹彻可鉴毛发”的程度，且铁甲的强度、硬度和韧性都大大提高，宋人以强弩试射而不能贯穿，恰恰证明了此种铁甲及其制作工艺可以推广的价值。甲片末端留“瘊子”小凸起，以验未锻时的厚薄，实际也就是要掌握甲片锻打过程中的冷作程度，乃冷作工艺中不可或缺的一部分，也包含了缜密的思考。史载北宋庆历初签书陕西经略安抚判官田况曾建议朝廷仿夏人造甲之法，“悉令工匠冷砧打造纯刚甲”（见《续资治通鉴长编》卷一三二），南宋时又曾有人建议冷锻铁甲（见岳珂《愧郯录》卷十三“冷端（锻）甲”条），然均未见施行。

折玉钗与玉臂钗

朝士黄秉少居长安[1]，游骊山，值道士理故宫石渠，石下得折玉钗，刻为凤首，已皆破缺，然制作精巧，后人不能为也。郑嵎《津阳门诗》曰[2]：“破簪碎钿不足拾，金沟浅溜和缨緌。”非虚语也。予又尝过金陵，人有发六朝陵寝，得古物甚多。予曾见一玉臂钗[3]，两头施转关，可以屈伸，合之令圆，仅于无缝，为九龙绕之，功侔鬼神。世多谓前古民醇，工作率多卤拙，是大不然。古物至巧，正由民醇故也，民醇则百工不苟。后世风俗虽侈，而工之致力不及古人，故物多不精。

［注释］

[1]“朝士黄秉少居长安”至“后人不能为也”：是说在朝为官的士人黄秉年青时有一次游骊山，正碰上一个道士在修治旧时宫殿的石渠，在石头下发现一支折断的玉钗，钗头刻成凤首的形状，都已残缺，然而制作的精巧，是后人不能做到的。黄秉，字里未详，熙宁中曾以驾部员外郎知洺州。骊山，即今陕西西安临潼区城南骊山。周、秦、汉、唐时，这里一直是皇家园林之地，离宫别馆众多。理，治、治理。　[2]“郑嵎《津阳门诗》曰”三句：参见卷五“霓裳羽衣曲”条注[8]。按：此处所引《津阳门诗》中的二句，原是描写唐玄宗时宫女浴池的景象的，意思是说：破碎的发簪和珠宝首饰委弃于地上都不值得捡拾，在皇宫的水沟中和冠饰的缨带一起都随着浅浅的水流被冲走。金沟，指皇帝宫苑中的水沟。缨緌（ruí），冠饰的垂带。　[3]“予曾见一玉臂钗”至“功侔鬼神”：是说我曾看到一支玉臂钗，两头都设置转动机关，可以弯曲、伸直，两头合起来可以变成圆形，几乎看不出有缝，而为九条龙所环绕，制作功夫可比鬼斧神工。玉臂钗，玉制的臂饰。仅，几乎，差不多。侔，等同。

［点评］

本文谈前朝文物，以条末议论前古民风朴拙的文字为深刻。沈括以为世人多称往古民风淳朴，手工制作大都粗糙笨拙，其实大不是这么一回事。古器物制造精巧至极，正由于民风淳朴的缘故，民风淳朴则各种手工制作都一丝不苟。后世风俗虽浮华奢侈，而在工艺上用力不及古人，所以造出来的器物多不精致。这些皆所谓“大巧若拙”“大朴不雕”“大圭不琢”，民风厚重则百巧寓之，工艺粗浅则民风亦浇薄。

出土古印章多是军中官

今人地中得古印章，多是军中官。古之佩章，罢免迁死皆上印绶[1]，得以印绶葬者极稀。土中所得，多是没于行阵者。

[注释]

[1] 印绶：旧时称印章和结系印章的绶带。绶（shòu），古人用以系印章、佩玉或其他饰品的丝带。

[点评]

此条记古人佩带印章，罢免、升迁和死去都要连绶带一起上交，所以能死后随葬的极少，现在见于地下出土的，多是死于行伍战阵的人所留下的，识见精微。

唐玉辂

大驾玉辂[1]，唐高宗时造，至今进御[2]。自唐至今，凡三至泰山登封[3]，其他巡幸，莫记其数，至今完壮，乘之安若山岳，以措杯水其上而不摇。庆历中，尝别造玉辂，极天下良工为之，乘之动摇不安，竟废不用。元丰中，复造一辂，尤极工巧，未经进御，方陈于大庭，车屋适坏，遂压而碎。只用唐辂，其稳利坚久[4]，历世不能窥其法[5]。世传有神物护之，若行诸辂之后，则隐然有声[6]。

自初唐直到北宋末年，唐高宗时所造“大驾玉辂”累世“进御”不绝，使用数百年而“完壮”如初，“稳利坚久”，无与伦比。一部“老爷车”，如“有神物护之”，大宋王朝屡欲仿造，而竟“不能窥其法”，堪称造车史上的奇迹和独一无二的成就。

［注释］

[1] 大驾：皇帝所乘车的尊名、专称。玉辂（lù）：皇帝专车之一。以玉为饰，规格最高。　[2] 进御：犹言供皇帝使用。　[3] 三至泰山登封：指唐高宗和武后、唐玄宗、宋真宗凡三次用它东至泰山举行封禅典礼。　[4] 稳利坚久：稳当、便利、坚固、耐用。　[5] 不能窥其法：不能弄清楚它的制造方法。　[6] 隐然有声：隐隐约约能听到某种不寻常的声响。

［点评］

古代天子的乘舆称“大驾”，自《周礼》以来便有五辂：玉辂、金辂、象辂、革辂、木辂（“辂”亦作“路”）。

玉、金、象辂分别饰之以玉、金、象牙，革辂覆之以皮革而无他饰，木辂则只涂漆。五辂并有副辂，即从车。宋承唐制，《宋史·舆服志》云："元丰虽置局造辂，而五辂及副辂，多仍唐旧。"其首叙玉辂特详，文云："玉辂，自唐显庆中传之，至宋曰显庆辂，亲郊则乘之。制作精巧，行止安重，后载太常舆闟戟，分左右以均轻重，世之良工，莫能为之。其制：箱上置平盘、黄屋，四柱皆油画刻镂。左青龙，右白虎，龟文，金凤翅，杂花，龙凤，金涂银装，间以玉饰。顶轮三层，外施银耀叶，轮衣、小带、络带并青罗绣云龙，周缀缧带、罗文佩、银穗球、小铃。平盘上布黄褥，四角勾阑设圆鉴、翟羽。虚匮内贴银镂香罨，轼匮银龙二，衔香囊，银香炉，香宝，锦带，下有障尘。青画轮辕，银毂乘叶，三辕，银龙头，横木上有银凤十二。左建青旗，十有二旒，皆绣升龙；右载闟戟，绣黻文，并青绣绸杠。又设青绣门帘，银饰梯一，拓叉二，推竿一，银鐇头，银装行马，青缯裹挽索。驾六青马……驾士六十四人。"沈括此条总述其优点在"稳利坚久"。

卷二十　神奇

宜兴陨石

治平元年[1]，常州日禺时[2]，天有大声如雷，乃一大星几如月，见于东南；少时而又震一声，移著西南[3]；又一震而坠在宜兴县民许氏园中[4]，远近皆见火光赫然照天，许氏藩篱皆为所焚。是时火息，视地中有一窍如杯大，极深。下视之，星在其中荧荧然[5]，良久渐暗，尚热不可近。又久之，发其窍，深三尺余，乃得一圆石，犹热。其大如拳，一头微锐，色如铁，重亦如之。州守

中国月球探测工程首席科学家欧阳自远先生认为，沈括此条记录“是中国古代最为全面、真实的一次描述，它甚至优于一些现代的陨石记录”。全世界的陨石学著作也都时常引用这段记载，并给予高度评价。

郑伸得之[6]，送润州金山寺[7]，至今匣藏，游人到则发视。王无咎为之传[8]，甚详。

［注释］

[1] 治平元年：宋英宗改元之年，即 1064 年。 [2] 常州：今江苏常州，宋时初属两浙路，后属两浙西路。日禺时：接近中午时。禺（yú），即“禺中”，古人称日近午曰“禺中”，亦作“隅中”。 [3] 移著西南：转移而闪耀于西南方向。著，明亮、闪耀。 [4] 宜兴县：今江苏无锡市所辖县级宜兴市。 [5] 荧荧然：光闪烁的样子。 [6] 郑伸：未详。 [7] 润州金山寺：今镇江金山寺。 [8] 王无咎（1024—1069）：字补之，南城（今属江西抚州）人。曾巩妹夫、王安石门生。嘉祐进士，曾为天台县令，弃官从王安石游，士子从学者常数百人。后以家贫再仕，王安石执政时荐为国子监直讲，命未下而卒。

［点评］

中国古代关于陨石、雨金的记录，先秦时已多，汉以后更不断有细致的科学描述。其中最佳的描述，莫过于《梦溪笔谈》此条的这段记录。此文生动而形象地记述了陨石降落时的声音、形象、飞行方向、亮度及坠落的地点、触地时的情形等信息，并进而记下了陨石的发掘、储藏、鉴定为铁陨石以及供游人观览的过程。文章短小精炼，语言质朴而情景震撼，不愧为绝妙散文，如此天文事件，读之如形目前，回味无穷。

菜花变异

菜品中芜菁、菘、芥之类[1]，遇旱，其标多结成花如莲花[2]，或作龙蛇之形。此常性，无足怪者。熙宁中，李宾客及之知润州[3]，园中菜花悉成荷花，仍各有一佛坐于花中，形如雕刻，莫知其数。暴干之[4]，其相依然。或云李君之家奉佛甚笃，因有此异。

［注释］

[1] 芜菁：别名蔓菁，即根茎圆球状的大头菜、圆菜头，与萝卜同科。菘（sōng）：大白菜。芥：芥菜，种类多，按用途可分为叶芥菜（如雪里蕻）、茎芥菜（如榨菜）、根芥菜（如大头菜、芥菜疙瘩）、子芥菜（种子磨粉称芥末的类型）等。　[2]“其标多结成花如莲花”二句：是说其顶端多结成花如莲花的样子，或像龙蛇的形状。标，顶端。　[3] 李宾客及之：李及之。字公达，仁宗朝宰相李迪之侄。因其尝历官太子兵客，故此以“宾客”称之。由荫登第，吏事精明，累官判刑部，知泾、晋、陕、润诸州。以太中大夫致仕，卒年八十五。润州：治所在今江苏镇江。　[4] 暴干：晒干。暴，读作“曝”。

［点评］

此条记园中菜蔬因干旱而变异的情形。所谓“其标多结成花如莲花，或作龙蛇之形”，当如现在卷心菜的园艺变种羽衣甘蓝的样子，四周叶片散开如莲座，不会再卷起来，顶端叶片则抱团如花状，且会变色，民间乃传闻如龙蛇状、坐佛状。沈括因李及之奉佛而言及于此，与他自己晚年倾向佛事也不无关系。

雷 火

内侍李舜举家曾为暴雷所震[1]。其堂之西室，雷火自窗间出，赫然出檐，人以为堂屋已焚，皆出避之。及雷止，其舍宛然[2]，墙壁、窗纸皆黔[3]。有一木格[4]，其中杂贮诸器，其漆器银扣者，银悉镕流在地，漆器曾不焦灼。有一宝刀[5]，极坚钢，就刀室中镕为汁，而室亦俨然。人必谓火当先焚草木，然后流金石；今乃金石皆铄[6]，而草木无一毁者，非人情所测也。佛书言“龙火得水而炽，人火得水而灭”，此理信然。人但知人境中事耳，人境之外，事有何限？欲以区区世智情识，穷测至理，不其难哉！

［注释］

[1] 李舜举（1033—1082）：北宋宦官。字公辅，汴京（今河

南开封）人。熙宁中为内侍押班，领文州刺史，转嘉州团练使。元丰中出为延麟路监军，永乐城之战，与徐禧、李稷等并战死，谥忠敏。 [2] 宛然：宛然如故，很像原来的样子。 [3] 黔：变黑。 [4] “有一木格”五句：是说屋内木架上杂置各种器物，那些有银饰的漆器，银饰全都熔化流到了地上，漆器却不见被烤焦。木格，指分层分格以置物的木架。银扣，银箔装饰。木制漆器以金、银、铜等镶边包角或作装饰叫“扣”，其器称“扣器”。 [5]“有一宝刀”四句：是说有一口宝刀，极为刚硬，就在刀鞘里被熔化为铁汁，而刀鞘也俨然完好无损。钢，通“刚”，刚硬。室，指装刀的套子。 [6] 铄（shuò）：熔化。

［点评］

此条所述暴雷，属于现今所称静电感应雷的类型，即当带电积云接近地面时，与附近金属物导体之间产生极高的静电电压（感应电压），从而导致剧烈的放电和闪光，以致“雷火自窗间出，赫然出檐”，金属物皆熔毁而草木不焦。这一现象，古人不能解释，故谓“非人情所测”。

事非前定

人有前知者，数十百千年事皆能言之，梦寐亦或有之，以此知万事无不前定。予以谓不然。事非前定，方其知时，即是今日；中间年岁，亦与此同时，元非先后。此理宛然，熟观之可谕。

本条所称“事非前定”的命题，反映出沈括朴素唯物论的思想，而《梦溪笔谈》中大量的科学记录，同时也包含对宿命论的批判。

或曰：苟能前知，事有不利者，可迁避之。亦不然也。苟可迁避，则前知之时，已见所避之事；若不见所避之事，即非前知。

［点评］

此条言人有号称能“前知”的，世传这种人就连数十百千年之后的事都能预言，就是梦寐中的事或者将来也会发生，以此知道万事无不是“前定”的。沈括对这些说法不以为然，他认为当所谓将来的某件事被人们知道的时候，它便已是“今日”的事；从“今日”到预言的将来年岁，这中间所有的时间都与“今日”同时，原没有先后。这道理看似曲折，仔细体察就会明白。有人说：假如能够“前知”，那么将来事情有不利的就可以躲避。这说法也不是那么回事。假如可以躲避，那么人们在“前知”的时候，就已看出所要躲避的事；若是看不出所要躲避的事，那就说明人们不能“前知”。沈括的这些看法，反映出他对“时间”问题的超前意识和卓异思考，包含高深的哲理和非凡的逻辑。笔者在本书的导读部分已就这段话指出，“沈括的科学探索精神和超前的认知能力、思维方式，正是他全部学术的灵魂”。而沈括之所以会成为沈括，除了历史和时代的造就之外，这也是最要紧的个人因素之一。

卷二十一　异事 异疾附

虹

世传虹能入溪涧饮水，信然。熙宁中，予使契丹，至其极北黑水境永安山下卓帐[1]。是时新雨霁，见虹下帐前涧中。予与同职扣涧观之[2]，虹两头皆垂涧中。使人过涧，隔虹对立，相去数丈，中间如隔绡縠[3]。自西望东则见，盖夕虹也。立涧之东西望，则为日所铄[4]，都无所睹。久之，稍稍正东[5]，逾山而去。次日行一程，又复见之。孙彦先云[6]："虹乃雨中日影也，日照

《尔雅·释天》："蝃蝀谓之雩。蝃蝀，虹也。"蝃蝀（dì dōng）又称"虹蜺"（hóng ní）；或又说雄曰虹，雌曰蜺，分指虹蜺的内环和外环；又写作"虹霓"。北方方言或单称"虹"为jiàng。

雨则有之。"

[注释]

[1] 黑水：今内蒙古查干沐沦河。为西辽河上源西拉木伦河最大支流，历史上号称塞北名川之一，辽代以其发源于"圣山"黑山而称黑水。永安山：史又称马盂山，在今内蒙古宁城西。宁城曾为辽朝的中京，此山常为辽主避暑与围猎的场所。卓帐：安扎帐篷。 [2] 扣涧：通"叩涧"，进入涧中探寻之意。 [3] 绡縠（xiāo hú）：轻薄如雾的绢、纱之类丝织品。 [4] 铄：通"烁"，指弱光因强光的照射而消失。此指虹因日照而消失。 [5] 稍稍正东：渐渐向正东方向移动。 [6] 孙彦先：孙思恭。字彦先，北宋登州（今山东蓬莱）人。精通历算之学，尝修天文院浑仪。累官秘阁校理，神宗即位，擢天章阁待制，后出知江宁府及诸州。

[点评]

虹是太阳光线以一定角度照在空中水滴上所发生的复杂折射、分光等造成的大气光学现象，映射到人眼中便呈内紫外红的弧形彩色光带之状，故称彩虹。"虹"字在商代甲骨文中已出现，用双线画作身体像拱形桥的一种动物（大概是龙），而拱形两端各有一首，皆张着大口向下，看上去正如"入溪涧饮水"的样子。古籍中细致描述彩虹的文字并不多，《梦溪笔谈》此条已是记载很具体的一种，时间、地点、观察方位、游观过程都叙述得清清楚楚。夏天在高纬度的北方，傍晚的太阳是从天空西南较低的位置向西北运行的，落日点偏北，而虹的方位也随之从东北移向东南，所以沈括所见到的虹就有"稍稍正东”的移动方向。关于虹的成因，条末附注了孙思恭的见解：“虹乃雨中日影也，日照雨则有之。”这见解很正确，当然也代表了沈括的看法。

夹镜之疑

予于谯亳得一古镜[1]，以手循之[2]，当其中心，则摘然如灼龟之声[3]。人或曰：“此夹镜也。”[4]然夹不可铸，须两重合之。此镜甚薄，略无焊迹，恐非可合也。就使焊之，则其声当铣塞[5]；今扣之，其声泠然纤远[6]。既因抑按而响，刚铜当破[7]，柔铜不能如此澄莹洞彻[8]。历访镜工，皆罔然不测[9]。

有人推测此种夹镜可能是用某种铜合金经过冷作成型后又加工制成的，其工艺技术到宋代已失传。是否如此，还有待实物证明。

［注释］

[1] 谯亳：今安徽亳县。宋设亳州，习惯上亦称谯郡。 [2] 循：通“揗”，抚摩。 [3] 摘然：读作“擿（tì）然”，形容物体开裂的响声。灼龟：古人用龟甲占卜，在龟甲正面凿小坑，然后从背面用火灼烤，使在正面出现裂纹。 [4] 夹镜：两层铜材合起来制作的铜镜。 [5] 铣塞（xǐ sāi）：形容滞涩浑浊的声音。 [6] 泠然纤远：清脆、纤细而传得远。 [7] 刚铜：硬铜。实指青铜或黄铜。 [8] 柔铜：与上“刚铜”相对，指红铜。澄莹洞彻：澄明透亮。 [9] 罔然不测：迷惘而猜不透。罔然，同“惘然”，犹茫然，

恍惚不解貌。

［点评］

此条所述“夹镜”，按文意应是指用两层铜材合起来制作的铜镜，然沈括提出了三个无法解释的疑点：一是铜镜若为铸造产品，那么它用两层铜材就不可能是一次铸成的，而必须把两层单铸后再拼合起来才行，但这镜子很薄，看不出有焊接的痕迹，恐怕不是拼合起来的；二是即使焊接而成，它的声音也应该是滞涩浑浊的，可现在叩击它，声音却清脆悠长；三是既然通过按压它才能发出声响，那么若是硬铜它就有可能破裂，若是软铜它又不可能如此澄明透亮。这几个疑点都有其理据，而对其制作方法，现在已不能明。

冷　光

卢中甫家吴中[1]，尝未明而起，墙柱之下，有光熠然[2]。就视之，似水而动；急以油纸扇挹之[3]，其物在扇中滉漾[4]，正如水银，而光艳烂然；以火烛之，则了无一物。又魏国大主家亦尝见此物[5]，李团练评尝与予言[6]，与中甫所见无少异，不知何异也。予昔年在海州，曾夜煮盐鸭卵，其间一卵烂然，通明如玉，荧荧然屋中尽明；置之器中十余日，臭腐几尽，愈明不已。苏州钱僧孺家煮一鸭卵[7]，亦如是。物有相似者，必自是一类。

［注释］

[1] 卢中甫：卢秉（不详—1092）。字仲甫，湖州德清（今属浙江）人。官至龙图阁直学士。吴中：泛指苏州一带。 [2] 熠（yì）然：闪烁之貌。 [3] 挹（yì）：舀取、酌取，此指盛起来。 [4] 滉漾（huàng yàng）：滚动荡漾如水波之貌。 [5] 魏国大主：魏国大长公主（1050—1080），宋英宗第二女。 [6] 李团练评：李评。字持正，上党（今山西长治）人。侥幸进用，官至团练使。 [7] 钱僧孺：《长兴集》记其为沈括妻妹之夫。苏州人，曾为长洲主簿。

［点评］

此条述自然现象中的化学发光和生物发光，这两种发光的热效应都几乎可以忽略不计，故习称冷光。所言墙柱之下似水而动的发光之物，可能是溶解了能发光的化学物质或发光细菌的露珠，它们可借露珠的澄明在黑暗中发光，若靠近烛光而露水蒸发，则它们用肉眼都不能看见。咸鸭蛋中的发光物质，是粗盐里的金属离子进入鸭蛋后，与鸭蛋里面所含硫元素结合的产物，如硫化钙、硫化镁等便都是荧光物质。这类硫化物白天经过光照吸收了光能，晚上就可以在一段时间内发出荧光，而且咸鸭蛋越臭，这类硫化物就越多，因而也就“愈明”，沈括的记录皆合乎实际。

古金饼

今安徽寿县（县城寿春镇）一带，既为历史悠久的楚文化故地，也是淝水之战古战场及名闻天下的八公山所在地，出土古文物特多，先秦楚国金币郢爰即是稀世珍品之一。沈括此条其实是谈古代金币的，包括先秦郢爰及汉代的裹蹄金、麟趾金、柿子金等，虽混同于道家黄白术的“药金”并不妥当，但仍保存了一些古代金币及其出土情况的资料，关涉考古内容，值得研究。

寿州八公山侧土中及溪涧之间[1]，往往得小金饼，上有篆文“刘主”字，世传淮南王药金也[2]。得之者至多，天下谓之印子金是也[3]。然止于一印，重者不过半两而已，鲜有大者。予尝于寿春渔人处得一饼，言得于淮水中，凡重七两余，面有二十余印；背有五指及掌痕，纹理分明，传者以谓湿之所化，手痕正如握湿之迹[4]。襄、随之间，故春陵白水地[5]，发土多得金麟趾、裹蹄[6]。麟趾中空[7]，四傍皆有文刻，极工巧。裹蹄作团饼，四边无模范迹，似于平物上滴成，如今干柿，土人谓之“柿子金”。《赵飞燕外传》[8]：“帝窥赵昭仪浴，多袖金饼，以赐侍儿私婢。”殆此类也。一枚重四两余，乃古之一斤也。色有紫艳[9]，非他金可比。以刃切之，柔甚于铅，虽大块亦可刀切，其中皆虚软；以石磨之，则霏霏成屑。小说谓麟趾、裹蹄乃娄敬所为药金[10]，方家谓之“娄金”，和药最良，《汉书》注亦云异于他金。予在汉东，一岁凡数家得之，有一窖数十饼者，予亦买得一饼。

[注释]

[1] 八公山：在今安徽淮南西。其地在宋代属寿州（治所先后在今凤台、寿县）。 [2] 淮南王：刘安（前 179—前 122）。汉高祖刘邦之孙。好读书，组织门客撰成《淮南子》。后以谋反事发，被杀。药金：古代道教炼丹术所称通过药物点化而炼出的用为“延寿药”的“黄金”。实则这种“药金”的主要成分是铜锌合金，亦即俗所称的黄铜，因从外观上看和黄金相似，故常被误认为是黄金。 [3] 印子金：据现在所知，世所传“印子金”为战国时楚国曾经通行的一种金币，而不是所谓“淮南王药金”，沈括的看法大概不可据。 [4] 坔：读作“泥”，指泥团。按：此处沈括所说有“二十余印”的金饼，当即上面提到的楚国金币印子金原版的剩余，所称“手痕”或只是泥团痕迹。 [5] 春陵白水地：古时春陵县白水乡一带，在今湖北枣阳市南吴店镇。西汉末宗室刘仁（东汉光武帝刘秀之祖父）迁居于此，改封春陵侯。地处襄阳、随县之间。 [6] 金麟趾、褭（niǎo）蹄：麟趾金、褭蹄金，汉武帝太始二年（前 95）为协和祥瑞而铸造的两种金质称量货币。褭蹄金俗亦称马蹄金，麟趾金则仿麟脚的形状。褭，亦作“㚟”，本义指用丝带系马，相传古时有名马“要㚟”，故汉武帝取以名金币。 [7]“麟趾中空”至“人谓之‘柿子金’”：分述麟趾金、马蹄金的形制，而谓“褭蹄作团饼”，俗称“柿子金”，与出土实物不合。 [8]《赵飞燕外传》：旧题汉人伶玄传，记汉成帝皇后赵飞燕佚事。赵飞燕（不详—前 1），成帝第二任皇后，其妹赵合德（不详—前 7）封昭仪，姐妹二人共专宠于成帝。此处所引《赵飞燕外传》之文意谓：成帝偷窥赵昭仪洗浴，衣袖中多藏小金饼，以便为笼络赵氏姐妹的侍婢而赐给她们。汉成帝，见卷十八“弹棋”

条注 [2]。 [9] 色有紫艳：金子有紫红色的光泽。紫艳，即俗称红得发紫的颜色。古人谓金子有黄金、赤金、紫金，以紫金为最上品，又称紫磨金、紫胆金。《水经注 · 温水》："华俗谓上金为紫磨金。"今之紫金首饰，亮度、光泽度和坚硬耐磨度亦皆优于铂金、黄金。 [10] 娄敬：刘敬。汉初齐地人。事刘邦，封关内侯，赐姓刘。

［点评］

沈括本篇考察汉代金币，内容可观，而存在好几处问题。因注说为繁，这里谨别为剔出，稍作些说明。

（1）沈括开头就指出世所传"印子金"即"淮南王药金"，这看法不妥当。据现在所知，印子金又称"爰金"，实是战国时楚国曾经通行的一种金币。这种金币为金版形状，钤有"郢爰""陈爰""鄗爰""专爰"等文字印记，是一种称量货币，有特定形制和铭文、重量，使用时可根据需要切割成零星小块，然后通过特定的等臂天平称量，再进行交换。"爰"即"锾（huán）"字，本为重量单位，楚制一爰即一斤，重约 20 克，大约后来"爰"亦成为印子金的专名。沈括以印子金为"淮南王药金"，后世学者略无异议，直到近世吴大澂等人始认定，这种印子金上的印文不是"刘主"而是"郢爰"，沈括的看法不妥。

沈括所称"凡重七两余，面有二十余印"的金饼，应即爰金旧版的残余。近世不断有爰金出土，可作参照理解。如 1971 年在湖北江陵郢城出土一块郢爰，重 17.5 克；1979 年在安徽寿县花园村出土爰金 18 整版和一小块，共重 5187.25 克；1982 年在江苏盱眙南窑庄出土的一批窖藏金币，其中有一版郢爰排列全印 54 个、半印 6 个、重 610 克，另一版郢爰则排列全印 35 个、半印 11 个、重 466.3 克。

（2）汉代的马蹄金和麟趾金，如今尚多见。马蹄金的形制，皆略似不规则的小型圆台，底面内凹，中空，状如马蹄，径约 5 厘米—6 厘米，壁厚约 2 厘米，一般重 250 克左右，相当于汉代的一斤。近年在江西南昌西汉海昏侯墓出土有 48 枚马蹄金，分大小两种，大的重约 260 克，小的重约 40 克，大马蹄金上分别刻有“上”“中”“下”字样。沈括说“裹蹄作团饼”，因形状像柿饼，俗亦称“柿子金”，这点很令人费解，因为传世和出土的马蹄金皆不作圆饼的形状。这种圆形金饼也有传世，一般直径在 5 厘米—6 厘米，厚 2 厘米左右，重亦约 250 克，与马蹄金相近。也许汉时这种圆形金饼曾与马蹄金等价流通，故民间或亦视之为马蹄金；不然，则沈括以马蹄金等同于“柿子金”，就是误认和误称，把两种称量金币混同为一了。

麟趾金的形制，沈括说“麟趾中空，四傍皆有文刻，极工巧”。海昏侯墓出土有 25 枚麟趾金，形状仍如兽蹄，其工艺略如沈括所说，只是形制较小，重量较轻，每枚重约 80 克，相当于汉代的 5 两左右。以往西汉墓出土的冥币泥金饼，钱文有作“令止金一斤”的，“令止”即“麟趾”，这种形制的金币在战国时楚地也已出现。

（3）《赵飞燕外传》所记汉成帝用于笼络赵飞燕姐妹之侍婢的金饼，只是袖中的小玩意，似不应是指裹蹄金和麟趾金。至于传闻小说以为麟趾金和裹蹄金都是娄敬所造的药用金，也是无厘头的说法，因为娄敬的生平下距汉武帝太始时不啻百余年，有关传言绝未可信，且医家所称的“娄金”未必就是指麟趾金和裹蹄金。

奇 疾

世有奇疾者。吕缙叔以知制诰知颍州[1]，忽得疾，但缩小，临终仅如小儿。古人不曾有此疾，终无人识。有松滋令姜愚[2]，无他疾，忽不识字，数年方稍稍复旧。又有一人家妾，视直物皆曲，弓弦、界尺之类，视之皆如钩，医僧奉真亲见之[3]。江南逆旅中一老妇，啖物不知饱。徐德占过逆旅[4]，老妇愬以饥，其子耻之，对德占以蒸饼啖之，尽一竹篑[5]，约百饼，犹称饥不已；日饭一石米，随即痢之，饥复如故。京兆醴泉主簿蔡绳[6]，予友人也，亦得饥疾，每饥立须啖物，稍迟则顿仆闷绝[7]。怀中常置饼饵，虽对贵官，遇饥亦便龁啖[8]。绳有美行，博学有文，为时闻人，终以此不幸，无人识其疾，每为之哀伤。

［注释］

[1] 吕缙叔：吕夏卿（1015—1068）。字缙叔，晋江（今福建泉州）

人。曾充《新唐书》编修官，官至知制诰。颍州：今安徽阜阳市颍州区。　[2] 姜愚：按《邵氏闻见录》卷十八及《宋史》卷三二九有姜愚，字子发，开封人，师事邵雍，治平间知寿州六安县，历太学博士，晚年得目疾失明，未知是否即其人。　[3] 奉真：见卷十八“泻肝救脾”条注[1]。　[4] 徐德占：徐禧，见卷十八“蹙融”条注[2]。逆旅：旅店。　[5] 竹蒉（kuì）：盛土的竹筐。　[6] 京兆醴泉：今陕西咸阳礼泉县。蔡绳：《梦溪笔谈》卷五另有一条记其为山阳（今江苏淮安）人。余不详。　[7] 顿仆闷绝：跌倒晕厥。　[8] 龁啖（hé dàn）：嚼食。

［点评］

本条所述奇疾，如今在临床都还能见到有关病例。身体逆生长，有说是脑垂体激素停止分泌造成的，有说是成年型磷酸酶缺乏症引起的。“忽不识字”，显然是失忆。“视直物皆曲”，中医谓多由肝肾精血虚少或痰火湿热等所致，西医则认为由中心性浆液性视网膜、脉络膜病变引起。常觉饥饿而进食不知饱，可能与甲状腺功能亢进、低血糖或糖尿病等引起的症状有关系。

滴翠珠

士人宋述家有一珠，大如鸡卵，微绀色[1]，莹彻如水。手持之，映空而观，则末底一点凝翠[2]，其上色渐浅；若回转，则翠处常在下。不知何物，或谓之“滴翠珠”。佛书：西域有琉璃珠，投之水

宋末元初周密《云烟过眼录》卷二记载：“红玛瑙一块，径三寸许，摇撼之，其中

有声汩汩然。盖中虚，有声在内故也。……叶森家旧有水晶钩一，亦如此中空，内有叶一枝，随水倾泻。……文璧曾读《邵氏闻见录》载‘楚元辅家家藏一水晶，中有半繁杏一枝，希代之宝也’，谓不足信，今见叶森所记之钩，始信元辅之藏不谬也。”此亦水胆水晶，可与沈括所记对看。

中，虽深皆可见，如人仰望虚空月影。疑此近之。

［注释］

[1] 微绀（gàn）色：浅紫色。 [2] 凝翠：浓重的翠绿色。

［点评］

沈括此条所述滴翠珠，一般认为即是水胆水晶。这种水晶中有封闭的空洞，其中含有千万年前自然形成的气体、液体及其他微粒，都是在水晶形成过程中瞬间进入的，轻轻摇晃时可见含水的气泡在液体中流转，水和珠分合，生动有趣，且常有石墨微粒漂浮水上，晃动时上蹿下跳，如同飞蚊，成为明显的标志物。照沈括所说，所见滴翠珠是浅紫色的，有可能是水胆紫晶。条末又以琉璃珠作比，以为把琉璃珠投入水中观之，有如仰望空中的月影，即与看滴翠珠相似。其实二者完全是两码事，无可比性。琉璃是由含有氧化铅的水晶通过高温脱蜡工艺烧制而成的，工序冗长，烧制难度高，不是天然水晶。琉璃珠后来被赋予佛教的意义，僧人的珠串成为念佛的法器。

海市蜃楼

东方云海空复空，群仙出没空明中。

登州海中，时有云气如宫室台观城堞[1]、人物车马冠盖，历历可见，谓之“海市”。或曰蛟蜃之气所为[2]，疑不然也。欧阳文忠曾出使河朔，过高唐县驿舍中[3]，夜有鬼神自空中过，车马人畜之声一一可辨，其说甚详，此不具纪。闻本处父老云，二十年前尝昼过县，亦历历见人物，土人亦谓之“海市”，与登州所见大略相类也。

［注释］

[1] 城堞（dié）：城墙上如齿状的矮墙。　[2] 蛟蜃（shèn）：神化的海中蛟龙和蜃（大蛤蜊）。但按古代民间传说的理解，“蜃”有可能是海中或陆地两栖类爬行动物“成精”的统称。古代还有“雉入海化为蜃”、黄雀“五百年为蜃蛤”等传说。　[3] 高唐县：今属山东。

［点评］

海市蜃楼是一种因光的折射和全反射而形成的自然现象，是地球上物体反射的光经大气折射而形成的虚像。不仅海中，在夏季灼热阳光照射下的沙漠也会生成蜃景。中国古代典籍对此种自然现象早有记载，如《史记·天官书》中便说道：“海旁蜄气象楼台，广野气成宫阙然。”这是同时提到海市蜃楼和陆地蜃景。《梦溪笔谈》此条所述登州“海市”及高唐“鬼神过空”奇观，也为海陆并提的大气光学幻景，如沈括所说，二者“大略相类”，并且同为自古以来的神话素地与文学题材。

荡摇浮世生万象，岂有贝阙藏珠宫。

心知所见皆幻影，敢以耳目烦神工。

岁寒水冷天地闭，为我起蛰鞭鱼龙。

——北宋苏轼《登州海市》（摘句）

沧溟浩渺中，矗如奇峰，联如叠巘，列如崒岫，隐见不常。移时，城郭台榭，骤变欻起，如众大之区，数十万家，鱼鳞相比，中有浮图老子之宫，三门嵯峨，钟鼓楼翼其左右，檐牙历历，极公输巧不能过。又移时，或立如人，或散若兽，或列若旌旗之饰，瓮盎之器，诡异万千。

——南宋林景熙《蜃说》（节选）

延州石笋

《梦溪笔谈》此条述“延州石笋”及下条述“泽州蛇状化石”，都是中国古籍中明确记载旷古植物化石的较早资料。古籍中记载奇怪的石头及相关的灵异故事颇多，沈括对于极不常见的化石只以科学的眼光看待，以为不过如“婺州金华山有松石，又如桃核、芦根、鱼蟹之类，皆有成石者”，原皆为地上“本有之物”，后来乃成为深埋地下而石化的遗物存留下来，又偶尔露出地面而已，“不足深怪”。所说完全不及于“精怪成石”之类的迷信，这在唐宋时代也还是可贵的认识。

近岁延州永宁关大河岸崩[1]，入地数十尺，土下得竹笋一林[2]，凡数百茎，根干相连，悉化为石。适有中人过[3]，亦取数茎去，云欲进呈。延郡素无竹，此入在数十尺土下，不知其何代物。无乃旷古以前，地卑气湿而宜竹邪？婺州金华山有松石[4]，又如桃核、芦根、鱼蟹之类，皆有成石者，然皆其地本有之物，不足深怪。此深地中所无，又非本土所有之物，特可异耳。

[注释]

[1] 延州：治所在今陕西延安。下称“延郡”，为此州俗称。永宁关：北宋时所置沿边关口。又称延水关，在今陕西延川东南。大河：黄河。 [2] 竹笋一林：成林子的一批竹笋。按：据现代科学研究，此非竹笋，见本条“点评”。 [3] 适：恰好。中人：宫廷宦官。 [4] 婺州金华山：位于今浙江金华城北，绵延250平方千米。松石：一种完全水化的铜铝磷酸盐宝石，以绿松石最为常见。古人往往以为是松化为石。

[点评]

本条所述延州石笋，据现代科学研究，应该不是竹笋的化石，而可能是一亿多年前中生代的一种叫作新芦木的蕨类植物的化石。由于此种植物的茎分节，中空，带有竹的特点，故沈括以“竹笋”言之。新芦木适宜生长于低湿的环境中，沈括推测其地旷古以前“地卑气湿而宜竹”，是有科学道理的。

泽州蛇状化石

治平中，泽州人家穿井[1]，土中见一物，蜿蜒如龙蛇状，畏之，不敢触。久之，见其不动，试摸之，乃石也。村民无知，遂碎之。时程伯纯为晋城令[2]，求得一段，鳞甲皆如生物。盖蛇蜃所化[3]，如石蟹之类。

[注释]

[1] 泽州：治所在今山西晋城。 [2] 程伯纯：北宋理学家程颢（1032—1085）。其字通作“伯淳”。据史籍记载，程颢约于治平三年（1066）至熙宁元年（1068）间曾为晋城县令。 [3] 蛇蜃：民间传说的蛇类变异动物，有鳞甲。

[点评]

此条所记泽州蛇状化石，有学者根据沈括的描述和晋城一带的地质情况，推断可能是远古时代的一种叫作鳞木的植物化石，可备一说。鳞木是生长于泥盆纪一、二叠纪之间的高大乔木，其叶座呈菱形，完全遮盖干、枝表面，状如鳞片。内蒙古大青山有鳞木化石出土。

息　石

随州医蔡士宁尝宝一息石[1]，云数十年前得于一道人。其色紫光，如辰州丹砂[2]，极光莹[3]，如映人。搜和药剂，有缠纽之纹[4]，重如金锡。其上有两三窍，以细蔑剔之，出赤屑，如丹砂，病心狂热者[5]，服麻子许即定。其斤两岁息[6]，士宁不能名，乃以归予。或云昔人所炼丹药也，形色既异，又能滋息，必非凡物，当求识者辨之。

［注释］

[1] 息石：在大气中能够显著自行增重的矿石物质。一些自然物质受水化、风化、氧化等影响可能会引起增重现象。　[2] 辰州：今湖南沅陵、辰溪一带。医家相传丹砂以辰州所出者最胜，谓之辰砂。　[3]“极光莹”二句：极为光洁明亮，像可以照出人影。　[4] 缠纽之纹：纵横交织的纹理。　[5]“病心狂热者”二句：是说患心情狂躁病症的人，只要服用苴麻子大小的一点就能安定下来。　[6] 斤两岁息：重量每年增加。

［点评］

息石，又称息壤、息土，神话传说谓为上帝专有之物，是可以自行生长的一种土石类物质。《山海经·海内经》说："洪水滔天。鲧窃帝之息壤，以堙洪水。"郭璞注云："息壤者，言土自长息无限，故可以塞洪水也。"明人《五杂俎》卷四又云："息壤，石也，而状若城郭。"今人有一种说法，以为此物即是第三纪的黏土岩，具有石、土二重性：失水则干裂呈岩石状，故称息石；吸水则又软化如土块状，故称息壤。然沈括从民间医士处所得者，极为光莹，又可入药，有镇静功能，究为何物？尚须考证。

异兽"天禄"

至和中[1]，交趾献麟[2]，如牛而大，通身皆大鳞，首有一角。考之记传，与麟不类，当时有谓之山犀者。然犀不言有鳞，莫知其的[3]。回诏欲谓之麟[4]，则虑夷獠见欺[5]；不谓之麟，则未有以质之[6]；止谓之异兽，最为慎重有体[7]。今以予观之，殆天禄也[8]。按《汉书》："灵帝中平三年[9]，铸天禄、虾蟆于平门外。"注云："天禄，兽名。今邓州南阳县北宗资碑旁两兽[10]，镌其膊，一曰'天禄'，一曰'辟邪'。"元丰中，予过邓境，闻此石兽尚在，使人墨其所刻"天

犀牛在中国古籍中大抵单称犀，是常被提及的动物，犀角从来就是珍贵的物品。商代甲骨文所见被称为兕的大角动物，一般认为即是犀牛。从商周直到秦汉时代，存世青铜器中便多有逼真的犀牛形象，中国国家博物馆即藏有一件陕西出土的"西汉错金银云纹青铜犀尊"；下至唐代，

在唐高祖李渊陵墓前仍立有惟妙惟肖的石犀牛雕刻，那时在华南一些山区也还有野生犀牛栖息。大约到宋代，岭南地区的野生犀牛也变得极为稀少了，渐至人们已不太清楚犀牛的样子，而最晚到20世纪中叶，野生犀牛在中国境内已然绝迹。

禄”“辟邪”字观之，似篆似隶。其兽有角、鬣，大鳞如手掌。南丰曾阜为南阳令[11]，题宗资碑阴云：“二兽膊之所刻独在，制作精巧，高七八尺，尾、鬣皆鳞甲，莫知何象而名此也。”今详其形，甚类交趾所献异兽，知其必天禄也。

［注释］

[1] 至和：宋仁宗年号，凡三年（1054—1056）。 [2] 交趾：亦写作“交阯”。此指北宋时在今越南北部建国的李氏王朝。麟：麒麟，中国传统文化中所称的瑞兽、仁兽。相传其外形集狮头、鹿角，虎眼、麋身、龙鳞、牛尾于一体，有一角带肉，能活两千年。 [3] 莫知其的：不知其究竟为何种动物。的（dí），的确、确实。 [4] 回诏：为回复交趾进贡而赐给交趾的诏书。 [5] 虑夷獠见欺：意指顾虑被交趾之人所欺骗。夷獠，古代对我国西南少数民族的称呼，此实指交趾之人。按：因交趾进贡此兽而称为麒麟，若朝廷诏书也称为麒麟而实际不是，则不免将错就错，或被讥笑，故此以“见欺”言之。 [6] 未有以质之：未能找到恰当的称呼把它和麒麟、犀牛区别开来。质，辨别。 [7] 慎重有体：慎重得体之意。此犹言只称之为“异兽”是慎重的做法，“异兽”之名也是得当的，恰如其分。 [8] 天禄：神话传说中的瑞兽。传为龙头、马身、麟脚，状似狮子，会飞；又传似鹿而长尾，故亦称天鹿。汉代多用为雕刻的装饰品。一说天禄和麒麟、辟邪并称为古代祭祀的三大神兽，三者的区别是双角者为天禄，一角者为麒麟，无角者为辟邪。天禄和麒麟有时也统称为麒麟。天禄与麒麟仅见于帝陵，辟邪专用于诸侯王墓。传说以为皆可攘除灾难，永安百禄。 [9]“灵帝中平三年”二句见《后汉书·灵

帝纪》及《宦者列传·张让传》。《张让传》原载："又铸天禄、虾蟆吐水于平门外桥东，转水入宫。"虾蟆，即"蛤蟆"，青蛙和蟾蜍的统称。平门，即平城门，东汉京师洛阳城南面城墙由东向西之第二门。又，灵帝中平三年即 186 年。　[10] 宗资碑：此指南阳宗资墓碑。碑之两旁有"天禄""辟邪"二石兽，分刻各自兽名于前肢上。膊，指兽之前肢。宗资，字叔都，东汉南阳安众（今河南邓州东北）人，桓帝时曾任汝南太守。　[11] 曾阜：北宋南丰（今属江西）人。曾巩、曾布堂弟，嘉祐二年（1057）与二位堂兄同登进士第。

［点评］

此条记交趾献异兽之事，所录时间为"至和中"，不确。《宋史·五行志四》："嘉祐三年六月丁卯，交阯贡异兽二。初，本国称贡麒麟，状如牛，身被肉甲，鼻端有角。食生刍果，必先以杖击其角，然后食。既至，而枢密使田况辨其非麟，诏止称异兽。"事又见《宋会要辑稿·蕃夷》及《续资治通鉴长编》，均在嘉祐三年（1058）。又按：此兽当是在中原地区久已不识的一种犀牛。有人据《宋史》和《梦溪笔谈》所记，按现代动物学知识分析，认为交趾进献的所谓麒麟实际上是当时在越南还常见的独角犀——爪哇犀。爪哇犀是印度犀的近亲，号称"小独角犀"，但已如大号水牛，皮厚多皱褶，浑身像披着大片甲胄，皮上有许多多边形的鳞状物，故沈括谓之"如牛而大，通身皆大鳞"。《本草纲目·兽部二·犀》谓明代洪武初九真（即交趾）曾贡独角犀，疑亦为爪哇犀。沈括推测为古籍所称的天禄，然天禄本为传说中的神兽，二者无从类比。

舒屈剑

钱塘有闻人绍者，常宝一剑，以十大钉陷柱中，挥剑一削，十钉皆截，隐如秤衡[1]，而剑锋无纤迹[2]。用力屈之如钩，纵之铿然有声，复直如弦。关中种谔亦畜一剑[3]，可以屈置盒中，纵之复直。张景阳《七命》论剑曰[4]："若其灵宝，则舒屈无方。"盖自古有此一类，非常铁能为也。

舒屈剑的制作，至迟可以上溯到东汉时期。近年在陕西兴平东汉墓中发现的一把铁剑，埋藏地下一千七百余年，已被坍塌的墓土压成弯弓状，出土时却突然反弹复原，足见其仍保持了弹簧钢的性状。晋代刘琨诗句"何意百炼刚（钢），化为绕指柔"，正是对舒屈剑的精当描述。

［注释］

[1] 隐如秤衡：横置的木柱稳如秤杆。隐，读如"稳"。段玉裁《说文解字注》于"㥯"字下注："凡诸书言安隐者当作此，今俗作安稳。"王鸣盛《蛾术编·说字十一》谓"隐""稳"为古今字。按：此述试剑者以大钉并排钉立于木柱上，挥剑斩截大钉，并非劈开木柱截钉，故"称衡"仍喻秤杆，未可理解为秤星。 [2] 剑锋：元大德本作"剑鑞（là）"，指剑身表面闪亮的铅锡合金镀层，或其他镀料。无纤迹：无丝毫痕迹。 [3] 种谔（1027—1083）：北宋著名将领。字子正，祖籍洛阳，世居陕西。名将种世衡之子。继其父守边，累迁鄜延经略安抚副使，克米脂城，又败西夏援军八万于无定川。永乐城之战后仍知延州，不久背发痈疽去世。畜：同"蓄"，收藏。 [4] 张景阳：张协，西晋文学家。字景阳，安平（今属河北）人。历官中书侍郎、转河间内史。惠帝末以天下纷乱，辞官隐居。其代表作品《七命》为"七体"的赋，其中论"灵宝"之剑云："若其灵宝，则舒辟无方，奇锋异模，形震薛蜀，光

骇风胡。”

［点评］

此条所记为有关弹簧钢的记载。按现代标准，弹簧钢是由于淬火和回火状态下的弹性，专门用于制造弹簧和弹性元件的钢。弹簧钢应具有优良的综合性能、优良的冶金质量、良好的表面质量、精确的外形和尺寸，诸如带锯条、汽车板簧、乐器簧片、钢卷尺等，都要用弹簧钢制造。古人用于制造舒屈剑，正是对路的应用，剑之舒屈无方，削铁如泥，正说明当时炼钢用钢过程中的热处理技术已达到很高的水平，能够制造和加工优质弹簧钢。

鳄　鱼

《岭表异物志》记鳄鱼甚详[1]。予少时到闽中，时王举直知潮州[2]，钓得一鳄，其大如船，画以为图，而自序其下。大体其形如鼍[3]，但喙长等其身，牙如锯齿。有黄、苍二色，或时有白者。尾有三钩，极铦利[4]，遇鹿、豕即以尾戟之以食[5]。生卵甚多[6]，或为鱼，或为鼍、鼋，其为鳄者不过一二。土人设钩于大豕之身，筏而流之水中[7]，鳄尾而食之[8]，则为所毙。

辑本《岭南录异》卷下记载：“鳄鱼，其身土黄色，有四足，修尾，形状如鼍，而举止趫疾，口森锯齿，往往害人。南中鹿多，最惧此物。鹿走崖岸之上，群鳄嗥叫其下，鹿怖惧落崖，多为鳄鱼所得，亦物之相摄伏也。”

[**注释**]

[1]《岭表异物志》：唐人刘恂撰，记岭南风物。原本久佚，今有清初四库馆由《永乐大典》辑出的三卷本通行，名《岭表录异》。 [2] 王举直：北宋太宗末、真宗初参知政事王化基次子。仁宗朝历华亭县令，后知潮州（今属广东）。 [3] 鼍（tuó）：今所称扬子鳄。 [4] 铦（xiān）：锐利。 [5] 鹿、豕：鹿和猪。戟：古代的一种能刺能钩的长兵器。此用作动词，指像用戟那样袭击钩取。 [6]“生卵甚多”四句：是说鳄鱼生卵很多，而孵出来的或是鱼，或是鼍、鼋，真为鳄鱼者不过十之一二。鼋（yuán），俗称绿团鱼、癞头鼋，龟鳖目动物，古人常与鼍并称。按：鳄鱼产卵于枯枝败草间，或与同类爬行动物的卵相混杂，故致古人误以为鳄鱼卵会孵化出别种动物。 [7] 筏：此用作动词，指放到竹筏或木筏上。 [8] 尾：尾随。

[**点评**]

唐代韩愈贬潮州，作《祭鳄鱼文》，反映出当地鳄鱼危害人、畜的情形。沈括记录潮州长吻鳄的形态、生活习性、繁殖方式和土著居民捕杀鳄鱼的方法，也反映了那时鳄鱼的生态状况。

海蛮师

嘉祐中，海州渔人获一物，鱼身而首如虎，亦作虎文。有两短足在肩[1]，指爪皆虎也。长八九尺，视人辄泪下，舁至郡中[2]，数日方死。

有父老云，昔年曾见之，谓之“海蛮师”[3]。然书传小说未尝载。〔疑此物即“虎头鲨”也[4]，能变虎。〕

［注释］

[1]肩：动物前肢上面的部分。 [2]舁（yú）：抬。 [3]海蛮师：“师”读作“狮”。 [4]条末“疑此”以下十一字，元大德本不载，后世各种校刻本或载或不载，胡道静《梦溪笔谈校证》谓“疑是后人所作旁注，错入正文”。

［点评］

此条所称“海蛮狮”，学者或谓指斑海豹。斑海豹在中国主要分布于渤海和黄海，是唯一能在中国海域繁殖的鳍足类动物，属国家一级保护动物。

武城龙卷风

熙宁九年，恩州武城县有旋风自东南来[1]，望之插天如羊角[2]，大木尽拔。俄顷，旋风卷入云霄中。既而渐近，乃经县城，官舍、民居略尽，悉卷入云中。县令儿女奴婢卷去，复坠地，死伤者数人。民间死伤亡失者不可胜计，县城悉为丘墟，遂移今县。

中国境内的龙卷风多发生在中东部地形相对平坦的平原地区，且大多数出现在4—8月。武城县地处东部平原地带，正当龙卷风多发区，而史所载此次大风亦在6月份。

［注释］

[1] 恩州武城：今山东武城，北宋庆历后属恩州（治所在今河北清河）。《续资治通鉴长编》熙宁十年（1077）六月："是月，恩州武城县大风，坏县廨，知县李愈妻姚氏、主簿寇宗奭妻之母杨氏以压死，赐愈、宗奭绢五十匹。"按：此记武城风灾发生在熙宁十年，与沈括所记熙宁九年不同，疑当从《续资治通鉴长编》。 [2] 羊角：本意指羊的角，后被借指弯曲向上的旋风。典出《庄子·逍遥游》："抟扶摇羊角而上者九万里。"

［点评］

此条为有关陆地龙卷风的十分具体的实况记载：旋风自东南来，插天如羊角，大树尽被拔起，连同县城官舍民居皆被卷入云霄中，人亦卷去而复坠地，死伤亡失者不可胜计，县城悉为丘墟。是为气象学史上的稀见史料。

冰　花

宋次道《春明退朝录》言[1]："天圣中，青州盛冬浓霜，屋瓦皆成百花之状。"此事五代时已尝有之，予亦自两见如此。庆历中，京师集禧观渠中冰纹[2]，皆成花果林木。元丰末，予到秀州，人家屋瓦上冰亦成花，每瓦一枝，正如画家所为折枝[3]。有大花似牡丹、芍药者，细花如海棠、萱草辈者[4]，皆有枝叶，无毫发不具。气象生动，虽巧笔不能为之。以纸搨之[5]，无异石刻。

［注释］

[1] 宋次道：宋敏求（1019—1079）。字次道，赵州平棘（今河北赵县）人。为北宋著名藏书家，历知制诰，官至龙图阁直学士。《春明退朝录》为其笔记作品，凡3卷，多记唐宋典故。 [2] 集禧观：北宋在京城所建祭祀五岳的宗教建筑。 [3] 折枝：画家的花卉画法之一，指画花卉不带根。 [4] 细花：小花。萱草：多年生宿根草本植物，即俗所称金针、黄花菜，或又称忘忧草等。 [5] 搨（tà）：蒙纸涂墨而用捶打方法摹印碑刻文字等。现在一般用“拓”字，如“拓印”“拓片”等（“拓”仍读作 tà）。

［点评］

水蒸气在空气中遇冷凝华为小冰晶，在平滑表面遇冷凝结成冰片，似无数花朵镶嵌而成，是称冰花。沈括的观察喻花果林木，喻折枝画技，显示出他的艺术修养和士大夫情趣。

卷二十二　谬误 谲诈附

包孝肃为吏所卖

包孝肃尹京[1]，号为明察。有编民犯法当杖脊[2]，吏受赇与之约曰："今见尹，必付我责状[3]。汝第呼号自辩[4]，我与汝分此罪，汝决杖，我亦决杖。"既而包引囚问毕，果付吏责状，囚如吏言，分辩不已。吏大声诃之曰："但受脊杖出去，何用多言！"包谓其市权[5]，捽吏于庭[6]，杖之十七，特宽囚罪，止从杖坐[7]，以抑吏势。不知乃为所卖，卒如素约。小人为奸，固难防也。孝肃天性峭严，未尝有笑容，人谓“包希仁笑比黄河清”[8]。

《宋史·包拯传》：“拯立朝刚毅，贵戚宦官，为之敛手，闻者皆惮之，人以包拯笑比黄河清。”

［注释］

[1] 包孝肃：包拯（999—1062）。字希仁，合肥（今属安徽）人。历龙图阁直学士、河北都转运使，官至三司使、枢密副使，卒谥孝肃。尹京：为京城府尹。包拯曾任权知开封府之职。 [2] 编民：编入户籍的平民。杖脊：用刑杖打脊背的刑罚。宋代为流放刑、徒刑的一种代用刑，如原判二年徒刑的，杖脊十七下可以释放。原不判徒刑的杖刑，后改为杖臀（打屁股），刑罚更轻，如原杖八十的改为臀杖十七。 [3] 必付我责状：受贿的吏人自称府尹会把写具结书的事交给他来办。责状，由过错人或犯人签字画押的具结书、保证书。 [4] “汝第呼号自辩”四句：是说你只管呼天喊地地为自己辩解，我与你分担罪责，你被判打板子，我也被判打板子。 [5] 市权：卖权，以权力谋私利。 [6] 捽（zuó）：揪住。 [7] 杖坐：坐杖刑。古代定罪称“坐”。此实指由杖脊改为杖臀。 [8] 包希仁笑比黄河清：要见到包拯一笑，比黄河水变清还难。

［点评］

此条记铁面无私的“包青天”轶事，而特别突出了他被因缘为奸的吏人算计之事，对于宋代公吏风气乃绝妙讽刺。

浙江茶纲

宋代加强中央集权，地方财权也收归中央。为将地方财富运送到中央，宋代的水路运输从一开始就继承了唐、五代“纲运”的办法，并专设各路漕司和转运使掌管。后来随着运输任务的加剧，“纲运”的应用范围不仅由水路扩大至陆路，而且运送的物资也不再限于漕粮，又陆续出现了“绢纲”“马纲”“钱纲”“茶纲”“盐纲”“香药纲”“花石纲”等，名目不一而足。凡陆上运输，也效法水运，以若干车辆或若干挑夫组成一纲，均由官员及士兵押送。

李溥为江淮发运使[1]，每岁奏计，则以大船载东南美货结纳当途，莫知纪极。章献太后垂帘时[2]，溥因奏事，盛称浙茶之美，云：“自来进御，唯建州饼茶[3]，而浙茶未尝修贡。本司以羡余钱买到数千斤[4]，乞进入内。”自国门挽船而入，称“进奉茶纲”[5]，有司不敢问。所贡余者，悉入私室。溥晚年以贿败，窜谪海州，然自此遂为发运司岁例[6]。每发运使入奏，舳舻蔽川[7]，自泗州七日至京[8]。予出使淮南时，见有重载入汴者，求得其籍[9]，言“两浙笺纸三暖船”[10]，他物称是。

［注释］

[1]“李溥为江淮发运使”四句：是说李溥为江淮发运使，每年的年终进京奏报财计状况，即以大船装载东南地区珍贵土产交结贿赂朝中当权大臣，肆无忌惮，不知收敛。李溥，宋太宗时由小吏被提拔，真宗时官至制置江淮等路茶盐矾税兼发运司事。奏计，指年终向中央奏报所掌地方的财政等情况，古时多称“会计”。当途，指朝中当权的大臣。纪极，终极、限度。　[2] 章献太后（969—1033）：宋真宗皇后。仁宗即位时年幼，她垂帘听政十一年。卒谥章献明肃。　[3] 建州饼茶：建州加工为茶饼（研膏茶）

的贡茶。宋代贡茶以建州研膏茶最为有名。建州，治所在今福建建瓯。 [4] 羡余钱：名义上指地方政府所收赋税的盈余，即超出赋税正额的部分，实质上还是通过加赋于民而向朝廷额外进贡的各种附加税。 [5] 纲：宋代官府水陆运输的货物分类单位。自唐代中期以来，管理江河运输的人把每十只船编为一纲，这种成批编组运送货物的办法被称为“纲运”，其组织亦被称为“纲”。因货物种类不同，纲的大小有不同规定，如粮米以一万石为一纲（水运需要大船几十艘），俗称“米纲”或“粮纲”；运送奇花异石之类，则有“花石纲”。《梦溪笔谈》此条称“进奉茶纲”，指名义上为进奉皇宫茶叶而专用的纲船。 [6] 岁例：泛指地方政府每年按一定比例或数量向朝廷缴纳的赋税、钱币、货物等。在此实指江淮发运司每年仍按惯例向皇宫输送的浙江茶贡等东南物产。 [7] 舳舻（zhú lú）：船尾掌舵处曰舳，船头撑棹处曰舻，舳舻合称泛指船只。 [8] 泗州：治所在今江苏泗洪东南。北宋时水路运输，由此经泗水、汴水入京师开封，为一大干道。 [9] 籍：船运的登记簿，即货物单。 [10] 笺纸：小幅而华贵的纸张。暖船：有帷幕的船。

［点评］

本条涉及北宋时浙江茶纲始末，但作者记事的宗旨在揭露朝廷对东南物产“美货”的贡赋搜刮，并非仅限于茶纲。由李溥晚年以贪贿致败，以及此后江淮发运司的“岁例”入贡仍然“舳舻蔽川”的事实，已足可见当时“东南财富地”的贡赋之重。神宗熙宁八年（1075）秋，沈括以知制诰奉命为淮南两浙灾伤州军体量安抚使，出巡东南地方，本条所反映的当时东南贡赋情形，当即是他出巡时由调查得来的，尚可称实录。

瓦松，草名，又称瓦花、向天草，其红色者或称“铁脚婆罗门草”“天王铁塔草”。常见生于屋瓦上，或亦生于深山石罅里。叶厚，细长而尖，多数重叠，望之如松树幼苗，故名。崔氏《瓦松赋》小序谓“俗以其形似松，生必依瓦，故曰瓦松”。

瓦 松

崔融为《瓦松赋》云[1]：“谓之木也，访山客而未详；谓之草也，验农皇而罕记。”段成式难之曰[2]：“崔公博学，无不该悉，岂不知瓦松已有著说？”引梁简文诗“依檐映昔耶”。成式以“昔耶”为瓦松，殊不知“昔耶”乃是垣衣。瓦松自名昨叶何[3]，成式亦自不识。

［注释］

[1]“崔融为《瓦松赋》云”五句：此处所引崔氏《瓦松赋》之文，为原作小序中文字，意在表明若说瓦松是一种树木，则访问山里人，大家都了解得不清楚；若说瓦松是一种草，则验之农书，又罕有记载。崔融（653—706），字安成，唐代齐州全节（今山东济南章丘区）人。为初唐“文章四友”之一，武则天时累迁凤阁舍人、知制诰。中宗时以预修《则天实录》，封清河县子。《瓦松赋》今见于《全唐文》。山客，指山里人。农皇，本指传说中的农业发明者神农，此代指农书。 [2]“段成式难之曰”五句：此处所引段成式之言，见所著《酉阳杂俎》卷十九《草篇》。原文引《博雅》：“在屋曰昔耶，在墙曰垣衣。”又引梁简文帝《咏蔷薇》诗曰：“缘阶覆碧绮，依檐映昔耶。”以为瓦松即“昔耶”。段成式，见卷三“阳燧照物皆倒”条注[10]。按：“昔耶”又写作“昔邪”，指“垣衣”，即墙上背阴处所生的苔藓植物，不是指瓦松。下两句即点出段成式亦不识瓦松，而误认为瓦松即垣衣“昔耶”。 [3] 昨叶何：瓦松别名。《本草纲目 · 草十 · 昨叶何草》载：

"昨叶何草生上党屋上，如蓬。初生高尺余，远望如松栽。""松栽"即松苗。

［点评］

此条为考辨文字，意在指出唐人段成式虽号称博学，而不识瓦松，遂误以瓦松为垣衣。瓦松虽名为松，实为草本植物，因其常生于高堂崇馆的屋顶上，故传统文学题材多以为居处高位的象征；但也有民间士人称赞其高洁清幽、不畏风寒、生生不息的品格，以寄寓种种草根性的人文精神。沈括为博物而考，未涉其文学描述及观赏、药用价值。

南海车渠

海物有车渠[1]，蛤属也。大者如箕，背有渠垄如蚶壳，故以为器，致如白玉。生南海。《尚书大传》曰[2]："文王囚于羑里，散宜生得大贝如车渠[3]，以献纣。"郑康成乃解之曰[4]："渠，车罔也[5]。"盖康成不识车渠，谬解之耳。

车渠，又作"砗磲"，是珊瑚礁区常见的一种大型双壳贝，外壳坚硬，因壳的边缘有突起，形如波浪，故又称"五爪砗磲贝"。

［注释］

[1]"海物有车渠"六句：是说海中有种生物叫车渠，属于蚌蛤之类。大的有簸箕那么大，背上有沟有垄像蚶子的壳，所以人

们用它的壳作装饰性的器物，纹理细密，如同白玉。渠垄，像田间的沟和垄（埂）。蚶（hān），即“魁蛤”，俗称“瓦垄子”“瓦楞子”。致，原文为繁体字“緻”，指纹理细密。 [2]《尚书大传》：解释《尚书》的著作。约成书于战国末年至西汉初年。作者不详，疑非一人。旧题伏生撰，当为后人托名。 [3] 散宜生：西周初年大臣。相传周文王被殷纣王囚于羑里（今河南汤阴）时，他曾向纣王献美女、良马及大贝等宝物，使文王得以获释。 [4] 郑康成：汉末经学家郑玄（127—200）。玄字康成。北海高密（今属山东）人。终生不仕，遍注群经，囊括大典，综合百家，集今、古文经学之大成，代表了汉代学术的最高成就。 [5] 车罔：“车辋”，旧时木车轮安装辐条的外框，即车轮的外圈。

［点评］

本条辨南海车渠，与上条辨瓦松，均为名物训诂的专条。二条所辨皆不止于文献考证，实亦包含作者博学多识的经验。

卷二十三　讥谑 谬误附

热中允不博冷修撰

旧日官为中允者极少[1]，唯老于幕官者累资方至[2]，故为之者多潦倒之人。近岁州县官进用者多除中允，遂有“冷中允”“热中允”。又集贤殿修撰[3]，旧多以馆阁久次者为之[4]，近岁有自常官超授要任、未至从官者多除修撰，亦有“冷撰”“热撰”。时人谓“热中允不博冷修撰”。

《梦溪笔谈》的《讥谑》一门，名义上“讥”为讥讽，“谑”为玩笑，但所记大率为士大夫圈子中的幽默故事，都是善意的，几乎没有真正用意在讥刺的人和事。幽默故事往往包含某种事实或道理，所谓“亦庄亦谐”也是笔记体著作本有的一种风格。

[注释]

[1] 中允：太子中允，太子东宫官属。 [2] 老于幕官者累资方至：只有久为幕职官不得提拔而累积了较高资格的人，才以这一官职安置。幕官，即幕职官，宋代包括各州府签书判官厅公事及节度掌书记、观察支使，常与州录事参军、诸曹官及县令、丞、主簿、尉等合称幕职州县官。 [3] 集贤殿修撰：宋代文官高等贴职，级别在学士之下、直阁之上。 [4] “旧多以馆阁久次者为之”四句：是说过去集贤殿修撰多授予久任馆职而待次（待缺）需要提拔的人，近年有自常调官越级提拔担任要职而又未达到侍从官资格的人多授予修撰的职名，因此也有“冷修撰”“热修撰”的说法。时人称“热中允换不过冷修撰”。常官，指常调官，即升迁时按正常程序授予相应职务的官员。从官，指侍从官，宋代以翰林学士、给事中、六部尚书、侍郎及诸殿阁学士、直学士、待制为侍从官，皆为执政官以下最高层级的职事官或贴职官。

[点评]

本条所称“热中允不博冷修撰”，说的其实是制度安排上的内在差别。北宋元丰间改革官制以前，太子中允本为从六品阶官名，即只是表示官员品级的称号，与实际职务没什么关系，元丰改制后为通直郎所取代。这样，旧时太子中允之名，若幕职官的品级或资格不至而得之便以为“热”，若老于幕职官者的品级或资格已至而得之便以为“冷”。集贤殿修撰为正六品馆职，旧时多以久为馆职而滞于迁擢之人为之，后来又多授予准备超授要任的官员，所以也有“冷”“热”之说。元丰改制，集贤殿修撰曾短暂罢去，而哲宗即位后复置，仍为正六品贴职。

由于宋代馆职始终为文臣清要位置，远非职闲位轻的太子中允之类可比，因此宋人又有“热中允不博冷修撰”的谚语，其间也透露出官场“潦倒”之人的无奈。

信安沧景之间多蚊虻

信安、沧、景之间多蚊虻[1]，夏月牛马皆以泥涂之，不尔多为蚊虻所毙。郊行不敢乘马，马为蚊虻所毒[2]，则狂逸不可制；行人以独轮小车[3]，马鞍蒙之以乘，谓之“木马”，挽车者皆衣韦袴[4]。冬月作小坐床，冰上拽之，谓之凌床[5]。予尝按察河朔，见挽床者相属[6]，问其所用，曰：“此运使凌床[7]，此提刑凌床也。”[8]闻者莫不掩口[9]。

［注释］

[1] 信安、沧、景之间：信安军（治今河北霸州东北信安镇）、沧州（治今河北沧州）、景州（治今河北景县）一带。蚊虻：亦作“蟁虻（wén méng）”，指毒害牲畜的大蚊子和虻虫，后者有牛虻、鹿虻之类，异名甚多。 [2] 毒：毒害，叮咬难忍。 [3]“行人以独轮小车”二句：是说马鞍既不用于乘马，行人便以其盖在独轮小车上乘坐。蒙：盖。 [4] 衣韦袴：穿皮裤。 [5] 凌床：亦称冰

床、冰车、凌车、拖床等，指专用于冰上的一种交通工具。上部为长方形木架，上铺木板，形似床板，下部为两根裹以铁条的方木棍，称之为“足”。类似于雪橇，曾流行于中国北方各地。[6]相属（zhǔ）：接连不断。[7]运使：转运使。[8]提刑：提刑司长官。[9]闻者莫不掩口：闻听者莫不暗笑之意。因“凌床”谐音“灵床”，“灵床”则指停尸的床铺，今以此谐音接于长官职务名下，故闻者暗笑。

［点评］

此条记述信安、沧州、景州一带多蚊虻，虽备言其地蚊虻的厉害，但真正让人觉得可笑的不是蚊虻如何，而是专供官员冬月代步的“凌床”也分等级，如“运使凌床”“提刑凌床”之类，且“凌床”与“灵床”谐音，亦触俗间忌讳。

馆阁“害肚历”

馆阁每夜轮校官一人直宿[1]，如有故不宿，则虚其夜，谓之“豁宿”[2]。故事，豁宿不得过四，至第五日即须入宿。遇豁宿，例于宿历名位下书“腹肚不安，免宿”，故馆阁宿历[3]，相传谓之“害肚历”。

[注释]

[1] 校官：校勘书籍官员。直宿：留宿馆阁值班。直，同“值”。 [2] 豁宿：免宿。 [3] 宿历：值班簿。

[点评]

此条是暗讽官僚作风的。馆阁值班走形式，可以随便不入值至四五夜，且即使不值班也照例说成是害肚子，结果值班簿就变成了“害肚历”。其事好笑，而备皇帝顾问的机构亦如此，他处可知。

卷二十四　杂志一

鄜延境内有石油

现存中国古籍中最早明确提及石油，始于汉代。《汉书·地理志》“上郡高奴县”下注云：“有洧（wěi）水，可燃。”洧水为延水支流，则此“可燃”之物无疑即是后来沈括所指出的“鄜延境内有石油”。《后汉

鄜延境内有石油[1]，旧说高奴县出“脂水”[2]，即此也。生于水际沙石，与泉水相杂，惘惘而出[3]。土人以雉尾裛之[4]，乃采入缶中，颇似淳漆。然之如麻[5]，但烟甚浓，所沾幄幕皆黑。予疑其烟可用，试扫其煤以为墨[6]，黑光如漆，松墨不及也[7]，遂大为之，其识文为“延川石液”者是也[8]。此物后必大行于世，自予始为之。盖石油至多，生于地中无穷，不若松木有时

而竭。今齐鲁间松林尽矣，渐至太行、京西、江南松山，大半皆童矣[9]。造煤人盖未知石烟之利也[10]。石炭烟亦大[11]，墨人衣。予戏为《延州诗》云：“二郎山下雪纷纷[12]，旋卓穹庐学塞人。化尽素衣冬未老，石烟多似洛阳尘。”

［注释］

[1] 鄜延：宋代路名，治所在延州（后升延安府，今延安市）。[2] 高奴县：汉代旧县名，治所在今陕西延安东北延河北岸。脂水：石油的别称。唐段成式《酉阳杂俎·物异》：“石漆，高奴县石脂水。水腻，浮水上如漆，采以膏车及燃灯，极明。”[3] 惘惘（wǎng）而出：黏黏糊糊地冒出。惘惘，意同“汪汪”，液体聚积貌。[4] 雉尾：野鸡的长尾羽。裛（yì）：通“浥”，沾。[5] 然之如麻：燃烧起来像烧麻秆。然，古同“燃”。[6] 煤：烟尘、烟灰。[7] 松墨：用松木燃烧的烟灰制成的墨。[8] 识（zhì）文：标记文字。这里指成批制造此种墨，皆印以“延川石液”字样。[9] 童：秃顶，泛指秃。[10] 造煤人：造制墨用烟灰的人。此泛指制墨者。[11] 石炭：现在所称煤炭。[12] “二郎山下雪纷纷”四句：是说边境天寒已下起大雪，因效法塞外人立起毡帐过冬。在毡帐里点燃石油照明，以致衣服都被熏黑了而冬天还未过去，烟灰多得像洛阳的尘土。卓，建立。穹庐，古代游牧民族居住的毡帐。

书·郡国志》“酒泉郡延寿”下注引《博物记》又说：“县南有山石出泉，水入如管篆（jǔ jǔ）。注地为沟，其水有肥，如煮肉洎。羕羕永永，如不凝膏，然（燃）之极明，不可食，县人谓之石漆。”传世张华《博物志》卷二则谓“酒泉延寿县南山名火泉，火出如炬”。后人对此种“脂水”“石漆”断续有记，至沈括而揭橥“石油”之名，影响深远。

［点评］

此条为中国科技史上的名篇。其所以著名，首先就在沈括最早使用源于民间的“石油”一词，统一了既往“石漆”“膏油”“石脂”“脂水”“水肥”等称呼，使之成为科学的命名。从此“石油”之名推广开来，直至今日，该词已成为使用频率最高的汉语词汇之一。不仅如此，沈括还对石油之为物有着非常具体而清楚的描述：石油生于河边沙石中，与泉水相间杂，汩汩冒出，当地人采入缶中，颇似淳漆，燃之如烧麻秆，用于点灯或烧饭。沈括看到其浓密烟尘可用，乃扫以制墨，遂亦成名墨，苏轼《书沈存中石墨》因谓“沈存中帅鄜延，以石烛烟作墨，坚重而黑，在松烟之上”。更为可贵的是沈括的生态保护思想，他说“石油至多，生于地中无穷，不若松木有时而竭”，以为用石油烟尘制墨正可节省松木原料，以改善大江南北原始松林尽秃的状况。可惜那时他还没有看出石油资源无比巨大的应用潜力，做出更为高瞻远瞩的预测。他说“此物后必大行于世”，初指石油烟尘制墨，后未成真；若本指原油，则其认识将大大升高，更不待今人始指石油为“黑色金子”了。

盐南风与汝南风

解州盐泽之南[1]，秋夏间多大风，谓之盐南风。其势发屋拔木，几欲动地，然东与南皆不过中条[2]，西不过席张铺[3]，北不过鸣条[4]，纵广止于数十里之间。解盐不得此风不冰[5]，盖大卤之气相感，莫知其然也。又汝南亦多大风[6]，虽不及盐南之厉，然亦甚于他处，不知缘何如此。或云自城北风穴山中出，今所谓风穴者已夷矣[7]，而汝南自若[8]，了知非有穴也[9]。方谚云："汝州风[10]，许州葱。"[11]其来素矣[12]。

宋时有谚语："汝州风，许州葱，濮州钟。"指汝州风大，许昌葱大，濮州钟大。然所谓风穴在汝州城北风穴山，其山至今仍有风穴寺，却不在汝南，今之汝南去汝州甚远。

［注释］

[1]解州盐泽：见卷三"解州盐泽"条注[1]。　[2]中条：山名，即今山西西南部中条山。主峰在永济市东南。　[3]席张铺：村镇名，即今山西运城市西部盐湖区席张乡。西接永济市境，东邻解州镇。　[4]鸣条：地名，指鸣条岗。在今运城北，处于夏县与临猗之间。　[5]不冰：此指盐水不能结晶。制盐时，引盐池水入畦，因盐水的水气重，湿度大，须借助南风加速蒸发，才能更快析出结晶。　[6]汝南：今河南汝南。　[7]夷：平，夷为平地。　[8]汝南自若：汝南风依然如故。　[9]了（liǎo）知：分明可知。　[10]汝州：治所在今河南汝州。　[11]许州：治所在今河南许昌。　[12]素：素常，一向如此。

［点评］

解州一带夏秋之际盛行南风，且风势猛烈，而盐池位于中条山北侧，处于南风的背风坡，气流下沉，气温高，降水少，蒸发强，有利于晒盐，故湖边盐田号称"南风一吹，隔宿成盐”。汝南大风大概亦为北亚热带向暖温带过渡地带的大陆性季风，沈括虽不详其缘由，而并不相信其出于“风穴”的民间传说。

跳　兔

契丹北境有跳兔，形皆兔也，但前足才寸许，后足几一尺。行则用后足跳，一跃数尺，止则蹶然仆地[1]。生于契丹庆州之地大漠中[2]，予使虏日，捕得数兔持归。盖《尔雅》所谓“蟨兔”也[3]，亦曰“蛩蛩巨驉”也。

蛩蛩巨驉（xū），又作“邛邛岠虚”“蛩蛩距驉”“蛩蛩巨虚”等，古代传说中的异兽。相传与跳兔相互依存而生活。《尔雅·释地》：“西方有比肩兽焉，与邛邛岠虚比，为邛邛岠虚啮甘草，即有难，邛邛岠虚负而走，其名谓之蟨。”旧时或说蛩蛩巨虚为一兽，或说蛩蛩与巨虚为相类似而形影不离的二兽，皆状如马而善走。

[注释]

[1] 蹶（jué）然：倒地的样子。蹶，与“仆”同义。　[2] 庆州：此指辽代庆州，辖境约当今内蒙古自治区巴林右旗、林西县、克什克腾旗及赤峰市部分地区。州城曾在今巴林右旗西北查干木伦河北岸。　[3]《尔雅》：中国古代最早的一部按义类编排的综合性辞书。约成书于战国秦汉间，后来被列入儒家经典，成为“十三经”之一。蟨（jué）兔：跳兔。

[点评]

本条所称跳兔，古籍中又称蟨兔、蹶兔、跳鼠、蹶鼠等，现在动物学上一般通称跳鼠。李时珍《本草纲目·兽叁·鼠》记载：“今契丹及交河北境有跳兔，头、目、毛色皆似兔，而爪、足似鼠。前足仅寸许，后足近尺。尾亦长，其端有毛。一跳数尺，止即仆，此即蹷鼠也。”魏源《圣武记》卷三附录也描述跳兔说：“身长五六寸，尾长四五寸许，尾末色如银鼠，前股长仅盈寸，后股长至七八寸，耳如箭筒，长可四五寸许，又一种耳仅寸许者，腾跃如飞。”此种动物为啮齿目的一科，生就一副跳高的身材，长长的后脚、强壮的后腿和一根有助于在半空中保持平衡的长尾巴，都使之善于跳跃，因而常常生活于开阔的景观地带，多见于北美洲及欧亚大陆北部的草原上。

蠊

蟭蟟之小而绿色者[1]，北人谓之蠊[2]，即《诗》所谓“蠊首蛾眉”者也，取其顶深且方也[3]。又闽人谓大蝇为胡蠊[4]，亦蠊之类也。

《诗经·卫风·硕人》：“蠊首蛾眉，巧笑倩兮，美目盼兮。”郑玄笺云：“蠊谓蜻蜻也。”

［注释］

[1] 蟭蟟（jiāo liáo）：蝉的一种。又称“蛁（diāo）蟟”，即“知了”之古称。　[2] 蠊（qín）：一种形体短小而方头宽额的蝉。　[3] 蠊首蛾眉：出自《诗经·卫风·硕人》，原用以喻指美丽女子额头宽广、眉毛细弯的样子。顶深且方：头部前后较长且呈方形。　[4]“又闽人谓大蝇为胡蠊”二句：是说福建人又称一种大蝇为胡蠊，大概是和蠊属于同一类的昆虫。

[点评]

蝉科昆虫的名目，古籍所见极多。《诗·大雅·荡》云："如蜩如螗。"毛传云："蜩，蝉也。螗，蝘也。"郑玄笺云："饮酒号呼之声，如蜩螗之鸣。"陆德明《释文》云："蝘，音偃，蝉属也。"又引陆玑《毛诗草木鸟兽虫鱼疏》云："一名蟧蟟，青徐谓之螇螰，楚人谓之蟪蛄，秦燕谓之蛥蚗，或名之蜓蚞。郭云：俗呼为胡蝉，江南谓之螗蛦。"又《尔雅·释虫》云："蜩，螂蜩，螗蜩。蚻，蜻蜻。螀，茅蜩。蝒，马蜩。蜺，寒蜩。蜓蚞，螇螰。"疏引舍人曰："皆蝉也。方语不同，三辅以西为蜩，梁宋以东谓蜩为蝘，楚地谓之蟪蛄。"按南宋罗愿《尔雅翼》卷二十七"蟧"条载："北人亦谓之蟧。又闽人谓大蝇为胡蟧，亦蟧之类。"此乃全用沈括之语。

白雁报霜

北方有白雁[1]，似雁而小[2]，色白，秋深则来。白雁至则霜降，河北人谓之霜信[3]。杜甫诗云："故国霜前白雁来。"即此也。

杜甫《九日》诗云："重阳独酌杯中酒，抱病起登江上台。竹叶于人既无分，菊花从此不须开。殊方日落玄猿哭，旧国霜前白雁来。弟妹萧条各何在，干戈衰谢

[注释]

[1] 白雁：雪雁。羽毛洁白，翼角黑色。为候鸟，春季去北方繁殖，深秋回南方过冬。迁飞距离较远，飞行时成有序队列。喜群居，为一夫一妻制。 [2] 似雁而小：雪雁体形较一般所称鸿雁

为小。白雁体重约当鸿雁的一半，但仍达 2.5 千克左右，在雁属中尚为体形大、个体重的鸟类。 [3] 霜信：《尔雅翼》卷十七“雁”条云：“白露降五日而鸿雁来，寒露五日而候雁来，候雁之来在霜降前十日，所以谓之霜信也。”

两相催！”

北宋末《孔氏谈苑》卷四载：“北方有白雁，似雁而小，色白，秋深至则霜降，河北人谓之霜信。杜甫诗云：‘故国霜前白雁来。’即此意也。”此盖全抄自沈括所记。

［点评］

汉语俗称“大雁”的鸟类，据说全世界共有九种，在中国境内常见的就有七种：鸿雁、豆雁、白额雁、小白额雁、灰雁、斑头雁和雪雁。白雁即雪雁，分布于中国大陆沿海地区者为雪雁的指名亚种，体型略小，被称为小雪雁，体色纯白而翼角黑色，甚是美丽。由于雪雁每年深秋都自北方飞向南方越冬，因此黄河流域的人们称之为“霜信”。古人对白雁情有独钟，多以其用作贽礼。《本草纲目·禽部·雁》引寇宗奭曰：“雁热则即北，寒则即南，以就和气。所以为礼币者，一取其信，二取其和也。”

淤田法

熙宁中，初行淤田法[1]，论者以谓《史记》所载“泾水一斛[2]，其泥数斗，且粪且溉，长我禾黍”，所谓“粪”即“淤”也。予出使至宿州[3]，得一石碑，乃唐人凿六陡门[4]，发汴水以淤下

以携带泥沙的浑浊河水灌田、淤田，兼有灌溉和施肥两重功能。沈括此条引及汉代白渠的“且粪且溉”，

即是淤田。比这更早，战国末年《吕氏春秋·辨土》记载“下田则尽其汙”，有人认为已是指淤田，“汙”就是“淤”的意思。

泽[5]，民获其利，刻石以颂刺史之功。则淤田之法，其来盖久矣。

[注释]

[1] 淤田法：此指北宋熙宁变法时，主要在黄河中下游、汴河沿岸及汾水、滹沱河、漳河等含沙量大的河流沿岸各地实施的淤田措施。其中始诏发汴堤淤田事，可参卷十三“侯叔献治汴堤”条注 [1]。 [2]“泾水一斛”四句：是说引泾水一斛，其中即有淤泥数斗，既能淤田，又能灌溉，使我庄稼茁壮生长。引文见《汉书·沟洫志》，为汉武帝太始年间称颂当时所修引泾水灌溉工程白渠的民谣，沈括引称《史记》之文，误。斛，古代容量单位，汉时十斗为一斛。粪，此指淤田。盖淤土亦有肥力，故谓“淤”即“粪”。 [3] 宿州：今安徽宿县。按：此所记沈括出使至宿州，即熙宁中初行淤田法，沈括以提举身份视察开封府界以东沿汴官私田时事。 [4] 六陡门：唐人开凿兴建的六座斗门。陡门，又称“斗门”，即古人拦截河渠修筑的堤堰所设的用以蓄水泄水的闸门，可参卷十二“淮南漕渠复闸”条。此指隋唐时大运河宿州段的斗门，此一河段属通济渠的一部分，亦称汴水。 [5] 下泽：下游流域的沼泽地带。

[点评]

此条为中国古代淤田史上的一条重要史料，常被引用。古人淤田，如沈括所说，“其来盖久矣”。战国前期魏国西门豹治邺（今河北临漳至河南安阳间地区），发民力开十二渠，引漳水溉田，已把大批盐卤之地淤为良田沃土。战国末年由秦国穿凿的郑国渠，用富有肥力的泾河泥水淤田压碱，变沼泽为良田，也使关中成为全国最富庶的地区。《汉书·沟洫志》记载汉武帝时又曾引泾水流经白渠，注入渭中，得良田四千五百余顷。扬雄《方言》说“水中可居为洲，三辅谓之淤”，司马相如《上林赋》说“出乎椒丘之阙，行乎河淤之浦”，也可见关中淤田为常态。自隋开大运河，唐时汴水已成南粮北运的大动脉，而汴水两岸北方的淤田、江南的圩田等各类水利田也显著增加。据沈括所说，唐代也已“凿六陡门，发汴水以淤下泽，民获其利”。北宋时引浊水灌田进入前所未有的高潮，在黄河中下游、汴河沿岸，以及汾水、滹沱河、漳河等含沙量大的河流沿岸各地集中淤田，规划宏伟，虽在实施过程中有过失败，而淤田所带来的效益非常显著，不但增加了土地利用面积，有效地改善了盐碱地，而且大大增加了土壤肥力，提高了粮食产量，减轻了当时的粮食压力。这些在今天仍有参考价值。

海陆变迁

予奉使河北，遵太行而北，山崖之间往往衔螺蚌壳及石子如鸟卵者，横亘石壁如带。此乃昔之海滨，今东距海已近千里。所谓大陆者，皆浊泥所湮耳[1]。尧殛鲧于羽山[2]，旧说在东海中，今乃在平陆。凡大河、漳水、滹沱、涿水、桑干之类，悉是浊流；今关陕以西，水行地中，不减

海陆变迁思想在中国起源很早，先秦时期就已流行“高岸为谷，深谷为陵”之说。唐代颜真卿所作《抚州南城县麻姑山仙坛记》，最早言及“高石中犹有螺蚌壳，

或以为桑田所变”；至沈括明确指出太行山东麓乃“昔之海滨”，则已完全符合现代地质学关于太行古陆在地史上曾多次遭受海浸的结论。这与华北洪积－冲积平原的形成乃一事之两面，都反映了中国古地学优秀的思想成果。

百余尺，其泥岁东流，皆为大陆之土，此理必然。

［注释］

[1] 湮：通“堙（yīn）”，壅塞、埋没，亦犹今言积淀。 [2] 尧殛（jí）鲧（gǔn）于羽山：相传上古时鲧治水不成，被尧诛杀（一说流放）于羽山。古地理上的羽山，学者多谓在今山东郯城东北，或又相传在蓬莱。

［点评］

宋神宗熙宁七年（1074），沈括以知制诰为河北西路察访使，巡行河北地区，本条所记即是他当时对途中所见太行山区与华北平原地质状貌的思考。他对海陆变迁的理解，首创太行古陆曾为海浸之说，所谓“遵太行而北，山崖之间往往衔螺蚌壳及石子如鸟卵者，横亘石壁如带”，这便是无可否认的地质证据；他又揭示了华北大平原的形成是由于河流泥沙的沉积，所谓“今关陕以西，水行地中，不减百余尺，其泥岁东流，皆为大陆之土”，便是对源自青藏高原的大河之水将黄土高原的泥土向东方搬运的说明。沈括的古地学别开生面，震铄古今，后来朱熹又续有引申和发挥。《朱子语类》卷九十四云：“常见高山有螺蚌壳，或生石中，此石即旧日之土，螺蚌即水中之物。下者却变而为高，柔者变而为刚，此事思之至深，有可验者。”又云：“今高山上多有石上蛎壳之类，是低处成高。又蛎须生于泥沙中，今乃在石上，则是柔化为刚。天地变迁，何常之有？”这类质朴的看法，包含了超前的意识和理念。

炼　丹

予中表兄李善胜曾与数年辈炼朱砂为丹[1]，经岁余，因沐砂再入鼎[2]，误遗下一块，其徒丸服之[3]，遂发懵冒[4]，一夕而毙。朱砂至良药，初生婴子可服，因火力所变，遂能杀人。以变化相对言之，既能变而为大毒，岂不能变而为大善？既能变而杀人，则宜有能生人之理，但未得其术耳。以此知神仙羽化之方[5]，不可谓之无，然亦不可不戒也。

［注释］

[1] 中表兄：今所称表兄。年辈：年龄和行辈都相近的人。丹：道教所称的“仙丹”，即以为服食后可成仙的丹药。 [2] 沐砂再入鼎：淘洗朱砂，再放入鼎炉去炼。 [3] 丸服之：把它团成药丸服下去了。 [4] 懵（měng）冒：昏迷不省人事。 [5] 神仙羽化之方：神仙家为追求所谓“长生不死”而炼制各种丹药的方子。羽化，本指所谓“飞升成仙”，后来泛化为道教徒死亡的婉辞。

［点评］

此条言炼丹，主旨在说明朱砂本为极好的药，初生婴儿亦可服用，但因高温烧炼使之发生了变化，于是就能毒死人。按：朱砂的主要化学成分为硫化汞，在密封的丹炉中受热后，一小部分硫化汞和残留的氧发生作用而生成氧化汞。氧化汞和硫化汞均为橙红色固体，不易识别；同时氧化汞几乎不溶于水和乙醇，而溶于硝酸和盐酸。如果误服氧化汞，氧化汞与胃液中的盐酸发生作用，会生成剧毒的氯化汞，致人死命。本条所记“丸服”朱砂而致死的例子，当即是因为服食了氧化汞。古人为了从硫化汞中分离氧化汞，常把它们放入水中淘洗，然氧化汞本难溶于水，故此法大抵无效。沈括的意思是，在中医学上，有毒之物只要正确使用，也可变为有用之物。但仅仅是在这一意义上可以说，神仙家的所谓“仙丹”并不是全无效的；过此而流于“长生不死”之说，则皆为危险的迷信，故不可不戒。

温州雁荡山

温州雁荡山，天下奇秀，然自古图牒[1]，未尝有言者。祥符中，因造玉清宫[2]，伐山取材，方有人见之，此时尚未有名。按西域书，阿罗汉诺矩罗居震旦东南大海际雁荡山芙蓉峰龙湫[3]，唐僧贯休为《诺矩罗赞》[4]，有“雁荡经行云漠漠，龙湫宴坐雨蒙蒙”之句。此山南有芙蓉峰，峰下芙蓉驿前瞰大海，然未知雁荡、龙湫所在，后因伐木，始见此山。山顶有大池，相传以为雁荡[5]；下有二潭水，以为龙湫。又有经行峡、宴坐峰，皆后人以贯休诗名之也。谢灵运为永嘉守[6]，凡永嘉山水游历殆遍，独不言此山，盖当时未有雁荡之名。

予观雁荡诸峰，皆峭拔崄怪，上耸千尺，穹崖巨谷[7]，不类他山，皆包在诸谷中，自岭外望之都无所见，至谷中则森然干霄[8]。原其理，当是为谷中大水冲激，沙土尽去，唯巨石岿然挺立耳。如大小龙湫、水帘、初月谷之类，皆是水凿音漕之穴，自下望之则高岩峭壁，从上观之适与地平，以至诸峰之顶亦低于山顶之地面。世间沟壑中水凿之处，皆有植土龛岩[9]，亦此类耳。今成皋、陕西大涧中[10]，立土动及百尺，迥然耸立[11]，亦雁荡具体而微者，但此土彼石耳。既非挺出地上，则为深谷林莽所蔽，故古人未见，灵运所不至，理不足怪也。

沈括所述“温州雁荡山”，内容卓异充盈，文字美轮美奂，绝胜于一般游记。宋人记山之文，盖未有能逾此者。此非止文学功夫自成一格，更因其科学认知当时无人可比，文学、历史与科学相辅，遂成一时杰作。

沈括初至雁荡山，大概在熙宁六年（1073）他奉命相度两浙农田水利时，至今其山龙鼻洞崖刻中尚有正书“沈括”二字，为珍贵的宋刻。

［注释］

[1] 雁荡山：主体位于今浙江省温州市东北部海滨，小部在台州市温岭南境。以山水奇秀闻名，素有“海上名山、寰中绝胜”之誉。图牒：地理图书。　[2] 玉清宫：全称玉清昭应宫，宋

真宗时为奉安所谓“天书”而建造的大型道教宫殿建筑群。位于京师开封皇城西北天波门外，大中祥符元年（1008）四月下诏兴建，七年十月建成，主体建筑有宝符阁、玉皇殿、圣祖正殿、安圣殿等，全部宫宇共有2610区（间），恢宏瑰丽，极尽奢华。天圣七年（1029）毁于火灾。 [3] 诺矩罗：相传为佛教十六大阿罗汉之一，居第五。震旦：古代印度人对中国称呼的译名。据考证，古印度语文献早于秦代者已称中国为Cina，后来汉译佛经译之为“脂那”“支那”“至那”，又或称Cinisthāna，汉译即“震旦”，亦作“振旦”“真丹”。龙湫（qiū）：此指大龙湫。在芙蓉峰下，为雁荡山有名的大瀑布，下有深潭，俗以瀑布与潭并称大龙湫。别有小瀑布，在隐龙嶂下，冲积水潭亦小，称小龙湫。 [4] 贯休（832—912）：唐末五代前蜀画僧、诗僧。号禅月大师，有《禅月集》传世。《诺矩罗赞》：诺矩罗画像的题词。 [5] 雁荡：南方人称浅水湖为“荡”。相传此荡为秋雁南归时所宿，故称“雁荡”。 [6] 谢灵运（385—433）：东晋末、南朝初著名诗人。历官永嘉太守、秘书监、临川内史，被宋文帝刘义隆以“叛逆”罪名杀害。为早期山水诗的代表人物。永嘉，东晋、南朝时置郡，为温州地区最早的行政区划。 [7] 穹崖巨谷：高大的山崖，巨大的山谷。穹，大。 [8] 森然干（gān）霄：森然耸立，直冲云霄。 [9] 植土龛岩：直立的土龛和土崖。较低者称“龛”，较高者称“岩”，此皆指断土所成者。 [10] 成皋：今河南荥阳汜水镇。陕西：陕州（治今河南陕县）西部。 [11] 迥然：特立独出的样子。

[点评]

东南名山雁荡山，初名芙蓉山，见于《隋书·地理志》“永嘉郡·永嘉（县）”原注。“雁荡”之名，可能始于唐代前期，据说高僧一行绘制地图，把天下山川分为“北戒”和“南戒”两橛，就曾说过“南戒山川，尽于雁荡”的话。此后高僧怀素《与律公书》有云：“雁荡，自古图牒未尝言者。山顶有大池，相传为雁荡。下二潭为龙湫。山南有芙蓉峰，下有芙蓉驿。《西竺经》：诺讵罗尊者居震旦东南大海际，山以鸟名，村以花名。”以此可知沈括本条所称“按西域书”云云，大抵出于怀素所记。

雁荡山处于白垩纪西太平洋大陆边缘破火山口地带，一亿二千多万年以前剧烈而持久的火山喷发以及流水对流纹质火山碎屑的不断冲刷，逐渐造成了雁荡山奇峰叠嶂、峭石嶙峋的独特地貌。据沈括的观察，雁荡山诸峰皆峭拔险怪，上耸千尺，高崖巨谷，不似他山，然而它们全都包藏在各个山谷中，自岭外望去则什么都看不见，至于山谷之中才发现它们皆森然耸立，直冲云霄。推原其形成的机理，当都是因为山谷之中常年被大水冲激，沙土尽被冲走，于是就只剩下那些巨大的岩石岿然挺立在那里。如大小龙湫、水帘谷、初月谷之类，无不是大水冲凿出来的坑穴，从下面仰望是高岩峭壁，从上面看去则恰与地面相平，以至于诸峰的峰顶也低于山顶之外的地面。沈括认为雁荡山既不高于山外的地面，就一定会被深山峡谷的莽莽丛林所掩蔽，因而古人曾长期未发现此山，就连游历永嘉山水殆遍的谢灵运也不曾到过这里，就理应不足为怪了。由沈括的这些记述，大致可见雁荡山景观兴于唐而盛于宋的历史脉络，同时也体现了沈括对雁荡山自然地理的深刻认识。

木　天

《梦溪笔谈》此条文字，略同于《唐六典》："内阁诸司舍，秘书阁最宏壮，穹隆高敞，谓之'木天'。"

内诸司舍屋[1]，唯秘阁最宏壮[2]。阁下穹隆高敞[3]，相传谓之"木天"。

［注释］

[1] 内诸司舍屋：设在皇城内的各中央官署建筑。　[2] 秘阁：见卷一"雌黄改字"条注 [1]。　[3]"阁下穹隆高敞"二句：是说站在阁下仰望，穹隆形的阁顶高高地向四面敞开，历来相传，称之为"木天"。穹隆，中间高、四周低之形，此代指秘阁建筑的顶部。木天，古人以为天是穹隆形，常称之为"苍穹"，故此以"木天"作比。

磁偏角

依据现代地磁学的研究可以知道，由于地磁极不断变动，所以地磁偏角也随地点变化而变化，即使同一地点的地磁偏角，其大小也随时间推移而不断改变。沈括可能曾在一个较长的时间里观察磁针指南，发现磁针

方家以磁石磨针锋，则能指南，然常微偏东，不全南也。水浮多荡摇[1]；指爪及碗唇上皆可为之，运转尤速，但坚滑易坠；不若缕悬为最善。其法，取新纩中独茧缕，以芥子许蜡缀于针腰，无风处悬之，则针常指南。其中有磨而指北者[2]，予家指南北者皆有之。磁石之指南，犹柏之指西[3]，莫可原其理。

[注释]

[1]“水浮多荡摇”至“则针常指南”：介绍了指南针的四种装置方法：一是水浮法，即将磁针置于轻质载体（如灯心草）上漂浮于水面；二是碗唇旋定法，即将磁针搁在碗口边缘任其旋转；三是指甲旋定法，即将磁针搁在手指甲上任其旋转；四是缕悬法，即将一根蚕丝用芥末粒大小的一点蜡粘在磁针中部，悬挂在没有风的地方，任其自由旋转。这四种方法都很简易，但已显示出罗盘仪构造的基本原理。沈括最看中的是缕悬法，大约因此法不但稳定，而且摩擦力最小。缕，线。纩（kuàng），丝绵絮。芥子，芥菜的籽粒。 [2]“其中有磨而指北者”二句：指出以磁石磨针锋，针锋常指南，而亦有指北者。《补笔谈》卷三有一条，对这一现象的原因做了补充说明，以为“恐石性亦不同”。用现在的观点来看，磁石的磁场都是有北极和南极的，当针锋磁化时，摩擦磁石的方位不同，则磁化后的磁极性质即不同，从而导致针锋的指向也就不同。在沈括的时代，对磁针之指南尚不能解释，故谓“莫可原其理”。 [3]柏之指西：此指部分柏树的枝叶向西伸展。这一现象应主要与特殊环境下的阳光和风向有关系，而与地球磁场无关联。

在各个不同的地点上，所得偏角值的大小都不一样，其中多数是偏东的，但也不完全如此，因而他在《梦溪笔谈》中记为“常微偏东”。

[点评]

指南针是中国古代四大发明之一，是对世界科学技术发展作出的重大贡献。早在春秋战国时代，我们的祖先就已发现天然磁铁的指极性，并借以制造出了最早的指南工具——司南。早期的司南是用天然磁铁矿石琢成“磁勺”，放在一个刻有方位的光滑的盘上，利用磁铁的指南作用以辨别方向。后来经过长期的技术改进，大致到唐宋时代，司南先是逐步向罗盘转变，后又进一步向简易而完善的指南针发展，并最终完成了以指南针用于航海的过程。沈括本条首先介绍了借助人工传磁而造成人造磁体指南针的方法，指出用磁石磨针尖，则针尖即能指南，然而常常微微偏东，不完全指向正南方。这在物理学史上是个重大的发现，即地磁的南北极与地理的南北极并不完全重合，而是存在磁偏角；或说是地球表面任何一点的磁子午圈同地理子午圈并不重合，而是存在一个夹角。这一发现是在中国当时已经精确测出了地理子午线的方向，并用指南针进行细致观察的基础上提出来的，比西方哥伦布横渡大西洋时发现同一现象早了400多年。

此条记钟馗，仅及于金陵石志一事。《补笔谈》卷三又有“禁中吴道子画钟馗”一条，详细补述了唐明皇病中梦见钟馗捉鬼及命吴道子画钟馗像的经过，并及于钟馗信仰的起源，末云：“然则钟馗之名从来亦远矣，非始于开元之时，开元之时始有此画耳。”

钟馗之设

岁首画钟馗于门[1]，不知起自何时。皇祐中，金陵发一冢[2]，有石志[3]，乃宋宗悫母郑夫人[4]。宗悫有妹名钟馗，则知钟馗之设亦远矣。

[注释]

[1] 钟馗：参见卷七“《崇天》《明天》二历日月食不效”条注[1]。 [2] 金陵：今江苏南京。 [3] 石志：用石板雕刻制作的墓志（记死者生平等）。古人墓志或盛于匣中随葬，或亦刻成碑文立于墓道。 [4] 宗悫（不详—465）：南朝刘宋时将领。字元干，南阳涅阳（今河南邓州）人。文帝、孝武帝时大臣，屡有平叛之功，

官至左卫将军，终于安西将军、豫州刺史。

［点评］

中国古代民间信仰的门神钟馗，其名之来历异说甚多。一说商汤时有大巫师为左相，名叫仲虺（见于《尚书》），又称仲傀、中垒，据说《山海经》中所记最早的门神神荼和郁垒，“郁垒”的名字即是由“中垒”变来的，“仲虺”若“仲傀”则后来变成了“钟馗”；一说商代巫师所戴的方形尖顶面具本称“终葵”（见于《周礼·考工记》），后来“终葵”演变成驱鬼避邪的器具（即“椎”），又进而讹变为“钟馗”，而成为驱鬼的神名。南北朝时曾出现以“钟馗”或“终葵”为人名的一种习尚，如沈括本条所说，宗悫的妹妹便叫宗钟馗，另外北魏有尧终葵（字辟邪）、李钟馗，隋朝将领又有乔钟馗、杨钟馗，这样的人名显然必取义于驱鬼避邪，可见那时钟馗捉鬼的故事已非常流行。至于后来常见的貌丑而威猛、正气凛然的钟馗画像，不但驱鬼、捉鬼，而且食鬼，相传是盛唐时根据唐明皇梦中所见的形象、由著名画家吴道子画出来的，当时道子的《钟馗捉鬼图》便奉诏颁行天下，从此钟馗也成为天下第一门神。后来的门神更变化多端，既有秦琼、尉迟恭等武将门神，又有包拯、文天祥等文官门神，还有诸如赐福天官、福禄寿三星、招财童子、财神刘海蟾、送子娘娘等为祈福、祈寿、祈财、祈求人丁兴旺等造设的杂变门神。一代一代门神都是并存的，类型、主题和题材极多，任人随机选择，并不互相代替，而且不同建筑类型的门可以有不同的门神，但都没有超过钟馗的。

茶 芽

曾巩《尝新茶》诗云："麦粒收来品绝伦，葵花制出样争新。一杯永日醒双眼，草木英华信有神。"（《元丰类稿》卷八）葵花，即葵花团茶，或叫葵花龙团，是贡茶龙凤团茶中的一个品名。

茶牙[1]，古人谓之"雀舌""麦颗"[2]，言其至嫩也。今茶之美者，其质素良[3]，而所植之土又美，则新牙一发，便长寸余，其细如针。唯牙长为上品，以其质干、土力皆有余故也。如雀舌、麦颗者，极下材耳[4]，乃北人不识，误为品题。予山居，有《茶论》，《尝茶诗》云："谁把嫩香名雀舌？定知北客未曾尝。不知灵草天然异，一夜风吹一寸长。"

［注释］

[1] 牙：古用作"芽"字。 [2] 雀舌、麦颗：皆为茶名。原意指茶的新芽初生，如鸟舌、麦粒的形状。麦颗，亦作"麦粒"，据曾巩《尝新茶》诗自注引丁谓《北苑新茶诗序》："茶芽采时如麰麦之大者。"意指麦粒茶芽采摘时如同大麦的麦粒那样大。 [3] 质：下称"质干（树干之干）"，实指茶树的品种。 [4] 下材：下等的茶芽。沈括以茶之新芽长而细者为上品，盖以为"雀舌""麦颗"之名皆指短而非细的茶芽，故谓之"下材"。

［点评］

宋代制茶工艺，极重采茶。《大观茶论·采择》记载："撷茶以黎明，见日则止。用爪断芽，不以指揉。虑气汗熏渍，茶不鲜洁，故茶工多以新汲水自随，得芽则投诸水。凡芽如雀舌、谷粒者为斗品，一枪一旗为拣芽，一枪二旗为次之，余斯为下。茶之始芽萌，则有白合；既撷，则有乌蒂。白合不去，害茶味；乌蒂不去，害茶色。"采茶之后，接着便是拣芽。宋代的茶原料有明确的分级，其中斗品、小芽等级最高，均属贡品；而斗品、小芽之中，又择其尤精者，称为"水芽"，为精品中的精品。水芽是将小芽蒸熟后，浸于水盆之中，只挑出细小如针的小蕊茶芽，以为贡茶中的精华。斗品指无叶的茶芽，细小如雀舌、麦粒者皆属此类。小芽指细小如小鹰爪的芽叶。拣芽、中芽，指一枪一旗（一芽一叶）、一枪两旗（一芽二叶）之类，多用于民间采制以求贩卖规利。其他下等茶品，则多用以缴纳茶税，而白合、紫芽、乌蒂、盗叶几种芽叶，一般不用。

沈括本条大意是说，真正的上等茶芽出于肥美水土上的优等茶树，其新芽细如针而长，如最为芽中精品的"水芽"之类。此种茶芽并不是"雀舌""麦颗"的形状，如果真属"雀舌""麦颗"的形状，那就是既短又不细的"下材"，所制成的茶也不可能是好茶。传统上所称的雀舌茶、麦颗茶还是上等芽茶，沈括对此并不否认，他只是以为"雀舌""麦颗"名义不当，是北方人不识茶芽而"误为品题"——错加的名目，这样的名目并未反映出上等茶芽细长的特点。条末《尝茶诗》亦此意。

闽中小核荔枝

闽中荔枝，核有小如丁香者[1]，多肉而甘，土人亦能为之。取荔枝木去其宗根[2]，仍火燔令焦，复种之，以大石抵其根，但令傍根得生，其核乃小，种之不复牙。正如六畜去势[3]，则多肉而不复有子耳。

［注释］

[1] 丁香：丁香荔，一种小核良种荔枝。 [2]“取荔枝木去其宗根”至“种之不复牙”：是说拿普通的荔枝树，把它的老本和主根取下来，又用火把它烤得焦乎乎的，再栽到地里去，并用大石头压住它的根，只让它从旁边生根，这样长出来的荔枝核就小，再种这种核也不再发芽。宗根，最靠近根部的老本和主根。抵，压。傍，通“旁”。牙，同“芽”，此指发芽。 [3]“正如六畜去势”二句：是说正如家畜被阉割去势后，就会多长肉而不再能繁殖后代。

［点评］

此条所述闽中小核荔枝种植方法，清人吴应逵《岭南荔枝谱》曾提出不同意见，谓闽之种树者，“此法多不活，即活亦不尽验”，“大约种类各别”，“非人事之所能为”。其详尚有待实验证明。

傍不肯

元丰中，庆州界生子方虫[1]。方为秋田之害，忽有一虫生，如土中狗蝎[2]，其喙有钳，千万蔽地，遇子方虫则以钳搏之，悉为两段。旬日，子方皆尽，岁以大穰[3]。其虫旧曾有之，土人谓之“傍不肯”[4]。

[注释]

[1] 庆州：治所在今甘肃庆阳。子方虫：一种螟蛉的幼虫，即黏虫。“子方”亦写作“虸蚄”。 [2] 狗蝎：蠼螋（qú sǒu）。俗称夹板虫、剪指甲虫等，尾端有铗状附肢，属有翅亚纲革翅目昆虫。 [3] 穰（rǎng）：丰收。 [4] 傍不肯：步行虫。为鞘翅目步甲科昆虫，喜食夜蛾科害虫的幼虫。傍，读作“旁”。肯，读作“啃”。

[点评]

此条记叙了宋神宗元丰年间庆州地区秋田中“傍不肯”消灭“子方虫”，从而使农作物获得丰收的事例，说明开展生物防治，利用某些农作物害虫的天敌消灭虫害，是促进农业增产的一项有效措施。

芋梗治蜂毒

处士刘易隐居王屋山[1]，尝于斋中见一大蜂罥于蛛网[2]，蛛搏之，为蜂所螫坠地[3]。俄顷[4]，蛛鼓腹欲裂，徐行入草。蛛啮芋梗微破，以疮就啮处磨之，良久，腹渐消，轻躁如故。自后人有为蜂螫者，挼芋梗傅之则愈[5]。

［注释］

[1] 刘易：北宋忻州（今山西忻县）人。博学好古，隐居不仕，卒于治平末年。王屋山：今河南济源王屋山。 [2] 罥（juàn）：被缠绕挂住。 [3] 螫：旧读 shì，今亦读 zhé，同“蜇”。指毒虫用毒刺刺人、畜或其他生物。 [4]“俄顷”至“轻躁如故”：是说不一会儿，蜘蛛腹部肿胀起来似乎要破裂，就慢慢爬到了草中。蜘蛛微微咬破了一条芋头的梗，把被毒刺的疮口靠到芋梗咬破处摩擦，过了一阵子，其腹部的肿胀逐渐消了下去，又和先前一样轻松狂躁。芋，俗称芋头。 [5] 挼芋梗傅之则愈：揉搓芋梗敷在伤口上就能痊愈。挼（ruó），揉搓。傅，涂上、搽上，此种词义今多用“敷”字。

［点评］

关于芋头的食用，《本草纲目·菜部·芋》载

此条所记，中医方书多引之。俗所称芋头，单称曰芋，古籍又称蹲鸱、土芝等，种类极多。为有毒植物，凡食用者必须是栽培品种，野芋有大毒，不可食。然野芋药用价值亦高，其茎、叶汁液有极强的消炎镇痛、退

热解毒、消肿散瘀作用。《本草纲目·菜部·芋》谓其主治“敷蛇虫咬，并痈肿毒痛及毒箭”，又附录“野芋”，载李时珍曰：“其叶捣涂毒肿，初起无名者即消。亦治蜂、虿螫，涂之良。”

“发明”云：“冬月食不发病，他时月不可食。”又载“大明（日华子）”曰：“芋以姜同煮过，换水再煮，方可食之。”

乌脚溪

漳州界有一水[1]，号乌脚溪，涉者足皆如墨。数十里间水皆不可饮，饮则病瘴[2]，行人皆载水自随。梅龙图公仪宦州县时[3]，沿牒至漳州[4]，素多病，预忧瘴疠为害。至乌脚溪，使数人肩荷之[5]，以物蒙身，恐为毒水所沾。兢惕过甚[6]，睢盱矍铄[7]，忽坠水中，至于没顶乃出之，举体黑如昆仑[8]。自谓必死，然自此宿病尽除，顿觉康健，无复昔之羸瘵[9]，又不知何也。

此条谓乌脚溪能染黑人体，疑由溪水中麦角碱的含量过高所致。此种物质为一种生物碱毒素，能引起皮肤坏疽，最容易使人得黑脚病，故溪水被称为“乌脚溪”。

［注释］

[1] 漳州：今福建漳州。　[2] 瘴：瘴气，山林间湿热有毒、易致疾病的气。又称瘴疠。　[3] 梅龙图：梅挚（994—1059）。字公仪，成都新繁（今属四川成都新都区）人。为官数十年，以清正廉洁著称，官至龙图阁学士。　[4] 沿牒：官员随选补之文牒而调迁。犹今言职务调动。　[5] 肩荷：用肩舆抬着。肩舆，即长竹竿夹椅子的代步工具。　[6] 兢惕：戒惧。　[7] 睢盱矍铄（suī

xū jué shuò）：惊恐四顾的样子。 [8] 昆仑："昆仑奴"，古人对南洋一带皮肤黝黑的人及非洲黑人的统称。 [9] 羸瘵（léi zhài）：病弱。

［点评］

此条叙梅挚赴漳州任职而不慎落水之事，今考梅挚生平，疑"漳州"当作"昭州"。史载梅挚景祐间由上元知县调知昭州（今广西平乐），不闻其此前及以后曾在漳州任职。南宋罗愿《新安志》卷十谓"广西昭州最为瘴毒之地"，别书或称其地为"大法场"，或又说北方士大夫至此任职者"十往无一二返"。这些都与梅氏所经历及沈括所记相合。《广西通志》也记载，梅挚在昭州有政绩，而有感于"时官广南者，多惮岚瘴，不愿往"，因作《五瘴说》镌于石，以示劝诫。其文云："仕有五瘴：急征暴敛，剥下奉上，此租赋之瘴也；深文以逞，良恶不白，此刑狱之瘴也；昏晨醉宴，弛废王事，此饮食之瘴也；侵牟民利，以实私储，此货财之瘴也；盛拣姬妾，以娱声色，此帏薄之瘴也。有一于此，民怨神怒，安者必病，病者必殒，虽在毂下，亦不可免，何但远方而已！仕者或不自知，乃归咎于土瘴，不亦谬乎！"看梅氏该文，他坦然赴昭州任职，并不惧瘴气，《梦溪笔谈》所说的"预忧瘴疠为害"及"兢惕过甚，睢盱矍铄"云云，恐亦出于传闻。

北岳恒山

北岳常山，今谓之大茂山者是也[1]，半属契丹，以大茂山分脊为界。岳祠旧在山下，石晋之后稍迁近里，今其地谓之“神棚”[2]。今祠乃在曲阳祠北[3]，有望岳亭[4]，新晴气清，则望见大茂。祠中多唐人故碑，殿前一亭中有李克用题名云：“太原河东节度使李克用亲领步骑五十万问罪幽陵[5]，回师自飞狐路即归雁门[6]。”今飞狐路在大茂之西，自银冶寨北出倒马关[7]，度虏界，却自石门子、冷水铺入瓶形、梅回两寨之间至代州[8]。今此路已不通，唯北寨西出承天阁[9]，路可至河东，然路极峭狭。太平兴国中，车驾自太原移幸常山[10]，乃由土门路[11]，至今有行宫在。

沈括在此所叙五代、北宋时大茂山北岳庙的变迁过程和转移地点，以及大茂山作为宋、辽界山所涉及的一系列边关和通道，在今基本上仍历历可考，对研究五岳历史及宋辽军事史等仍不失为重要的历史地理资料。

［注释］

[1] 大茂山：古时所称北岳恒山。汉代避文帝名讳、宋代避真宗名讳，皆称北岳常山。为太行山东麓支脉，主峰太乙峰海拔1898.4米，当地又称神仙山，坐落在今河北省阜平、唐县、涞源三县交界处，其地域范围则同时涉及东南邻境河北曲阳县与西北邻境山西灵丘县。　[2] 神棚：此指大茂山南麓原北岳祠（旧称安王庙）位置，在今阜平县东台峪乡千亩台。古时五岳庙大都建在

当地县域中心，故五代后晋时迁北岳庙于曲阳县城（当时大茂山范围还差不多全在曲阳县境）。载籍或说庙在山中时，因山路难行，祭祀不便，故迁庙于曲阳，以遥祭恒山。又南宋吕颐浩《燕魏杂记》云："唯北岳在大茂山，山大半陷敌境，移庙于中山府曲阳县。"当地百姓后来称原庙为"上庙"，曲阳新建之庙为"下庙"，所谓"神棚"即原先"上庙"之地。盖"上庙"废毁后，其地仍为当地人简化的祭祀场所，故称"神棚"。　[3] 今祠、曲阳祠：当是分指宋太宗淳化间新建的北岳庙和五代后晋时迁建的北岳庙。后者于宋初为契丹所焚，宋人于淳化二年（991）又重修，仍在曲阳县城西，建于旧祠之北。　[4] 望岳亭：北岳庙附属建筑。据现今曲阳县北岳庙内所存明嘉靖二十六年（1547）刊刻的《北岳庙图》碑所载，望岳亭在大殿后的后宅门之北，亦即在全庙建筑群的最北端。沈括记登临此亭，若天清气朗，可以清楚望见大茂山。　[5] 李克用（856—908）：唐末五代割据军阀。沙陀部人。生前称晋王，其子李存勖建后唐时，追尊为后唐太祖。按：沈括此处所说李克用"问罪幽陵"事，指唐昭宗乾宁四年（897）李克用亲率大军攻打幽州节度使刘仁恭之役。是役李克用轻敌，大败于安塞军（今河北蔚县东、怀来西）。又，此所引题名碑称李克用"亲领步骑五十万"出征，恐是虚张之词，《资治通鉴》只谓其"自将击仁恭"，他书或谓之将兵五万。幽陵，指幽州，即今北京、河北一带。　[6] 飞狐路：又称"飞狐陉""飞狐道""飞狐岭""飞狐关""飞狐口"等，为著名的太行山"八陉"之一。起于今河北涞源，经上庄、岔道、北口至蔚县，是历史上重要的关隘和商道。《蔚州志》记载，"飞狐口在城东南三十里，今名北口峪，亦曰神通沟，俗又称为黑风峪"。在今大茂山之西，因路经旧时飞狐县（即今涞源县）南境，故称飞狐路。雁门：关名。唐置，又名西径关。故址在今山西雁门关西面的雁门山上。宋时为防御契丹（辽国）的重要关口。　[7] 银冶寨：待考，在倒马关之南。倒马关：位于今唐县西北倒马关乡倒马关村。相传因山路险峻，战马到此常会摔倒而得名，为河北平原通往山西高原的重要关口之一。　[8] 石门子：石门关，位于今山西平定县马山乡七亘村东，因地处河北井陉县石门村西而得名。冷水铺：一作“令水铺”，待考。瓶形：寨名，宋置，即今山西繁峙县东北平型关。为河北定州与河东代州（今山西代县）、太原之间交通要隘。梅回：寨名，在瓶形寨北十五里。　[9] 承天阁：唐代承天军城、宋代承天寨，原称苇泽关，后来称娘子关。在河北、山西两省交界处，位于河北井陉县西口、山西平定县东北绵山山麓，为古代长城著名关隘。　[10] 车驾自太原移幸常山：此指太平兴国四年（979）宋太宗灭北汉后，又移师攻契丹之役。常山，即今河北正定，其地古称常山、真定。按：此役宋军轻敌冒进，大败于高粱河（今北京西直门外）。　[11] 土门路：经由土门关之路。土门关，即古代井陉关、井陉口，为太行“八陉”之一，故址在今河北井陉县北井陉山上。

[点评]

《梦溪笔谈》此条所谈北岳恒山，与后来所称的北岳不同。据古籍记载，大茂山还在汉宣帝神爵元年（前61），祭祀诏书已称之为“北岳常山”，祭祀地点在上曲阳县（治所在今曲阳县西四里）。此后1600年间沿称不变。然自明代后期以来，晋、冀两省即由于辽、宋、金、元间的复杂历史原因，不断围绕北岳及北岳庙的地址问题发生争执。下至清初顺治十八年（1661），“北岳”之名竟由朝廷发布诏书，正式移至今山西浑源县的天峰岭，从此河北大茂山便只称本名，而被逐出了“五岳”之列。

大茂山大抵为西南—东北走向，北宋时曾为宋、辽界山，沈括的叙述涉及一系列河北边关及通道，皆具有历史地理的研究价值。《续资治通鉴长编》卷二六七熙宁八年（1075）八月癸巳记载：“定州路安抚司上相度到沈括所奏敌人出入道路合先据地利安置营寨事，诏枢密院籍记。先是，括察访河北，言定州北蒲阴、满城皆有废垒，若北骑入寇，可以发奇遮击故也。”本条所言河北边关通道，皆沈括当时调查所及。

展海子为稻田

镇阳池苑之盛[1]，冠于诸镇，乃王镕时海子园也[2]。镕尝馆李正威于此[3]，亭馆尚是旧物，皆甚壮丽。镇人喜大言[4]，矜大其池[5]，谓之“潭园”，盖不知昔尝谓之“海子”矣。中山人常好与镇人相雌雄[6]，中山城北园中亦有大池，遂谓之“海子”，以压镇之“潭园”。予熙宁中奉使镇、定[7]，时薛师政为定帅[8]，乃与之同议展海子，直抵西城中山王冢[9]，悉为稻田，引新河水注之[10]，清波弥漫数里，颇类江乡矣。

[注释]

[1] 镇阳：指镇州治所真定（今河北正定）。唐后期为成德节度使辖区首府，实力在藩镇割据的“河朔三镇”中最强，故其人造园林景观亦盛于诸镇。　[2] 王镕（873—921）：又名王鏻（zhōu），回纥人，晚唐及五代初割据首领。10 岁时继承其父王景崇为成德军节度使，自称赵王。唐亡后，初事后梁，后附后唐，在李克用父子、朱温、罗绍威之间周旋，割据镇、冀近 40 年。后被其养子王德明杀死。海子园：指有人工湖的园林。　[3] 李正威：即李匡威，沈括避宋讳改“匡”为“正”。范阳（今北京）人，唐末军阀，时为卢龙节度使。景福二年（893），因率兵援救王镕，被其弟李匡筹发动兵变夺位，遂逃往真定，投靠王镕。王镕客待之，并尊之为义父，为建府第于园林中。旋以欲取代王镕生乱，被镇人击杀。　[4] 镇人：镇州人。　[5] 矜大：夸大。　[6] 中山：指定州治所，即今河北省定州市驻地。其地自汉魏以来即屡为中山国都治及中山郡治，唐初置定州，北宋庆历间设定州路，政和间又升定州为中山府。相雌雄：犹言争高下。　[7] 镇、定：镇州、定州。　[8] 薛师政：参见卷九“王荆公不受紫团参”条注[3]。定帅：以知定州为边帅。　[9] 中山王冢：此当是指定州西城遗存的汉代中山王墓。定州城区的东、西、南部均有两汉中山国王及上层贵族的墓地。　[10] 新河：疑指定州城北新开的唐河河道。《续资治通鉴长编》卷二六七引沈括议“展海子”之事，于“弥漫凡数里”之下云：“使定之城北，不复受敌。”

［点评］

此条所记为熙宁七年（1074）沈括奉使察访河北时，与定州边帅薛向共议延展中山城“海子”为稻田事。其事名义上为农业垦殖，实为边防，故《续资治通鉴长编》引沈括《自志》，谓“引新河水注之，弥漫凡数里，使定之城北，不复受敌”。

卷二十五　杂志二

天　蛇

太子中允关杞曾提举广南西路常平仓[1]，行部邕管[2]，一吏人为虫所毒，举身溃烂。有一医言能治，呼使视之，曰："此为天蛇所螫[3]，疾已深，不可为也。"乃以药傅其创，有肿起处，以钳拔之，有物如蛇，凡取十余条而疾不起[4]。又予家祖茔在钱塘西溪[5]，尝有一田家忽病癞[6]，通身溃烂，号呼欲绝。西溪寺僧识之，曰："此天蛇毒耳，非癞也。"取木皮煮饮一斗许[7]，令其恣饮，初日疾减半，两三日顿愈。验其木，乃今之秦皮也[8]。然不知天蛇何物。或云草间黄花蜘蛛是也[9]，人遭其螫，仍为露水所濡，乃成此疾。露涉者亦当戒也[10]。

所谓“天蛇毒”“天蛇疮”，今人或怀疑为蜱虫所感染。蜱虫，俗称扁虱、草爬子等，是一种体形极小的蛛形吸血寄生虫，常在草丛中叮咬牲畜和人，其感染症状与所谓花蜘蛛相似。

［注释］

[1] 关杞：字蔚宗，北宋会稽（今浙江绍兴）人。善书，与米芾有交往。熙宁间以太子中允、朝奉大夫任广西提举常平，今在桂林石刻中尚可见其书法作品。 [2] 行部邕管：巡视广南西路所部邕州（治今广西南宁）地区。邕管，此借用唐代政区名，唐肃宗以后曾设邕管经略使（即邕州管内经略使），驻邕州，管治广西境内 40 余州（其中过半为羁縻州）。 [3] 天蛇：疑为一种寄生虫。有人认为可能是几内亚线虫（又称麦地那龙线虫或龙线虫），人体感染了这种寄生虫，会使皮肤溃烂，痛不欲生。也有人怀疑为铁线虫等其他寄生虫。螫：见上卷“芋梗治蜂毒”条。“天蛇”若为寄生虫，则不适用“螫”字。 [4] 疾不起：疾病终不能治而致人死去。 [5] 钱塘西溪：约在今杭州市区西部西溪路与杭大路交汇地带。附近有西溪国家湿地公园。 [6] 癞：病名，指麻风病。此病的症状之一亦为皮肉溃烂。 [7] 饮：此指饮用的汤汁。按：此处“煮”字下，胡道静《梦溪笔谈校证》据《政和本草》所引补“汁”字，而缺少其他版本依据。别本或径作“著汁”而删“饮”字。今仍从元大德本，作“煮饮”而不用“汁”字。 [8] 秦皮：中药名。为木犀科植物苦枥白蜡树的树皮，可清热燥湿，泻痢明目。 [9] 黄花蜘蛛：通称花蜘蛛，又称草蜘蛛、迷宫漏斗蛛，因其腹部有黄白色鳞斑及步足为黄褐色，故称“黄花蜘蛛”。《本草纲目》引《三元书》云：“草上花蜘蛛丝最毒，能缠断牛尾。有

人遗尿，丝缠其阴，至断烂也。” [10] 露涉者：在草间露水中涉行者。

［点评］

此条述“天蛇”，未能断定其为何物，而附有传统医籍中的另一种看法，即所谓“天蛇毒”“天蛇疮”其实不是什么“蛇毒”，而是由带露草丛中的一种有毒花蜘蛛感染的全身溃烂性疾病。如明人医著《外科启玄》卷十二载“天蛇疮毒方”云：“此疮似癞非癞，即草间黄花蜘蛛螫伤，仍被露所答（搭），乃成此疮。”清人所编《医宗金鉴》亦载“方歌”云：“天蛇疮发肌肤中，似癞非癞是其形，证因草内蜘蛛毒，复被露水侵始生。”

建　茶

古人论茶，唯言阳羡[1]、顾渚[2]、天柱[3]、蒙顶之类[4]，都未言建溪[5]。然唐人重串茶粘黑者[6]，则已近乎建饼矣[7]。建茶皆乔木，吴、蜀、淮南唯丛茭而已[8]，品自居下。建茶胜处曰郝源、曾坑[9]，其间又岔根、山顶二品尤胜[10]，李氏时号为北苑[11]，置使领之。

此条言建溪茶，仅略述其历史源流，具体内容都未展开，故作者于《补笔谈》中又特辟“北苑茶”条而补述之。“北苑茶”即建茶之代称，然沈括有关“北苑”之名的理解有问题，其“北苑茶”条仍承续了他对“北苑”的错误看法。

[注释]

[1] 阳羡：此指阳羡茶。阳羡，古称荆溪、荆邑，秦汉时置县与侯国，名“阳羡”，即今江苏宜兴。阳羡制茶，源远流长，久负盛名，而尤以红茶著称，在唐时已成为贡茶之首。明人《茶疏》云：“江南之茶，唐人首重阳羡。” [2] 顾渚：此指顾渚茶，产于今浙江湖州长兴县水口乡顾渚山一带。顾渚紫笋茶自唐朝广德年间开始以龙团茶进贡，前后 600 余年，至明末清初始逐渐消失。 [3] 天柱：此指天柱茶，又称舒州天柱茶，产于今安徽潜山天柱山一带。其地绿茶在唐时已远近闻名。 [4] 蒙顶：此指蒙顶茶，为传统绿茶，产于今四川雅安市名山区蒙顶山。唐时亦成为贡品，为蜀中贡茶之最。 [5] 建溪：此指建溪茶，简称建茶。建溪为福建闽江的北源，长 200 余千米，流经武夷山茶区，历史上属福建建州（今建瓯），故所产茶名为建茶。建茶渊源亦早，至唐末始成为贡茶，入宋则逐渐取代阳羡茶而成为贡品之首，此后数百年独占贡茶鳌头，一直为中国传统名茶。 [6] 串茶：又叫串串茶。隋唐时用茶，习惯于将茶叶粉碎加工成饼。唐人将饼茶包裹好，在中间打一个洞，用绳子串起来，即称为串茶。饼茶又称片茶、研膏茶，是要敲碎研细成膏状才能用沸水冲饮的，所以这里以“粘黑”言之。 [7] 建饼：建州、建溪饼茶。宋代高品位的茶仍为饼茶，又称团茶，建州贡进皇宫的极品茶有大小“龙凤团茶”，即是印有龙凤图案的饼茶。 [8] 丛茇：意指像野菰（茇草）那样的小灌木丛。按：古人以乔木茶叶为上品，灌木茶叶则品为下。如今较大的乔木茶树在云南尚多有，而在江淮、福建等地已很少见到。 [9] 郝源、曾坑：皆为建茶产地之名，在建溪之东溪。按：现存宋人《东溪试茶录》中有“壑源”，与“北苑”并列，又附以“叶源”，而未见“郝源”之名，疑“郝源”即“壑源”之别称。 [10] 岔根、山顶：此当为郝源、曾坑之地的小地名，所

产茶尤为胜中之胜。[11]北苑：建茶产地，建茶最佳者即北苑茶。沈括以为此北苑即李氏南唐之北苑，属误解，详见《补笔谈》卷一“北苑茶”条注。

[点评]

此条谈建茶，文字过于简略，内容显得单薄，但强调了“建茶皆乔木”，值得留意。考唐代陆羽《茶经·一之源》云：“茶者，南方之嘉木也，一尺二尺，乃至数十尺。其巴山峡川有两人合抱者，伐而掇之。”此指野茶树。然到北宋时，江淮地区的乔木茶树已少见，唯福建茶尚多乔木。梅尧臣《次韵和再拜》唱和欧阳修的《尝新茶呈圣俞》云：“建溪茗株成大树，颇殊楚越所种茶。”又庄绰《鸡肋编》卷下云：“韩岊知刚，福州长乐人，尝监建溪茶场，云茶树高丈余者极难得。”梅、庄生平，一较沈括稍早，一较沈括稍晚，而皆言及建溪茶场之大树，故知沈括所说“建茶皆乔木”乃当时人的普遍印象。不过看庄氏所记，好像那时建溪三米高以上的茶树也已不多见。建茶中的极品“水芽”，就是由这类大树而来的，所以《鸡肋编》接述说：“其大树二月初因雷迸出白芽，肥大长半寸许，采之浸水中，俟及半斤，方剥去外包，取其心如针细，仅可蒸研以成一胯，故谓之水芽。”这是用来“贡新”的，因只取芽心，产量极有限，而剥下来的芽叶还可杂入龙团茶。此种乔木茶树到明清时大概已看不到，清人《续茶经》引《随见录》谈及《梦溪笔谈》的“建茶皆乔木”，又说：“以余所见，武夷茶树俱系丛茇，初无乔木。”

胆矾炼铜

沈括记录信州铅山县的水法炼铜，是忠实反映宋代炼铜成就的重要史料文献。由于古人还不可能知道胆铜生产的化学置换反应原理，因此沈括仍用五行学说解释“水能为铜”的现象，又与钟乳石、井边石花、阴精石等分解和凝结现象作比，这些都还受到中世纪知识水平的限制。

信州铅山县有苦泉[1]，流以为涧，挹其水熬之则成胆矾[2]，烹胆矾则成铜。熬胆矾铁釜[3]，久之亦化为铜。水能为铜，物之变化，固不可测。按《黄帝素问》有天五行、地五行[4]，土之气“在天为湿”，土能生金石，湿亦能生金石，此其验也。又石穴中，水所滴皆为钟乳、殷孽[5]；春秋分时[6]，汲井泉则结石花[7]；大卤之下，则生阴精石[8]：皆湿之所化也。如木之气在天为风，木能生火，风亦能生火，盖五行之性也。

[注释]

[1] 信州铅（yán）山县：今江西上饶铅山县。苦泉：泛指泉水不清冽之泉。水清冽则有甜味，凡杂有异味而不甜之水即皆可谓之苦。 [2]“挹其水熬之则成胆矾”二句：是说舀苦水而熬之可得胆矾，煮胆矾可生成铜。按：胆矾为硫酸铜的水化物，为蓝色晶体，化学分子式为 $CuSO_4 \cdot 5H_2O$，使水蒸发，即可得胆矾。 [3]“熬胆矾铁釜”二句：是说用铁锅加水煮胆矾，时间久了，铁锅里面就会由铁变成铜。按：硫酸铜溶液加铁会发生化学反应，铁逐渐被溶解，溶液蓝色褪去，有红色固体析出，生成绿色溶液。此种化学反应实质是置换反应，即铁被溶解而生成硫酸铁，铁即置换出铜；其化学方程式为 $CuSO_4+Fe=FeSO_4+Cu$，离子方程式为 $Cu^{2+}+Fe=Fe^{2+}+Cu$。置换反应所生成的铜附着在铁锅上，久之，铁

锅看上去也就“亦化为铜”。　[4]“按《黄帝素问》有天五行、地五行”五句：是说《黄帝素问》的记载中有“天五行”和“地五行”，如土之气到了天上就是湿气，土能够生成金石，湿也能生成金石，这就是明证。《黄帝素问》，见卷七“五行生数与成数”条注 [2]。天五行、地五行，皆指生成万物的五种物质要素。据《黄帝素问·五运行大论篇》所说，木、火、土、金、水为“地五行”，与此对应的风、热、湿、燥、寒即为“天五行”。　[5] 钟乳、殷孽：皆为石钟乳不同部位的名称。殷孽，本作“殷蘖”，又称“殷根”“钟乳根”。据《本草纲目·石部》的“石钟乳”“孔公”“殷”三目所述，当石灰岩溶洞中的碳酸氢钙溶液从洞顶下滴时，伴随蒸发过程，逐渐在洞顶凝结成尖状固体，其附于石上的粗大根盘称为“殷蘖”，其下较细部分或有中空者称为“孔公孽”（“孔公”为“孔空”之讹），再下延而呈较细的圆柱状或管状者称为“钟乳”，三个部位犹如人之“乳根”“乳房”“乳头”。此为悬垂于洞顶的石钟乳，若是其下自地面而上突的石钟乳，则“殷蘖”“孔公孽”“钟乳”各部位须自下而上称之。同为石钟乳的构成部分，医家以为三部位药效不同，故区分为三名。　[6] 春秋分：春分和秋分。　[7] 石花：此指当春季和秋季天气和暖时，井泉中的碳酸氢钙容易分解，结成花状的碳酸钙沉淀物，犹如水垢。按：钟乳、殷孽、石花的成分都是碳酸钙，都是由水中溶解的碳酸氢钙受热分解而生成的，其反应式为 $Ca(HCO_3)_2 = CaCO_3 + CO_2\uparrow + H_2O$。　[8] 阴精石：见卷二十六“太阴玄精石”条注 [1]。

［点评］

用胆矾可炼铜，汉代以来人们已有清楚的认知。西汉《淮南万毕术》就说过“白青（胆矾）得铁即化为铜”，东汉《神农本草经》也说石胆“能化铁为铜”。东晋葛洪

《抱朴子内篇·黄白》记载“以曾青（胆矾）涂铁，铁赤色如铜”，南朝陶弘景《本草经集注》又说“鸡屎矾……投苦酒（醋酸）中涂铁，皆作铜色”。沈括说“烹胆矾则成铜”，已有当时成熟的水法炼铜规模和技术为依据。宋代胆水产铜方法有三：一是在胆水产地挖掘沟槽，用茅席铺底，将生铁击碎排砌在沟槽中，引入胆水浸泡，使被置换生成的铜沉积在茅席上；二是把铁锻打成薄铁片，排置在胆水沟槽中浸泡，使被置换之铜生成于薄铁片表面；三是煎熬法，即把胆水装入铁制容器中煎熬。宋人习用前两法，北宋后期官方胆铜生产场所有十多处，产量每年达上百万斤。宋哲宗时学者张潜还曾编著《浸铜要略》一书，总结胆铜生产的经验。欧洲大约直到十五世纪中叶才知道把铁片浸入硫酸铜溶液能产生铜。

古之节

玉虎符，今山东省济南市博物馆藏有一尊，作薄扁平卧虎状，两面均浅刻虎纹，一面有篆书“南郡左二”四字铭文。据说为战国时物，仍有待考证。

古之节如今之虎符[1]，其用则有圭、璋、龙、虎之别[2]，皆椟将之，“英荡”是也。汉人所持节，乃古之旄也[3]。予在汉东得一玉琥[4]，美玉而微红，酣酣如醉肌[5]，温润明洁，或云即玫瑰也[6]。古人有以为币者[7]，《春官》“以白琥礼西方”是也[8]；有以为货者[9]，《左传》加以玉琥二是也[10]；有以为瑞节者[11]，“山国用虎节”是也[12]。

［注释］

[1] 节：符节，古代用作凭证之物。虎符：古代用以调兵遣将的兵符。一般用青铜或黄金制作，罕见用玉制作。伏虎形，分作两半，帝王与统兵官各执一半，调兵时两半验合方能生效。　[2]“其用则有圭、璋、龙、虎之别”三句：是说古代符节在使用时有圭节、璋节、龙节、虎节的分别，都装在木匣里携带，《周礼》所说的“英荡”就是这种匣。圭、璋、龙、虎之别，皆指玉器、金器等制作的形状，圭则上圆下方，璋为半圭之形，龙、虎则皆如其图像。椟，木匣。将，携带。英荡，《周礼·地官司徒·掌节》谓各种金制的节“以英荡辅之”，旧注或说“英荡”即“画函”（有漂亮绘画装饰的木匣）。按沈括此处用意，盖指“英荡”即“椟”。　[3] 旄：旗杆顶部装饰牦牛尾的旗子。汉人出使所持的节，在竹竿上缀牦牛尾饰物，又称“节旄”，故沈括以为实是“古之旄”。　[4] 汉东：今陕西汉中以东地方。玉琥：玉制的虎形器。　[5] 酣酣：艳丽的样子。醉肌：醉肌红，为颜色名、花名。桂花有名品醉肌红，即丹桂，秋季开花时花色较深，有橙黄、橙红以至朱红色，香气浓郁。　[6] 玫瑰：此指一种美玉。　[7] 币：泛指车马、皮帛、玉器等礼物。在此实指用作祭品。　[8] 以白琥礼西方：文见《周礼·春官·大宗伯》，意思是用白色的玉琥作祭品祭祀西方神灵。　[9] 货：财宝。　[10] 加以玉琥二：《左传》昭公三十二年原文作“赐子家子双琥”。　[11] 瑞节：玉节，即玉制的符节。　[12] 山国用虎节：《周礼·掌节》之文，意谓出使山地国家要用虎形的符节。

［点评］

沈括此条由所得玉琥，考及古代符节。玉琥即虎形玉器，为中国古代最常见的佩饰物品之一，在中国许多地方均有出土，且自商周以至明清时期的玉琥都可见到，但还没有发现用作兵符的。沈括没有言及所得玉琥的形制，未详属于何代，而谓先秦玉琥有礼器、财富、玉节三种功能，也没有涉及兵符。

汴渠落差测量

国朝汴渠[1]，发京畿辅郡三十余县夫[2]，岁一浚[3]。祥符中，閤门祗候使臣谢德权领治京畿沟洫[4]，权借浚汴夫[5]，自尔后三岁一浚，始令京畿民官皆兼沟洫河道[6]，以为常职。久之[7]，治沟洫之工渐弛，邑官徒带空名，而汴渠有二十年不浚，岁岁堙淀。异时京师沟渠之水皆入汴[8]，旧尚书省《都堂壁记》云“疏治八渠，南入汴水”是也；自汴流堙淀，京城东水门下至雍丘、襄邑，河底皆高出堤外平地一丈二尺余，自汴堤下瞰，民居如在深谷。熙宁中，议改疏洛水入汴。予尝因出使，按行汴渠，自京师上善门量至泗州淮口[9]，凡八百四十里一百三十步；地势，京师之地比泗州凡高十九丈四尺八寸六分。于京城东数里白渠中穿井至三丈[10]，方见旧底。验量地势，

汴渠为北宋交通命脉，其绝大部分水量由黄河供给，淤淀不可避免。到熙宁年间，因淤淀情况越来越严重，故有引洛水

用水平、望尺、干尺量之[11]，不能无小差。汴渠堤外[12]，皆是出土故沟，［予因决沟］水，令相通，时为一堰节其水；候水平，其上渐浅涸，则又为一堰，相齿如阶陛。乃量堰之上下水面相高下之数，会之，乃得地势高下之实。

入汴之议。沈括对汴渠的巡视和测量，即是此项工程的前期工作，既为当时工程的顺利实施提供了准确可靠的系列数据，同时在古代水利史上也留下了有价值的具体史料。引洛入汴工程完成于元丰二年（1079），改善了北宋后期汴渠漕运的状况。

［注释］

[1] 汴渠：参见卷十三“侯叔献治汴堤”条注[1]。 [2] 京畿辅郡：京城周围地区各州县。夫：民夫，指被征募服劳役的民众。 [3] 浚：疏通，挖深。 [4] 谢德权（953—1010）：字士衡，福州人。初仕南唐，入宋仕至内殿崇班、供备库使、西染院使。史称其“清苦干事，好兴功利，多所经画”。京畿沟洫：京畿地区兴修水利之事。沟洫，河渠。 [5] 权借浚汴夫：权且借用疏浚汴渠的民夫。 [6]“始令京畿民官皆兼沟洫河道”二句：是说诏令京畿地区的州县官都兼管治理沟渠河道之事，以为经常的职责。民官，指各州县长官。别本或从下文作“邑官”。 [7]“久之”五句：是说历时既久，治理沟渠河道的工役逐渐废弛，州县官徒有兼管的空名，而汴渠已有 20 年不曾疏浚，年年壅堵淤淀。 [8]“异时京师沟渠之水皆入汴”至“民居如在深谷”：是说往时京城沟渠的水都流入汴渠，旧时尚书省的《都堂壁记》所说的“疏通八条水渠，让它们都南流入汴水”指的就是这种情况；自汴水逐渐壅堵淤淀后，从京城以东的水门直到雍丘、襄邑的水道，河床皆高出堤外的平地一丈二尺多，从汴堤上往下看，民居都好像在深谷中。《都堂壁记》，指尚书都省宰相办公处的厅壁上所嵌题名和记事碑刻。雍丘、襄邑，指今河南杞县、睢县。 [9] 上

善门：北宋京师开封外城东墙城门之一。汴河自西向东贯穿开封城，其与外城西墙交汇处有上水门，与外城东墙交汇处有下水门，上、下水门的南侧和北侧皆各有一门，以通汴河两边出入城内外的行人路，其中下水门南侧的城门即上善门。此门建筑亦宏伟，在《清明上河图》中是浓墨重彩描绘的标志性建筑。淮口：汴河入淮河的河口。在今江苏泗洪东南。 [10]“于京城东数里白渠中穿井至三丈”二句：是说在京城东面数里地的汴渠枯水河滩上打井至三丈深，才见到汴渠原先在这里的河床。白渠，当是指枯水期露出地面的汴渠河道。按：“白渠中”三字，《续资治通鉴长编》卷二百四十八所引作“渠心”二字，未详是否为旧文，今暂从原本。 [11] 水平、望尺、干尺：测高的水平仪、标杆和测距的量杆。 [12]“汴渠堤外”至“乃得地势高下之实”：是说汴渠的堤坝之外，到处都是修堤时取土留下的旧水沟，我就让人把这些水沟都掘开，使沟里的水相通，并时时隔一段就筑一道堰以拦截沟中的水；等到这道堰中的水满平了，就在它上面已逐渐变浅或干涸的地方再筑一道堰栏水，再使满平，这样一道一道筑上去的堰排列起来就像台阶。于是一段一段测量上下堰之间水面的高低之数，最后会集累加起来，也就得出了地势高下的实际数值。按：文中“予因决沟”四字原阙，句意不通，今据《续资治通鉴长编》卷二四八所引补入。

[点评]

《梦溪笔谈》此篇内容，实分两部分：自“国朝汴渠”以至“民居如在深谷”，概括叙述汴渠疏浚之废弛过程及汴渠的淤淀情况；自“熙宁中，议改疏洛水入汴”以下，则为沈括测量汴渠沿线地势之始末。二者之间有因果关系。

关于汴渠的淤淀情况，据李焘《续资治通鉴长编》卷二四八熙宁六年（1073）十一月记载："上曰：'闻都省有碑，言沟洫前通于汴水，不知自何时如此河底渐高。'安石曰：'今沟首皆深，汴极低。又观相国寺积沙，几及屋檐，则汴河如此渐高未久。'上曰：'有汴河来已久，何故近如此渐高？'安石曰：'旧不建都，即不如本朝专恃河水，故诸陂泽沟渠清水皆入汴；诸陂泽沟渠清水皆入汴，即沙行而不积。自建都以来，漕运不可一日不通，专恃河水灌汴，诸水不得复入汴，此所以积沙渐高也。'"李焘以为《梦溪笔谈》此条文字"颇与王安石之言相表里"，故于此下"考异"全引之。其中神宗所说的"闻都省有碑"，即指沈括所提到的"旧尚书省《都堂壁记》"，原记有京师沟渠之水皆疏浚入汴之事。有关情况又见于王巩《闻见近录》，所记亦可与沈括所述相参照，今并录其文如下："汴河旧底有石板石人以记其地里，每岁兴夫开导，至石板石人以为则，岁有常役，民未尝病之。而水行地中，京师内外有入水口，泄水入汴，故京师虽大雨，无复水害，昔人之画善矣。偶张君平论京畿、南京、宿、亳、陈、颍、蔡等州积水，以南京言之，自南门二堤直抵东西二桥，左右皆潴泽也，渔舠鸣榔如江湖，君平请权借汴夫三年，通泄积水。于是诸郡守令等始带沟洫河道，三年而奏功，凡潴积之地为良田。自是汴河夫借充他役，而不复开导，至元祐五年，实七十年。又旧河并以木岸，后人止用土蔑栈子，谓之外添里补，河身奔兑即外补之，故河日加浅而水行地上矣。"

本文的主要价值在于保存了沈括测量汴渠落差的第

一手资料。据所述，沈括这次按行汴渠的测量成果主要有三项：一是丈量了从京师上善门至泗州淮河口的距离，凡得八百四十里一百三十步；二是测得了京师至泗州的地势高差，凡有十九丈四尺八寸六分；三是在京城东数里的汴渠河道中以穿井的方式，探得旧河床深三丈余，则此即汴渠自疏浚废弛后的七十余年间河床因泥沙沉积而上升的高度。尤其令人瞩目的是他测量地势的“分层筑堰”法，即顺着汴堤外侧的坡度，一层一层筑堰，每层堰内都决通旧水沟中的水而形成一个水平面，由此而构成台阶式的水平面系列，各量其平面差而汇集起来，也就得出了地势高下的差值。这样的测量地点肯定不止一两处，而是有多处，多处高差的综合比较和计算，才能得出从京师到泗州地势高差的准确值，而这大致也就可以看作汴渠在这一区间的水位落差。竺可桢先生论此曾指出：“（沈）括之测量，不但为平面测量，而且为地形测量，其量地面高下之法，虽不尽善，但苟所筑之堰，极为平直，当不致有大差误。其所用之尺，虽未必精密，但计高度至于分寸，可见其行事之不苟且。欧洲古代，希腊虽曾经测海岸之远近，罗马盛时亦有测量街道之举，但地形测量在括以前则未之闻。”（竺可桢：《北宋沈括对于地学之贡献与纪述》，《科学》1926年第11卷第6期）

江湖行船避风术

江湖间唯畏大风。冬月风作有渐，船行可以

为备；唯盛夏风起于顾盼间[1]，往往罹难。曾闻江国贾人有一术[2]，可免此患。大凡夏月风景[3]，须作于午后。欲行船者，五鼓初起[4]，视星月明洁，四际至地皆无云气[5]，便可行，至于巳时即止[6]。如此，无复与暴风遇矣。国子博士李元规云：“平生游江湖，未尝遇风，用此术。”

［注释］

[1] 顾盼：左顾右盼，向前后左右看来看去。引申为极短时间。 [2] 江国：泛指长江沿岸地区。有时也指江淮之间。 [3]“大凡夏月风景”二句：是说一般夏天起风的迹象，会发生于午后。 [4] 五鼓初：五更之初。约当今言天亮前，早晨四点多钟。 [5] 四际至地：四方直到天边。 [6] 巳时：今上午九时至十一时，犹言中午以前。

［点评］

此条述李元规所总结的“江国”行船避风术，重视民间的天气预测经验，适用于广大地区，具有古代气象学史料的意义。竺可桢《中国过去在气象学上的成就》曾指出：“北宋沈括，是很留心天气预告的人。据《梦溪笔谈》里所讲，他的预告天气很精确，受到宋神宗的重视。他外出旅行，五更即起，四望星月皎洁，天无片云，才启程前进，到中午以前，即便住下。如此办法很少遇到风暴。到如今四川、贵州各村镇的小客栈门前纸灯上家家写有‘未晚先投宿，鸡鸣早看天’的对联，犹是沈

括的遗风。”（《科学通报》1951 年第 6 期）

大 蓟

予使虏至古契丹界，大蓟茇如车盖[1]，中国无此大者。其地名蓟，恐其因此也，如杨州宜杨[2]、荆州宜荆之类[3]。荆或为楚，楚亦荆木之别名也。

[注释]

[1] 大蓟茇（bá）：草名，通称“大蓟”，有的方言也称“大蓟菜”，又称大刺盖等。多年生多刺草本植物，药用散瘀止血、清热利尿。 [2] 杨州：史书一般写作“扬州”，“扬”很少作“杨”。“扬州”之名很古，早在《尚书·禹贡》中已云“淮、海惟扬州”。《周礼·职方》曰“东南曰扬州”，《尔雅·释地》又说“江南曰扬州”。这些大抵都是泛指古代淮海或江淮地区，不能混同于后世江苏扬州的专名。汉碑偶尔作“杨州”，清人或考证为后人所改。其名之来历无定说。 [3] 荆州：其名最早亦见于《尚书·禹贡》：“荆及衡阳惟荆州。”大抵是指古楚国地域，亦不能混同于后世称湖北江陵一带为荆州的专名。古楚国之名源于荆山、荆水的称谓，荆又称楚，本来为木名，即现在俗称的荆条，后来转为山名、水名、地名之后，楚国亦因之为名，故称荆、称楚、称楚荆、称荆楚皆无别。以此言之，说“荆州宜荆”几乎没有争议，与“杨州宜杨”之说不一样。

［点评］

蓟为古国名，大约始于西周。秦置蓟县，辽置蓟北县，后改析津县，金改大兴县，故城在今北京市西南。今北京市西城区广安门外滨河公园内，树立有“北京建都纪念阙”，著名历史地理学家侯仁之教授题额曰：“北京地区，肇始斯地，其时惟周，其名曰蓟。”然北京市房山区琉璃河镇今有西周初期的燕国都城遗址，二十世纪四十年代发现，七十年代正式发掘，地在广安门蓟都碑柱西南约百里，相当一部分学者认为此地才是北京城发源地。目前“双城记”仍在上演，无定论。不过蓟为地名，如何发端，沈括提出因其地多大蓟而来，仍可存一说。

契丹语入诗

刁约使契丹[1]，戏为四句诗曰：“押燕移离毕[2]，看房贺跋支[3]。饯行三匹裂[4]，密赐十貔狸[5]。”皆纪实也。移离毕，官名，如中国执政官；贺跋支，如执衣、防阁[6]；匹裂[7]，似小木罂[8]，以色绫木为之[9]，如黄漆[10]；貔狸，形如鼠而大，穴居食谷粱，嗜肉，狄人为珍膳，味如㹠子而脆[11]。

王辟之《渑水燕谈录》卷八：“契丹国产毘狸，形类大鼠而足短，极肥。其国以为殊味，穴地取之，以供国主之膳，自公相下不可得而尝。常以羊乳饲之。顷年虏使尝携至京，烹以进御。今朝臣奉使其国者皆得食之，然中国人亦不嗜其味也。”

[注释]

[1] 刁约（994—1077）：字景纯，丹徒（今江苏镇江）人。仁宗天圣间进士，能诗，善文章。庆历初与欧阳修同知太常礼院，嘉祐初尝以太常少卿使契丹。神宗熙宁初官至判太常寺。 [2] 押燕：主持宴会。指契丹为使者刁约设宴。移离毕：辽朝官名。《辽史·百官志一》作“夷离毕”。为辽北面诸帐官，属国舅夷离毕司，掌刑狱，有国舅夷离毕及国舅左夷离毕、国舅右夷离毕等官职。 [3] 看房：指护卫使者的住处。贺跋支：契丹语守门隶役之名。 [4] 饯行：设宴为使者送行。三匹裂：犹言“三杯酒”。见本页注 [7]。 [5] 密赐：私下赠送。貔狸（pí lí）：黄鼠，别名达乌尔黄鼠、蒙古黄鼠、草原黄鼠等，为松鼠科动物。《本草纲目·兽部·黄鼠》“释名”云：“古文谓之鼠，辽人呼为貔狸。”又“集解”李时珍曰：“味极肥美，如豚子而脆，皮可为裘领。辽、金、元时以羊乳饲之，用供上膳，以为珍馔，千里赠遗。” [6] 执衣、防阁：官员的役人。唐代在京文武职事官皆有防阁（从事护卫斋阁等），州县官及在外监官皆有执衣（随从执笔砚等）。 [7] 匹裂：契丹语谓小口大腹的木罐。 [8] 罂：小罐。 [9] 色绫木：一种纹理像绫纹的木料。《酉阳杂俎续集》卷十：“台山有色绫木，理如绫文。百姓取为枕，呼为色绫枕。” [10] 如黄漆：此指色绫木的颜色像用黄色的油漆漆过的那样。 [11] 豘（tún）子：乳猪。豘，亦写作“豘”“豚”，泛指猪。

[点评]

刁约以契丹语入诗，别具一格，读来有味。虽用契丹语，而仍严守汉语绝句小诗的韵律，内容亦似纪实，规矩丝毫不乱，力避流于打油，可见作者高超的文学技巧。其诗同时反映契丹风俗，有史料价值，还不失为外交雅谑。庆历间余靖出使契丹，也曾在北人宴席上作《北语诗》云："夜筵设逻臣拜洗，两朝厥荷情斡勒。微臣雅鲁祝若统，圣寿铁摆俱可忒。"当时辽主"大喜"，则亦有助于外交。

边州木图

予奉使按边，始为木图[1]，写其山川道路[2]。其初遍履山川，旋以面糊、木屑[3]，写其形势于木案上[4]。未几寒冻，木屑不可为，又镕蜡为之[5]。皆欲其轻，易赍故也[6]。至官所，则以木刻上之。上召辅臣同观，乃诏边州皆为木图，藏于内府[7]。

［注释］

[1] 木图：木刻地图，即雕刻在木板上的地图。　[2] 写：此指摹刻，即依样缩小比例雕造其模型。　[3] 旋：旋即、随即。　[4] 写其形势：此指塑造其地形。　[5] 镕：熔化。俗用"熔"字。　[6] 易赍（jī）：便于携带。　[7] 内府：泛指宫廷内储藏图书、文物的机构。

［点评］

此条记载沈括亲制边州木刻地图，为地理学上的重要资料。所记乃沈括于熙宁七年（1074）察访河北时

沈括制作边州木图模型，在中国古代测绘史上是个创新。南宋光宗时，起居舍人黄裳亦曾仿照沈括的做法制成木刻《地理图》；此后朱熹也曾做过类似的试验，且"已自用胶泥起草"，可惜没有完成。《鹤林玉露》丙编卷三《观山水》记载："朱文公每经行处，闻有佳山水，虽迂途数十里，必往游焉。……又尝欲以木作《华夷图》，刻山水凹凸之势，合木八片为之，以雌雄笋（榫）相入，

可以折，度一人之力，足以负之，每出则以自随。”这是可以折叠的木图，若能制成，自然会更便于携带和使用。

事，次年八月完成木刻进呈朝廷。《续资治通鉴长编》卷二六七熙宁八年八月记云：“括初至定州，日与其帅薛向畋猎，略西山、唐城之间二十余日，尽得山川险易之详，胶木屑、镕蜡，写其山川以为图，归则以木刻而上之。自此边州始为木图。”中国古代木制地图，最早见于记载的是南朝宋谢庄的《木方丈图》，其图“山川土地，各有分理，离之则州别郡殊，合之则宇内为一”（《宋书·谢庄传》），即一丈见方的图板是可以拆装的，拆开是各州郡地图，合之则为天下地图。沈括的制作是先用面糊、胶结的木屑和熔化的蜡做成立体模型，然后再复制为木刻地图。这种经过实地考察而制作的木质立体模型，不但比一般图绘更为正确、直观，而且便于携带，不易损坏，故朝廷下诏在边州推广。这种木图的制作，比欧洲十七世纪最早在瑞士出现的地理模型还要早五六百年，而且普遍制作的工作规模也比西方要大得多。

李　顺

蜀中剧贼李顺陷剑南两川[1]，关右震动[2]，朝廷以为忧。后王师破贼，枭李顺[3]，收复两川，书功行赏，了无间言[4]。至景祐中，有人告李顺尚在广州，巡检使臣陈文琏捕得之，乃真李顺也。年已七十余，推验明白，囚赴阙，覆按皆实。朝廷以平蜀将士功赏已行，不欲暴其事，但斩顺，赏文琏二官，仍閤门祗候[5]。文琏泉州人，康定中老归泉州，予尚识之。文琏家有李顺案款[6]，本末甚详。顺本味江王小博之妻弟[7]，始王小博反于蜀中，不能抚其徒众，乃共推顺为主。顺初起，悉召乡里富人大姓，令具其家所有财粟，据其生齿足用之外[8]，一切调发，大赈贫乏；录用材能，存抚良善，号令严明，所至一无所犯。时两蜀大饥，旬日之间，归之者数万人，所向州县，开门延纳，传檄所至，无复完垒。及败，人尚怀之，故顺得脱去，三十余年乃始就戮。

［注释］

[1] 李顺：北宋农民起义首领。淳化四年（993）春随王小波起义，十二月王小波死后，代为首领。次年正月攻克成都，称大蜀王，众至数十万，又分兵东攻至巫峡。五月被镇压。剑南两川：剑南西川（治今成都）、剑南东川（治今三台）。唐分设节度使，宋初改府、州。　[2] 关右：关西，今陕西潼关以西地区。　[3] 枭：处以斩刑，悬首示众。　[4] 了无间言：全无怀疑之言。意谓当时朝廷内外完全没有怀疑李顺已死的议论。　[5] 閤门祗候：閤门司属官。仅佐助礼仪事，而为武臣清要之选。　[6] 案款：刑事审判案卷。　[7] 王小博：王小波，又作王小皤。味江（今四川都江堰市西南）人。淳化四年二月，以贩茶失业，聚茶农、佃农百余人

此条记北宋淳化间四川农民起义首领李顺的传闻事迹，谓在起义失败后“人尚怀之，故顺得脱去，三十余年乃始就戮”。另据南宋陆游《老学庵笔记》卷九所述“蜀父老言”，类似的故事直到大约200年后的南宋中叶还有流传。不过现在就具体的史料作考证，沈括主要根据天禧间所谓“李顺案款”所得的结论是否可靠，恐怕还是不无疑问的。如今要特别重视的是沈括对李顺农民起义的浩大声势、严明纪律，以及“大赈贫乏”和“录用材能，存抚良善”等措施的描述，这些都完全超出了旧时“正史”所允许的限度，而流露出鲜明

的同情态度甚至称赞的口气。进一步说，即使所谓“李顺案款”有问题，民间对李顺“人尚怀之”的情感却是真实的，沈括敢于把此种情感形于笔墨，直言不讳地写下来，这本身就是有史料价值的文字，值得珍视。

起义于永康军青城（今四川都江堰市西南），提出“均贫富”的口号，深得民众拥护，迅速攻占青城、彭山（四川今县），转战于邛（今四川邛崃）、蜀（今四川崇庆）二州，众至万余人。当年十二月战死。 [8] 生齿：人口。

［点评］

此条所记李顺之死事，粗看似有依据，然以陈文琏生平考之，仍有可疑。文琏生平见于《宋史·陈洪进传》附录：“洪进弟铦，初为泉州都指挥使，开宝四年授漳州刺史，入贡至宿州卒。铦子文琏，供奉官，阁门祇候。”据此，陈铦当即卒于开宝四年（971）。假定其时文琏在20岁左右，则下及景祐元年（1034），其年龄便当在80岁以上，不得仍为巡检使臣及阁门祇候。沈括又谓文琏“康定中老归泉州”，则即使开宝四年文琏始初生，下至康定元年（1040）也已年过古稀。如此，说李顺在景祐中为文琏所捕获，便不合情理。考《续资治通鉴长编》卷九〇于天禧元年（1017）十一月载：“癸卯，广州民李延志黥面配安州本城。初，咸平中王均作乱，延志寓益州，常（尝）事均裨将崔麻，后贼平还家。至是，与本州怀勇卒许秀等饮，具道均及王小波逆状。秀疑延志即贼首李顺，因以闻州，又引营卒证其事。知州李应机械送赴阙，下御史狱，劾问得实，故以延志隶军，秀等杖脊而遣之。先是，枢密院以真获李顺称贺，及台劾非是，贺者欲遂以为顺，趣具狱。知杂事吕夷简曰：‘是可欺朝廷乎？’卒以实奏，由是忤大臣意。”疑所谓“文琏家有李顺案款”，只是天禧初御史狱的案卷资料，或出转抄，未必皆如沈括所述。

按朱熹《五朝名臣言行录》卷六之一“丞相许国吕文靖公（夷简）”条载：“岭南获贼，意以为蜀盗李顺者，献阙下。王钦若在枢府，即称庆。上（真宗）以属台，公劾之无实，乃守臣利其功锻成之，具以闻。钦若愧其前庆，欲遂致其罪，公执平无所变挠，上亦从之。”陆游《老学庵笔记》卷九亦云：“真庙天禧初，顺竟获于岭南。初欲诛之于市，且令百官贺。吕文靖为知杂御史，以为不可，但即狱中杀之。”陆游是相信“岭南获贼”的，但所说吕夷简之事与朱熹所记一致。徐规先生在所作《〈梦溪笔谈〉中有关史事记载订误》一文中，已据诸书考证《梦溪笔谈》追记李顺之事有误，在广州被捕之“李顺”当是假李顺。

卷二十六　药议

世俗论脏腑谬误

沈括对人体消化道的描述大体是正确的，对饮食营养与药物成分的吸收也有合理的解释，但有些说法显然也是不准确的。这些皆须从传统中医理论上去理解，而不能仅由现代医学知识作分解。

古方言云母粗服[1]，则著人肝肺不可去。如枇杷、狗脊[2]，毛不可食，皆云射入肝肺。世俗似此之论甚多，皆谬说也。又言人有水喉、食喉、气喉者，亦谬说也。世传《欧希范真五脏图》[3]，亦画三喉，盖当时验之不审耳。水与食同咽，岂能就口中遂分入二喉？人但有咽有喉二者而已，咽则纳饮食，喉则通气。咽则咽入胃脘[4]，次入胃中，又次入广肠[5]，又次入大小肠；喉则下通五脏，为出入息[6]。五脏之含气呼吸，正如冶家之鼓鞴[7]；人之饮食药饵，但自咽入肠胃，何尝能至五脏？凡人之肌骨、五脏、肠胃虽各别，其入肠之物，英精之气味[8]，皆能洞达，但滓秽即入二肠。凡人饮食及服药既入肠，为真气所蒸[9]，英精之气味以至金石之精者，如细研硫黄、朱砂、乳石之类，凡能飞走融结者[10]，皆随真气洞达肌骨，犹如天地之气贯穿金石土木，曾无留碍；自余顽石草木[11]，则但气味洞达耳，及其势尽，则滓秽传入大肠，润湿渗入小肠，此皆败物，不复能变化，惟当退泄耳。凡所谓某物入肝、某物入肾之类[12]，但气味到彼耳，凡质岂能至彼哉？此医不可不知也。

［注释］

[1] 云母粗服：云母不经过加工就直接服用。云母，一种岩石矿物，可入药，性甘温。 [2] 枇杷：蔷薇科植物，即芦橘。叶子可入药，但叶脊背面密布黄绒毛，采制时须刷掉。狗脊：蚌壳蕨科植物。以根茎入药，外表亦有金黄色绒毛，采制时须刷掉。 [3]《欧希范真五脏图》：宋代的一部解剖学的图书。北宋庆历年间，广西反抗首领欧希范及其党众被镇压，宜州推官吴简令州吏及画工解剖五十余人的尸体，画出五脏图，集为此书。 [4] 胃

脘（wǎn）：中医指胃的内腔。在此疑当读作“胃筦（管）”，即食管、食道。 [5] 广肠：疑指十二指肠。如果理解为大肠，则此处文字当有错误。 [6] 息：气，气息。 [7] 鼓鞴（bèi）：鼓风吹火用的革囊。如后世之风箱。 [8] 英精之气味：实指食物及药物中能够被人体吸收的精华部分，亦即人体所需的营养物质。 [9] 真气：人体之正气，亦即精气。古有“精气”说，以为阴阳二气化生万物，精气为世界的本原，人体亦由精气构成。蒸：犹言消化。 [10] 飞走融结：流动融合。 [11] 顽石草木：指食物及药物中不能够被人体吸收的粗劣部分。 [12]“凡所谓某物入肝、某物入肾之类”三句：是说凡是所谓某物入肝、某物入肾之类的话，只是说它的气味到达了那一器官，构成某物的质料又怎能到达那里呢？

［点评］

《梦溪笔谈》此条所记，与人体解剖有关系。中国古代也曾零星出现过一些人体解剖活动，各类医籍中也多多少少包含了一些人体解剖知识，但由于长久以来的社会风俗重视死者身体的保全，历代政府也禁止人们解剖尸体等原因，中医学上便始终没有出现类似于人体解剖学的专门学科。《汉书·王莽传中》记载天凤三年（16）处决叛党王孙庆，王莽曾“使太医、尚方与巧屠共刳剥之，量度五藏，以竹筳（鋌）导其脉，知所终始，云可以治病”，这是史籍所载最早而公开的人体解剖活动。五代时期的烟萝子绘有《内境图》，是中国现存最早的人体内脏解剖图。北宋庆历年间及崇宁年间，先后出现两次由政府主持的刑场人体解剖活动，又分别绘成了《欧希范真五脏图》和《存真环中图》，后者据说兼为五脏六腑图和十二经络图。沈括显然是熟悉《欧希范真五脏图》的，因此他论“人有水喉、食喉、气喉”的谬说，便明确指出了其图画人有三喉的错误。他肯定“水与食同咽”，“人但有咽、有喉二者”，这在当时对普及正确的人体构造知识也是有益的。

鸡舌香

予集《灵苑方》[1]，论鸡舌香，以为丁香母，盖出陈氏《拾遗》。今细考之，尚未然。按《齐民要术》云[2]：“鸡舌香，世以其似丁子，故一名丁子香。”即今丁香是也。《日华子》云[3]：“鸡舌香，治口气。”所以三省故事[4]，郎官日含鸡舌香，欲其奏事对答，其气芬芳。此正谓丁香治口气，至今方书为然。又古方“五香连翘汤”用鸡舌香[5]，《千金》“五香连翘汤”无鸡舌香，却有丁香，此最为明验。《新补本草》又出“丁香”一条[6]，盖不曾深考也。今世所用鸡舌香[7]，乳香中得之，大如山茱萸，锉开中如柿核，略无气味，以治疾，殊极乖谬。

《本草纲目·木部·丁香》李时珍曰：“雄为丁香，雌为鸡舌，诸说甚明，独陈承所言甚为谬妄，不知乳香中所拣者，乃番枣核也，即无漏子之核。”

[注释]

[1]“予集《灵苑方》”四句：述沈括撰集《灵苑方》时，以鸡舌香为丁香母，采取的是唐人陈藏器《本草拾遗》中的看法。陈藏器（约687—757），四明（今浙江宁波）人，曾为京兆府三原县尉。长于医学，所撰《本草拾遗》10卷被视为名著，已佚。按《本草纲目》引藏器曰：“鸡舌香与丁香同种，花实丛生，其中心最大者为鸡舌，乃是母丁香也。”母丁香即丁香母，是为沈括先前所本。 [2]“按《齐民要术》”下引文，意谓鸡舌香世俗以其像钉子，所以又称丁子香（“丁”即古“釘”字），即今之丁香。按：现在一般称之为丁香花，为木犀科灌木或小乔木，常见的园林植物中则多为紫丁香。沈括之意，按《齐民要术》所述，鸡舌香其实就是现在的丁香花，并不是陈藏器所称丁香母。《齐民要术》，北魏贾思勰所撰著名农书。 [3]《日华子》：全称《日华子诸家本草》，亦称《日华子本草》，唐代日华子撰。日华子原名大明，以号行，相传为四明（今浙江宁波）人，或说为雁门（今属山西）人。该书早佚，佚文尚散见于各家本草著作。 [4]“所以三省故事”四句：是说相传汉代三省故事，值班郎官每日都要口含鸡舌香，以便向皇帝奏事答对时，可使口气芬芳。 [5]“又古方‘五香连翘汤’用鸡舌香”四句：是说古代药方“五香连翘汤”用鸡舌香，《千金要方》的“五香连翘汤”却无鸡舌香而有丁香，这正可作为鸡舌香即丁香的最明确证据。《千金》，即唐孙思邈所撰著名方书《千金要方》。按：今传《千金要方》中的“五香连翘汤”，用青木香、薰陆香、母丁香（一作丁香）、沉香、麝香配以连翘等药，未见鸡舌香之名。 [6]“《新补本草》又出‘丁香’一条”二句：是说《新补本草》在“鸡舌香”条之外又出“丁香”一条，不免重复，这是由于不曾深考。《新补本草》，指掌禹锡、林亿等奉旨编修的《嘉祐补注本草》。是书补入增辑新药82

种，新定用药 17 种，共载药 1082 种，凡 20 卷，保存了许多古本草内容。　[7]“今世所用鸡舌香”至“殊极乖谬”：是说现在世上所用的鸡舌香，是从乳香中拣出来的，像山茱萸的果实那么大，用锉子锉开来看，中间像柿子的核，没什么气味，用以治病，是极其乖谬的。乳香，橄榄科常绿乔木的凝固树脂，因其滴下时成乳头状，故亦称乳头香。山茱萸，又称蜀枣等，以干燥成熟果肉入药。

［点评］

药用母丁香为桃金娘科植物丁香的近成熟果实，干燥后呈卵圆形或椭圆形，外表褐色而粗糙，多细皱纹。或说丁香果实粗大如山茱萸者，即为母丁香，亦即鸡舌香。然此亦非由乳香中拣出以充鸡舌香者。《本草纲目·木部·丁香》亦云：“今人皆以乳香中拣出木实似枣核者为之，坚顽枯燥，绝无气味，烧亦无香，用疗气与口臭则甚乖疏，不知缘何以为鸡舌也。”此正为沈括所述之意，可以参看。

药用君臣佐使之说谬

旧说有药用一君、二臣、三佐、五使之说，其意以谓药虽众，主病者专在一物，其他则节级相为用[1]，大略相统制。如此为宜[2]，不必尽然也。所谓君者[3]，主此一方者，固无定物也。《药性论》乃以众药之和厚者定以为君[4]，其次为臣、

《黄帝内经素问·至真要大论》岐伯曰：“主病之谓君，佐君之谓臣，应臣之谓使，非上下三品之谓也。”又曰：“君一臣二，制之小也；君一臣三佐五，制之中也；君一臣三佐九，制之大也。”

为佐，有毒者多为使，此谬说也。设若欲攻坚积[5]，如巴豆辈[6]，岂得不为君哉？

[注释]

[1] 节级：唐宋时军事机关中低级军佐的总称，有时也统指低级武职。按：此处借喻药方中起辅助作用的药，包括“臣药”“佐药”“使药”，谓之都要受“君药”即主药的统制。 [2]“如此为宜”二句：是说这样做大体是合适的，但不必都这样。 [3]“所谓君者”三句：是说所谓“君药”，是指在一单方子中为主的药，但这样的药本来就不固定为某几种药。 [4]《药性论》：唐人甄权的药物学著作。所收各药列述正名，性味，君、臣、佐、使，禁忌，功效主治，炮炙制剂及附方。由于该书以讨论药物性能为主，故对君、臣、佐、使及禁忌等论述最详，对药物之良与毒也有新的认识。原书已佚，今人尚志钧有辑本，共辑得 403 条，厘为 4 卷，按《唐本草》药物目次编排。甄权（约 541—643），南朝梁至唐初许州扶沟（今河南扶沟）人，享年 102 岁。因母病而精究医术，专习方书，遂为名医，有医学著作多种。 [5] 坚积：顽固而积久不愈的病。 [6] 巴豆：中药名，为大戟科巴豆属植物巴豆树的干燥成熟果实，其根及叶亦供药用。巴豆辛热，有大毒，属于热性泻药，可温肠泻积、逐水消胀，涤荡肠胃中的沉寒痼冷，也常用于外疗疮疡，破积解毒。

[点评]

此条论辩唐人在用药方面所提出的“君臣佐使”之说，中心意思是以为用药分主次自然无可厚非，但对主次标准的确定也不必千篇一律。譬如《药性论》以药性和缓而温厚的药物为“君药”，其次为“臣药”“佐药”，有毒的药物则大都为“使药”，这就是一种错误的分法。沈括举例说：假如要治疗痼疾顽症，那么像巴豆一类有毒的药物，是不是也可以用作“君药”呢？这类看法，实质上还是一个辨证施治的问题，乃是传统中医理论的基本原则之一。

金罂子

金罂子止遗泄[1]，取其温且涩也。世之用金罂者，待其红熟时，取汁熬膏用之[2]，大误也；红则味甘，熬膏则全断涩味，都失本性。今当取半黄时，采干捣末用之[3]。

《本草纲目·木部》有“金樱子”条，以为其名当作“金罂”，谓其果实形状如“黄罂”，实是山石榴的一种，而俗又写作“金樱”；又谓“林檎、向里子亦曰金樱子，与此同名而异物”。

［注释］

[1] 金罂子：中药名，亦写作“金樱子”。为蔷薇科常绿攀缘灌木植物金樱子的干燥成熟果实，可治遗精、泄泻。　[2] 取汁熬膏：榨取其汁而熬成膏状。　[3] 采干捣末：采集晒干而捣成粉末。

［点评］

中药五味即指药物因功效不同而具有辛甘酸苦咸等味，既是药物作用规律的高度概括，又是部分药物真实滋味。涩味是中药的真实滋味之一，涩味药与酸味药的作用相似，多用于治疗虚汗、泄泻、尿频、遗精、滑精、出血等症状。本条论金罂子，强调要保持其收敛固涩、主治滑脱的本性和作用，其中既包含临床实践经验，也涉及药味理论的应用。

汤、散、丸各有所宜

汤、散、丸各有所宜[1]。古方用汤最多，用丸、散者殊少。煮散[2]，古方无用者，唯近世人为之。大体欲达五脏四肢者莫如汤[3]，欲留膈胃中者莫如散，久而后散者莫如丸。又无毒者宜汤，小毒者宜散，大毒者须用丸。又欲速者用汤，稍缓者用散，甚缓者用丸。此其大概也。近世用汤者全少[4]，应汤者皆用煮散。大率汤剂气势完壮[5]，力与丸、散倍蓰。煮散者，一啜不过三五钱极矣，比功较力，岂敌汤势！然汤既力大[6]，则不宜有失消息，用之全在良工，难可以定论拘也。

剂型是按照方剂组成的药味、药量，通过一定的加工方法，制成供内服或外用的各种式样成药的总称。现代临床上最常用的是汤剂，但丸、散、膏、丹等传统剂型在临床上应用也有其特色和优势。明人《古今医统大全》卷九十七“药剂丸散汤膏各有所宜不得违制”条也曾指出：“药有宜丸者，宜散者，宜水者，宜酒渍者，宜煎膏者，亦有一物兼宜者，亦有不可入汤、酒者，并随药性，不可过越。”

［注释］

[1] 汤、散、丸：中药制备的汤剂、散剂和丸剂。汤剂是指将药物用煎煮或浸泡后去渣取汁的方法制成的液体剂型，散剂是指药物或与适宜的辅料经粉碎而均匀混合制成的干燥粉末状制剂，

丸剂是指药材细粉或药材提取物加适宜的黏合辅料制成的球形或类球片形制剂。　[2] 煮散：一种变通的中药制备方法。是将药物制成细粉或粗粉，分装或用时称取，加入水或引药煎煮，连同药沫一起或去渣服用的一种剂型。煮散的主要优点是节约药材，而并不减低药效，但与汤剂、丸剂相比，三者各有优缺点。　[3]“大体欲达五脏四肢者莫如汤”三句：是说一般地说，要使药力达五脏和四肢的莫如用汤剂，要使药力留在胸膈间及胃中的莫如用散剂，要使药力滞留较久而后发散的莫如用丸剂。　[4]“近世用汤者全少”二句：是说晚唐五代以来，用汤剂的都少，应该用汤剂的都用煮散。按：其间主要原因是天下混乱，四方草石交流不便，医家为省药，故少用汤液，多行煮散。　[5]“大率汤剂气势完壮”二句：是说汤剂大抵有气魄，有力道，功能充实强劲，效力要超出丸剂、散剂好几倍。倍，一倍；蓰，五倍；“倍蓰”泛言之即数倍。　[6]“然汤既力大”四句：是说汤剂的药力既然大，则药力的发挥就不能轻易有缺失，这点全由良医在应用中掌握，而难以拘泥于固定的结论。消息，实指药剂效力发挥的各种信息，信息完整则药效完整，信息不完整则药效也会有缺失。

[点评]

此条论汤、散、丸三种剂型的功用，同时别出“煮散”一项并作了阐述。所论都是中医临床选用剂型的基本法则，而特别强调了汤剂“气势完壮”，效力大，欲不失其效力，仍须良医灵活掌握，不拘于定论，反映的还是注重临床经验与辨证施治的思想。

采草药不拘定月

古法，采草药多用二月、八月，此殊未当，但二月草已芽，八月苗未枯，采掇者易辨识耳，在药则未为良时。大率用根者，若有宿根[1]，须取无茎叶时采，则津泽皆归其根[2]。欲验之，但取芦服、地黄辈观[3]，无苗时采则实而沈[4]，有苗时采则虚而浮[5]。其无宿根者，即候苗成而未有花时采，则根生已足而又未衰。如今之紫草[6]，未花时采则根色鲜泽，花过而采则根色黯恶，此其效也[7]。用叶者，取叶初长足时；用芽者，自从本说；用花者，取花初敷时[8]；用实者，成实时采：皆不可限以时月。缘土气有早晚，天时有愆伏[9]，如平地三月花者，深山中则四月花。白乐天《游大林寺》诗云[10]："人间四月芳菲尽，山寺桃花始盛开。"盖常理也。此地势高下之不同也。如筀竹笋[11]，有二月生者，有三四月生者；有五月方生者，谓之晚筀。稻有七月熟者，有八九月熟者；有十月熟者，谓之晚稻。一物同一畦之间，自有早晚，此物性之不同也。岭峤微草

沈括《良方·自序》有云："桔过江而为枳，麦

凌冬不凋[12]，并汾乔木望秋先陨[13]，诸越则桃李冬实[14]，朔漠则桃李夏荣[15]，此地气之不同也；一亩之稼则粪溉者先芽，一丘之禾则后种者晚实，此人力之不同也。岂可一切拘以定月哉？

［注释］

[1] 宿根：两年或多年生草本植物的根。这类植物的个体寿命超过两年，可持续生长，多次开花、结果，且地下根系或地下茎的形态正常，不发生变异，故谓之“宿根”。“宿”有隔年、陈年之义。 [2] 津泽：植物中含的液汁。犹今言养分。 [3] 芦服：通作“芦菔”，即萝卜，包括白萝卜、红萝卜、青萝卜。地黄：玄参科多年生草本植物，以新鲜或干燥块根入药，分为鲜地黄、干地黄和熟地黄。 [4] 实而沈：瓷实而有分量。 [5] 虚而浮：感觉中虚而分量轻。 [6] 紫草：紫草科紫草属多年生草本植物，以根茎入药。按：此处以紫草列入无宿根者，不妥，而所说则不错。黯恶：颜色灰暗而很差。 [7] 效：效验，证明。 [8] 敷：开，开花。 [9] 愆伏：阴阳失调，气候反常。愆，错过。伏，藏匿。 [10]《游大林寺》：白居易诗，今《白氏长庆集》卷十六题为《大林寺桃花》：“人间四月芳菲尽，山寺桃花始盛开。长恨春归无觅处，不知转入此中来。” [11] 筀竹：桂竹，亦即通常所见秆茎散生、较高大、呈圆筒状的竹。 [12] 岭峤：传统所称的五岭。一般指越城、都庞、萌渚、骑田、大庾为五岭，在今赣、湘、桂、粤等省区。 [13] 并（bīng）汾：旧为并州、汾州，今为山西省中南部地区。 [14] 诸越：泛指我国南方地区，主要指长江以南。 [15] 朔漠：泛指北方沙漠地带。

得湿而为蛾，雉鸡逾五岭而黑，鸲鹆逾五岭而白，月亏而蚌蛤消，露下而蚊喙坼，此形器之易知者也。性岂独不然乎？予观越人艺茶畦稻，一沟一陇之异，远不能数步，则色味顿殊；况药之所生，秦、越、燕、楚之相远，而又有山泽、膏瘠、燥湿之异禀，岂能物物尽其所宜？”此即本条所叙植物生态学、物候学资料之意，可为参照。

［点评］

此条基于中医药物学的立场，利用植物学、物候学的知识，阐释了采草药不拘定月的主张。所述凡分用根、用叶、用芽、用花、用实诸项，皆各据其实，以保证药物的效力和质量为准，确定采集的季节和时间，而不限以固定的时月。同时以物候定时节，还要考虑地势之高下、土气之早晚、天时之愆伏、物性之差异、人力之不同等因素，各制其宜，以采取最恰当的采集措施。全篇文字优美，通俗易懂，是一篇很好的中医药科普文章，不仅传播了中草药的采集知识，更表现了作者严谨的科学态度。

橘皮与柚皮

《本草注》[1]："橘皮味苦，柚皮味甘。"此误也。柚皮极苦，不可向口，皮甘者乃柑耳[2]。

［注释］

[1]《本草注》：载籍通作《唐本草注》，即唐高宗显庆年间官修的《新修本草》，后世习称《唐本草》。旧题苏敬等撰，是在南朝陶弘景的《本草经集注》及各家本草著作的基础上增订并详注而成的，包括《本草》经及《药图》《图经》等共53卷，载药844种，为本草学史上的重要著作。已佚，今人有辑本。苏敬（599—674），陈州淮阳（今河南淮阳）人，当时以太医令倡导并

主持修成《新修本草》。宋人避本朝太祖赵匡胤祖父赵敬的名讳，率称之为“苏恭”。 [2] 柑：胡道静《梦溪笔谈校证》谓“‘柑’各本均作‘橙’，从《良方》一改。”

［点评］

此条辩《唐本草》著录之误，包括引文不过二十余字。按李时珍《本草纲目·果部·橘》集解引苏恭曰：“柚皮厚，味甘，不似橘皮薄，味辛而苦。其肉亦如橘，有甘有酸，酸者名壶柑。今俗人谓橙为柚，非矣。”此文当即《唐本草》原载，为沈括此条引文之所出。沈括称“柚皮极苦”是真实的，未详《唐本草》何以会认为“柚皮味甘”，或唐人亦曾受“俗人谓橙为柚”的影响。待考。

麋茸与鹿茸

按《月令》[1]：“冬至麋角解[2]，夏至鹿角解。”阴阳相反如此。今人用麋、鹿茸作一种[3]，殆疏也。又有刺麋、鹿血以代茸[4]，云茸亦血耳，此大误也。窃详古人之意，凡含血之物，肉差易长[5]，其次筋难长，最后骨难长，故人自胚胎至成人，二十年骨髓方坚。唯麋角自生至坚，无两月之久，大者乃重二十余斤，其坚如石，计一昼夜须生数两。凡骨之顿成[6]，生长神速，无甚于

《中华本草·麋茸》叙录麋鹿云：麋鹿，属于麋与驯鹿之间，大小和欧洲的赤鹿相近，体长约2米，高约1米。雄者重约200千克，雌者约100千克。尾长约70厘米。头似马而非马，角似鹿而非鹿，身似驴

而非驴，蹄似牛而非牛，故曰“四不像”。

此，虽草木至易生者，亦无能及之。此骨之至强者，所以能补骨血、坚阳道、强精髓也[7]，岂可与凡血为比哉？麋茸利补阳，鹿茸利补阴。凡用茸无乐太嫩[8]，世谓之“茄子茸”，但珍其难得耳，其实少力；坚者又太老[9]，唯长数寸，破之肌如朽木，茸端如玛瑙红玉者，最善。又北方戎狄中，有麋、麖、麈[10]。驼鹿极大而色苍[11]，尻黄而无斑[12]，亦鹿之类，角大而有文，莹莹如玉[13]，其茸亦可用。

[注释]

[1]《月令》:《礼记》中的一篇。按一年四季十二个月的历法结构，逐月记载时令变化及人类应当顺从时令的各项活动，如帝王服色、祭祀礼仪、制度安排、农事生产、劳役工程、生活规律、环保事项、岁时节庆、民俗禁忌等，是一篇记载古代时令及上古文化史的重要文献。文字与《吕氏春秋》的“十二月纪”全同。 [2] 麋：麋鹿，鹿科动物，即传统所称头脸像马、角像鹿、蹄像牛、尾像驴的“四不像”。解：脱落。 [3]“今人用麋、鹿茸作一种”二句：是说今人把麋茸、鹿茸当作一种东西来用，大抵是一种粗疏的做法。按：麋茸、鹿茸等或统称鹿茸，是指麋鹿、梅花鹿或马鹿等鹿科动物的雄鹿未骨化而带茸毛的幼角，为名贵药材。 [4]“又有刺麋、鹿血以代茸”三句：是说还有人刺取麋和鹿的血以代替麋茸和鹿茸，说茸也是由血生成的，这是大错特错的。按：雄鹿的嫩角在没有长成硬骨时仍含有血液，故有

此种错误的说法出现。　[5] 差易长：比较容易生长。差，比较之词，有“稍微”之意。　[6] 顿成：顿时生成，指极短时间内生成。　[7] 补骨血、坚阳道、强精髓：补骨补血、健肾壮阳、强固精气真髓。　[8]“凡用茸无乐太嫩”四句：是说凡是用鹿茸，不需要用太嫩的，世俗称这种嫩茸为“茄子茸”，只不过因其难得而珍贵，其实这种嫩茸药力不足。无乐，《苏沈良方》卷一作“无须”。茄子茸，指形如小紫茄子的鹿茸。传统医学上认为鹿茸以此种茄子茸为上，但按沈括的看法，茄子茸太嫩，血气犹未具，其实不如茸分杈后如马鞍形者更具药效。[9]“坚者又太老”五句：是说鹿茸长结实后又太老了，只有长到数寸，剖开后肌理像朽木，茸的顶端像玛瑙红玉石的色泽，才是最好的。玛瑙红，指红色玛瑙宝石的颜色，即通常所说有光泽而艳如锦缎的缟红色。　[10] 麖（jīng）：马鹿（包括水鹿）。体形高大，雄性有角。麈（zhǔ）：传统上多指麋鹿，有时也指驼鹿。　[11] 駞鹿：驼鹿，古人也称“驼麈”。世界上体形最大和身量最高的鹿科动物，以身躯像骆驼、四条长腿也与骆驼相似而名“驼鹿”。其角的形状特殊，不是其他鹿类的枝杈形，而是呈扁平的铲子状，前面也有小杈。色苍：青黑色或灰白色。一般地说，驼鹿多为棕褐色，接近青黑色，而也有白色的。　[12] 尻（kāo）：俗称屁股，指臀部。　[13] 莹莹：形容明亮光洁的样子。《苏沈良方》卷一作“坚莹”，指坚硬光洁。

[点评]

此条述麋茸与鹿茸之别。《本草纲目·兽部·鹿茸》引北朝熊安生《礼记义疏》，谓鹿是山兽，属阳，夏至得阴气而解角；麋是泽兽，属阴，冬至得阳气而解角。沈括谓“麋茸利补阳，鹿茸利补阴”，盖即此意，但也有不主张分阴阳的。明人《医学入门》载："先辈云鹿茸补阳，麋茸补阴；一云鹿胜麋，一云麋胜鹿。要知麋性与鹿性一同，尽皆甘温补阳之物。"清人《本草求真》也说："麋、鹿虽分有二，然总不外填补精髓，坚强筋骨，长养气血，而为补肝滋肾之要药也。"

枸　杞

枸杞[1]，陕西极边生者高丈余[2]，大可作柱；叶长数寸，无刺，根、皮如厚朴[3]，甘美异于他处者，《千金翼》云"甘州者为真，叶厚大者是"[4]。大体出河西诸郡[5]，其次江池间圩埂上者[6]。实圆如樱桃[7]，全少核，暴干如饼，极膏润有味。

《神农本草经·枸杞》："枸杞主五内邪气，热中，消渴，周痹。久服，坚筋骨，轻身不老。一名杞根，一名地骨，一名枸忌，一名地辅。生平泽。"

[注释]

[1] 枸杞：茄科枸杞属植物。枸杞浑身是宝，叶、花、茎、果、皮、根全可入药，还可充当茶、蔬、食物。 [2] 陕西极边：指宋代陕西边境地带极远的地方，大约指传统所称的河西（今甘肃、青海两省黄河以西）地区。 [3] 厚朴：木兰科木兰属植物，为落叶乔木，高达 20 米。中药材中专指该植物的干燥干皮、根皮及枝皮。 [4]《千金翼》云"甘州者为真，叶厚大者是"：见唐代孙思邈所著《千金翼方》卷十四《退居·种造药第六》的"种枸杞法"部分。甘州，河西诸郡之一，治今甘肃张掖甘州区。 [5] 河

西诸郡：此用为历史地名，指河西地区的金城（今甘肃兰州）、武威、张掖、酒泉、敦煌等郡。这些地带到北宋时基本上属于西夏，只是在神宗熙宁年间熙河开边时曾收复一些地方。　[6] 江池间圩埂：《苏沈良方》卷一“论地骨皮”（即枸杞根皮）条同此，不可解。疑当作“江淮间圩埂”，“池”乃“淮”字之误。句意盖指江淮间围水的堤堰上所种枸杞亦甘美，仅次于河西地方。　[7]“实圆如樱桃”四句：是说其果实圆如樱桃，很少有核，晒干后变成小饼，极为肥厚滋润有味道。

［点评］

枸杞是茄科枸杞属植物的统称，在中国民间有很多不同的叫法。《本草纲目·木部·枸杞》李时珍曰：“枸、杞二树名。此物棘如枸之刺，茎如杞之条，故兼名之。”《梦溪笔谈》此条又见于《苏沈良方》卷一，文字全同，而别题“论地骨皮”，地骨皮即枸杞根皮。沈括的解释主要据孙思邈《千金翼方》，但引用过简，不免影响文意。如孙氏所称“甘州者为真，叶厚大者是”，据《千金翼方》原载：“又法：但畦中种子（在畦中下种），如种菜法……如此从春及秋，其苗不绝。取甘州者为真，叶厚大者是；有刺叶小者是白棘，不堪服食，慎之。”这是就“枸杞菜”而言的，即以枸杞的新芽、嫩叶为菜蔬。《本草纲目·枸杞》引《种树书》亦云：“收子（籽）及掘根种于肥壤中，待苗生，剪为蔬食，甚佳。”沈括在这里所称“甘美异于他处者”，当是指高大枸杞树的果实而言的，而接下引孙氏“甘州者为真，叶厚大者是”之语，则容易使人误以为也是指枸杞果实，而与孙氏原指“枸杞菜”不同。关于“实圆如樱桃”云云，《千金翼方》说：“凡枸杞，生西南郡谷中及甘州者，其子（实）味过于蒲桃。今兰州西去郯城、灵州、九原并多，根茎尤大。”《本草纲目·枸杞》也说：“河西及甘州者，其子圆如樱桃，曝干紧小少核，干亦红润甘美，味如葡萄，可作果食，异于他处者。”此则即沈括所述之意。

淡 竹

淡竹对苦竹为文[1]，除苦竹外悉谓之淡竹，不应别有一品谓之淡竹。后人不晓，于《本草》内别疏淡竹为一物。今南人食笋，有苦笋、淡笋两色，淡笋即淡竹也。

［注释］

[1] 淡竹：禾本科竹亚科刚竹属植物。竿高可达 12 米，粗可达 5 厘米，节间长可达 40 厘米，壁薄，分布于我国黄河流域至长江流域各地，为常见栽培竹种之一。苦竹：又称伞柄竹，禾本科竹亚科大明竹属植物。竿高 3—5 米，粗 3—4 厘米，壁厚，多分布于江南各地。

［点评］

本条谈“淡竹”“苦竹”之别，是就中药用竹而言的，认为《本草》书把“苦竹”之外的竹统谓之“淡竹”，“苦竹”既单立为一品，则其余的竹就没有必要再统归于一品而名之为“淡竹”。也就是说，“淡竹”并不是一个单独的品目。不过苏颂《图经本草》所收入药之竹，仍有堇竹、淡竹、苦竹三种；《本草纲目》著录竹叶，也还有堇竹叶、淡竹叶、苦竹叶之别。宋人《曲洧旧闻》卷四还谈及，新安郡有一种竹，叶稍大于常竹，“极香美可喜，方药所须悉用之，有效，岂存中未之见耶”？现代科学仍将淡竹、苦竹分为两个品种，同科而不同属，皆须研究。

细　辛

东方、南方所用细辛[1]，皆杜衡也[2]，又谓之马蹄香。色黄白，拳局而脆[3]，干则作团，非细辛也。细辛出华山，极细而直，深紫色，味极辛，嚼之习习如生椒[4]，其辛更甚于椒。故《本草》云细辛“水渍令直”[5]，是以杜衡伪为之也。襄汉间又有一种细辛[6]，极细而直，色黄白，乃是“鬼督邮”[7]，亦非细辛也。

细辛又称“山人参”，是抗风寒药，始载于《神农本草经》，已有两千多年的应用历史，疗效显著，号称中药“功臣”。然若用量不当，不良反应亦大，《本草纲目》谓“若单用末，不可过一钱，多则气闷塞不通者死”，故医家对此药争议亦多。

［注释］

[1] 细辛：马兜铃科细辛属多年生草本植物。根状茎直立或横走，有纤细支根，质脆，易折断，断面呈黄白色或白色，气芳香而强烈，味辛辣，麻舌。古人以为出于华阴山谷中者最佳。《本草纲目·草部·细辛》引苏颂曰："华州真细辛，根细而味极辛，故名之曰细辛。" [2] 杜衡：今多作"杜蘅"，与细辛同科同属，亦为多年生根状茎草本植物。根、叶皆似细辛，根茎下部生有多数黄白色须根，亦质脆易断，气芳香，辛味浓烈，麻舌。《本草纲目·草部·杜衡》引苏恭曰："杜衡，叶似葵，形似马蹄，故俗名马蹄香。"又称"土细辛""高脚细辛"。 [3] 拳局：局促而不得舒展之貌，犹今言"卷曲"。此指杜衡之卷曲，尤其晒干后会缩作一团。 [4] 嚼之习习如生椒：咀嚼起来瑟瑟像生花椒。习习，或用瑟瑟，麻辣寒凉感觉及所发声音的形容词。 [5]"故《本草》云细辛'水渍令直'"二句：是说《本草》书中说细辛的根用水浸泡能让它直起来，表明这就是用杜衡来冒充细辛的。渍（zì），浸泡。按：上言细辛"极细而直"，则不须"水渍令直"，是知此种"细辛"是用卷曲的杜衡冒充的。 [6] 襄汉间：此指襄水与汉水之间，即两水共同流经的区域。在今湖北襄阳地区。 [7] 鬼督邮：天麻。据《本草纲目·草部·天麻》所记，此草独一茎，似箭杆，叶生茎端，状如伞。花生叶心，黄白色，根横生而无须，无风自动，故曰"鬼独摇"草，后人讹为"鬼督邮"。

［点评］

此条辨细辛与杜蘅、鬼督邮之别甚细致。《本草纲目·草部·细辛》引李时珍曰："《博物志》言杜衡乱细辛，自古已然矣，沈氏所说甚详。大抵能乱细辛者，不止杜衡，皆当以根苗色味细辨之：叶似小葵，柔茎细根，直而色紫，味极辛者，细辛也；叶似马蹄，茎微粗，根曲而黄白色，味亦辛者，杜衡也；一茎直上，茎端生叶如伞，根似细辛，微粗直而黄白色，味辛微苦者，鬼督邮也；似鬼督邮而色黑者，及已也；叶似小桑，根似细辛，微粗长而黄色，味辛而有臊气者，徐长卿也；叶似柳而根似细辛，粗长黄白色而味苦者，白薇也；似白薇而白直味甘者，白前也。”

甘草与黄药

《本草注》引《尔雅》云：“蘦[1]，大苦。”注：“甘草也[2]。蔓延生，叶似荷，茎青赤。”此乃黄药也[3]。其味极苦，故谓之“大苦”，非甘草也。甘草枝叶悉如槐，高五六尺，但叶端微尖而糙涩，似有白毛。实作角生[4]，如相思角，作一本生，熟则角坼。子如小匾豆[5]，极坚，齿啮不破。

《神农本草经·甘草》：“味甘平。主五脏六府（腑）寒热邪气，坚筋骨，长肌肉，倍力，金创，解毒。久服轻身延年。生川谷。”

[注释]

[1] 蘦（lìng）：一种野生植物。《尔雅·释草》谓之“大苦”，未详。　[2] 甘草：多年生草本植物。茎直立，多分枝，高可达120 厘米。根与根状茎粗壮，为药用部位，具甜味，是一种补益

中草药。下述“蔓延生”云云，全不合于甘草。 [3] 黄药：又称黄药子、黄药根、黄独、大苦等。为蔓类植物，茎高二三尺，叶大呈掌状。以根部入药，干燥的块茎为圆形或类圆形的片子，以身干、片大、外皮灰黑色、断面黄白色者为佳。 [4]“实作角生”四句：是说甘草的果实为荚果，都像相思树的荚果那样卷曲着，是一枝一枝生的，熟了角就裂开。相思角，指相思树的荚果。其荚果初始平直，成熟时旋卷，呈环状纠缠。坼，裂开。又，“作一本生”四字，胡道静《梦溪笔谈校证》从《苏沈良方》卷一补作“四五角作一本生”。实则甘草的荚果是围绕分枝生的，一层四五角，多层叠积起来，便成上敛的球状。《梦溪笔谈》此条原文无“四五角”三字。 [5] 匾：通“扁”。

[点评]

《尔雅》载“蘦”别名“大苦”，郭璞注谓即甘草，且以为蔓生植物，旧时为解经者所本。然甘草味甜，与“大苦”之名不合，且亦非蔓生。沈括首创蘦非甘草之说，又谓郭说蔓生者为黄药，纠正了久已流传的错误，为学者所从。

胡　麻

胡麻直是今油麻[1]，更无他说，予已于《灵苑方》论之。其角有六棱者，有八棱者。中国之麻[2]，今谓之大麻是也，有实为苴麻，无实为枲麻，又曰牡麻。张骞始自大宛得油麻之种[3]，亦谓之麻，故以“胡麻”别之，谓汉麻为“大麻”也。

《本草纲目·谷部·胡麻》引陶弘景曰：“胡麻，八谷之中，惟此为良。纯黑者名巨胜，巨者，大也。本生大宛，故名胡麻。又以茎方者为巨胜，圆者为胡麻。”又“白油麻”条李时珍曰：“胡麻取油以白者为胜。服食以黑者为良，胡地者尤妙，取其黑色入通于肾，而能润燥也。”

［注释］

[1] 直是：只是、就是。油麻：号称“胡麻”，原亦称“脂麻”，即今之芝麻。据说原产于印度或中亚，我国在汉时已引入。 [2] 中国之麻：现在通称大麻，又称汉麻，俗亦称黄麻、火麻等。有雌有雄，雄株叫“枲（xǐ）”，雌株叫“苴（jū）”。枲麻即牡麻，不结籽；苴麻即雌麻，结籽繁。 [3] 张骞（约前164—前114）：汉代杰出外交家、旅行家、探险家。字子文，汉中城固（今属陕西）人。汉武帝时通西域，为丝绸之路的开拓者。大宛（yuān）：中亚地区古国名。在今乌兹别克斯坦费尔干纳盆地一带，汉时以出产汗血马著称。

［点评］

如今在中国境内大面积栽培的麻类作物，按现代分类，主要有大麻、苎麻、亚麻、黄麻、红麻等。历史上所称的胡麻，即油麻、芝麻，为油料作物，其实不属于传统纤维作物的麻类。胡麻为外来植物，一般认为是汉代由丝绸之路传入的，西汉淮南王刘安的《淮南子》、东汉崔寔的《四民月令》、刘熙的《释名·释饮食》以及大约成书于东汉时的《神农本草经》等便都记载了胡麻，近世出土的居延汉简中也多处提及胡麻。过去说胡麻是汉武帝时通西域的张骞自大宛引进的，但在汉代文献中没有这方面的直接证据。沈括此条还是相信张骞自大宛引进胡麻之说的，所以认为“胡麻”“大麻”之名皆因此而起：由于这两种植物都称“麻”，故而为了避免混淆，一加“胡”字，一加“大”字，以示外来事物与华夏土著之别。

大麻最早是否是由我们华夏民族的祖先培育出来的，现在还不好说，但《尚书·禹贡》已谓“岱畎丝、枲”，又《诗经·豳风·七月》载“禾麻菽麦”，《王风·丘中有麻》云“丘中有麻，彼留子嗟”；而在辽宁、新疆、陕西、甘肃等地的史前以至商、周时代的考古遗迹中，都发现了大麻纤维、碳化大麻种子或麻布片，说明中国种植大麻的历史可以上推到几千年以前。大麻在中国古代的实用价值，首先是麻籽作为一种谷物供食用（粟、豆、麻、麦、稻五谷之一），其次是取其纤维以制衣裳和其他制品，再次是作为一种中药材使用。这三种功用，至今在中国人的生活中也还都不过时。

赤箭即天麻

《神农本草经·赤箭》：“味辛温。主杀鬼，精物蛊毒恶气。久服益气力，长阴，肥健，轻身，增年。一名离母，一名鬼督邮。生川谷。”

赤箭[1]，即今之天麻也。后人既误出“天麻”一条，遂指赤箭别为一物；既无此物，不得已，又取天麻苗为之，滋为不然[2]。《本草》明称采根阴干[3]，安得以苗为之？草药上品，除五芝之外[4]，赤箭为第一，此神仙补理养生上药[5]。世人惑于天麻之说，遂止用之治风[6]，良可惜哉！或以谓其茎如箭，既言赤箭，疑当用茎，此尤不然。至如鸢尾、牛膝之类[7]，皆谓茎、叶有所似，用则用根耳，何足疑哉？

［注释］

[1] 赤箭：兰科多年生草本植物，即所谓“鬼督邮”，其根为天麻。味辛、性温、无毒，中医以为经肝入厥阴经，治各种病，故用为滋阴壮阳、轻身增年之药。参见卷二十六“细辛”条注[7]。 [2] 滋：用为副词，更。 [3] 采根阴干：《苏沈良方》卷一同此。辑本《神农本草经·赤箭》引《吴普本草》作“采根日干”，又引《名医别录》作“采根暴（曝）干”。 [4] 五芝：古代方术家所传说的五种“神芝”，即赤芝（丹芝）、黄芝（金芝）、白芝（玉芝）、黑芝（玄芝）、紫芝（木芝），号称服之可以长生不死。盖指灵芝之类。《神农本草经》以赤芝、黑芝、青芝、白芝、黄芝、紫芝为“六芝”。 [5] 神仙补理养生上药：神仙家调理养生的上等药。在今可理解为上等保健品。 [6] 治风：治疗由外感风邪而引起的各种疾病。 [7] 鸢尾：又名蓝蝴蝶、紫蝴蝶、扁竹花等，鸢尾科天门冬目多年生草本植物。叶名“鸢尾”，根名“鸢头”（亦称“鸢根”），皆以形似鸢（鹰）而名。牛膝：苋科牛膝属多年生草本植物。《本草纲目》引陶弘景曰：“其茎有节，似牛膝，故以为名。”又苏颂曰：“有节如鹤膝及牛膝状。”入药用根。

［点评］

赤箭在宋以前已为医家服食要药，异名甚多。《本草纲目·草部·天麻》李时珍曰：“赤箭，以状而名；独摇、定风，以性异而名；离母、合离，以根异而名；神草、鬼督邮，以功而名。天麻即赤箭之根。”唐慎微《经史证类备用本草》卷六“赤箭”引沈括云：“古方用天麻者不用赤箭，用赤箭者即无天麻。方中诸药皆同，而唯此名或别，即是天麻、赤箭本为一物，并合用根也。”此亦即《梦溪笔谈》本条之意，所说良是，各家多有引用。然据诸书所记，赤箭入药亦不仅用根，其茎、苗、籽实亦皆可用。天麻子从茎中落下，俗称还筒子。

地 菘

地菘见于宋初《开宝本草》。《本草纲目·草部·天名精》引掌禹锡曰：“苏恭云天名精南人名地菘，陈藏器《本草解纷》亦言天名精为地菘。《开宝本草》不当重出地菘条，例宜刊削。”

地菘[1]，即天名精也。世人既不识天名精，又妄认地菘为火蔹[2]，《本草》又出“鹤虱”一条，都成纷乱。今按地菘即天名精，盖其叶似菘[3]，又似蔓菁[4]，名精即蔓精也。故有二名，鹤虱即其实也[5]。世间有单服火蔹法，乃是服地菘耳，不当用火蔹。火蔹，《本草》名稀蔹[6]，即是猪膏苗，后人不识，亦重复出之。

[注释]

[1] 地菘：又称天名精、天蔓菁、活鹿草等，南方人称为地菘。菊科多年生草本植物，茎直立，上部多分枝。根白色，味苦辛，性寒，药用可清热化痰、解毒杀虫、破瘀止血。其果实名鹤虱，根名杜牛膝。 [2] 火蔹（liǎn）：又称火杴。南方人称猪膏草的叶子叫火杴或火蔹，亦用以代指猪膏草。见本条注[6]。 [3] 菘：

此指菘菜，即白菜。天名精幼苗更接近小白菜、油白菜（油菜）。[4] 蔓菁：现在常称的大头菜、圆头菜，样子像圆球萝卜的菜。[5] 即其实：即其果实。[6] 稀莶：亦作豨莶、豨签、薟莶。猪膏苗：又称豨莶草、猪膏莓、猪膏草等。菊科一年生草本植物，药用有祛风湿、强筋骨的功效。

[点评]

《本草纲目·草部·天名精》李时珍曰："天名精乃天蔓荆之讹也。……陶公注钓樟条云：有一草似野狼牙，气辛臭，名为地菘，人呼为刘烬草，主金疮。"又引苏颂曰："南人呼其叶为火莶。按火莶虽花实相类，而别是一物，不可杂用。"又据《酉阳杂俎》卷十九："天名精，一曰鹿活草。昔青州刘烬，宋元嘉中射一鹿，剖五藏，以此草塞之，蹶然而起。烬怪而拔草，复倒。如此三度，密录此草种之，多主伤折，俗呼为刘烬草。"

南烛草木

南烛草木[1]，记传、《本草》所说多端，今少有识者。为其作青精饭色黑[2]，乃误用乌桕为之，全非也。此木类也，又似草类，故谓之"南烛草木"，今人谓之"南天烛"者是也[3]。南人多植于庭槛之间[4]，茎如朔藋[5]，有节，高三四

青精饭，俗称黑饭，据南宋林洪《山家清供》上卷记载："南烛木，今名黑饭草，又名旱莲草，即青精也。采枝叶捣汁，

浸上白好粳米，不拘多少，候一二时，蒸饭曝干，坚而碧色，收贮。如用时，先用滚水，量米数，煮一滚即成饭矣。”道家所谓“青精干石饭”，则指“用青石脂三斤，青粱米一斗，水浸三日，捣为丸，如李大，白汤送服一二丸，可不饥”。

尺，庐山有盈丈者。叶微似楝而小[6]，至秋则实赤如丹，南方至多。

[注释]

[1] 南烛草木：又名南天烛、南烛。据《本草纲目》所载，南烛草木乃是一种杜鹃花科植物，为常绿灌木或小乔木；其药用价值是“枝叶止泄除睡，强筋益气力；子亦强筋益气，固精驻颜”。 [2]“为其作青精饭色黑”三句：是说这是因为用它做出来的青精饭是黑色的，于是就有人误用乌桕树来冒充它，这全然不对。青精饭，指用南烛草木泡水浸米而蒸的饭。这样浸泡过的米晒干后，米粒如黑珠子，所蒸饭又称青精干石饭，道家以为食之可以延年益寿。乌桕，乌桕树，落叶乔木，据说因乌臼鸟喜食其子而得名。 [3] 南烛草木之名，据《本草图经》卷十二《南烛》：“此木至难长，初生三四年，状若菘菜之属，亦颇似栀子，二三十年乃成大株，故曰木而似草也。凡有八名，各从其邦域所称，而正号是南烛也。” [4] 庭槛（jiàn）：庭院中的栏杆。 [5] 朔藋：蒴藋（shuò diào）。忍冬科植物，灌木状草本。茎具棱，平滑无毛，多分枝，高可达 3 米，全草可入药。又称接骨草。 [6] 楝（liàn）：楝树，又称紫花树。为落叶乔木，花、叶、种子和根皮均可入药。

[点评]

南烛草木，或以为即南天竹、南天竺。《瓮牖闲评》卷七云：“南天竺，以其有节似竹，亦谓之竹。而沈存中《笔谈》乃用此‘烛’字，不知何谓。”按：“南烛”之名盖由各邦域称谓变来。南天竹今为小檗科植物，为常绿小灌木，是我国南方常见的木本花卉种类，与南烛草木不同科。

太阴玄精石

太阴玄精，生解州盐泽大卤中[1]，沟渠土内得之。大者如杏叶，小者如鱼鳞，悉皆六角，端正似刻，正如龟甲。其裙襕小撱[2]；其前则下剡，其后则上剡，正如穿山甲相掩之处；全是龟甲，更无异也。色绿而莹彻[3]，叩之则直理而折，莹明如鉴，折处亦六角，如柳叶。火烧过则悉解折，薄如柳叶，片片相离，白如霜雪，平洁可爱。此乃禀积阴之气凝结[4]，故皆六角。今天下所用玄精，乃绛州山中所出绛石耳[5]，非玄精也。楚州盐城古盐仓下土中又有一物[6]，六棱，如马牙硝[7]，清莹如水晶，润泽可爱。彼方亦名太阴玄精，然喜暴润[8]，如盐碱之类，唯解州所出者为正。

［注释］

[1] 太阴玄精：矿物名，又称鬼精、龟精石、阴精石、龟背玄精石、玄英石等。为盐卤津液渗入土中年久而凝结生成的小形

片状石膏矿石，化学成分主要为硫酸钙水合物（$CaSO_4 \cdot 2H_2O$），杂有钙、铁、硫酸钠等离子及少量硅酸盐。通常皆为椭圆形、菱形或不规则形的片状，多边薄而中厚，大小不一，一般长 1.5—2 厘米，宽 0.5—1 厘米，厚 1—2 毫米，边缘为灰白色，中心为青灰色，形似龟板，半透明。质硬而脆，遭冲击容易散落成不整齐的菱形或柱状小块，微带土腥气，味微咸。药用以片片如龟甲、色青白、无杂质者为佳。解州盐泽：见卷三“解州盐泽”条注 [1]。　[2]“其裙襕小撱”至“更无异也”：是说这种龟甲状薄片的边缘稍微呈椭圆形；其前端向下倾斜，其后端向上倾斜，正像穿山甲的鳞片相互遮掩的地方；完全是龟甲的形状，几乎没有什么两样。裙襕（lán），裙幅，此喻指龟甲边缘。撱，通“椭”，《本草纲目 · 玄精石》所引作“椭”，指椭圆形。剡（yǎn），削，此指倾斜。　[3]“色绿而莹彻”五句：是说其石颜色是绿的，而晶莹透彻，轻轻叩击，它就会沿着直线纹理分解，光洁明亮得像镜子，且分解处也呈六角形，像柳叶那样薄。直理，即晶体学所称“解理”，亦即矿物晶体受力后常沿一定方向破裂并产生光滑平面的性质。硬石膏的裂纹是垂直的，故称“直理”。又，此处二“折”字，《苏沈良方》卷一“论太阴玄精”条皆作“析”，他书所引则或作“拆”。这里从“析”字解，即分解，而“拆”字亦分解之义。下句“折”字同此，且“片片相离”正是解析之义。　[4]“此乃禀积阴之气凝结”二句：是说玄精石禀受久积的阴气而凝结，故皆为六角形。按：此种六角形是由晶体结构决定的，古人受阴阳观念的影响，认为“六”为“五行”之水的成数，主阴而为“老阴”，故有玄晶石禀受阴气而成六角之说。　[5] 绛石：“绛州石”的简称，即产于古绛州的名石。绛州，治今山西新绛。宋杜绾《云林石谱》卷中云：“绛州石出土中，其质坚矿，色稍白。纹多花浪，颇类牛角，土人谓之角石。”　[6] 楚州盐城：今江苏盐城。　[7] 马牙硝：芒硝。亦硫酸盐类矿物，主要化学成分为硫酸钠水合物（$Na_2SO_4 \cdot 10H_2O$）。产于干涸的盐湖中，与石盐、石膏等共生。　[8] 喜暴润：马牙硝出土后，暴露在空气中，容易受潮。

［点评］

此条述太阴玄精石，对此种矿物晶体的形状、颜色、光泽、透明度及其凝结、解理、鉴别等，都做了精确的描述和介绍，大大超出既往医药书中的著录。近世学者参照沈括的记录，用现代科学方法做实验，始确知玄精石为石膏无疑。条末提到的楚州盐城古盐仓下土中所见如马牙硝之物，虽亦称“太阴玄精”，但主要为易溶于水的硫酸钠水合物，与不易溶于水的石膏即硫酸钙水合物实为两种物质。

稷

稷乃今之穄也[1]。齐、晋之人谓“即”“积”皆曰“祭”[2]，乃其土音，无他义也。《本草注》云：“又名穈子。”穈子乃黍属[3]。《大雅》[4]：“维秬维秠，维穈维芑。”秬、秠、穈、芑，皆黍属，以色为别。丹黍谓之穈音门，今河西人用“穈”字而音“穈”。

《本草纲目·谷部·稷》引苏颂曰：“稷米，出粟处皆能种之。今人不甚珍此，惟祠事用之。农家惟以备他谷之不熟，则为粮耳。”又李时珍曰：“稷与黍，一类二种也。粘者为黍，不粘者为稷。稷可作饭，黍可酿酒。犹稻之有粳与糯也。……今俗通呼为黍子，不复呼稷矣。”此类皆承传统看法。

[注释]

[1] 穄（jì）：口语称穄子，一年生草本谷类作物，即不黏的黍类。又称糜（méi）子，耐旱、耐瘠薄，如今已是不太常见的谷物。 [2] “齐、晋之人谓‘即’‘积’皆曰‘祭’”三句：此处谈“稷”“穄”二字的读音。按：“稷”古为入声字，与“即”“积”等读音相同或相近，后来齐地、晋地（今山东、山西地区）方言的入声多变成了去声，所以就读这类字如同去声的“祭”字，于是也随之用同读去声的“穄”字表示“稷”（俗又或作“穊”）。沈括以此证明“稷”写为“穄”乃方言所致，无其他意思。 [3] 糜（mén）子：亦为黍类作物的一种，属于不黏者。古人释为“赤苗”“赤粱粟”，故此条下文谓“丹黍谓之糜”。或说糜子初生时叶纯赤，生三四个叶后赤青相间，七八叶后色始纯青。黍属：黍类作物。黍，北方习称黍子，为一年生草本植物。与粟（小米）同类，然苗、禾、穗皆异于粟，粒亦大。其籽实煮熟后有黏性，俗称黏黄米，可以酿酒、做糕等。 [4]《大雅》三句：此处所引诗句见《诗・大雅・生民》。秬（jù），黑黍子。秠（pī），据说为一壳二米的黑黍。芑（qǐ），旧注释为“白苗”“白粱粟”。

[点评]

稷是中国古代最重要的谷物，曾被称为“五谷之长”，然解释亦极分歧。最主要的分歧有两说：一曰稷即黍；一曰稷即粟。唐苏恭《新修本草》注首先提出“稷即穄”，以为属于黍类。宋人多承此说，《梦溪笔谈》本条即从语音学上为此说提供新的证据。现在越来越多的人认为稷与穄非一物：穄属黍类，为不黏的黍，即俗所称糜子、糜子；稷则即粟，即北方所称谷子，其米曰小米。小米亦有黏与不黏之分，其粘者即古籍所称“黄粱”。西汉犍为舍人《尔雅注》云：“粢，一名稷。稷，粟也。今江东呼粟为稷也。”北魏贾思勰《齐民要术·种谷》又云：“谷，稷也，名粟。谷者，五谷之总名，非止谓粟也。”由中国农业史上溯，则宋代以前真正可称“五谷之长”的作物非粟莫属，其他作物皆不足以承当此名。稷不仅指粟，且为粮谷总名，故古人以社稷代指国家，“稷神”也就是五谷之神、土地神、农业神。

苦耽

苦耽，即《本草》酸浆也[1]。《新集本草》又重出“苦耽”一条[2]。河西番界中酸浆有盈丈者[3]。

酸浆，《神农本草经》作“酸酱”，云：“味酸平。主热烦满，定志益气，利水道，产难吞其实立产。一名醋酱。生川泽。”

[注释]

[1] 酸浆：茄科酸浆属多年生直立草本植物，为一种不常见的蔬菜。因其果实像小灯笼，酸甜可食，故名酸浆。又称灯笼果、灯笼草、红姑娘、姑娘菜等；别名苦耽，则因其苗味苦而名。其根状茎白色，横卧地下，多分枝，根、茎、花、实皆可入药。　[2]《新集本草》：北宋中叶苏颂等奉敕所编《图经本草》，亦称《本草图经》。原书 21 卷，见于现存古籍中的药条就有 780 种，其中新增 103 种，635 种药名下附本草图 933 幅，实际上是一部全面描绘植物类别、形态、图文并茂的书籍，代表了当时植物学著作的最高水平。已佚，今有辑本。　[3] 番界：指少数民族

聚居地区，也指当时西夏政权的领地。

苏合香

苏合香树脂含挥发油，为刺激性祛痰药，并有较弱的抗菌作用，可用于治疗各种呼吸道感染。与橄榄油混合后外用，可治疥疮。

今之苏合香[1]，如坚木[2]，赤色。又有苏合油，如縭胶[3]，今多用此为苏合香。按刘梦得《传信方》用苏合香[4]，云："皮薄，子如金色，按之即小，放之即起，良久不定如虫动，气烈者佳也。"如此则全非今所用者，更当精考之。

［注释］

[1] 苏合香：一种香料。以金缕梅科乔木苏合香树的树干渗出的香树脂加工精制而成。相传来自苏合国，故称苏合香，其树脂即称苏合油。 [2] 坚木：喻其香料之坚硬，非指其树。 [3] 縭（lí）胶：黐胶。黐（chī），俗作"縭"。一种木胶，用细叶冬青茎部的内皮捣碎制成，可以粘鸟。 [4] 刘梦得：刘禹锡，参见卷五"霓裳羽衣曲"条注[2]。其《传信方》2卷，收录医方50余首，大多为出自民间的验方，近世学者有集释。

［点评］

《梁书·海南诸国传·中天竺》谓所出苏合香"是合诸香汁煎之，非自然一物"，又谓"大秦国人采苏合，先笮（榨）其汁以为香膏，乃卖其滓与诸国贾人，是以展转来达中国，不大香也”。《本草纲目·木部·苏合香》引苏颂曰：“今广州虽有苏合香，但类苏木，无香气；药中只用如膏油者，极芬烈。”又谓刘梦得《传信方》所说“按之即小，放之即起”者即苏合油。

薰陆香

薰陆[1]，即乳香也。本名薰陆，以其滴下如乳头者，谓之乳头香；镕塌在地上者，谓之塌香。如腊茶之有滴乳、白乳之品[2]，岂可各是一物？

《本草纲目·木部·薰陆香》集解引《南方异物志》：“薰陆出大秦国，在海边有大树，枝叶正如古松，生于沙中，盛夏木胶流出沙上，状如桃胶，夷人采取卖与商贾，无贾则自食之。”他书或说薰陆香出自天竺或波斯。

[注释]

[1] 薰陆：香料名，通称薰陆香，又称马尾香、乳头香、塌香、天泽香、摩勒香、多伽罗香等。“薰”亦作“熏”。为橄榄科植物卡氏乳香树的胶树脂，春、夏均可采收，以春季为盛产期。下滴干燥胶树脂多呈小形乳头状、泪滴状或不规则小块状，故称乳香、乳头香；其熔融掉落在地而瘫倒的小块，则称塌香。 [2] 腊茶：茶的一种。宋人称用早春茶芽加工制作的饼茶叫腊茶，又以其冲饮时汁泛乳色而称蜡茶。滴乳、白乳，皆为饼茶品目之名，《宋史·食货志下五》载建州饼茶“有龙凤、石乳、白乳之类十二等”。

[点评]

《本草纲目·木部·薰陆香》云：“陈承言薰陆是总名，乳是薰陆之乳头也。今考《香谱》言乳有十余品，则乳乃熏陆中似乳头之一品尔，陈承之说为近理。”

山豆根

山豆根味极苦。《本草》言味甘者，大误也。

［点评］

山豆根，又名广豆根、苦豆根、胡豆莲、柔枝槐、地杨梅、小黄连等，为豆科植物，接近槐属。为常绿小灌木或半灌木，有匍匐根茎和直立茎，藤蔓似大豆。用根及根茎切厚片入药，味苦，具有清热解毒、消炎止痛之效，常用于治疗咽喉肿痛。《本草纲目·草部·山豆根》引苏颂曰：“其蔓如大豆，因以为名。”《开宝本草》谓之“味甘，寒，无毒”，沈括以为“甘”字“大误”。明人《本草正》谓之“味大苦，大寒”，今《中国药典·广豆根》著录为“苦，寒；有毒”，《中药大辞典》著录为“苦，寒”。

青　蒿

蒿之类至多。如青蒿一类，自有两种，有黄色者，有青色者。《本草》谓之青蒿[1]，亦恐有别也。陕西绥、银之间有青蒿[2]，在蒿丛之间，时有一两株迥然青色[3]，土人谓之“香蒿”：茎叶与常蒿悉同，但常蒿色绿，而此蒿色青翠，一如松、桧之色；至深秋，余蒿并黄，此蒿独青，气稍芬芳。恐古人所用，以此为胜[4]。

此条沈括所指格外青翠的“香蒿”，疑为受环境因素、植株内部因素等影响而引起变异的植株个体，仍是青蒿本属，而不是其他品种。

[注释]

[1] 青蒿：常见植物名，为菊科蒿属一年生草本植物。主根单生，垂直，茎直立，上部多分枝，植株有香气。药用主治疟疾寒热、湿热黄疸等。　[2] 绥、银之间：绥州（今陕西绥德）、银川（今宁夏首府）之间的地带。　[3] 迥然青色：迥然不同的青色。据下文，常蒿是普通的浅绿色，此蒿则是苍翠如松柏、桧树的深绿色。　[4] 胜：优胜，比其他都好。

[点评]

《神农本草经·下品·草部》以“青蒿”为“草蒿”之别名；沈括率先提出青蒿有黄、青两种；至李时珍《本草纲目》，始以“青蒿”“黄花蒿”各自立条，并谓青蒿为香蒿，黄花蒿为臭蒿，“香蒿、臭蒿通可名草蒿”。黄花蒿的特点是“与青蒿相似”，但“色绿带淡黄，气辛臭，不可食”。据今人考证，青蒿与黄花蒿在宋代以前是同作为草蒿（青蒿）入药的，故载籍亦每每以二者相混淆。如今为世人所重的青蒿素是从黄花蒿茎叶中提取的，已被公认为治疗恶性疟疾的首选药物。中国疟疾研究协作项目成立于 1967 年，1971 年取得中药青蒿素筛选的成功。至 1986 年，青蒿素及双氢青蒿素等成果分别获得国家发明奖和全国十大科技成就奖。2011 年，中国女科学家屠呦呦因创制新型抗疟药的贡献，获得被誉为诺贝尔奖“风向标”的拉斯克奖；2015 年，屠呦呦获得诺贝尔生理学或医学奖。

海　蛤

按文蛤即吴人所食花蛤也[1]，魁蛤即车螯也[2]。海蛤今不识[3]。其生时，但海岸泥沙中得之，大者如棋子，细者如油麻粒，黄、白或赤相杂，盖非一类。乃诸蛤之房为海水砻砺光莹[4]，都非旧质。蛤之属[5]，其类至多，房之坚久莹洁者皆可用，不适指一物，故通谓之海蛤耳。

[注释]

[1] 文蛤：帘蛤科文蛤属动物。“文”即“纹”，以壳有花斑而又称花蛤，亦称黄蛤、圆蛤、白利壳。药用可清热利湿化痰。 [2] 魁蛤：蚶的别名。一名车螯（áo）。俗称瓦楞子、瓦垄子，以背上沟文似瓦屋之垄而名。主治痿痹泻痢。 [3]“海蛤今不识”至“盖非一类”：是说海蛤的种类现在都不能辨别。它们活着时，都是在海岸的泥沙中找到的，大的像棋子，小的像芝麻粒，黄的、白的或红颜色的掺杂在一起，大概不属于一类。 [4]“乃诸蛤之房为海水砻砺光莹”二句：是说可能各种蛤蜊的壳的表面都被海

沙磨砺得光滑晶莹，均已不是原来的质地。诸蛤之房，指各种蛤蜊的壳。砻（lóng）砺，即磨砺，摩擦而使之光亮之意。　[5]“蛤之属”五句：是说蛤的种类极多，凡其外壳坚实经久光洁的都可供药用，不专指哪一种可用，所以就通称它们叫“海蛤”。

［点评］

本条提倡以“海蛤”为通称，别具卓识。《本草纲目·介部·海蛤》李时珍曰：“海蛤者，海中诸蛤烂壳之总称，不专指一蛤也。旧本云一名魁蛤，则又指是一物矣，系是误书，今削之。”所说是以海蛤为海中所有蛤类的总称，以为单说海蛤一名魁蛤是错误的，此正为沈括本条所述之意。《神农本草经》以海蛤、文蛤分为两条，后世《本草》书多承之，而或谓“有文彩为文蛤，无文彩为海蛤”。然《本草纲目》已云：“海中蛤蚌，各色虽殊，性味相类，功用亦同，无甚分别也。”今《中华人民共和国药典》已将二者合并，统一为海蛤壳的药用来源。

漏　芦

今方家所用漏芦[1]，乃飞廉也[2]。飞廉一名漏芦，苗似苦芺[3]，根如牛蒡、绵头者是也[4]，采时用根。今闽中所用漏芦，茎如油麻，高六七寸，秋深枯黑如漆，采时用苗。《本草》自有条[5]，

李时珍《本草纲目·草部·漏芦》云：“屋之西北黑处谓之漏，凡物黑色谓之芦。此草秋后即黑，异于众草，故有漏芦之称。”又云：“其荚如麻，故俗呼为鬼油麻云。”

正谓之“漏芦”。

［注释］

[1] 漏芦：别名野兰、鬼油麻、独花山牛蒡等。菊科多年生草本植物，根状茎粗厚，茎直立，不分枝，头状花序单生茎顶。根及根状茎入药，有清热解毒等功效。 [2] 飞廉：菊科飞廉属植物，即大蓟，参见卷二十五“大蓟”条注 [1]。 [3] 苦芙（kǔ ǎo）：又称苦菜、蒙山莴苣。为菊科多年生草本植物，药用清热解毒、凉血止血。 [4] 牛蒡（bàng）：又称大力子、东洋参等。菊科二年生草本植物，具粗大肉质直根，茎粗壮直立，有头状花序。根茎营养价值高。绵头：绵头雪莲花。菊科植物，多年生草本植物，根壮茎粗，直立茎上部有白色密绵毛，叶极密集，有头状花序。 [5] “《本草》自有条”二句见《神农本草经·漏芦》：“久服轻身益气，耳目聪明，不老延年。一名野兰。生山谷。”注引《广雅》云：“飞廉，漏芦也。”

赭　魁

《本草》所论赭魁[1]，皆未详审。今赭魁南中极多[2]，肤黑肌赤[3]，似何首乌[4]；切破，其中赤白理如槟榔[5]，有汁赤如赭，南人以染皮制靴。闽岭人谓之“余粮”[6]，《本草》“禹余粮”注中所引乃此物也[7]。

［注释］

[1] 赭魁：薯莨、薯良，又称朱砂莲、鸡血莲、染布薯等。为薯蓣科薯蓣属多年生缠绕藤本植物。入药块茎肥大，呈卵形、球形、长圆形或葫芦状，外皮棕黑色，凹凸不平，新鲜时割伤有红色黏液。药用可活血止血、理气止痛。　[2] 南中：地区名，指今云南、贵州和四川西南部。也泛指南方地区。　[3] 肤黑肌赤：外皮黑而里面肉质红。　[4] 何首乌：亦为多年生缠绕藤本植物，以块根入药，块根肥厚，长椭圆形，黑褐色，与赭魁相似。　[5] 赤白理：红色、白色的肉质纹理。槟榔：棕榈科常绿乔木。果实如鸡子状，皆有皮壳，春生夏熟，肉满壳中，色正白。　[6] 闽岭：泛指今福建沿海以至两广、海南等岭南地区。　[7] 禹余粮：此指南朝陶弘景《本草经集注》所见“草禹余粮”，即土茯苓。《本草纲目·草部·土茯苓》李时珍曰：“按陶弘景注《石部·禹余粮》云：‘南中平泽有一种藤，叶如菝，根作块有节，似菝而色赤，味如薯蓣，亦名禹余粮。言昔禹行山乏食，采此充粮而弃其余，故有此名。’观陶氏此说，即今土茯苓也，故今尚有仙遗粮、冷饭团之名，亦其遗意。陈藏器《本草》草禹余粮，苏颂《图经》猪苓下刺猪苓，皆此物也。”不过李时珍不同意沈括以赭魁为土茯苓之说。《本草纲目·草部·赭魁》引有《梦溪笔谈》此条，又加按语云：“沈氏所说赭魁甚明，但谓是禹余粮者非矣。禹余粮乃今之土茯苓，可食，故得粮名；赭魁不可食，岂得称粮耶？”其详待考。

［点评］

关于赭魁之名，《本草纲目·草部·赭魁》李时珍曰：“其根如魁，有汁如赭，故名。”赭，红褐色；魁，长柄酒勺。《神农本草经》旧本阙佚赭魁，清人姜国伊辑本由

《本草纲目》补入。

又《神农本草经》上经有“禹余粮”条，下引《博物志》，谓“世传昔禹治水，弃其所余食于江中而为药”，故有“禹余粮”之名。此乃指一种矿物药，为氢氧化物类矿物褐铁矿，主含碱式氧化铁——FeO(OH)，非是指土茯苓。《本草纲目·石部·禹余粮》李时珍曰：“石中有细粉如面，故曰余粮。”

石龙芮

石龙芮今有两种[1]，水中生者，叶光而末圆；陆生者，叶毛而末锐。入药用水生者。陆生亦谓之“天灸”[2]，取少叶揉系臂上，一夜作大泡如火烧者是也。

［注释］

[1] 石龙芮：又名地椹、水堇、苦堇、堇葵等。为一年生草本植物，须根簇生，茎直立。药用全草，味苦辛，性寒，有毒。 [2] 天灸：中医灸法名。又称药物灸、发泡灸，或称药物发泡法。是采用对皮肤有刺激性的药物敷贴于穴位或患处，以使局部皮肤自然充血、潮红或起泡的治疗方法。《苏沈良方》卷一“论龙芮”条作“天炙”。

[点评]

石龙芮之名,《本草纲目·草部·石龙芮》引苏恭曰:“实如桑椹,故名地椹。”又李时珍曰:“芮芮,细貌。其椹之子细芮,故名。地椹以下,皆子名也。水堇以下,皆苗名也。苗作蔬食,味辛而滑,故有椒、葵之名。”此指石龙芮的籽实很细小,故有“芮”名。按:沈括此条以石龙芮为天灸疗法的药物,因石龙芮的新鲜叶片含有原白头翁素,有毒,能引起皮炎、发泡,故其文谓“一夜作大泡如火烧”。

麻 子

麻子[1],海东来者最胜,大如莲实[2],出柘萝岛[3]。其次上郡、北地所出[4],大如大豆,亦善。其余皆下材。用时去壳,其法取麻子帛包之,沸汤中浸[5],候汤冷,乃取悬井中一夜,勿令著水;明日日中暴干,就新瓦上轻挼[6],其壳悉解,簸扬取肉,粒粒皆完。

[注释]

[1] 麻子:大麻籽实。此处所述“最胜”之事,《本草纲目》引在《谷部·大麻》“宗奭曰”文中。 [2] 莲实:莲子。 [3] 柘萝岛:《梦溪笔谈》卷二十四别有“苏州昆山县海上有一船”条,

所叙“乇罗岛”即此岛，“柘”“乇”音同。该条谓此岛“盖东夷之臣属高丽者”，又云：“船中有诸谷，唯麻子大如莲的（菂）。苏人种之，初岁亦如莲的（菂），次年渐小，数年后只如中国麻子。” [4]上郡：秦汉时所置郡。治所在肤施（今陕西绥德）。北地：亦秦汉时郡名。治所最早在今甘肃庆阳附近，后屡迁徙，东汉末迁至今陕西富平。其地域大致在今陕西、甘肃、宁夏一带。 [5]沸汤：滚沸的开水。 [6]新瓦：新烧制的瓦。挼（ruó）：揉搓。

［点评］

麻为中国古代五谷之一。《周礼·天官·疾医》郑玄注：“五谷，麻、黍、稷、麦、豆也。”《梦溪笔谈》此条记大麻籽实脱壳法，简便实用。

补笔谈　卷一

梓　榆

梓榆[1]，南人谓之朴，齐鲁间人谓之驳马。驳马即梓榆也，南人谓之朴，朴亦言驳也，但声之讹耳，《诗》“隰有六驳”是也。陆玑《毛诗疏》[2]：“檀木皮似系迷，又似驳马。”人云：“斫檀不谛得系迷，系迷尚可得驳马。”盖三木相似也。今梓榆皮甚似檀，以其班驳，似马之驳者[3]。今解《诗》用《尔雅》之说[4]，以为兽“锯牙，食虎豹”，恐非也。兽[5]，动物，岂常止于隰者？

“六驳”之名，各家解释多歧。疑“六驳”可读为“陆驳”，为联绵词，乃“驳荦”之变文，其义即指斑驳；“驳马”（古音马属鱼部）疑亦为联绵词，皆由斑驳之义而代指树木。

又与苞栎、苞棣、树檖非类，直是当时梓榆耳。

［注释］

[1]“梓榆”至“《诗》‘隰有六驳’是也”：是说梓榆树，南方人称之为朴树，齐鲁间人称之为“驳马”。“驳马”就是梓榆，南方人称之为“朴”，“朴”说的就是“驳”，只不过是声音的讹变，《诗经》所载“隰有六驳”（见《秦风·晨风》），“六驳”即是指梓榆若朴树。梓榆，古代榆树的一种，为高大乔木。朴，用为树名，读作 pò，与“驳”字音近；植物学上亦用为榆科朴属植物的泛称。驳马，依三国吴陆玑的主张，乃是代指树皮斑驳的梓榆。隰（xí），低湿的平地。　[2]“陆玑《毛诗疏》”至“盖三木相似也”：指出檀木、系迷、驳马为三种外观相似的树木，以证《诗经》毛传释“驳马”为兽之误。“斫檀不谛得系迷，系迷尚可得驳马”，为陆氏所引齐地谚语，意为：“砍伐檀木不审慎，误砍了系迷树；系迷树还可用，却又误砍了驳马（梓榆）树。”谛，审。系迷，一作“系弥”，又作“榽橀”“挈橀”，树名，似檀；一说即山楂。陆玑，三国时吴国学者。字元恪，吴郡（治今苏州）人。历官太子中庶子、乌程令。著有《毛诗草木鸟兽虫鱼疏》2 卷，简称《毛诗疏》，专释《毛诗》所及动物、植物名称。　[3] 班驳：通“斑驳”。本指色彩相杂，此指老树皮裂纹杂乱。马之驳：本义指马的毛色不纯，即一种颜色夹杂着别种颜色，故称“斑驳”。　[4]“今解《诗》用《尔雅》之说”三句：对毛传提出质疑。所引《尔雅》之说，见《尔雅·释畜》，原作“驳如马，倨牙，食虎豹”。倨牙，旧时多释为“曲牙”，指牙齿弯曲；沈括在此引为“锯牙”，盖以“倨”通“锯”，理解为兽牙如锯齿。　[5]“兽”五句：是说野兽是动物，怎么会经常藏伏出没在低湿之地呢？且野兽与“苞栎”“苞棣”“树檖”等树木不是一类事物，所以“驳马”只能是指当时的梓榆树。苞

栎，茂盛的栎树（柞树）。苞棣，茂盛的唐棣（郁李）。树檖（suí），挺直的山梨树。

［点评］

《梦溪笔谈》此条讨论《诗经·秦风·晨风》“隰有六驳”的“六驳”问题，为《诗经》学上的一段久有争议的公案。按《晨风》诗原文有云：“山有苞栎，隰有六驳。未见君子，忧心靡乐。”“山有苞棣，隰有树檖。未见君子，忧心如醉。”毛传据《尔雅·释畜》，释“驳”为一种兽：“驳，如马，倨牙，食虎豹。”《尔雅》此言又本于《山海经·西山经》：“中曲之山……有兽焉，其状如马，而白身黑尾，一角，虎牙爪，音如鼓音，其名曰驳，是食虎豹。”三国时陆玑不同意毛传的解释，疏云：“驳马，梓榆也。其树皮青白驳荦，遥视似驳马，故谓之驳马。”由此而引起一系列争议。沈括此条亦因此而设，而他是同意陆玑之说的，并特别强调了两点理由：一是野兽不会经常藏伏出没在低湿之地；二是《晨风》诗以苞栎、苞棣、树檖之木名与“六驳”相配，则“六驳”若“驳马”也应是木名。事实上，古字“驳”“朴”声近，“马”字则在鱼部，“驳马”促读即接近“朴”字读音，故可指朴树。如今这段公案还可讨论，但古今学者多以陆疏为长。

北苑茶

《词源》(1987年版)“北苑茶”条:“茶名。简称北苑。五代南唐禁苑设有北苑使,善制茶,叫北苑茶。后建州(今福建建瓯市)凤凰山出产的茶,也叫北苑茶。见宋沈括《梦溪笔谈·补笔谈》。”此条释义沿承了沈括的错误考证,不可从。

建茶之美者,号北苑茶。今建州凤凰山[1],土人相传谓之北苑,言江南尝置官领之,谓之北苑使。予因读李后主文集[2],有《北苑诗》及《文苑纪》,知北苑乃江南禁苑,在金陵,非建安也。江南北苑使[3],正如今之内园使[4]。李氏时有北苑使善制茶,人竞贵之,谓之北苑茶,如今茶器中有“学士瓯”之类,皆因人得名,非地名也。丁晋公为《北苑茶录》云[5]:“北苑,地名也,今曰龙焙[6]。”又云:“苑者,天子园囿之名。此在列郡之东隅[7],缘何却名北苑?”丁亦自疑之,盖不知北苑茶本非地名。始因误传,自晋公实之于书,至今遂谓之北苑。

[注释]

[1] 建州凤凰山:在今福建建瓯以东的东峰镇,距市区约 15 千米。宋代建州的北苑茶园,据今人调查,大致分布于今东峰镇的大部、小桥镇的西部及南雅、东游、川石等乡镇的部分山地,主要在今建瓯市东部,少数地方在南部。 [2] 李后主:李煜,参见卷四“桂屑除草”条注 [1]。 [3] 江南北苑使:南唐北苑使。南唐著名画家董源曾为北苑使,世称董北苑,参见卷十七“董源、

巨然山水画”条。 [4] 内园使：官名。唐朝始置，亦称内苑使，掌于禁苑中栽种蔬菜瓜果以供皇室。用宦官充使任，为内诸司使之一。五代后梁改称内园栽接使。宋复旧称，属西班诸司使，多不领本职，仅为武臣迁转之阶。政和间重定武阶官名，改称武略大夫。 [5] 丁晋公：丁谓（966—1037）。字谓之，长洲（今江苏苏州）人。善权术，宋真宗时官至宰相，封晋国公，时人目为奸邪。仁宗即位后罢去，被放逐于海南。所撰《北苑茶录》3 卷，为详记建州茶生产流程和进贡法式的第一部书，在宋代茶史上具有重要地位，后来宋人所作茶录之书多受此书影响。该书已佚，今人有辑录。 [6] 龙焙（bèi）：里名，亦即村名，当即现今建瓯东峰镇西南裴桥村的焙前自然村。北宋时掌管建茶事务的中央政府行衙官署即设在这一带，至今这里仍有宋代茶事摩崖石刻一处及“御泉井”“龙凤池”“红云岛”等遗址。“龙焙”之名当始于龙凤团茶的烘焙生产，当然也含有御用龙茶的意思。不过到宋徽宗时，“龙”也成为避讳字，已不能用于村里之名，现在的“焙前”村名疑即由“龙焙”改称而来。 [7] 列郡之东隅：全国各州郡的东偏，实指建州偏处于东南沿海的一隅。

［点评］

《梦溪笔谈》此条考“北苑茶”之名，立说不可从。《福建通志》卷六十三《古迹二·建宁府·北苑茶焙》注：“在凤凰山麓。伪闽龙启中里人张廷晖居之，以其地宜茶，悉表而输于官，由是始有北苑之名。北苑茶为天下第一，官私之焙，凡千三百三十有六所。”考 909 年，王审知据闽，被后梁封为闽王，其时种茶富户张廷晖于建州凤凰山开辟茶园三十里。933 年，王审知之子王延钧称帝，年号龙启，建都长乐（今福州），张廷晖悉数献出其茶园，出任闽朝閤门使。从此凤凰山成为闽政权的御茶园，因地处闽都之北，故名“北苑”。至945年，南唐攻灭闽国，也曾继续在北苑生产蜡面茶贡品。然南唐是否也曾在此设置北苑使以掌茶事，现在并无切实的材料可以证明；同时南唐另有自己的北苑，虽设有北苑使，却未闻此苑产茶。沈括所说“李氏时有北苑使善制茶，人竞贵之，谓之北苑茶”，恐怕只是传闻，未见得实有其事。北宋太平兴国二年（977），朝廷始将贡茶生产南移至建州北苑，由漕臣督造，并于其地凤凰山茶园设行衙，置官焙，制作龙凤团茶上贡。从此大焙小焙群起，渐有龙焙之名，且壑源、曾坑等私焙之茶后来也被选为贡品，名品不断创新，先后多达几十种，遂使建茶名满天下，而“北苑”之名也随之不胫而走。是知“北苑”本为建溪地名，丁谓既昧其来历，沈括又谓“因人得名”，皆未明其源流。宋人但囿于“北苑”之名非帝王不可用，然重于南唐而轻于闽，遂成一忽，固当详考而是正之。

《史记》非“谤书”

班固论司马迁为《史记》，“是非颇谬于圣人[1]，论大道则先黄老而后六经，序游侠则退处士而进奸雄，述货殖则崇势利而羞贫贱，此其蔽也”。予按《后汉》王允曰：“武帝不杀司马迁[2]，使作谤书，流于后世。”班固所论，乃所谓“谤”也，此正是迁之微意。凡《史记》次序说论，皆有所指，不徒为之。班固乃讥迁是非颇谬于圣贤，论甚不慊[3]。

［注释］

[1]“是非颇谬于圣人”至“此其蔽也”：见东汉班固所撰《汉书·司马迁传》的“赞”语，本于其父班彪论司马迁之言：“其论术学则崇黄老而薄《五经》，序货殖则轻仁义而羞贫穷，道游侠则贱守节而贵俗功。”语见《后汉书·班彪传》。 [2]“武帝不杀司马迁”三句：为王允之语，见《后汉书·蔡邕传》，乃王允欲杀蔡邕时所说。唐李贤注：“凡史官记事，善恶必书。谓迁所著《史记》，但是汉家不善之事，皆为谤也。”宋洪迈《容斋随笔·谤书》云：“司马迁作《史记》，于《封禅书》中述武帝神仙、鬼灶、方士之事甚备，故王允谓之谤书。”王允（137—192），东汉末献帝时大臣，先是设计杀董卓，不久为董卓故将所杀。 [3]慊（qiè）：通“惬”，恰当。

［点评］

本条所述班氏父子评价司马迁的三言，一是就《史记·太史公自序》所记司马谈“论六家要旨”而言的，谓之学术宗旨以黄老之学（道家）置于儒家经典之上，故曰“先黄老而后六经”；一是就《史记·游侠列传》而言的，谓之表彰任侠之风而轻贱守节之行，故曰“序（叙）游侠

《汉书·司马迁传赞》同时指出：“然自刘向、扬雄博极群书，皆称迁有良史之材，服其善序事理，辨而不华，质而不俚，其文直，其事核，不虚美，不隐恶，故谓之实录。”也肯定了司马迁忠实记录历史、寓论断于叙事之中、“不虚美，不隐恶”的“实录”精神和“直笔”传统。司马迁与班固史学思想不同之处，主要即在《史记》体现了开放的文化史观与强烈的史学经世观念，《汉书》则更多地反映了官方史学固守儒家正统观念的思想倾向。

则退处士而进奸雄”；一是就《史记·货殖列传》而言的，谓之崇尚功利主义而羞于安贫乐道，故曰“述货殖则崇势利而羞贫贱”。以此见汉初粗鄙少文，简单易行的黄老治道强势兴起，游侠习气尚存，功利思想亦大行其道，这些都与后来完全“独尊儒术”局面下的思潮大异其趣，反映出司马迁的开创性史学与班氏父子守成史学的不同政治取向和思想特征。沈括强调《史记》的编次论说“皆有所指”，事实上是提倡自有心裁的“独断”史学，反对一依“圣贤”的是非为是非，故谓班固之论甚不恰当。此说启人深思。

中声和正声

沈括本条所谈实际上涉及音乐的定调问题。十二律相当于现代的半音阶，沈括用“正声”和“中声”说明了音阶的自然规律，即每一个八度音的区间都分十二律，也就是都有十二个半音，而每个半音都有一定的频率数，“人不能以毫厘损益其间”。这种观点肯定了音

乐有中声[1]，有正声[2]。所谓中声者，声之高至于无穷，声之下亦无穷，而各具十二律[3]；作乐者必求其高下最中之声，不如是不足以致大和之音[4]，应天地之节[5]。所谓正声者[6]，如弦之有十三泛韵，此十二律自然之节也。盈丈之弦，其节亦十三；盈尺之弦，其节亦十三；故琴以为十三徽。不独弦如此，金石亦然。《考工》为磬之法[7]，“已上则磨其耑，已下则磨其旁”。磨之至于击而有韵处[8]，即与徽应，过之则复无韵；又磨之至于有韵处，复应以一徽。石无大小，有

韵处亦不过十三，犹弦之有十三泛声也。此天地至理，人不能以毫厘损益其间[9]。近世金石之工，盖未尝及此。不得正声，不足为器；不得中声，不得为乐。

乐的客观律数规则，但也并不否定音乐创作中的随机变化与主观能动性的发挥。

[注释]

[1] 中声：按沈括所述，当是指音乐制作中高下最适中的音组。见本条下文及“点评”。　[2] 正声：按沈括所述，当是指纯正的乐声。亦见本条下文及“点评”。　[3] 十二律：见卷六“管色定弦”条注[1]。　[4] 大和之音：高度和谐或完全和谐的音乐。大和，即“太和”，古字“大”“太”通用。　[5] 天地之节：天地自然的节律。　[6]“所谓正声者”至“故琴以为十三徽”：是说所谓“正声”，如同琴弦上有十三个泛音，这是十二律的次序中所本有的音节点。如果弦长为一丈，这种音节点有十三个；如果弦长仅一尺，这种音节点也有十三个；所以琴面上都有“十三徽”的标记。泛韵，今通称“泛音”，是弦乐器演奏中一种有特色的奏法所用的音。泛音的发音原理是：若演奏时把左手指轻按在弦长的 1/2 处，那么这一分节点上的音就称为泛音，会比空弦的基音高一倍；同样，分节点若在弦长的 1/3、1/4、1/5、1/6 处，那么各分节点上的泛音也会成为基音的整数倍，即为基音音高的 3 倍、4 倍、5 倍、6 倍。泛音和基音一同共鸣，才能形成丰满完整的音色。古代七弦琴一般用十三个泛音，因此琴面上便设置十三个指示音节点的标识，习称“十三徽”。　[7]“《考工》为磬之法”三句：所引《考工记》之文，与今本《考工记》所载相反，未详何故。今本《考工记》载：“已上则摩其旁，已下则摩其耑。”“已”通“以”，“摩”通“磨”，“耑”通“端”。据汉人旧注，“已上”指因器厚而声音

过清，故磨其旁而使之薄；“已下”则指因器薄而声浊，故磨其端而使之短。疑沈括误引，或后人误刻。《考工》，即《考工记》，今本《周礼》的最后一篇，为春秋战国时期记述官营手工业各工种规范和制造工艺的文献。《周礼》原有《冬官》部分，后来亡佚，汉人遂以《考工记》补之。 [8]“磨之至于击而有韵处”至“犹弦之有十三泛声也”：是说磬打磨到击之而有泛音的地方，即与徽的标记相应，过了这个节点就再无泛音了；又打磨到有泛音的地方，再使之与一个徽的标记相应。磬石无大小，有泛音的地方也不过十三处，犹如琴弦之有十三个泛音。 [9] 损益：减少或增加。此指确定音节点之间的长度是不能有一毫一厘增加或减少的。

[点评]

本条论音乐中的“中声”和“正声”。按沈括所述，所谓“中声”，是指乐曲中的音高有高有低，高可以高到无穷尽，低也可以低到无穷尽，但从低到高的每一段都包含着十二律的自然法则，所以制作音乐的人必须找到这些高低音声系列中最适中的一组音作曲，如果不这样做就不足以获得完全和谐的、能与天地自然的节律相应和的音乐。所谓“正声”，则指纯正的乐声，或说是符合音律的标准乐声。对此沈括以十三泛音做了较详细的阐释，因为这种泛音显然是由十二律所决定的，所以沈括称之为“天地至理”“自然之节”。另外，泛音通常用于弦乐器、管乐器的演奏，而由沈括此条所说，金石材质的打击乐器也有十三泛音，这也是有创见的主张。

本朝燕部乐声律差舛

本朝燕部乐[1]，经五代离乱，声律差舛[2]。传闻国初比唐乐高五律[3]，近世乐声渐下，尚高两律。予尝以问教坊老乐工[4]，云："乐声岁久，势当渐下，一事验之可见。教坊管色[5]，岁月浸深，则声渐差，辄复一易。祖、父所用管色，今多不可用，唯方响皆是古器。铁性易缩[6]，时加磨莹，铁愈薄而声愈下。乐器须以金石为准，若准方响，则声自当渐变。古人制器，用石与铜，取其不为风雨燥湿所移[7]，未尝用铁者，盖有深意焉。律法既亡，金石又不足恃，则声不得不流[8]，亦自然之理也。"

方响是有固定音高的敲击乐器，大约出现于南北朝时期，在早曾被称为铜磬。《旧唐书·音乐志》载："梁有铜磬，盖今方响之类。……倚于架上，以代钟磬。"后来方响差不多皆以铁为之，隋唐燕乐中常用。据沈括所说，宋代教坊乐队也还配备方响古器，并且仍被用为乐器定音的标准。沈括经过实际调查，指出方响铁片变薄而导致振动频率降低，这也是宋代声律差舛的重要原因之一。

[注释]

[1] 燕部乐：又称燕乐、宴乐。指隋唐以来宫廷宴饮、娱乐所奏的音乐，其中也包含部分民间音乐。　[2] 声律差舛：指十二律的标准音高有差错。舛（chuǎn），差错。　[3] 高五律：按传统十二律的律制，从黄钟律标准音起，依照三分损益法，将一个八度分为十二个不完全相等的半音，"高五律"即高五个"半音"。按：下文所称"乐声"均指十二律或五音、七音的相对音高。　[4] 教坊：古代管理宫廷音乐的官署。唐代始置，宋、元、明皆沿设，至清雍正年间始废。　[5] "教坊管色"至"唯方响皆

是古器”：是说教坊中的管乐器，经历岁月渐久，声音就会渐有差异，所以总是要再换一把。祖辈、父辈所用的管乐器，现在大多数不能再用了，这是由于方响还都是旧时的乐器。管色，指管乐器。唯，表原因。方响，古代打击乐器，通常由十六块大小相同、厚薄不一的长方铁片根据音高顺序排列而成，用小铁锤或木锤敲击发音。 [6]“铁性易缩”三句：是说铁制乐器的质性是容易缩小尺寸，因为生锈而要随时打磨光亮，铁片越薄则声音就越低。按：此接上述，说明管色乐器不时要更换的原因。由于方响变薄而声音变低，则管色乐器也须随之变低。 [7] 移：改变。 [8] 流：流变，相沿改变。

[点评]

此条借教坊老乐工之言，说明乐器定音的标准问题，认为乐器使用的年代越久，乐音的标准音高必然会逐渐降低；并特别就方响而言，指出其音调趋向低下的物理原因，即在“铁愈薄而声愈下”。照沈括的看法，宋初燕部乐之所以乐律差舛，除所用律法不准确外，与不重视以铜石乐器作为定音标准也有关系。

琴瑟弦皆有应声

琴瑟弦皆有应声[1]，宫弦则应少宫[2]，商弦即应少商[3]，其余皆隔四相应[4]。今曲中有声者[5]，须依此用之。欲知其应者[6]，先调诸弦，令声和，乃剪纸人加弦上，鼓其应弦，则纸人跃，他弦即不动。声律高下苟同[7]，虽在他琴鼓之，应弦亦震，此之谓正声。

[注释]

[1] 琴瑟：皆为拨弦乐器，琴七弦，瑟二十五弦。应声：弦与弦之间因共振而发出的应和声音。高低八度的两音，高音的频率是低音的两倍，共振最为显著，沈括所指即高低八度两音间所产生的共振。 [2] 少宫：宫音（相当于现代简谱的 1）的高八度音。 [3] 少商：商音（相当于现代简谱的 2）的高八度音。 [4] 隔四相应：按五声音阶定位的琴瑟弦，高低八度两音的共振都隔四弦，如宫和少宫之间隔 2、3、5、6 四音的弦。 [5] “今曲中有声者”二句：是说现在乐曲中有应声的，须依此种规则来做。 [6] “欲知其应者”至“他弦即不动”：是说要确认琴瑟弦的应弦，要先按五音的次序调好各弦，使声音和谐，于是剪小纸人放在弦上，如果拨动应弦中的一根，那么另一根应弦上的小纸人也会跃动，其他不应弦上的小纸人则不动。 [7] “声律高下苟同”四句：是说声律高低如果相同，即使在另一张琴上弹奏，这张琴上相应的弦也会振动，这样的应声便是“正声”。

[点评]

此条记沈括用小纸人做实验，以验证琴瑟调弦的应声即共振现象。这样的共振现象早在先秦已有记录，《庄子 · 徐无鬼》云：“为之调瑟，废（置）一于堂，废（置）一于室，鼓宫宫动，鼓角角动，音律同矣。”此种共振表现最明显的是音高相差八度二弦的共振。

补笔谈　卷二

潮　汐

卢肇论海潮[1]，以谓日出没所激而成，此极无理。若因日出没，当每日有常，安得复有早晚？予尝考其行节[2]，每至月正临子、午则潮生[3]，候之万万无差。此以海上候之，得潮生之时，去海远即须据地理增添时刻。月正午而生者为潮[4]，则正子而生者为汐；正子而生者为潮，则正午而生者为汐。

中国古籍中很早就有对海潮的记录。《黄帝内经·灵枢·岁露论》便已谈到“月满则海水西盛”“月郭空则海水东盛”。《论衡·书虚篇》也说

[注释]

[1] 卢肇：唐代学者。字子发，宜春（今属江西）人。武宗会昌三年（843）状元，官至弘文馆学士。 [2] 行节：此指海潮涨落的时间节点。 [3] 月正临子、午：指月亮正处在“上中天”和“下中天”的位置上。古人称正午时分（午时中点）太阳所处的位置叫“上中天”，午夜时分（子时中点）太阳所处的位置叫“下中天”。由于月亮每天东移 13°，它与太阳通过“上中天”和“下中天”的时间就不一致。这也影响到海潮发生的时间，使海潮的高潮每天延后约 50 分钟。 [4]“月正午而生者为潮”四句：是说在月球和太阳引力作用下，海洋水面发生周期性的涨落现象，通常把白天涨落的称潮，夜间涨落的称汐；若正好夜间涨落的为潮，则白天涨落的即为汐。潮和汐总称“潮汐”。

[点评]

卢肇曾作《海潮赋》，此人所共知。其序谓“夫潮之生，因乎日也；其盈其虚，系乎月也”，“日激水而潮生，月离日而潮大”；其赋又谓“海潮之生兮自日，而太阴裁其小大”，“右激之远兮远为朝（潮），左激之远兮远为夕（汐）”。他的基本看法是依据浑天说，认为太阳附丽于天而随天旋转，每天出入于大海，以其高温灼热而造成海水的激荡，于是“日入则晚潮激于左，日出则早潮激于右”，同时海潮的大小迟速也与月亮的盈亏有关系。这种看法实质上已提出了太阳的引潮作用，但卢肇不重实际，主观臆测，得出了一些明显错误的结论。沈括根据自身的考察，借批评卢肇而阐述了海潮发生的规律，指出了海潮与月亮的关系，并肯定了月球对潮汐的主要作

过“涛之起也，随月盛衰”。晚唐卢肇的《海潮赋》是一篇引起诸多争议的文章，而此后论海潮者即日益增多。北宋张君房《潮说》及燕肃《海潮轮》都曾对潮时进行过精确推算；余靖《海潮图序》驳卢肇之说，也曾谈及“东海之潮候”与“南海之潮候”。沈括此条文字虽简，而对潮汐的认识已渐入于科学的途径。

用；同时指出了潮汐时间与观察地点的关系，即“潮候时差”问题。这些都有助于纠正古人的错误理解。

十二气历

历法见于经者，唯《尧典》言“以闰月定四时成岁”[1]。置闰之法，自尧时始有，太古以前又未知如何。置闰之法，先圣王所遗，固不当议，然事固有古人所未至而俟后世者。如岁差之类[2]，方出于近世，此固无古今之嫌也。凡日一出没，谓之一日；月一盈亏，谓之一月。以日月纪天虽定名，然月行二十九日有奇复与日会，岁十二会而尚有余日；积三十二月复余一会[3]，气与朔渐相远，中气不在本月，名实相乖；加一月谓之闰，闰生于不得已，犹构舍之用磾楔也[4]。自此气朔交争[5]，岁年错乱，四时失位，算数繁猥。凡积月以为时[6]，四时以成岁，阴阳消长，万物生杀，变化之节，皆主于气而已，但记月之盈亏，都不系岁事之舒惨。今乃专以朔定十二月，而气反不得主本月之政。时已谓之春矣[7]，而犹行肃杀之政，则朔在气前者是也，徒谓之乙岁之春，而实甲岁之冬也；时尚谓之冬也，而已行发生之令，则朔在气后者是也，徒谓之甲岁之冬，乃实乙岁之春也。是空名之正，二、三、四反为实。而生杀之实反为寓，而又生闰月之赘疣，此殆古人未之思也。今为术[8]，莫若用十二气为一年，更不用十二月，直以立春之日为孟春之一日，惊蛰为仲春之一日，大尽三十一日，小尽三十日，岁岁齐尽，永无闰余。十二月常一大一小相间，纵有两小相并，一岁不过一次。如此，则四时之气常正，岁政不相陵夺，日月五星亦自从之，不须改旧法。唯月之盈亏[9]，事虽有系之者，如海、胎育之类，不预岁时寒暑之节，寓之历间可也。借以元祐元年为法：当孟春小，一日壬寅，三日望，十九日朔；仲春大，一日壬申，三日望，十八日朔。如此，历日岂不简易端平，上符天运，无补缀之劳？予先验天百刻[10]，有余有不足，人已疑其说；又谓十二次、斗建当随岁差迁徙[11]，人愈骇之。今此历论，尤当取怪怒攻骂，然异时必有用予之说者。

中国传统历法为阴阳合历，节气按太阳运行设置，月份按月亮运行设置，两者关系不固定，往往出现季节与月份不符的情况，以致时令已进入春季，而月份还在冬季；虽然为解决这一问题而采取了增加闰月的方法，然亦不得已而为之，并不能消除传统历法中的内在矛盾。沈括针对此种情况，大胆革新，创造性地提出了完全按节气定历的“十二气历”，在中国历法史和世界历法史上都是一项光辉的成就。

[注释]

[1] 以闰月定四时成岁：语出《尚书·尧典》，谓以设置闰月的方法，确定与四时节气变化相适应的年时月日历法体系。中国农历一般采用十九年七闰的模式。 [2] 岁差：参见卷七“斗建岁差”条注 [2] 及“点评”。 [3]“积三十二月复余一会”四句：是说日月会合每积累三十二个月就会剩余一次会合的时日，节气和朔日的错位越来越远，以致中气不在当月，名实就相乖违了。中气，按通行的二十四节气歌诀，处单数位的称节气，处双数位的称中气，如立春是节气，雨水是中气，其余类推。按：日月会合，又称日月合朔，指农历朔日（初一）的一个具体瞬间（可能出现在这一天从 0 时至 24 时之间的任何一个时刻），这一瞬间月亮运行到太阳和地球之间，三者完全在一条直线上，月球未被太阳光照亮的半面正对向地球，把太阳光全部遮挡了，将出现日食。 [4] 磹楔（tán xiē）：通“橝楔”。二字分指门楣和门框，即门上面的横木和两边的立柱。 [5]“自此气朔交争”四句：是说从此以后，节气和朔日就相互冲突，导致历法上的年岁错乱，四季失位，测算数据烦琐复杂。 [6]“凡积月以为时”至“而气反不得主本月之政”：是说大凡积三月以为一季，积四季而成一年，阴阳二气的消长，万物的生死循环，所有的变化节奏，无不归结于节气的转换，而只按月亮的盈亏造历法，便都与岁时运转的阴阳变化没有关联。现在却专以日月合朔确定十二个月，节气反而不能主导当月的人事活动。舒惨，指阴阳变化；此用汉代张衡《西京赋》“人在阳时则舒，在阴时则惨”之文，由人的心情转指不同时令的阴阳变化。政，此指与节令相适应的一切人事活动（包括保护自然、养生、农事、祭祀及行政措施等等）；古人称一年有“十二月令”，则所行之事便有“十二月政”。 [7]“时已谓之春矣”至“此殆古人未之思也”，为节令失政的举例：譬如历法季节已称为春天了，而

人事活动仍按万物萧条的节令进行，朔日在节气之前就是这种情况，因而枉称某季是乙岁的春天，实际它还是上一年甲岁的冬天；反过来说，历法季节还称某季是甲岁的冬天，而人事活动已开始按万物生长的节令进行，朔日在节气之后就是这种情况，因而枉称某季是甲岁的冬天，实际它已是下一年乙岁的春天。如此，所谓正月就是徒有其名，反而是二月、三月或四月合乎作为一年之始的实际。这样在历法上，反映万物生长或萧条的节气反而是附属的性质，而由此又生出闰月的累赘，这大概是由于古人未曾深入思考。寓，托寄，此指历法上的依附性质。殆，大概。　[8]“今为术”至“不须改旧法”，为作者所倡“十二气历”的基本内容：现在要改进历法，没有比采取如下办法更好的，就是用十二个中气（二十四节气）为一年，更不用十二个朔闰月，直接以立春之日为孟春正月的第一日，惊蛰为仲春二月的第一日，大月都满三十一日，小月都满三十日，岁岁整齐无余日，永远不用闰月。十二个月恒常一大一小相间，即使有两个小月并列，每年也不过一次。这样，就使四时节气永远与历法相合，每年的岁时活动不相侵越，自然顺从日月五星的运行规律，也不需要再修改旧的历法。陵夺，侵凌劫夺，喻侵越。　[9]“惟月之盈亏”五句：是说只是月亮的盈亏，虽然有些事象是跟它有关系的，如海潮的起落、胎生的孕育之类，但它不关乎岁时寒暑的节气变化，把它附载于上述历法中就可以了。　[10] 百刻：一昼夜。古人以漏壶计时，一昼夜分为一百刻。句意指每日的长度有大有小，有时超过百刻，有时又不足百刻。　[11] 十二次、斗建当随岁差迁徙：指十二次的划分和斗建方法都应随着岁差而改变。十二次，古代天文学名词。古人为了观测日、月、五星的位置和运动，把黄道带自西向东划分为十二个部分，称为“十二次”，其名称依次为星纪、玄枵、娵訾、降娄、大梁、实沈、鹑首、鹑火、鹑尾、寿星、大火、析木。

斗建，参见卷七“斗建岁差”条注[1]。

［点评］

沈括所提倡的“十二气历”为纯太阳历的历法制度，既简单易行，又便于各种生产活动，在世界历法史上堪称“大音希声”、千古绝唱。“十二气历”的实质，与今日所行公历并无不同，在今仍不失为极有实用价值的历法方案。更为可贵的是，沈括声明“今此历论，尤当取怪怒攻骂，然异时必有用予之说者”，充分体现了作者自信、求真、无所畏惧的科学精神，永远值得后人尊敬。竺可桢先生曾指出：“沈括于历法主张抛弃一切前人之说，以节气定月，彻底为阳历，不管月亮的朔望，把闰月完全去掉。……这样彻底的一个阳历较现行历法合乎理想。农夫春耕、夏种、秋收、冬藏的时间，统要看季节而定。沈括所创的历是最合老百姓所需要的……二十年前，英国气象局局长萧讷伯有同样的计划，不过他把元旦放在阳历的十一月六号，即中国的立冬节，称其历为农历。到如今英国气象局统计农业气候和生产，是用‘萧讷伯农历’的。沈括……他料想不到九百年以后他的历会在英国行起来了。”（《中国古代在天文学上的伟大贡献》，《科学通报》1951 年第 3 期）

老军校

宝元元年，党项围延安七日[1]，邻于危者数矣[2]。范侍郎雍为帅[3]，忧形于色。有老军校出，自言曰："某边人，遭围城者数次，其势有近于今日者。虏人不善攻，卒不能拔，今日万万无虞。某可以保任，若有不测，某甘斩首。"范嘉其言壮，人心亦为之小安。事平，此校大蒙赏拔，言知兵善料敌者首称之。或谓之曰："汝敢肆妄言，万一不验，须伏法。"校笑曰："君未之思也。若城果陷，何暇杀我邪！聊欲安众心耳。"

[注释]

[1] 党项围延安：《续资治通鉴长编》卷一二六记其事在康定元年（1040）正月，沈括此条作宝元元年（1038），误。　[2] 数（shuò）：屡次。　[3] 范侍郎雍：范雍（981—1046）。字伯纯，洛阳人。屡为边帅，好谋而少成。官至资政殿大学士、礼部尚书，卒谥忠献。

[点评]

此条所记略带传闻性质，然切中情理。《宋史·范雍传》载范氏守城事云："元昊先遣人通款于雍，雍信之，不设备。一日（元昊）引兵数万，破金明砦，乘胜至城下。

会大将石元孙领兵出境，守城者才数百人。雍召刘平于庆州，平帅师来援，合元孙兵，与贼夜战三川口，大败，平、元孙皆为贼所执。雍闭门坚守，会夜大雪，贼解去，城得不陷。”《续资治通鉴长编》亦云：“贼围延州，凡七日，及失二将，城中忧沮不知所为。会是夕大雪，贼解去，城得不陷。”这些皆为官方的记录，强调了突降大雪的天气变化，但当时也许果有老军校一举安定军心，而成守城之大功。

王和尚

种世衡初营青涧城[1]，有紫山寺僧法崧，刚果有谋，以义烈自名。世衡延置门下，恣其所欲，供亿无算[2]。崧酗酒狎博，无所不为，世衡遇之愈厚。留岁余，崧亦深德世衡，自处不疑[3]。一日，世衡忽怒谓崧曰：“我待汝如此，而阴与贼连，何相负也？”拽下械系，捶掠极其苦楚。凡一月，滨于死者数矣，崧终不伏，曰：“崧，丈夫也。公听奸人言，欲见杀则死矣，终不以不义自诬。”毅然不顾。世衡审其不可屈，为解缚沐浴，复延入卧内，厚抚谢之，曰：“尔无过，聊相试耳。欲使为间[4]，万一可胁，将泄吾事。设虏人以此见穷[5]，能不相负否？”崧默然，曰：“试为公为之。”世衡遗遣之，以军机密事数条与崧，曰：“可以此藉手[6]，仍伪报西羌。”临行，世衡解所服絮袍赠之[7]，曰：“胡地苦寒，以此为别。至彼，须万计求见遇乞[8]，非此人，无以得其心腹。”遇乞，虏人之谋臣也。崧如所教，间关求通遇乞[9]。虏人觉而疑之，执于有司。数日，或发袍，领中得世衡与遇乞书，词甚款密。崧初不知领中书，虏人苦之备至[10]，终不言情[11]。虏人因疑遇乞，舍崧，迁于北境。久之，遇乞终以疑死。崧邂逅得亡归，尽得虏中事以报。朝廷录其劳，补右侍禁，归姓为王。崧后官至诸司使，至今边人谓之王和尚。世衡本卖崧为死间，邂逅得生还，亦命也。康定之后，世衡数出奇计；予在边，得于边人甚详，为新其庙像，录其事于篇。

法崧行间是中国古代间谍史上非常典型且成功的“反间”案例。沈括记法崧“初不知领中书”，与《宋史》记载他事先知情不同。清人朱逢甲《间书·间例·反间·种世衡》收录法崧事迹，末云：“据《笔谈》所言，则领中之书，并崧亦不知，崧胆才壮。其间更密，策更奇。”

［注释］

[1] 种世衡：参见卷十三“种世衡用间”条。清涧城：今陕西清涧。　[2] 供亿：按其所需供给。亿，安居。　[3] 自处不疑：不怀疑世衡对自己的信任。　[4] 为间：做间谍。　[5] 以此见穷：也

像我这次试你一样对你穷尽折磨。 [6] 藉（jiè）手：借他人之手为助，犹借助。此指要法崧借助于提供军事机密情报以取得敌方的信任。 [7] 絮袍：丝絮棉袍。 [8] 遇乞：野利遇乞，参见卷十三“种世衡用间”条注 [5]。 [9] 间关：形容路途崎岖艰险。犹言经历许多艰辛和曲折。 [10] 苦之备至：严刑拷打无所不用其极。 [11] 终不言情：终不说出实情。

［点评］

僧法崧的事迹见于多种载籍。《宋史·种世衡传》记载法崧本姓王，名光信，骁勇善骑射。初以熟悉边境地区山川道路，常为世衡出兵做向导，世衡奏以为三班借职，并为之改名崧（亦作嵩）。及受世衡派遣入夏，被夏人囚禁于陷阱中，备尝艰苦。后来西夏内乱，其大臣野利等被杀，元昊有意与宋讲和，遂遣法崧回。鄜延经略使庞籍疏上其事，言其劳苦及离间之功，乃迁崧官为三班奉职，又因崧自陈，进其职为侍禁、閤门祇侯。其他宋人笔记所说亦互有异同，而以沈括此条所记较为详悉。

丁晋公一举而三役济

祥符中，禁火[1]。时丁晋公主营复宫室[2]，患取土远，公乃令凿通衢取土[3]。不日皆成巨堑[4]，乃决汴水入堑中，引诸道竹木排筏及船运杂材，尽自堑中入至宫门。事毕，却以斥弃瓦砾灰壤实于堑中[5]，复为街衢。一举而三役济，计省费以亿万计。

［注释］

[1] 禁火：别本或作“禁中火”，指皇宫发生火灾。事在大中祥符八年（1015）四月。史载这次火灾起于宋太宗第八子、荣王赵元俨的宅邸，自当夜三更借助东北风迅速蔓延，至五更而火势尤甚，一直烧到次日正午才停息下来，凡左承天祥符门、内藏库、朝元殿、乾元门、崇文院秘阁、天书法物库，内香藏库等处皆被焚毁，尤其三馆秘阁所藏国家图书和文物也被焚毁殆尽。　[2] 丁晋公：丁谓，参见《补笔谈》卷一“北苑茶”条注 [4]。　[3] 通衢：四方通达的街道。　[4] 巨堑（qiàn）：巨大的壕沟。　[5] 斥弃：废弃、抛弃。

［点评］

此条谓“一举而三役济”，“一举”指在皇宫附近街衢开凿巨堑而决汴水入堑中，“三役”则指重修宫室工程所必须实施的取土、运料、处理瓦砾垃圾三项工役。但掘巨堑，便一举可使繁剧的三项任务就近解决，确是精妙的设计。实际整个工程不止“三役”，若将营复宫室、重修街衢亦各计为一役，则可称“一举而五役济”。此种周到、睿智而高效的规划，能够节省大量的人力、物力、财力，其法所体现的“统筹兼顾、合理安排”特点，不输于现代统筹法。

龙船坞

宋代龙船是专供皇帝御用的大型龙形船只，习称“大龙船”。《东京梦华录》卷七记述皇帝驾幸金明池临水殿观看龙舟竞渡的情形，谓“大龙船约长三四十丈，阔三四丈，头尾鳞鬣，皆雕镂金饰”，“上有层楼台观，槛曲安设御座”，由小龙船竟自澳屋牵拽出诣水殿时，“龙头上人舞旗，左右水棚，排列六桨，宛若飞腾”。

国初，两浙献龙船，长二十余丈，上为宫室层楼，设御榻，以备游幸。岁久腹败，欲修治，而水中不可施工。熙宁中，宦官黄怀信献计，于金明池北凿大澳[1]，可容龙船，其下置柱，以大木梁其上。乃决水入澳，引船当梁上，即车出澳中水，船乃笐于空中[2]。完补讫，复以水浮船，撤去梁柱，以大屋蒙之，遂为藏船之室，永无暴露之患。

[注释]

[1] 金明池：北宋著名别苑，又名西池、教池。位于宋代东京顺天门外，遗址在今开封市城西。始凿于五代后周时期，入宋经多次营建，遂成为一处规模巨大、布局完备、景色优美的皇家园林。其中主要建筑均在水上，池中可通大船，又为皇家水军演练场。大澳：可以泊船的水湾。这里实指人工湖式的船坞。 [2] 笐（gāng）：通“扛（gāng）”，抬起的意思。

[点评]

中国古代的船坞，据现有文献资料所知，始建于宋代。《宋史·张平传》记载太宗时，张平在秦陇一带监理木材事务兼造船场，因“旧官造舟既成，以河流湍悍，备其漂失，凡一舟调三户守之，岁役户数千”，于是他便

“穿池引水，系舟其中，不复调民”。这主要是藏船用的，被认为是中国最早的船坞。沈括本条所记龙船坞，则是典型的专用于修船藏船的船坞。其法是先在人工湖旁挖掘一个足以容纳龙船的大坑，坑内中间部位设置木柱，木柱顶端复设横梁，然后使人工湖开闸放水入坑内，待坑内外水面相平而牵引龙船入坑，停在木柱上面，于是关闭闸门，车尽坑内之水，龙船即被架在空中，便于维修施工。至维修完毕，复引水入坑，浮起龙船，撤去梁柱，又盖一大屋遮蔽龙船，从而使之成为永久的藏船室。这样的船坞用于修船，是在无水的情况下施工的，因此被称为“干船坞”；而作为藏船的地方，则这里同时是大水澳。这种皇家船坞的建造，宦官黄怀信是有功的。在西方，直到1495年，英国皇室才在朴次茅斯建造了欧洲第一个“干船坞”，比之中国宋代的记载晚了四五百年。

三足鬲与铜香炉

古鼎中有三足皆空、中可容物者，所谓鬲也[1]。煎和之法[2]，常欲湆在下，体在上，则易熟而不偏烂。及升鼎[3]，则浊滓皆归足中。《鼎卦》初六：“鼎颠趾[4]，利出否。”谓浊恶下[5]，须先泻而虚之。九二阳爻，方为“鼎实”[6]。今京师大屠善熟彘者[7]，钩悬而煮，不使著釜底，亦古人遗意也。又古铜香炉[8]，多镂其底，先入

《易·系辞上》有圣人“制器尚象”之说，实际指的是观象制器，也就是观察物象而形成意象，举一反三，获得对同类事物的更多认识和知识，从而制造出某种有特色的新器物。沈括论三足鬲与铜香炉，强调古器“率有曲意”，也包含“制器尚象”的古意。

火于炉中，乃以灰覆其上，火盛则难灭而持久；又防炉热灼席[9]，则为盘荐水，以渐其趾，且以承火灺之坠者。其他古器，率有曲意[10]，而形制文画，大概多同。盖有所传授，各守师法，后人莫敢辄改。今之众学，人人皆出己意，奇衺浅陋[11]，弃古自用，不止器械而已。

[注释]

[1] 鬲（lì）：古代炊器，即用于烹煮食物的锅。有陶鬲、铜鬲，也有鬲形鼎。其形状多为侈口、圆腹、三个袋状足，有的颈部有双耳。袋状足主要用于扩大受热面积，同时也可容物。 [2]“煎和之法”四句：是说用鬲形鼎烹煮肉食的方法，总是希望汤汁在肉块下面，肉块浮在汤汁上，这样肉就容易煮熟而又不会一边烂、一边不烂。煎和，烹调、烹煮。湇（qì），肉汁。体，牲体，此泛指肉块。不偏烂，不是只熟一边。 [3] 升鼎：肉煮好后取出，犹今言出锅。 [4]“鼎颠趾”二句：此为《易经·鼎卦》初六爻的爻辞，意谓把鼎足倒过来，利于倒出脏物。颠，倒。趾，指鼎足。否，恶，指不洁之物。 [5]“谓浊恶下”二句：是说脏物沉淀后，必须先把它倾泻掉，把鼎足清空。 [6] 鼎实：《鼎卦》九二爻辞原作“鼎有实”，指鼎中又放入了烹煮之物。 [7]“今京师大屠善熝者”四句：是说如今京师有名的屠夫善于煮熟整条猪的，都是用钩子悬挂着烹煮，而不让它附着于锅底，这也是古人传下来的办法。 [8]“又古铜香炉”五句：是说古代的铜香炉大都在底部镂孔，使用时先把点燃的香饼放入炉中，再以香灰覆盖香饼，这样火旺后就不容易熄灭而能燃烧得久。铜香炉，此指古人在室

内燃香饼以取香味的一种熏炉，三足有盖；香饼用香料掺在炭末及其他添加剂中做成。镂，指镂孔。 [9]“又防炉热灼席”四句：是说又为防止香炉烧热后烤坏席子，因而在炉下放个托盘盛上水，以浸泡香炉的三足，且用以承接可能会掉下来的香饼残烬。荐，进，此指盛上。渐（jiān），浸泡。灺（xiè），燃烧物烧剩的东西。 [10] 率有曲意：大抵都有委婉独到的用意。 [11] 奇衺浅陋：离奇不正而浅陋。衺，同“邪”。

[点评]

此条描述了古时三足鬲与铜香炉的形制、功用和使用方法等，意在以这两种器物为例，说明古人制器重视实用，虽形制特殊者，亦皆有独到用意。所说“盖有所传授，各守师法，后人莫敢辄改”，有守成倾向；而谓现实学术“人人各出己意”，“弃古自用”，也指出了宋代学风的偏蔽之一。

补笔谈　卷三

“飞鸟图”与《守令图》

地理之书，古人有“飞鸟图”，不知何人所为。所谓“飞鸟”者，谓虽有四至里数[1]，皆是循路步之，道路迂直而不常，既列为图，则里步无缘相应，故按图别量径直四至[2]，如空中鸟飞直达，更无山川回屈之差。予尝为《守令图》[3]，虽以二寸折百里为分率[4]，又立准望、牙融[5]，傍验高下、方斜、迂直[6]，七法以取鸟飞之数[7]。图成，得方隅远近之实[8]，始可施此法，分四至八到为二十四至，以十二支[9]、甲乙丙丁庚辛壬癸八干、乾坤艮巽四卦名之。使后世图虽亡，得予此书，按二十四至以布郡县，立可成图，毫发无差矣。

沈括把地图上划分方位的四至八到，进一步细分为二十四个方位，更趋精密，成为中国元明时代航海罗盘划分二十四个方位的先声。

［注释］

[1] 四至：亦泛称“四至八到”，指某地到它周边相邻各地的距离。“四至”以东西南北言，“八到”又加东南、西南、西北、东北四个方向。　[2] 径直四至：犹今言四至的直线距离。　[3]《守令图》：又称《天下州县图》《天下郡县图》《天下州府军监县镇图》。沈括制作的一套地图，共 20 幅，有大图一轴、小图一轴、十八路图各一轴；另有副本二十轴。大图高一丈二尺，宽一丈，与小图一轴并为郡县总图。始作于熙宁九年（1076），最后完成于元祐三年（1088）。今四川博物院所藏《九域守令图》碑，刊刻于北宋末宣和年间，原立于荣县文庙正殿后，其图疑即以沈括《守令图》的总图为底图增绘而成。　[4] 分率：即现在地图绘制所称比例尺。以二寸折百里，即以地图上的二寸表示百里的实际距离。　[5] 准望：校正相对位置的方法，即现在制图所称方位。牙融：别本或作“互融”。古字“牙”“互”形近易讹，或至通用。据胡道静《〈梦溪笔谈〉补证》（见《中华文史论丛》1979 年第三期），此二字原作“互融”，乃“互同”二字的别一种写法，因沈括避家讳“同”字，故代以“融”字，如《梦溪笔谈》卷二十五“庆历中王君贶使契丹”条即改写“混同江”为“混融江”。互同，胡道静释为现代制图所称等高线。　[6] 傍验：读作“旁验”，即别加验证。高下：显示地势高下起伏即相对高程的方法。方斜：

对倾斜角度和斜线距离的处理方法。迂直：曲线距离换算为直线距离的方法。 [7] 七法：当是指沈括所承前世“制图六体”以及他所创立的“互同”一项，参见本条“点评”。鸟飞之数：直线距离之数。 [8] 方隅：四方（东、西、南、北）和四隅（东南、西南、东北、西北）。犹言方位。 [9] 十二支：子、丑、寅、卯、辰、巳、午、未、申、酉、戌、亥。

［点评］

沈括从熙宁九年（1076）开始，因不满意于当时由馆阁组织画院待诏绘制的《天下州府军监县镇图》，乃以三司使的身份奏准朝廷，利用兵部职方司所藏图经、地图等，再就自己先前所编次者躬亲重修。他先后为此花费了12年的时间，下至元祐三年（1088），最终完成了一整套《天下州县图》，又名《守令图》。其《长兴集·进〈守令图〉表一》说：“遍探广内之书，参更四方之论。该备六体，略稽前世之旧闻；离合九州，兼收古人之余意。四海可以逾度，率土聚于此书。”其《进〈守令图〉表二》又说：“凡守令之所职，咸具讨论；在声教所未加，姑从疑阙。稽经于四库之广藏，抵隙于九土之方言。岁星一周，抱残编而自力；更书五易，惊烂简之复收。”皆可见其用力之深。《梦溪笔谈》此条即是他编修全套州县地图所用图例的概括，发展了西晋裴秀的“制图六体”，推动了中国古代制图技术的进步，并由四至八到精确到二十四至。裴秀所提出的“制图六体”，包括分率、准望、道里、高下、方邪、迂直六项标准，沈括在此基础上又增加“互同”（等高线）一项，而总称之为“七法”，进一步完善了传统的制图理论。其中“道里”一项，沈括在文中未明确提及，但所说“四至里数”及“二寸折百里”等，都已包含了“道里”内容。这些和沈括的制图实践一起，都成为中国古代地理学、地图学上的宝贵历史遗产。

莽　草

世人用莽草[1]，种类最多，有叶大如手掌者，有细叶者，有叶光厚坚脆可拉者，有柔软而薄者，有蔓生者，多是谬误。按《本草》：“若石南而叶稀[2]，无花实。”今考木若石南，信然；叶稀，无花实，亦误也。今莽草，蜀道、襄汉、浙江湖间山中有[3]，枝叶稠密，团栾可爱[4]，叶光厚而香烈，花红色，大小如杏花，六出，反卷向上，中心有新红蕊，倒垂下，满树垂动摇摇然，极可玩[5]。襄汉间渔人竞采以捣饭饴鱼[6]，皆翻上，乃捞取之。南人谓之石桂，白乐天有庐山桂诗[7]，其序曰“庐山多桂树”；又曰“手攀青桂枝”，盖此木也。唐人谓之红桂，以其花红故也。李德

莽草见于《山海经·中山经》：“（昆吾之山）又西百二十里，曰葌（jiān）山，葌水出焉，而北流注于伊水。其上多金玉，其下多青雄黄。有木焉，其状如棠而赤叶，名曰芒草，可以毒鱼。”又辑本《神农本草经·莽草》按语引《中山经》云：“朝歌之山有草焉，名曰莽草，可以毒鱼。”

裕诗序曰[8]："龙门敬善寺有红桂树，独秀伊川，移植郊园，众芳色沮，乃是蜀道莽草，徒得佳名耳。"卫公此说亦甚明。自古用此一类，仍毒鱼有验。《本草》木部所收，不知何缘谓之草，独此未喻。

［注释］

[1]莽草：又名芒草、茵草、石桂、红桂、野茴香等。木兰科常绿灌木或小乔木，为南方植物，多生阴湿沟谷近旁地带。枝、叶、根、果均有毒，果实，尤其是果壳毒性大。 [2]石南：石楠，常绿灌木或中型乔木。枝繁叶茂，枝条能自然发展成圆形树冠，叶片翠绿色，具光泽，秋后鲜红果实缀满枝头，极具观赏价值。按：此处引文见北宋《本草图经》。 [3]蜀道、襄汉、浙江湖间山中：指蜀中山地、襄水汉水间及浙江等地的湖泊附近山林中。 [4]团栾：团团的。圆形美观之貌。 [5]玩：赏玩，欣赏玩味。 [6]采以捣饭饴鱼：采莽草树叶拌在米饭中一起捣烂，到江湖河流中饲鱼，即用毒物捕鱼。 [7]"白乐天有庐山桂诗"诸句：所引"庐山多桂树"，见白居易诗《浔阳三题并序》；"手攀青桂枝"，出于北宋郑獬《送岷山杨道士游庐山》诗，疑沈括误记为白居易诗句。 [8]李德裕（787—850）：唐朝名相。字文饶，赵郡赞皇（今河北赞皇）人。历仕宪、穆、敬、文、武、宣宗六朝，武宗即位后入朝为相，执政五年，封卫国公。宣宗时贬死崖州（今海南三亚崖州区）。其诗序题目原作《比闻龙门敬善寺有红桂树，独秀伊川，尝于江南诸山访之莫致。陈侍御知予所好，因访剡溪樵客，偶得数株，移植郊园，众芳色沮，乃知敬善所有是蜀道茵草，徒得佳名，因赋是诗，兼赠陈侍御金陵作》。龙门敬善

寺，位于洛阳龙门石窟宾阳三洞之南半崖处的一座佛教寺院。伊川，泛指伊河河谷平原地带，在今河南栾川、嵩县、伊川等县境。剡（shàn）溪，水名，今浙江嵊（shèng）县南曹娥江上游。

［点评］

莽草，《神农本草经》列入木部下品，《本草纲目》移入草部。《本草纲目》李时珍曰："此物有毒，食之令人迷罔，故名。山人以毒鼠，谓之鼠莽。"又引陶弘景曰："'莽'本作'䒎'字，俗讹呼尔。"沈括此条所论，重点在于指出了《本草图经》所说莽草"叶稀，无花实"是不对的，说明此种植物枝叶稠密，花实亦繁，并认为它即是唐人所称的红桂树。李德裕先前的理解则相反，他原以为红桂是珍贵树种，见到以后才知道是蜀道莽草，只不过徒有桂树的佳名。

人参汤须用流水煮

孙思邈《千金方》人参汤[1]，言须用流水煮，用止水则不验[2]。人多疑流水、止水无异。予尝见丞相荆公喜放生[3]，每日就市买活鱼，纵之江中，莫不洋然[4]；唯鳅、鉏入江中辄死[5]，乃知鳅、鉏但可居止水，则流水与止水果不同，不可不知。又鲫鱼生流水中则背鳞白而味美，生止水

《吕氏春秋·尽数》云："流水不腐，户枢不蠹，动也。"

毛泽东在《论联合政府》中指出："'流水不腐，户枢不蠹'，是说它们在不停的运动中抵抗了微生物或其他生物的侵蚀。"

中则背鳞黑而味恶，此亦一验。《诗》所谓“岂其食鱼[6]，必河之魴”，盖流水之鱼，品流自异。

[注释]

[1] 孙思邈《千金方》：参见卷十八“医之为术不可恃书为用”条注 [7] 及本卷下文“钩吻一名野葛”条注 [7]。 [2] 流水、止水：本条所称“流水”指江河溪涧流动之水，习称“活水”；所称“止水”指湖泽陂塘所蓄“不动”之水，然不等于“死水”。 [3] 丞相荆公：王安石，见卷九“王荆公不受紫团参”条注 [1]。 [4] 洋然：轻松自在的样子。此指被放生的鱼。 [5] 鳅、鉭（shàn）：泥鳅、鳝鱼之属。 [6] “岂其食鱼”二句：见《诗经 · 陈风 · 衡门》，意谓食鱼岂必黄河之魴鱼。魴（fáng），鲤科魴属的一种鱼类，俗称三角鳊（biān）等，肉味鲜美。按：《衡门》诗原喻娶妻不必非为齐姜之女不可。

[点评]

《本草纲目 · 水部 · 流水》李时珍曰：“流水者，大而江河，小而溪涧，皆流水也。其外动而性静，其质柔而气刚，与湖泽陂塘之止水不同。然江河之水浊，而溪涧之水清，复有不同焉。观浊水、流水之鱼，与清水、止水之鱼，性色迥别；淬剑染帛，各色不同；煮粥烹茶，味亦有异；则其入药，岂可无辨乎？”沈括用不同鱼类的具体事例，说明它们在不同水中即有不同的适应性和变异特点，以此反证“流水与止水果不同”，是正确的分析途径。

摩娑石与无名异

熙宁中，阇婆国使人入贡方物[1]，中有摩娑石二块[2]，大如枣，黄色，微似花蕊[3]；又无名异一块，如莲菂[4]；皆以金函贮之。问其人真伪何以为验，使人云："摩娑石有五色，石色虽不同，皆姜黄汁磨之[5]，汁赤如丹砂者为真；无名异色黑如漆，水磨之，色如乳者为真。"广州市舶司依其言试之[6]，皆验，方以上闻。世人蓄摩娑石、无名异颇多，常患不能辨真伪；小说及古方书如《炮炙论》之类亦有说者[7]，但其言多怪诞，不近人情。天圣中，予伯父吏书新除明州[8]，章宪太后有旨[9]，令于舶船求此二物，内出银三百两为价，值如不足，更许于州库贴支，终任求之，竟不可得。医潘璟家有白摩娑石，色如糯米糍[10]，磨之亦有验。璟以治中毒者，得汁栗壳许[11]，入口即差[12]。

章鸿钊《石雅》卷下谓无名异有草、石二种，今所知者为石类，验之即氧化锰（MnO_2）矿。其颗粒大小不等，褐黑色，出土中，略似蛇黄（氧化物矿物褐铁矿的结核），《本草》书谓之生于山石上者，殆不足信。

［注释］

[1] 阇（shé）婆国：一作阇婆达国、阇婆婆达国，故地在今印度尼西亚爪哇岛或苏门答腊岛。一说摩挲石出三佛齐国（在今

苏门答腊岛)。 [2] 摩娑石:亦作婆娑石、摩挲石,一种宝石。《本草纲目·石部·婆娑石》集解:"其石绿色,无斑点,有金星,磨成乳汁者为上。"药用可解毒、治头痛及瘴疫等。二块:《宋会要辑稿·蕃夷》七之三四引作"一块"。 [3]"黄色,微似花蕊":此六字疑有讹误。胡道静《梦溪笔谈校证》谓"'微'字汇秘笈本在'黄'字上";《宋会要辑稿·蕃夷》七之三四引作"色黄,微似花蕊石"。疑当作"色微黄,似花蕊石",今本"微"字误倒而"石"字误脱。花蕊石,亦称白云石、花乳石,一种蛇纹大理岩石块,表面一般为白色或淡灰白色,亦杂有淡黄色或黄绿色。 [4] 无名异:石类药物名。旧说出大食国(今阿拉伯),实则中国亦多产。为氧化物类矿物软锰矿的矿石,一般为土块状晶体,又称铁砂、黑石子等。药用可治跌打损伤等。莲菂(dì):亦作"莲的",即莲子、莲实。 [5] 姜黄:姜科姜黄属多年生草本植物。可提取黄色食用染料,所含姜黄素可作分析化学试剂。 [6] 广州市舶司:宋代在广州设立的专管商业性海外贸易的机构。始设于开宝四年(971),以知州为市舶使,通判为判官,后由转运使司掌其事,专遣京朝官领之。北宋末,各市舶司均改设提举官,成为中央政府的派出机构。 [7]《炮炙论》:古方书《雷公炮炙论》,见卷四"桂屑除草"条注 [6]。 [8] 伯父:沈括生父之兄沈同。同为真宗咸平三年(1000)进士,天禧中历知邛州、蜀州,仁宗天圣中调知明州(治今浙江宁波),景祐初又徙知宣州。官终太常少卿。吏书:指由吏部签发任命书。 [9] 章宪太后:真宗刘皇后。"宪"当作"献",参见卷二十二"浙江茶纲"条注 [2]。 [10] 糍:今所称糍粑。一种以糯米为主要原料做成的食品,如今之糍糕、红豆糕。 [11] 栗壳许:像一枚栗子壳所盛的那么多。 [12] 差:同"瘥(chài)",病愈。

［点评］

本条所述矿石药物摩娑石与无名异，宋初《开宝本草》均已著录。稍后钱易《南部新书》又有颇为详细的记载，谓摩娑石出于西蕃山中，无名异来自南海。沈括所记偏重中外文化与贸易交流，故《宋会要辑稿·蕃夷》述“历代朝贡”而全引之；其中亦言及两种石药的形态、色泽、功用等，可与各家所记互参，而未见《本草纲目》采录。

药用根、茎、叶性不同

药有用根或用茎、叶，虽是一物，性或不同，苟未深达其理，未可妄用。如仙灵脾[1]，《本草》用叶，南人却用根；赤箭[2]，《本草》用根，今人反用苗。如此，未知性果同否？如古人远志用根[3]，则其苗谓之小草；泽漆之根[4]，乃是大戟；马兜零之根[5]，乃是独行；其主疗各别[6]。推此而言，其根、苗盖有不可通者。如巴豆能利人[7]，唯其壳能止之；甜瓜蒂能吐人[8]，唯其肉能解之；坐拏能懵人[9]，食其心则醒；楝根皮泻人[10]，枝皮则吐人；邕州所贡蓝药即蓝蛇之首[11]，能

此条论中草药所用植物的根、茎、苗、叶、花、皮等，虽或出于同一种植物，其性理也不一样，甚或会截然相反；动物药或用全体，或用其身体某一部分，道理也是一样。沈括强调的是若用古方主疗，只当遵从本说；若别有主疗，须改用根、茎等药，也可随从别方，但要符合药理，慎重处方，禁忌随意而妄改。

杀人，蓝蛇之尾能解药；鸟兽之肉皆补血[12]，其毛角鳞鬣皆破血；鹰鹯食鸟兽之肉[13]，虽筋骨皆化，而独不能化毛。如此之类甚多，悉是一物，而性理相反如此。山茱萸能补骨髓者[14]，取其核温涩[15]，能秘精气[16]，精气不泄，乃所以补骨髓；今人或削取肉用而弃其核，大非古人之意。如此皆近穿凿。若用《本草》中主疗，只当依本说。或别有主疗改用根、茎者，自从别方。

［注释］

[1] 仙灵脾：即淫羊藿。多年生草本植物。叶似小豆而圆薄，茎如粟秆，根紫而有须。　[2] 赤箭：见卷二十六“赤箭即天麻”条注 [1]。　[3] 远志：又名葽绕、小草、细草、小鸡腿等。茎细，根肥厚，为养心安神之药。　[4] 泽漆：作为药名，指大戟科大戟属草本植物泽漆的地上部分，其根则与大戟同称，故泽漆又称“大戟苗”。　[5] 马兜零：今称马兜铃，为多年生的缠绕性草本植物。其根、茎、果实如今都称马兜铃，而《唐本草》又称之为“独行根”。　[6] 主疗各别：指草药各部分主治病症和功效各有分别。　[7] 巴豆：见卷二十六“药用君臣佐使之说谬”条注 [6]。利人：中医指利水、利泻。按：巴豆可以使人泄泻，而巴豆壳却能止泻。　[8]“甜瓜蒂能吐人”二句：是说甜瓜的蒂能催人呕吐，但其肉却能止吐。　[9]“坐拏能懵人”二句：是说坐拿草能使人神志不清，但食用它的草心却能清醒过来。坐拏，即坐拿草，一种有毒的草。苗可入药，性辛热，主治风痹、损伤

等。 [10]“楝根皮泻人”二句：是说苦楝树的根皮利泻，其树枝的皮却能催吐。 [11]“邕州所贡蓝药即蓝蛇之首”三句：是说邕州（治今广西南宁）所进贡的蓝药就是蓝蛇的头，能毒死人，而蓝蛇的尾巴却能作解药。 [12]“鸟兽之肉皆补血”二句：是说鸟兽的肉都可以养血补血，而其毛、角、鳞、鬣却都能祛瘀化滞。破血，中医活血法之一，即用祛瘀药中比较峻烈的药物祛瘀滞、散症结。 [13]“鹰鹯食鸟兽之肉”三句：是说鹰、鹯等猛禽能吃鸟兽的肉，即使筋骨也都能消化，而唯独不能消化鸟兽的毛。鹯（zhān），一种鹞鹰。 [14]山茱萸：见卷二十六“鸡舌香”条注[7]。 [15]温涩：凡病阴阳不调，若阴盛于阳，则用药当祛寒，是谓温；凡人气血有损，若下泄而脱，则用药当收敛固，是谓涩。 [16]秘：藏。

[点评]

此条通过一系列举例，说明同一种药物的不同部位入药也有不同的功效，有的甚至截然相反。为此沈括强调医者用药须深入研究药理，谨慎处方，“苟未深达其理，未可妄用”。这点涉及中医药的一大特色，即中药材多是根据不同药用部位的性味、功能和临床用途分别进行命名的。譬如莲一种植物的不同药用部位，就有荷花、莲衣、莲房、莲须、莲蓬、莲子、莲子心、荷叶、荷梗、藕节等名，它们的功效及运用就大不相同。这中间蕴含重要的中医药理论。

天竹黄

“天竹黄”之名，据《本草纲目·木部·竹黄》所记，旧时一说因来源于天竺国而称，一说因南海镛竹极大而称天竹。李时珍以为后说得之。

岭南深山中有大竹[1]，有水甚清澈。溪涧中水皆有毒，唯此水无毒，土人陆行多饮之；至深冬则凝结如玉，乃天竹黄也。王彦祖知雷州日[2]，盛夏之官，山溪间水皆不可饮，唯剖竹取水，烹饪饮啜皆用竹水[3]。次年被召赴阙[4]，冬行，求竹水不可复得。问土人，乃知至冬则凝结，不复成水。遇夜野火烧林木为煨烬，而竹黄不灰[5]，如火烧兽骨而轻。土人多于火后采拾，以供药品，不若生得者为善[6]。

［注释］

[1]“岭南深山中有大竹”至“乃天竹黄也”：是说岭南深山中有高大的竹子，竹秆中都有非常清澈纯净的水。因为溪涧中的水有毒不能喝，只有这种竹秆里面的水是无毒的，所以当地人走陆路出行时常喝这种水；而到深冬时节，竹秆里面的水也会被冰冻，凝结得像玉石一样，这便是药用的天竹黄。 [2]王彦祖：王汾。初名宗之，后改名汾，字彦祖，济州巨野（今山东巨野）人。宋初名臣王禹偁之孙。第进士，熙宁间以知雷州召试馆职，授集贤校理。元祐中累官太常少卿、秘书监、兵部侍郎。元符中被列入元祐党籍，落职致仕。 [3]烹饪饮啜（chuò）：做饭和饮用。 [4]被召赴阙：被朝廷召还，回京入朝陛见皇帝。 [5]不灰：不能被烧成灰。 [6]生得者：指未经火烧的原生天竹黄。

[点评]

天竹黄，通称“竹黄”，又称“竹膏”，实为禾本科植物青皮竹等因被寄生的竹黄蜂咬洞后，由创面流出的汁液（伤流液）积存于竹节间而干结凝成的块状物质。其物自然产出者很少，大多采用冬季火烧竹林的方法，使竹秆受暴热后，竹沥溢在节间凝固成块，然后剖取晾干。主治风湿痹痛、四肢麻木、小儿惊风发热等。

磁针有指北者

以磁石磨针锋，则锐处常指南。亦有指北者，恐石性亦不同[1]。如夏至鹿角解，冬至麋角解[2]。南北相反，理应有异，未深考耳。

[注释]

[1] 此条是对卷二十四“磁偏角”条有关内容的补充说明，参见该条注 [2]。 [2] 麋：麋鹿，俗称四不像。见卷二十六“麋茸与鹿茸”条。

河 豚

吴人嗜河豚鱼[1]，有遇毒者，往往杀人，可为深戒。据《本草》[2]：“河豚，味甘温，无毒，

几乎所有种类的河豚都含有河豚

毒素，有人测定其毒性相当于剧毒药品氰化钠的1250倍。然河豚毒素的药用价值亦高，从其肝脏、卵巢毒素中提取的河豚素、河豚酸、河豚巢素等均为名贵药材。

补虚，去湿气，理腰脚。”因《本草》有此说，人遂信以为无毒，食之不疑，此甚误也。《本草》所载河豚[3]，乃今之鲋鱼，亦谓之鮠五回反鱼，非人所嗜者，江浙间谓之回鱼者是也；吴人所食河豚，有毒，本名侯夷鱼。《本草注》引《日华子》云[4]：“河豚，有毒，以芦根及橄榄等解之。肝有大毒。又为鲋鱼、吹肚鱼。”此乃是侯夷鱼，或曰胡夷鱼，非《本草》所载河豚也，引以为注大误矣。《日华子》称又名鲋鱼，此却非也，盖差互解之耳。规鱼[5]，浙东人所呼；又有生海中者，腹上有刺，名海规。吹肚鱼，南人通言之，以其腹胀如吹也。南人捕河豚法[6]，截流为栅，待群鱼大下之时，小拔去栅，使随流而下；日暮猥至，自相排蹙，或触栅则怒，而腹鼓浮于水上，渔人乃接取之。

［注释］

[1] 吴人：此泛指长江下游地区居民，主要指江苏南部、浙江北部民众。嗜河豚鱼：喜欢食用河豚。河豚，亦写作“河魨”。古称“肺鱼”，俗又称“气泡鱼”“吹肚鱼”等，泛指魨形目中多个魨科所属的鱼类。为暖温带及热带近海底层鱼类，栖息于海洋的中、下层，有少数种类进入淡水江河中，遇敌则腹腔气囊迅速膨

胀，使整个身体呈球状浮上水面。河豚肉质细嫩鲜美，但血液和内脏含有剧毒，沿海居民食之有特殊去毒方法。　[2]“据《本草》”至“理腰脚”：是说《唐本草》记载河豚性味甘温，无毒，能补虚，去湿气，治腰病、脚病。理，治。唐人避讳“治”字，改写为“理”，后人多承之。　[3]“《本草》所载河豚”至“本名侯夷鱼”：是说《唐本草》所记载的“河豚”，乃是现在的鲂鱼，也叫鲍鱼，并不是人们喜欢食用的，江浙之间称为回鱼的就是这种鱼；吴人所食的河豚有毒，则其本名叫侯夷鱼。按：沈括之意，犹言宋以前称有毒的河豚叫鯸鮧鱼、鯸鲐鱼，亦即侯夷鱼；《唐本草》所载无毒的“河豚”，则为江浙间所称的鲍鱼、回鱼，并不是真正的河豚。　[4]“《本草注》引《日华子》云”至“盖差互解之耳”：是说《日华子本草》所称“河豚，有毒”云云，指的是侯夷鱼若胡夷鱼，并不是《唐本草》所载无毒的“河豚”，而《唐本草》的注却引用《日华子》对侯夷鱼的记载，以说明《唐本草》所记载的“河豚”，这是重大失误。此外，《日华子》说侯夷鱼又名吹肚鱼是对的，而说它又名鲂鱼却不对。沈括以为这些都是“差互解之”，亦即彼此错互征引、混用概念所作的解释。《日华子》，参见卷二十六“鸡舌香”条注[3]。　[5]“规鱼”五句：此处释规鱼、海规，都是实指如今所称的河豚。所谓“腹上有刺”的海规，尤可见河豚的特点：河豚皮肤上有小刺，遇敌则竖起，借以自卫。　[6]“南人捕河豚法”至“渔人乃接取之”：是说“南人捕河豚法”应当是这样：用竹木栅栏截断水流，等到成群的鱼大批下来时，就拔去少量栅木留个门，让鱼群从栅门顺流而下；傍晚时分，鱼群猥杂而至，在栅门处互相排挤，有的河豚还触栅发怒，鼓腹漂上水面，于是渔人就在栅门下张网接取。小，通“少”。猥（wěi），多而杂，拥挤。排蹙（cù），排挤。

［点评］

此条反复论辩河豚，只因唐代所称的“河豚”还名不副实。河豚之为鱼有剧毒，能“杀人”，这在《山海经》中已有记载，然后来虽可见到“鯸鱼”等称呼，却几乎不见称为“河豚”。“河豚”之名始见于《唐本草》，但还不用于指称毒河豚，毒河豚那时还率称“鯸鮧”若“鯸鲐”，简写即“侯夷”。后“河豚”之名专用于指称毒河豚，如苏东坡的题画诗《春江晓景》云：“竹外桃花三两枝，春江水暖鸭先知。蒌蒿满地芦芽短，正是河豚欲上时。”其《四月十一日初食荔支》诗也有“似开江鳐斫玉柱，更洗河豚烹腹腴”之句，都是指毒河豚，东坡还声称“据其味消得一死”。自沈括《梦溪笔谈》以后，此种用法乃逐渐习见于载籍。河豚为美味，然自来劝诫慎用此物的文字亦多，而今而后仍不可轻忽。

零陵香

“零陵香”之名始见于北宋《嘉祐本草》及《本草图经》，即汉末《名医别录》所收薰草，后世或以为此草产于零陵地方而称为“零陵香”。沈括经过调查，知

零陵香本名蕙[1]，古之兰蕙是也，又名薰。《左传》曰：“一薰一莸[2]，十年尚犹有臭。”即此草也。唐人谓之铃铃香，亦谓之铃子香，谓花倒悬枝间如小铃也。至今京师人买零陵香，须择有铃子者，铃子乃其花也。此本鄙语，文士以湖南零陵郡，遂附会名之。后人又收入《本草》，

殊不知《本草》正经自有薰草条，又名蕙草，注释甚明。南方处处有本草，附会其名，言出零陵郡，亦非也。

[注释]

[1] 零陵香：又名蕙草、香草。多年生直立草本植物，具浓烈香气。叶似麻，方茎，红花而黑实，花垂于枝叶间似小铃。《本草纲目·草部·零陵香》李时珍曰："古者烧香草以降神，故曰薰、曰蕙。薰者熏也，蕙者和也。"又引苏颂曰："零陵香，今湖、岭诸州皆有之。"主要产于中国广西和湖南地区，另外在广东、云南、贵州也有零星分布。零陵地方宋代为永州，治所在今湖南永州零陵区。 [2]"一薰一莸"二句：语出《左传》僖公四年。杜预注："薰，香草；莸，臭草。十年有臭，言善易消，恶难除。"臭（xiù），气味总名。

道零陵地方其实不产薰草，故谓此草本名"铃铃香"；其《梦溪忘怀录》亦云"蕙，今俗谓之铃铃香"，注谓"呼零陵者非"（见南宋袁文《瓮牖闲评》卷七所引）。其说自有理据，然袁文以为"蕙本非铃铃，而铃铃香者自别有一种草"，仍有待考证。

[点评]

零陵香的著录，名目不一。《神农本草经》有"兰草"条，未见"薰草""蕙草"条。《本草纲目·草部·兰草》云："古人兰、蕙皆称香草，如零陵香草、都梁香草。后人省之，通呼为香草尔。近世但知兰花，不知兰草。"又云："近世所谓兰花，非古之兰草也。""古之兰似泽兰，而蕙即今之零陵香。"又"零陵香"条云："兰草、蕙草，乃一类二种耳。"沈括以为零陵香本名"铃铃香"，后人附会其出于零陵郡，遂称零陵香。

芦　荻

《本草纲目·草部·芦（苇，葭）》李时珍曰：“《诗》疏云：苇之初生曰葭；未秀曰芦；长成曰苇。苇者，伟大也。芦者，色卢黑也。葭者，嘉美也。”

药中有用芦根及苇子、苇叶者。芦苇之类，凡有十数种，芦、苇、葭、菼、薍、萑、蒹息理反、华之类皆是也，名字错乱，人莫能分。或疑“芦似苇而小”[1]，则薍非苇也。今人云“葭一名华”[2]。郭璞云“薍似苇”，是一物。按《尔雅》云“菼，薍”，“苇，芦”[3]，盖一物也。名字虽多，会之则是两种耳，今世俗只有芦与荻两名。按《诗》疏亦将葭、菼等众名判为二物，曰：“此物初生为菼[4]，长大为薍，成则名为萑；初生为葭，长大为芦，成则名为苇。”故先儒释薍为萑，释葭为苇。予今详诸家所释，葭、芦、苇皆芦也，则菼、薍、萑自当是荻耳。《诗》云“葭菼揭揭”，则葭，芦也；菼，荻也。又曰“萑苇”，则萑，荻也；苇，芦也。连文言之[5]，明非一物。又《诗·释文》云[6]：“薍，江东人呼之为乌蓲。”[7]今吴中乌蓲草乃荻属也，则萑、菼、薍为荻明矣。然《召南》“彼茁者葭”[8]，谓之初生可也；《秦风》曰“蒹葭苍苍，白露为霜”，则散文言之，霜降之时亦得谓之葭，不必初生。若对文[9]，须分大小之名耳。荻芽似竹笋，味甘脆可食；茎脆可曲如钩[10]，作马鞭节；花嫩时紫[11]，脆则白，如散丝；叶色重[12]，狭长而白脊。一类小者，可为曲薄[13]，其余唯堪供爨耳[14]。芦芽味稍甜，作蔬尤美；茎直；花穗生，如狐尾，褐色，叶阔大而色浅。此堪作障席、筐筥、织壁、覆屋、绞绳杂用[15]，以其柔韧且直故也。今药中所用芦根、苇子、苇叶，以此证之，芦、苇乃是一物，皆当用芦，无用荻理。

[**注释**]

[1] 芦似苇而小："芦"字非是，当作"薍"，故下云"薍非苇"。"薍似苇而小"见《诗经·卫风·硕人》孔颖达疏引"郭璞云"，又见《诗经·豳风·七月》孔颖达疏所引，沈括此条易"薍"字为"芦"，疑为后人误刻。薍（wàn），旧注或谓之为初生之荻。　[2] 今人云"葭一名华"：此语见《诗经·豳风·七月》"八月萑苇"孔颖达疏，原作"舍人曰葭一名华"，则"今"字误。"舍人"指相传曾注《尔雅》的西汉学者郭舍人。其人名字不详，或说初为犍为文学，后补太守卒史，武帝时曾待诏为舍人。该书已佚，清人辑有《尔雅舍人注》1卷，为最早的《尔雅》注释文字。　[3] "苇，芦"：《尔雅·释草》原作"葭，芦"，注云："苇也。"沈括本意在释"葭"字，当从原文。　[4] "此物初生为菼"

至“成则名为苇”：见《诗经·豳风·七月》“八月萑苇”孔颖达疏。菼（tǎn）、薍、葭（jiā）、萑（huán）、芦、苇，旧注有不同解释。如《诗经·秦风·蒹葭》“蒹葭苍苍”，三国吴陆玑疏云：“葭，一名芦；菼，一名薍。薍，或谓之荻，至秋坚成，则谓之萑。” [5] 连文：二字（或多字）相连为词。唐张守节《史记正义·音字例》：“一字单录，乃恐致疑；两字连文，检寻稍易。”如“蒹葭”连文，毛传云：“蒹，薕；葭，芦也。”表明二字之义不同。 [6]《诗·释文》：唐陆德明《经典释文》中有关《诗经》的部分。 [7] 乌蓲（wū qiū）：芦苇别名。 [8]“然《召南》‘彼茁者葭’”至“不必初生”：列举《诗经·召南·驺虞》的“彼茁者葭”和《诗经·秦风·蒹葭》的“蒹葭苍苍，白露为霜”，以说明古人用字的“散文则通”之例。如“葭”字在《驺虞》诗和“蒹葭”在《蒹葭》诗中都是散用的，故一可指初生的芦苇，一可指霜降时的芦苇，都无不可。此皆须随文理解，以贯通文意为准，而不须强生分别。《召南》，《诗经》作品部类名，见卷三“‘南’为乐名”条注 [1]。 [9]“若对文”二句：此处强调“对文则异”。如说“初生为葭，长大为芦，成则名为苇”，因“葭”“芦”“苇”三字在句中仍各有其意义，则当分别理解，而不能通称之为“芦苇”。阅读古文，当知“散文则通，对文则异”。 [10]“茎脆可曲如钩”二句：“茎脆”二字不可解，疑“脆”字当作“穗”。句意盖指荻的茎、穗长成后，穗下垂会弯曲如钩，茎像马鞭草那样生节。马鞭，草名，多年生草本植物，茎分节生长，亦有穗状花序。 [11]“花嫩时紫”三句：句中“脆”字亦不可解，疑亦当作“穗”。句意盖指荻花初生时是紫的，抽穗后便变成白的，就像散开的白色细丝。 [12]“叶色重”二句：是说叶子的颜色较深，形状狭长而叶背脊轴主脉是白的。 [13] 曲薄：即“箔”，用苇子、秫秸或竹篾等做成的帘子。可用于养蚕等，因可以卷起来，故亦称“曲薄”。 [14] 供爨（cuàn）：当作烧饭的柴草用。　[15] 障席：用作遮蔽物的屏障和铺床、铺地的席子。筐筥（jǔ）：各种筐子。织壁：编织的墙壁（用泥涂成）。覆屋：盖屋顶。绞绳：用细篾条或苇条拧成绳索。

［点评］

此条详辨芦与荻的区别。文学作品中常以“芦荻”联用，但在植物学上，芦和荻虽均属禾本科植物，芦是芦苇属，荻是荻属，二者外形相似而不相混。最显著的区别是芦苇秆粗且空心，荻秆细而上部实心、中下部空心；再就是芦苇花穗分枝多而蓬松柔软，荻的花穗分枝长而不如芦苇花穗密集。沈括的考证以概念为主，认为葭、芦、苇皆属芦或芦苇，菼、薍、萑则皆属荻，澄清了不少模糊认识和混乱理解。

扶栘即白杨

扶栘即白杨也[1]，《本草》有白杨，又有扶栘。扶栘一条，本出陈藏器《本草》[2]，盖藏器不知扶栘便是白杨，乃重出之。扶栘亦谓之蒲栘，《诗》疏曰白杨，蒲栘是也；至今越中人谓白杨，只谓之蒲栘[3]。藏器又引《诗》云[4]：“棠棣之华，偏其反而。”又引郑注云：“棠棣，栘也，亦

白杨，《唐本草》始著录。树干可为栋梁，树皮暗灰色，嫩叶可食。宋寇宗奭《本草衍义》卷十五“白杨”云：“其叶面青光，背白，本身微白，故曰白杨，非如粉之白。”

名栘杨。”此又误也。《论语》乃引逸诗“唐棣之华，偏其反而”[5]，此自是白栘，小木，比郁李稍大；此非蒲栘也，蒲栘乃乔木耳。木只有常棣，有唐棣，无棠棣。《尔雅》云：“常棣，棣也。唐棣，栘也。”常棣[6]，即《小雅》所谓“常棣之华，鄂不韡韡”者；唐棣，即《论语》谓“唐棣之华，偏其反而”者。常棣，今人谓之郁李。《豳诗》云：“六月食郁及薁。”注云：“郁，棣属。”即白栘也。以其似棣，故曰“棣属”；又谓之车下李，又谓之唐棣。薁即郁李也，郁、薁同音，注谓之蘡薁，盖其实似蘡，蘡即含桃也。《晋宫阁铭》曰[7]：“华林园中，有车下李三百一十四株，薁李一株。”车下李即郁也、唐棣也、白栘也；薁李即郁李也、薁也、常棣也，与蒲栘全无交涉。《本草》续添“郁李，一名车下李”，此亦误也。《晋宫阁铭》引华林园所种，车下李与薁李自是二物。“常棣”字或作“棠棣”，亦误耳。今小木中却有棣棠[8]，叶似棣，黄花绿茎而无实，人家亭槛中多种之。

［注释］

[1] 白杨：今称“本地杨”，以区别于青杨树。按《尔雅·释木》：“唐棣，栘。”郭璞注云：“似白杨，江东呼夫栘。”盖以唐棣为白杨之一种。后世或以唐棣为郁李（一种果实像樱桃大小的果树），李时珍以为唐棣又名栜栘、栘杨，与白杨为同类，郁李乃常棣，非唐棣。　[2] 陈藏器《本草》：参见卷二十六“鸡舌香”条注 [1]。　[3] 蒲栘：此名始见于晋崔豹《古今注·草木》：“栘杨，亦曰栘柳，亦曰蒲栘。”《诗经》的毛传、孔疏中未见直接引及“蒲栘”之文。　[4]“藏器又引《诗》云”至“此又误也”：是说陈藏器所引逸诗的“棠棣”和郑注的“棠棣”都是误引，《论语·子罕》所引逸诗原作“唐棣”，而非“棠棣”。　[5]“《论语》乃引逸诗‘唐棣之华，偏其反而’”至“蒲栘乃乔木耳”：是说《论语》虽引用逸诗“唐棣之华，偏其反而”，但此“唐棣”指的是白栘，是一种比郁李稍大些的小树木，而不是指蒲栘，蒲栘乃是高大的乔木。按：“唐棣之华，偏其反而”之义，历来解释不一：一说“偏其反而”由联绵词“翩反”加语助词构成，“翩反”犹言“缤纷”，句意指唐棣之花缤纷多彩；一说“翩反”即“翩翩”，为飘忽之貌，句意指唐棣之花摇动不定。也有说“偏其反而”指其花初开相反而终乃合并的。　[6]“常棣，即《小雅》所谓‘常棣之华，鄂不韡韡’者”至“蘡即含桃也”：总述《诗经》中的这类果木有“常棣”和“唐棣”二名，而无“棠棣”之名。按沈括的看法，“常棣”之名见于《诗经·小雅·常棣》，即后世所称郁李；“唐棣”之名则须两分来看：《诗经·豳风·七月》所说“六月食郁及薁”的“郁”即白栘、车下李、唐棣，薁（yù）则即蘡薁、薁李、郁李、常棣。“鄂不韡韡”，指花萼灼灼放光华。含桃，即樱桃。　[7]《晋宫阁铭》：记录西晋宫殿及楼堂馆所园林等名称的书籍。“铭”当作“名”，载籍所见极多作“名”而极少作“铭”。古籍中引用此

书甚多，而未详其作者。近世有叶昌炽辑《晋宫阁铭》1卷。华林园：汉魏时洛阳宫城内园林，在今河南洛阳市东北。原名芳林园，三国魏正始初改名华林园。《洛阳伽蓝记》卷一载其东魏天平二年（535）被毁。 [8] 棣棠：棣棠花，又称地堂、黄榆梅等。落叶灌木，花、叶、枝均美，甚有绿化及装饰价值。

［点评］

此条详辨扶移即白杨，考证亦繁。全部考证涉及扶移、蒲移、白杨之辨，唐棣、常棣、棠棣之辨，郁李、薁李、车下李之辨，以及各组概念之间的关系和棠棣与棣棠之关系。今人的认识尚不超出沈括的考辨。

杜若

中药材名实错乱的例子不胜枚举，沈括在此谈及“不患多记，以广异同”，应是行医和用药者共同遵守的经验。

杜若即今之高良姜[1]，后人不识，又别出高良姜条，如赤箭再出天麻条[2]、天名精再出地菘条、灯笼草再出苦耽条，如此之类极多。或因主疗不同，盖古人所书主疗皆多未尽，后人用久，渐见其功，主疗浸广，诸药例皆如此，岂独杜若也。后人又取高良姜中小者为杜若，正如用天麻、芦头为赤箭也[3]。又有用北地山姜为杜若者[4]。杜若，古人以为香草，北地山姜何尝有香？高良姜花成穗，芳华可爱。土人用盐梅汁淹以为菹[5]，南人亦谓之山姜花，又曰豆蔻花。《本草图经》云："杜若苗似山姜，花黄赤，子赤色，大如棘子[6]，中似豆蔻[7]，出峡山、岭南北。"正是高良姜，其子乃红蔻也，骚人比之兰、芷[8]。然药品中名实错乱者至多，人人自主一说，亦莫能坚决[9]，不患多记，以广异同。

［注释］

[1] 杜若、高良姜：又称红豆蔻、地藕、竹叶莲、山竹壳菜等等。为姜科植物，以新鲜或干燥根茎入药。号称因出于古代高良郡（今广东高州），故称高良姜。　[2]"如赤箭再出天麻条"三句：所提及的赤箭、地菘、苦耽诸条，皆见于《梦溪笔谈》卷二十六。　[3] 芦头：芦苇的粗大根茎。具有清热泻火、生津止渴、除烦止呕利尿等功效。　[4] 山姜：姜科多年生草本植物。《本草纲目·草部·山姜》李时珍曰："山姜生南方，叶似姜，花赤色，甚辛，子似草豆蔻，根如杜若及高良姜。今人以其子伪充草豆蔻，然其气甚猛烈。"　[5] 盐梅汁：加盐的梅子果汁。淹：通"腌"。菹（zū）：或作"葅"，咸菜。　[6] 棘子：野生的酸枣。　[7] 豆蔻：姜科多年生常绿草本植物。外形像芭蕉，果实扁球形，种子像石榴子，有香味，分为草豆蔻、白豆蔻、红豆蔻、肉豆蔻等几种。　[8] 兰、芷：兰草与白芷。皆古籍所称香草。　[9] 坚决：坚持自己的决断。

[点评]

中药材名实错乱者极多，杜若是其一。《本草纲目·草部·杜若》李时珍曰：“杜若，人无识者，今楚地山中时有之。山人亦呼为良姜，根似姜，味亦辛。甄权注豆蔻所谓子姜，苏颂《图经》外类所谓山姜，皆此物也。或又以大者为高良姜，细者为杜若。唐时峡州贡之。”峡州，北宋改硖州置，治夷陵（今湖北宜昌市夷陵区）。不过何为杜若，至今尚难决断。有人据沈括此条所记，认为高良姜中的小者可能即杜若，其大者则为山姜，二者同属而不同种。此可存一说。

钩吻一名野葛

《神农本草经》谓钩吻一名野葛，现代植物学已明确区分为两种植物，钩吻归马钱科钩吻属藤本，野葛归蝶形花科葛属藤本。二者均有药用价值，但钩吻全株有剧毒，野葛块根可制葛粉供食用。

钩吻[1]，《本草》一名野葛，主疗甚多。注释者多端，或云可入药用，或云有大毒，食之杀人。予尝到闽中，土人以野葛毒人及自杀，或误食者，但半叶许入口即死；以流水服之，毒尤速，往往投杯已卒矣[2]。经官司勘鞫者极多[3]，灼然如此[4]。予尝令人完取一株观之，其草蔓生如葛，其藤色赤，节粗似鹤膝；叶圆，有尖如杏叶，而光厚似柿叶，三叶为一枝，如菉豆之类，叶生节间皆相对；花黄细，戢戢然一如茴香花[5]，生于节叶之间，《酉阳杂俎》言花似栀子稍大[6]，谬说也；根皮亦赤。闽人呼为吻莽，亦谓之野葛，岭南人谓之胡蔓，俗谓断肠草。此草人间至毒之物，不入药用，恐《本草》所出别是一物，非此钩吻也。予见《千金》《外台》药方中时有用野葛者[7]，特宜子细，不可取其名而误用，正如侯夷鱼与䲅鱼同谓之河豚，不可不审也。

［**注释**］

[1] 钩吻：又名野葛、胡蔓草、断肠草等。常绿木质藤本植物，全株含钩吻碱多种，有剧毒。《神农本草经·下品·草部·钩吻》载："味辛温。主金创乳痓，中恶风，咳逆上气，水肿，杀鬼注蛊毒。一名野葛，生山谷。" [2] 投杯已卒：放下杯子的工夫已被毒死。医书载误食其叶，饮冷水尤能发其毒致速死。 [3] 勘鞫：亦作"勘鞠"，审讯。 [4] 灼然：极其显然。 [5] 戢（jí）戢然：密集的样子。茴香花：此指小茴香（茴香菜）的伞形花序。 [6] 栀子：茜草科植物。《本草纲目·木部·栀子》云："叶如兔耳，厚而深绿，春荣秋瘁。入夏开花，大如酒杯，白瓣黄实。" [7]《千金》《外台》：唐孙思邈《千金要方》《千金翼方》与王焘《外台秘要》。《千金要方》《千金翼方》各 30 卷，总计 422 门，合方论 8200 余首，系统地总结了唐初以前医学成就；《外台秘要》40 卷，共 1104 门，均先论后方，载方 6000 余首，保存了大量唐以前医学文献资料。

［点评］

此条述钩吻草，首先揭示其以剧毒杀人之速，然后据所取全株的观察结果，一一述其藤蔓、叶、花、根皮等植物形态，细致而逼真，并纠正了《酉阳杂俎》谓其“花似栀子稍大”的错误看法。最后指出此草为人间至毒之物，不入药用，因疑《本草》所别称的野葛可能是另一种药物，而不是这种剧毒的钩吻，并提醒医者用药时要非常小心，不可因野葛之名而误用了此药，就如不可因侯夷等名误食了河豚一样。全条文字皆切于实用，无虚语。

黄　镮

黄镮即今之朱藤也[1]，天下皆有。叶如槐，其花穗悬[2]，紫色，如葛花，可作菜食，火不熟亦有小毒。京师人家园圃中作大架种之，谓之紫藤花者是也。实如皂荚[3]，《蜀都赋》所谓“青珠黄镮”者[4]，黄镮即此藤之根也。古今皆种以为庭槛之饰，今人采其茎于槐干上接之[5]，伪为矮槐。其根入药用，能吐人。

紫藤是优良的观花藤本植物，一般应用于园林棚架，春季紫花烂漫，别有情趣，适栽于湖畔、池边、假山、石坊等处，具有独特风格。

[注释]

[1] 黄镮：亦作“黄环”。今通称紫藤，别名藤萝、朱藤等。为豆科紫藤属落叶攀缘缠绕性大藤本植物。枝叶茂密，今为棚架、门廊等绿化的优良品种。果实入药可治食物中毒及驱除蛔虫等。　[2]“其花穗悬”五句：是说其花是呈穗状悬垂的，紫色，像葛花那样，可以作为蔬菜食用，但煮不熟的话也会有小毒。葛花，豆科植物野葛或甘葛藤的花。药用秋季采集，晒干，生用，具有解酒醒脾的功效。按：紫藤花、葛花皆似今之紫槐花，盛开时穗大且香，甚美。　[3]皂荚：皂角树的荚果。有如槐荚。　[4]《蜀都赋》：大赋作品。西晋左思撰，为其《三都赋》之一。青珠：一种青色似珠玉的美石。《蜀都赋》以其与黄镮皆用为中药名，相传二者均出于蜀地。　[5]“今人采其茎于槐干上接之”二句：是说现在有人把紫藤的茎嫁接到槐树的树干上，长出枝叶后看上去像矮本槐树。矮槐，今多称矮本金叶槐或矮接金叶槐，是国槐嫁接繁殖的新变种，具有很高的欣赏和绿化价值。

[点评]

黄镮，又称野狼跋子、大就。《本草纲目·草部·黄环》云：“此物叶黄而圆，故名黄环，如萝藦呼白环之义。亦是葛类，故名就葛。跋乃野狼足名，其荚似之，故曰野狼跋子。”

栾

栾有二种：树生，其实可作数珠者[1]，谓之木栾，即《本草》栾花是也[2]；丛生，可为杖捶者，谓之牡栾，又名黄荆，即《本草》牡荆是也[3]。此两种之外，唐人《补本草》又有栾荆一条，遂与二栾相乱。栾花出《神农》正经，牡荆见于《前汉·郊祀志》，从来甚久；栾荆特出唐人新附[4]，自是一物，非古人所谓栾、荆也。

［注释］

[1] 数珠：也称念珠、佛珠，指佛教徒诵经时用来摄心计数的成串的珠子，每串多为一百零八颗。此处指栾树的种子可串起来作念珠。 [2] 栾花：无患子科植物栾树的花。树为落叶乔木或灌木，圆锥花序顶生。蒴果为长椭圆状卵形，种子圆形，黑色，像小珠子。《神农本草经》著录栾花，入木部下品。 [3] 牡荆：又名牡栾、黄荆，俗称荆条、荆棵等。多为丛生，亦可为小乔木。《本草纲目·木部·牡荆》李时珍曰："牡荆，处处山野多有，樵采为薪。年久不樵者，其树大如碗也。"杖捶，"捶"或作"棰"，指刑杖。荆木坚实，古人取用为箭杆、刑杖等。 [4] 栾荆：《本草纲目·木部·栾荆》引苏恭曰："栾荆茎、叶都似石南，干亦反卷，经冬不死，叶上有细黑点者真也。……俗方大用，而《本草》不载，亦无别名。"又引寇宗奭曰："栾荆即牡荆也，子青色如茱萸，不合更立此条。"李时珍曰："栾荆是苏恭收入《本草》，不应自误，盖后人不识。"

［点评］

此条辨古时名"栾"的木本植物及其别名，认为共有两种：一种是树生的，可称之为“木栾”，《本草经》所著录的“栾花”即属此种；一种是丛生的，可称之为“牡栾”，《本草》书所称的“黄荆”“牡荆”即属此种。唐人《补本草》又别出“栾荆”一条，北宋《本草图经》又录其别名“顽荆”，然后人不清楚它是“木栾”还是“牡栾”，遂与此两种相混淆。沈括认为传统所称的“栾花”“牡荆”都是正名，唐人新增的“栾荆”应该是此类木本植物的另外一种，而不是古人所称的“栾花”和“牡荆”。后来李时珍与沈括的看法相同，亦未下结论。

紫　荆

紫荆[1]，陈藏器云[2]：“树似黄荆，叶小，无桠。夏秋子熟，正圆如小珠。”大误也。紫荆与黄荆叶[3]，丛生小木，叶如麻叶，三桠而小；紫荆稍大，圆叶，实如樗荚[4]，著树连冬不脱，人家园亭多种之。

紫荆宜栽庭院、草坪、岩石及建筑物前，用于小区的园林绿化，具有较好的观赏效果。

[注释]

[1] 紫荆：豆科紫荆属落叶乔木或灌木。又名满条红，树姿优美，叶形秀丽，花朵别致，为常见早春花木。高树柔条，其花甚繁，深紫可爱。皮、果、木、花皆可入药，其种子有毒。　[2]“陈藏器云”所引陈藏器之语，出于所著《本草拾遗》。《本草纲目·木

部·紫荆》引为："藏器曰：即田氏之荆也。至秋子熟，正紫，圆如小珠，名紫珠。" [3] 黄荆叶：此以中药名用为植物名，即指黄荆。或以"叶"字属下，以"叶丛生"连读，似不妥，今从上读。胡道静《梦溪笔谈校证》于"黄荆"下注："'与'字下疑有脱文。" [4] 樗（chū）荚：此以树木的荚果、翅果而言，似当作"樗荚"。樗，臭椿树。

［点评］

此条批评陈藏器《本草拾遗》之文有三事：一是陈氏认为紫荆生叶处无枝丫，沈括则认为紫荆和黄荆都是丛生灌木或小乔木，生叶处都有三个小枝杈；二是陈氏认为紫荆叶子小，沈括则认为紫荆的叶子还稍微大些，而且是圆形的；三是陈氏认为紫荆的籽实"圆如小珠"，沈括则认为这点尤其错误，紫荆的果实其实不是圆珠子，而是像樗树那样的荚果。按：据《本草纲目·木部·紫荆》所说，陈藏器所描述的"紫珠"乃"田氏之荆"，且谓"江东林泽间尤多"，似是紫荆的另一个品种，而不是常见的紫荆。

枳实、枳壳

六朝以前，医方唯有枳实，无枳壳，故《本草》亦只有枳实。后人用枳之小嫩者为枳实，大者为枳壳，主疗各有所宜，遂别出枳壳一条，以附枳实之后[1]；然两条主疗，亦相出入。古人言枳实者便是枳壳，《本草》中枳实主疗便是枳壳主疗；后人既别出枳壳条，便合于枳实条内摘出枳壳主疗别为一条，旧条内只合留枳实主疗[2]。后人以《神农》本经不敢摘破[3]，不免两条相犯，互有出入。予按《神农》本经枳实条内，称“主大风在皮肤中如麻豆苦痒[4]，除寒热结[5]，止痢，长肌肉，利五脏，益气轻身，安胃气，止溏泄，明目”，尽是枳壳之功，皆当摘入枳壳条；后来别见主疗[6]，如通利关节，劳气[7]，咳嗽，背膊闷倦，散瘤结，胸胁痰滞[8]，逐水[9]，消胀满，大肠风[10]，止痛之类，皆附益之，只为枳壳条。旧枳实条内，称“除胸胁痰癖，逐停水，破结实，消胀满，心下急[11]，痞痛[12]，逆气”[13]，皆是枳实之功，宜存于本条，别有主疗亦附益之可也。如此，二条始分，各见所主，不至甚相乱。

[注释]

[1] 枳实、枳壳：《本草纲目·木部·枳》引寇宗奭曰：“枳实、枳壳，一物也。小则其性酷而速，大则其性详而缓。”又引苏颂曰：“（枳）木如橘而小，高五、七尺。叶如橙，多刺。春生白花，至

秋成实。七月、八月采者为实，九月、十月采者为壳。今医家以皮厚而小者为枳实，完大者为枳壳。”枳实、枳壳气味功用俱同，上世亦无分别，大抵自“魏晋以来，始分实、壳之用”。 [2] 合：应当。 [3] 摘破：摘录而打破原条目。 [4] 麻豆：麻疹、水痘。 [5] 寒热结：体内因寒热而引起的郁结。 [6] 别见主疗：另外发现的主治范畴。 [7] 劳气：因忧愁思虑而引起的气血损耗。 [8] 胸胁痰滞：痰邪聚于胸胁之间所致病证。下文“痰癖”亦犹痰邪。 [9] 逐水：排除积水。 [10] 大肠风：因风、湿热引起的肠胃不适症。 [11] 心下急：胃脘部急迫不舒的症候。 [12] 痞痛：胸腹间感觉有结块的疼痛。 [13] 逆气：胃中气体上逆。

［点评］

枳实、枳壳皆为枳树之果实，一为小而青嫩者，一为大而老熟者，而分称“实”和“壳”。二者性味和功用相似而不同，枳实性烈而速，枳壳性密而缓。由于古人原先所讲的枳实就是枳壳，因此在二者分开之后，《本草》书对二者主治范围的著录便不免互有出入，并进而造成临床应用上的混乱。沈括是主张以枳实和枳壳两分的，故而建议不要怕“摘破”《神农本草经》，应当尽可能地重新划分二者的主治范围，使之条理分明，不致互相混淆。这点对整理中医故籍和提高药物疗效都是有益的。

续笔谈

鲁肃简公劲正

鲁肃简公劲正[1]，不徇爱憎，出于天性。素与曹襄悼不协[2]，天圣中因议茶法，曹力挤肃简，因得罪去；赖上察其情，寝前命，止从罚俸，独三司使李谘夺职，谪洪州。及肃简病，有人密报肃简，但云“今日有佳事”。鲁闻之，顾婿张昷之曰[3]：“此必曹利用去也。”试往侦之，果襄悼谪随州[4]。肃简曰：“得上殿乎？”张曰：“已差人押出门矣。”鲁大惊曰：“诸公误也。利用何

《宋史·鲁宗道传》：“枢密使曹利用恃权骄横，宗道屡于帝前折之。自贵戚用事者皆惮之，目为‘鱼头参政’，因其姓，且言骨鲠如鱼头也。”又云：“宗道为人刚正，疾恶少容，遇事敢言，不为小谨。”

罪至此？进退大臣，岂宜如此之遽！利用在枢密院，尽忠于朝廷，但素不学问，倔强不识好恶耳，此外无大过也。”嗟惋久之，遽觉气塞。急召医视之，曰：“此必有大不如意事动其气，脉已绝，不可复治。”是夕，肃简薨。李谘在洪州，闻肃简薨，有诗曰：“空令抱恨归黄壤[5]，不见崇山谪去时。”盖未知肃简临终之言也。

[注释]

[1] 鲁肃简公：鲁宗道，与下文李谘及议茶法事，均参见卷十二“宋代茶法”条注[11]。劲（jìng）正：刚正，刚强正直。 [2] 曹襄悼：曹利用（不详—1029）。字用之，宁晋（今属河北）人。武人出身，真宗时官至枢密使加同平章事。在位久，颇恃功逞威，然每抑宦官、贵戚、宗室子弟法外请赏，由是结怨。仁宗即位后，以他事罢知随州，后又谪房州安置，半道被押送的内侍侵逼，自缢死。 [3] 张昷（wēn）之：字景山，宋城（今河南商丘）人。官至光禄卿。 [4] 随州：今湖北随州。 [5] “空令抱恨归黄壤”二句：是说只让鲁宗道抱憾而死去，可惜他没有看到曹利用被流放。崇山，传说中的山名，相传为大舜流放“四罪”之一的驩兜之处。按：此喻曹利用被流放。

[点评]

此条记鲁宗道轶事，可见其为人之度量。有人考证曹利用谪随州与鲁宗道薨卒不在同日，沈括所记时间欠准确。此盖由传闻合并日期，基本事实或有数日之差。

道理最大

太祖皇帝尝问赵普曰[1]："天下何物最大？"普熟思未答间，再问如前。普对曰："道理最大。"上屡称善。

［注释］

[1] 赵普（922—992）：宋初宰相。字则平，幽州蓟（今天津蓟州区）人，后徙居洛阳。原为赵匡胤节度掌书记，显德七年（960）助赵匡胤陈桥兵变，推翻后周，建立宋朝。仕太祖、太宗两朝，三度为宰相。卒谥忠献，追封真定郡王，真宗时追封韩王。

［点评］

《梦溪笔谈》此条，说者或谓太祖之问，意在启发赵普说出"皇权最大"。赵普熟思之，盖不欲有违于君臣之理，乃言"道理最大"，太祖亦不得不佩服其睿智。

宋人讲求理学，以为天有天理，地有地理，物有物理，道有道理，义有义理，法有法理，事有事理，情有情理，宇宙间充斥着一个"理"字，无处不在。朱熹曰："且如万一山河大地都陷了，毕竟理却只在这里。"此言是耶，非耶？毕竟道理还是要自家体贴出来的。

“乌鬼”再考

杜甫诗有“家家养乌鬼，顿顿食黄鱼”之句，近世注杜甫诗，引《夔州图经》称：“峡中人谓鸬鹚为‘乌鬼’。蜀人临水居者，皆养鸬鹚，系绳其颈，使之捕鱼，得鱼则倒提出之，至今如此。”又尝有近侍奉使过夔、峡，见居人相率十百为曹[1]，设牲酒于田间，众操兵仗，群噪而祭，谓之“养鬼”。养读从去声。言乌蛮战伤，多与人为厉[2]，每岁以此禳之[3]。又疑此所谓“养乌鬼”者。

［注释］

[1] 相率十百为曹：相互约定跟随，以几十人或上百人为一群。曹，辈，犹言群。 [2] 与人为厉：变成厉鬼害人。民间传说自杀或暴死之人怨气太重，便会化为厉鬼。 [3] 禳（ráng）：此指通过祭祀消灾。

［点评］

此条所记乌蛮“养鬼”事，又见邵伯温《邵氏闻见后录》卷十九：“夔、峡之人，岁正月，十百为曹，设牲酒于田间，已而众操兵大噪，谓之养乌鬼。长老言地近乌蛮战场，多与人为厉，用以禳之。”又，此条乃为补充卷十六“‘乌鬼’考”条而作，有关说法可并见该条。

王荆公戏改韩诗为“一字题”

韩退之诗句有“断送一生唯有酒”，又曰“破除万事无过酒”。王荆公戏改此两句为“一字题”四句，曰：“酒，酒，破除万事无过，断送一生唯有。”不损一字，而意韵如自为之。

［点评］

韩愈《遣兴》诗云：“断送一生惟有酒，寻思百计不如闲。莫忧世事兼身事，须著人间比梦间。”又韩愈《赠郑兵曹》诗云：“尊酒相逢十载前，君为壮夫我少年。尊酒相逢十载后，我为壮夫君白首。……杯行到君莫停手，破除万事无过酒。”原诗“断送”为陪送、度过之意，“破除”亦为消磨之意。经王安石改题，二句意境全新，“断送”“破除”均已含有双关的毁掉之意，故可谓“意韵如自为之”。且“酒”字摘出，独立成句，入韵而叠呼之，儆诫意味顿出；二句所余六字亦工整对仗，浑然天成，皆令人叫绝。

主要参考文献

梦溪笔谈校证 （北宋）沈括著　胡道静校注　古典文学出版社　1957 年版

新校正梦溪笔谈 （北宋）沈括撰　胡道静校注　中华书局　1957 年版

梦溪笔谈校证 （北宋）沈括著　胡道静校注　中华书局　1959 年版

元刊梦溪笔谈　文物出版社　1975 年版

《梦溪笔谈》译注（自然科学部分） 中国科学技术大学、合肥钢铁公司《梦溪笔谈》译注组　安徽科学技术出版社　1979 年版

沈括研究　杭州大学宋史研究室　浙江人民出版社　1985 年版

梦溪笔谈 《景印文渊阁四库全书》 台湾商务印书馆　1986 年版

梦溪笔谈 （北宋）沈括著　侯真平校点　岳麓书社　2002 年版

胡道静文集·梦溪笔谈校证　胡道静著　虞信棠、金良年编　上海人民出版社　2011 年版

沈括全集 （北宋）沈括原著　杨渭生新编　浙江大学出版社　2011 年版

梦溪笔谈全译 （北宋）沈括著　金良年、胡小静译　上海古籍出版社　2013 年版

梦溪笔谈 （北宋）沈括著　施适校点　上海古籍出版社　2015 年版

梦溪笔谈（节选） 张富祥译注　中华书局　2016 年版

《中华传统文化百部经典》已出版图书

书　名	解读人	出版时间
周易	余敦康	2017 年 9 月
尚书	钱宗武	2017 年 9 月
诗经（节选）	李　山	2017 年 9 月
论语	钱　逊	2017 年 9 月
孟子	梁　涛	2017 年 9 月
老子	王中江	2017 年 9 月
庄子	陈鼓应	2017 年 9 月
管子（节选）	孙中原	2017 年 9 月
孙子兵法	黄朴民	2017 年 9 月
史记（节选）	张大可	2017 年 9 月
传习录	吴　震	2018年11月
墨子（节选）	姜宝昌	2018年12月
韩非子（节选）	张　觉	2018年12月
左传（节选）	郭　丹	2018年12月
吕氏春秋（节选）	张双棣	2018年12月
荀子（节选）	廖名春	2019 年 6 月
楚辞	赵逵夫	2019 年 6 月
论衡（节选）	邵毅平	2019 年 6 月
史通（节选）	王嘉川	2019 年 6 月
贞观政要	谢保成	2019 年 6 月
战国策（节选）	何　晋	2019年12月
黄帝内经（节选）	柳长华	2019年12月
春秋繁露（节选）	周桂钿	2019年12月
九章算术	郭书春	2019年12月
齐民要术（节选）	惠富平	2019年12月

书　　名	解读人	出版时间
杜甫集（节选）	张忠纲	2019年12月
韩愈集（节选）	孙昌武	2019年12月
王安石集（节选）	刘成国	2019年12月
西厢记	张燕瑾	2019年12月
聊斋志异（节选）	马瑞芳	2019年12月
礼记（节选）	郭齐勇	2020年12月
国语（节选）	沈长云	2020年12月
抱朴子（节选）	张松辉	2020年12月
陶渊明集	袁行霈	2020年12月
坛经	洪修平	2020年12月
李白集（节选）	郁贤皓	2020年12月
柳宗元集（节选）	尹占华	2020年12月
辛弃疾集（节选）	王兆鹏	2020年12月
本草纲目（节选）	张瑞贤	2020年12月
曲律	叶长海	2020年12月
孝经	汪受宽	2021年6月
淮南子（节选）	陈　静	2021年6月
太平经（节选）	罗　炽	2021年6月
曹操集	刘运好	2021年6月
世说新语（节选）	王能宪	2021年6月
欧阳修集（节选）	洪本健	2021年6月
梦溪笔谈（节选）	张富祥	2021年6月
牡丹亭	周育德	2021年6月
日知录（节选）	黄　珅	2021年6月
儒林外史（节选）	李汉秋	2021年6月